U0749922

藕池村

藕池村

郭成祜、徐建波、李小平、钱茂伟、史娜、余忠芬（自左至右）

第五排左起：李忠尧、徐仁定、徐惠康、张阿芳、赵宏海、俞元昌、徐月定、俞元根、徐正章、张信良、梁阿反、俞惠浩、张杏芳、张亚君
第四排左起：张苗根、姜善庭、张和芳、徐阿毛、姜岳祥、张忠祺、陈高华、徐定良、张林存、鲍启扣、张成康、张志达
第三排左起：洪康华、吴祝庆、张阿毛、潘阿根、戚阿毛、李志凡、姜阿利、徐德芳、史志浩、张林奎、俞利康、赵大毛
第二排左起：戚明亮、水惠涛、吴安芳、戚明亮、张国华、姜岳再、张明达、俞小浩、徐森林
第一排左起：张和达、徐繁荣、吴国芳、吴安定、张后达、张利华、徐国荣

1	3
2	4
	5

1　村史编委会全体成员
2　1963 年板桥村部分社员合照
3　2007 年布置和美家园会议
4—5　党员考评活动

后勤工作人员

李小平

徐建波

史娜

郭成祐

李红

包康利

张方平

吕波

余忠芬

包可峰

葛红波

周科

村中党员

李小平

徐建波

郭戚祐

史娜

包国章

包康乐

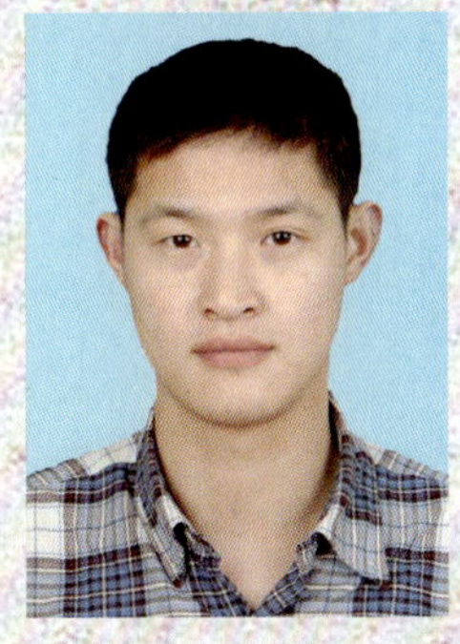

包科彬

包可峰

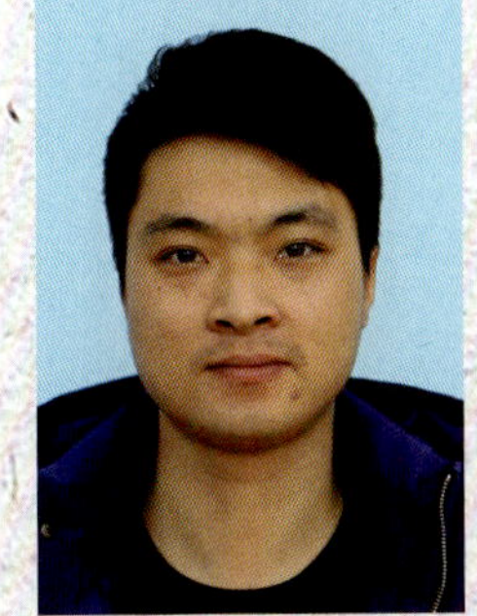

蔡永生

陈朝波

陈达江

陈惠信

村中党员

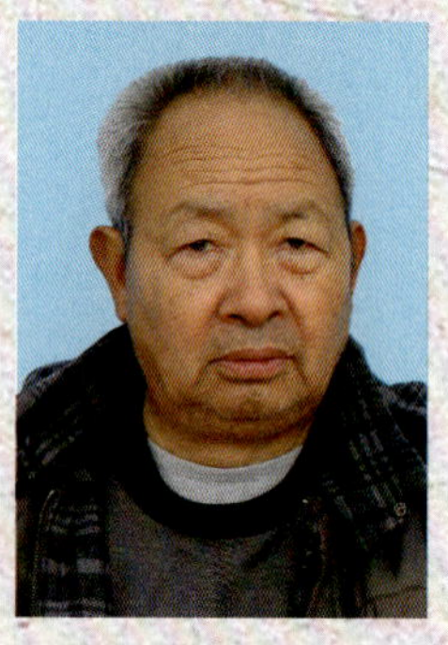

杜加田

葛红波

葛小其

龚瑞花

龚艳飞

郭成祜

郭玲燕

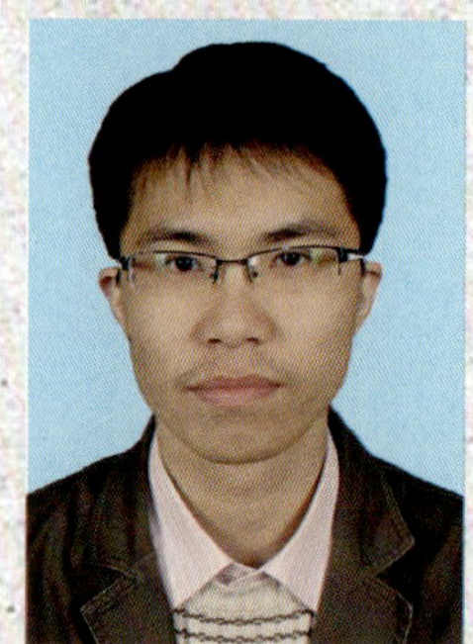

胡宰营

黄大林

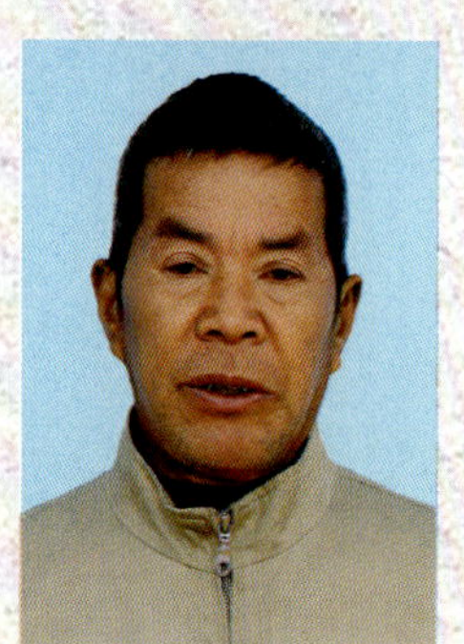

季贤兵

姜岳祥

赖文佳

村中党员

李安明

李红

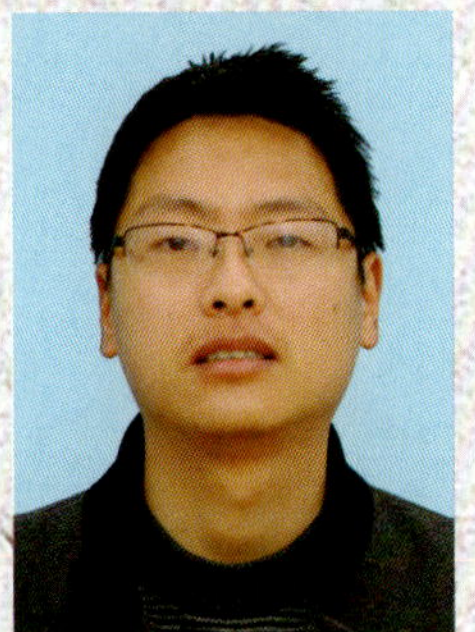

李华平

李小平

李长青

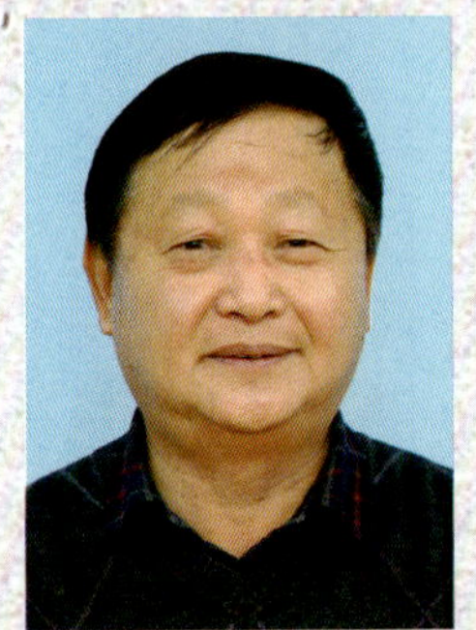

林振华

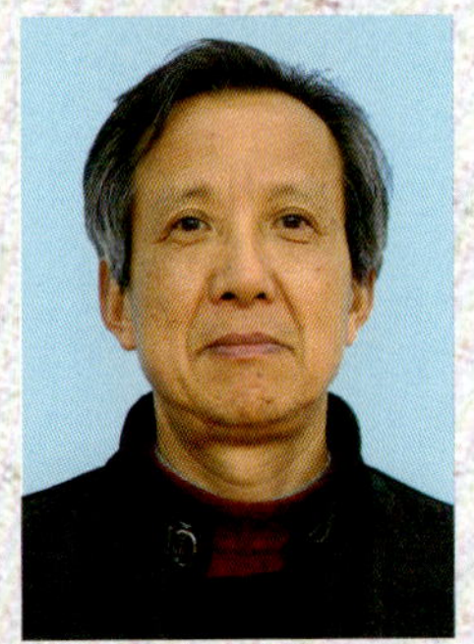

潘坤华

潘天为

戚明华

佘磊

史娜

史幼芳

村中党员

水儿

吴安芳

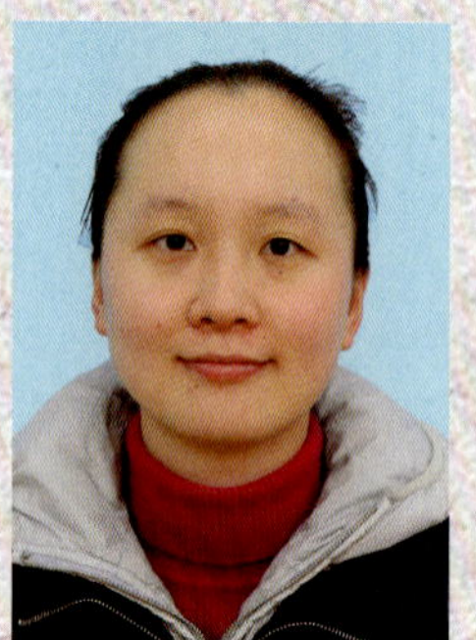

吴金晶

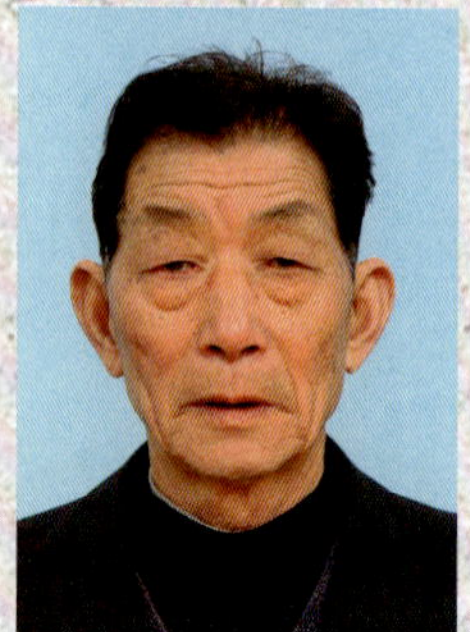

吴祝庆

徐定良

徐建波

徐佩君

徐仁定

徐亚晨

薛金裕

杨伟见

余忠芬

村中党员

俞阿秀

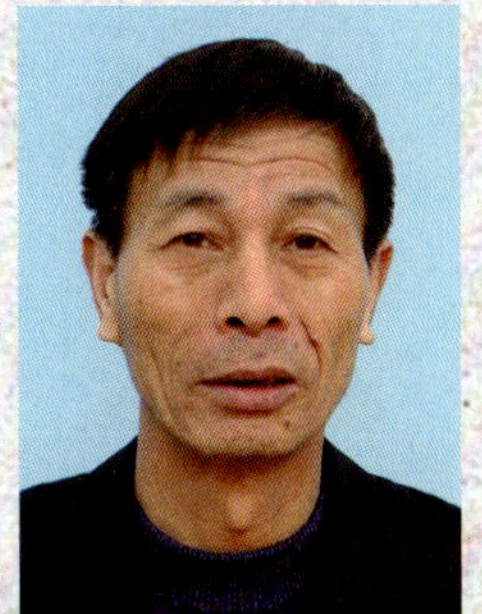
俞国忠

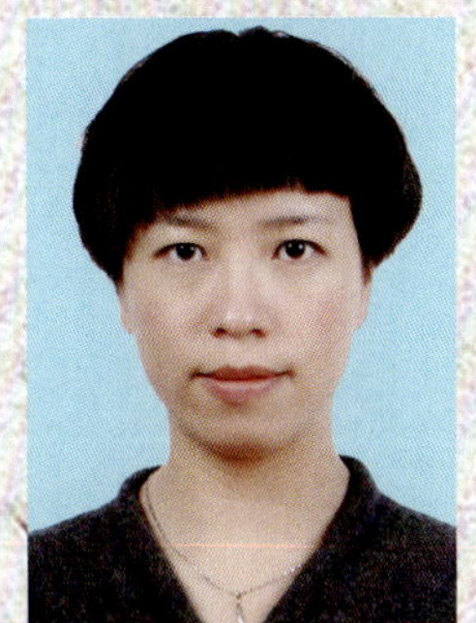
俞红

俞济杰

张方平

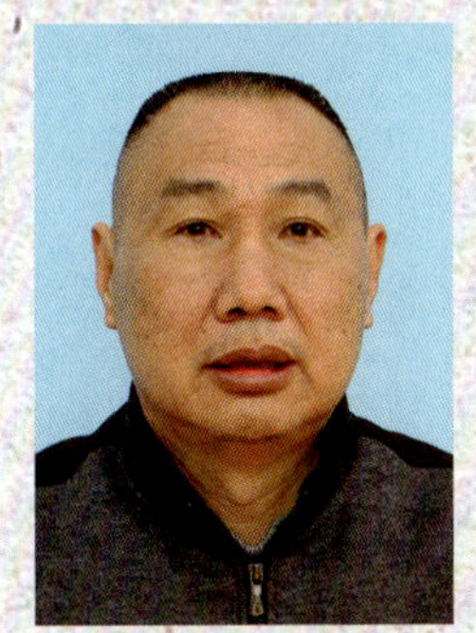
张国芳

张加洋

张建丰

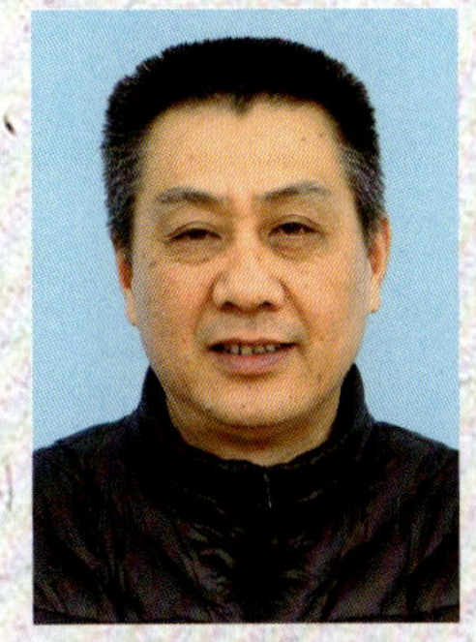
张利华

张凌

张启文

张微

村中党员

张伟达

张香瑜

张杏荮

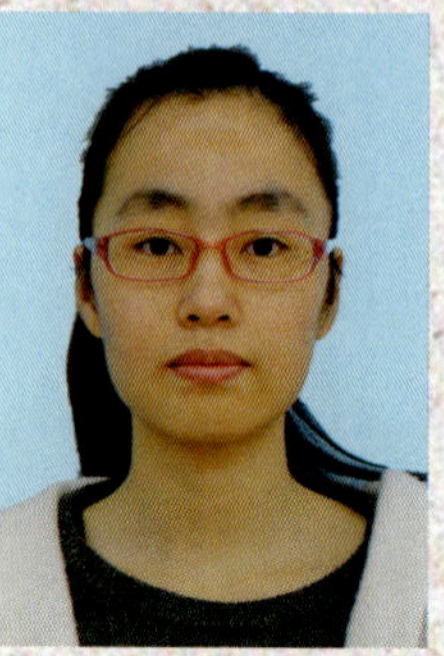
张俞

赵宏海

周波

周科

李阿凤（已去世）

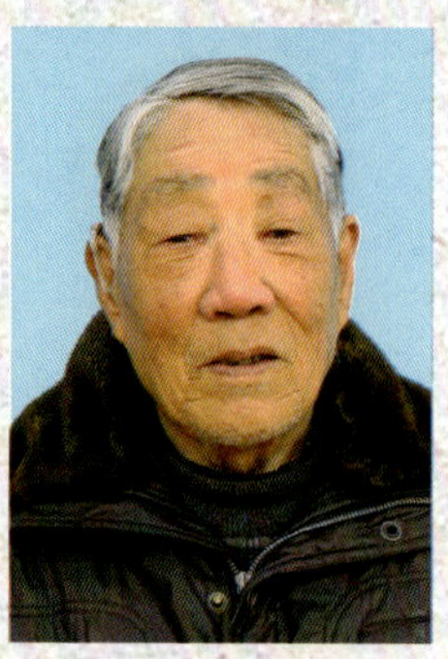
江根星（已去世）

★ 退役军人 ★

包科彬

蔡永生

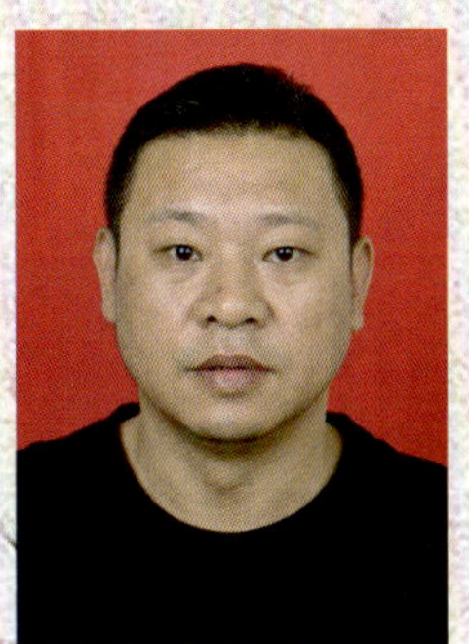
陈朝波

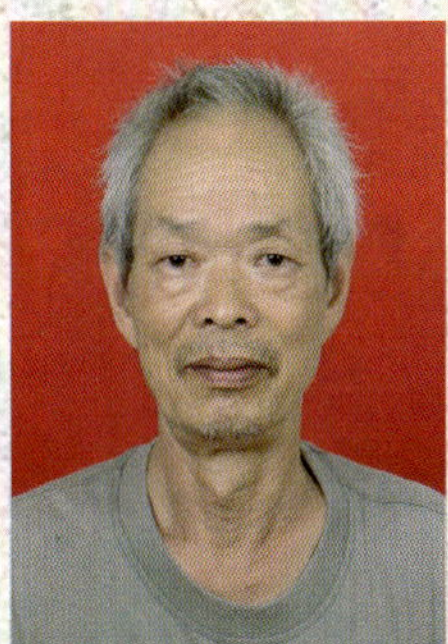
陈达江

杜加田

杜晓明

杜洵永

郭成祜

郭成科

季贤兵

姜全法

姜锡岳

★ 退役军人 ★

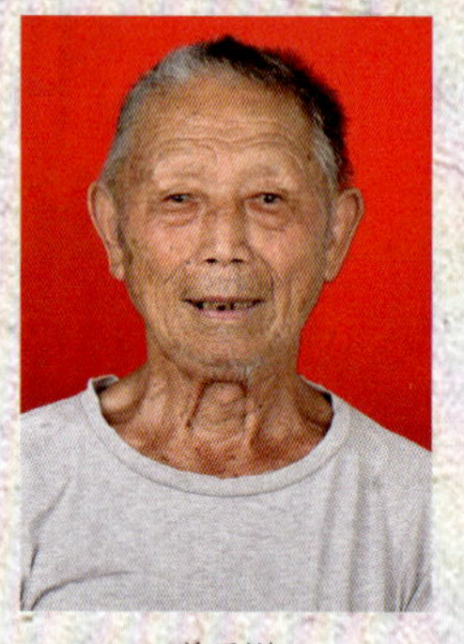
姜岳祥

李济南

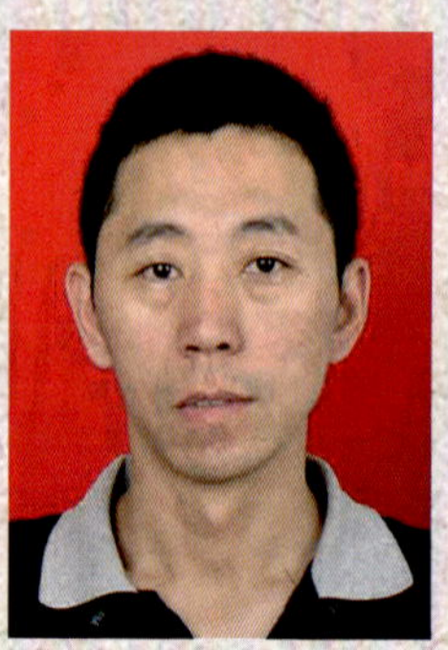
李长青

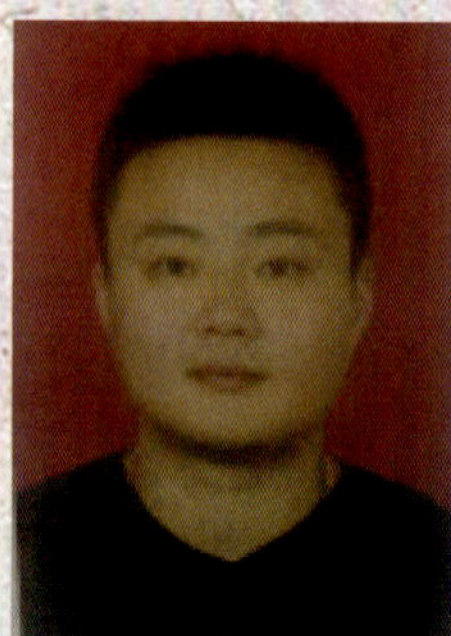
马幸荣

潘坤华

潘天为

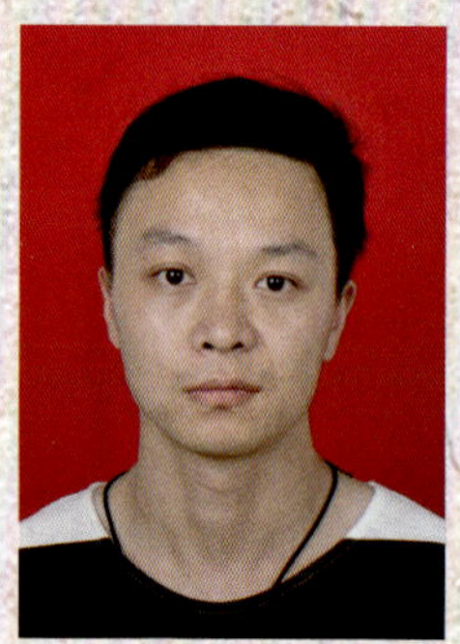
戚可杰

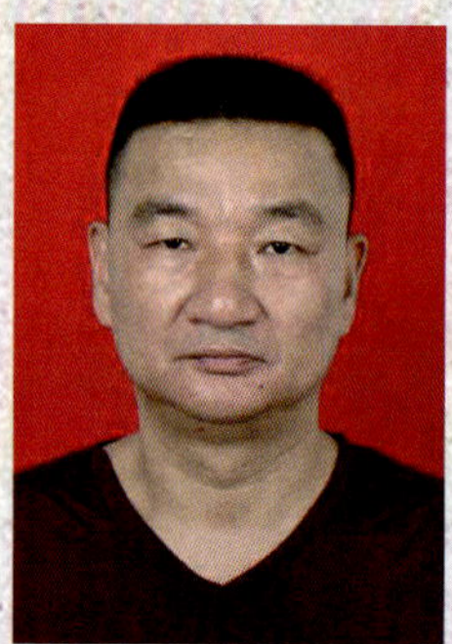
孙国冲

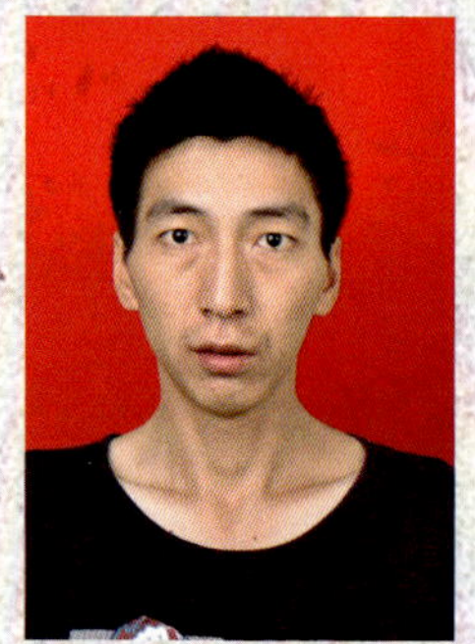
汪永鑫

吴安芳

徐国璋

杨国平

★ 退役军人 ★

杨利军

杨伟见

杨忠天

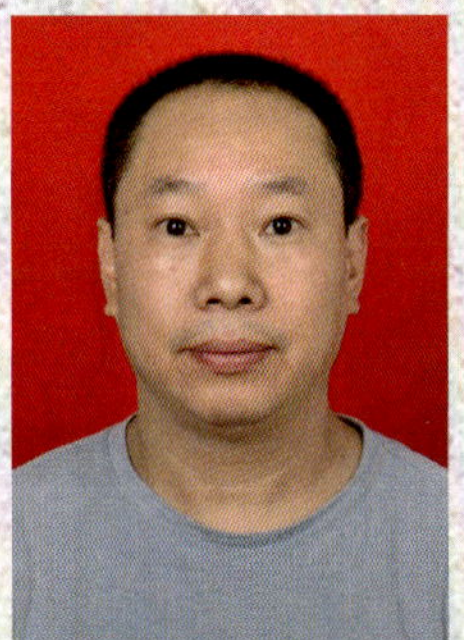
叶军钦

叶明森

俞国忠

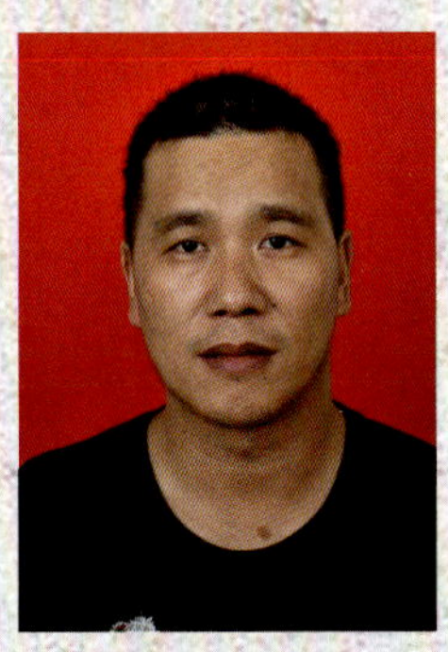
俞济杰

俞明根

张富昌

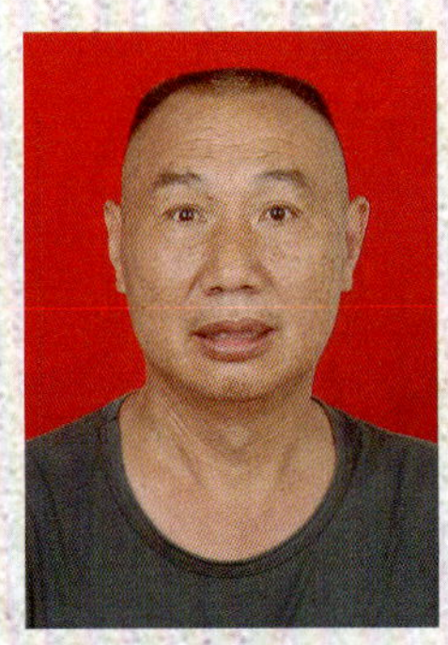
张国芳

张加洋

张建丰

★ 退役军人 ★

张利华

张伟达

周波

周科

竺小锋

张吉祥（已去世）

荣誉榜

新农村建设示范村
小康村
鄞县
卫生村
计划生育工作
模范村
文明卫生村
工业生产先进单位
鄞州区
卫生村
县十佳民主管理示范村
二〇〇四年度
先进团组织
计划生育宣传示范村(居)
鄞县"三五"普法
先进集体
党建带工建 三级联创
先进基层工会
文明村
无邪教村
区城乡社区服务中心建设
先进单位
宁波市科普示范村
先进集体
浙江省民主法治村
县级治安安全村
示范点
宁波市第四批体育特色村
2009年度妇女工作
先进集体
先进基层党组织

荣誉榜

计划生育工作先进集体
宁波市园林式村庄
标准化调委会
示范点
"五好"村党组织
二〇〇四年度
先进妇代会
农村基层党员干部
教育培训基地
示范点
先进集体
二〇〇五年度
妇女工作先进集体
先进基层党组织
二〇〇五年度
五四红旗团支部
行政村规范化档案室
2008年度五星级行政村
食品药品安全
四无村
"和美家园"达标村
2009年度五星级行政村
宁波市农村社区建设
示范村
二〇〇九年度
工会工作先进单位
先进集体
充分就业社区
先进集体
区域（行业）职代会建设
先进单位
计划生育档案工作
先进集体
二〇一一年度
工会工作先进单位
古林镇总工会
二〇一二年元月

荣誉榜

二〇〇二年度村（居）计划生育工作
先进单位
宁波市鄞州区计划生育局
二〇〇三年二月
宁波市
民主法治示范村
一九九九年度
县级先进基层党组织
中共鄞县县委
先进基层党组织
中共宁波市委
二〇〇三年六月
农村现代化建设示范村
二〇〇〇年度
县级先进基层党组织
中共鄞县县委
二〇〇一年一月
2007年度妇女工作
先进集体
宁波市鄞州区妇女联合会
二〇〇八年三月
示范妇女学校
宁波市鄞州区妇女联合会
二〇〇八年三月
基层党建工作示范点
二〇〇八年度
工会工作先进集体
二〇〇九年三月
村（居、企）计划生育工作
先进集体
宁波市道路交通安全宣传“五进”评选
先进单位
宁波市人民政府
二〇〇七年一月
二〇一二年度
工会工作先进单位
鄞州区古林镇总工会
二〇一三年二月
文明家庭创建工作
先进集体
鄞州区古林镇人民政府
2010-2012年创先争优
先进基层党组织
二〇一八年度公共服务工作
先进单位
中共海曙区古林镇委员会
海曙区古林镇人民政府
二〇一九年四月
二〇一八年度文明创建
先进单位
中共海曙区古林镇委员会
海曙区古林镇人民政府
二〇一九年四月

荣誉榜

先进单位
宁波市
民主法治示范村
一九九九年度
县级先进基层党组织
先进基层党组织
农村现代化建设示范村
二000年度
县级先进基层党组织
2007年度妇女工作
先进集体
区级示范妇女学校
基层党建工作示范点
二00八年度
工会工作先进集体
村(居、企)计划生育工作
先进集体
宁波市道路交通安全宣传“五进”评选
先进单位
宁波市人民政府
二0一二年度
工会工作先进单位
鄞州区古林镇总工会
二0一三年二月
文明家庭创建工作
先进集体
2010-2012年创先争优
先进基层党组织
二0一八年度公共服务工作
先进单位
中共海曙区古林镇委员会
海曙区古林镇人民政府
二0一九年四月
二0一八年度文明创建
先进单位
中共海曙区古林镇委员会
海曙区古林镇人民政府
二0一九年四月

荣誉榜

古林镇2013年度经济发展竞赛
升位奖
中共鄞州区古林镇委员会
鄞州区古林镇人民政府
二〇一四年二月
二〇一七年度经济发展工作
先进单位
中共海曙区古林镇委员会
海曙区古林镇人民政府
二〇一八年八月
2018年度市人大常委会基层立法联系点
先进单位
2016年度宁波市工资集体协商精细化
示范行业
2017年8月

旧村分布图

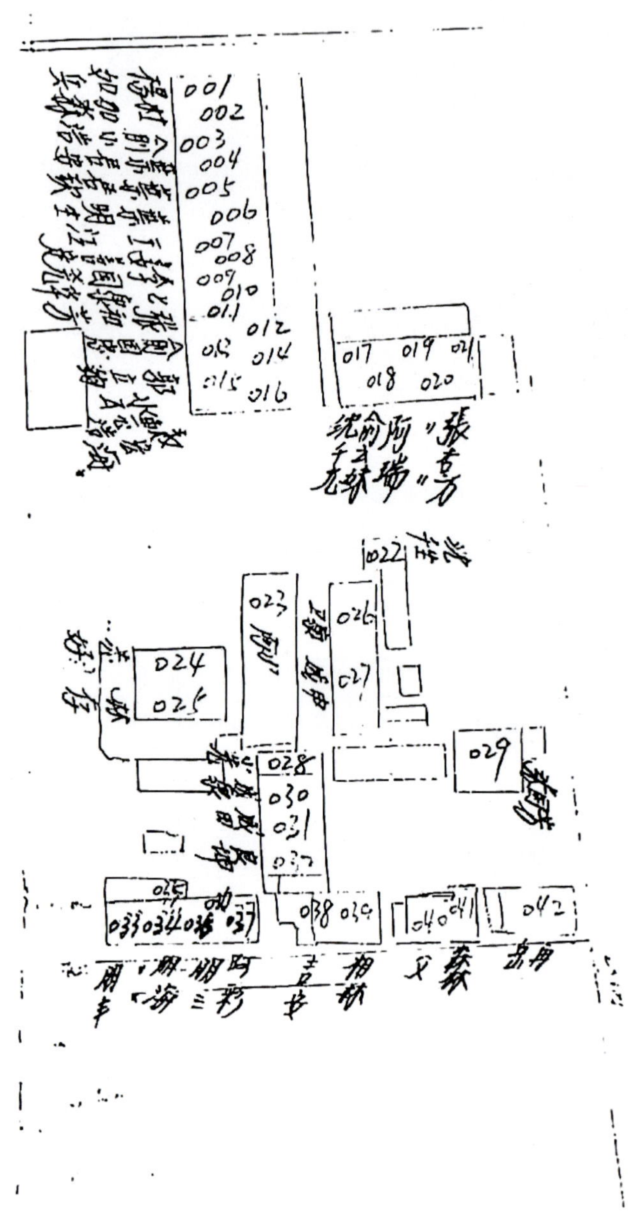

藕池村史

钱茂伟／著

浙江工商大學出版社 | 杭州
ZHEJIANG GONGSHANG UNIVERSITY PRESS

图书在版编目（CIP）数据

藕池村史 / 钱茂伟著 .— 杭州：浙江工商大学出版社，2020.5

ISBN 978-7-5178-3671-1

Ⅰ．①藕… Ⅱ．①钱… Ⅲ．①村史－宁波 Ⅳ．①K295.55

中国版本图书馆 CIP 数据核字（2020）第 020511 号

藕池村史

OUCHI CUNSHI

钱茂伟　著

责任编辑　吴岳婷

封面设计　潘　洋

责任印制　包建辉

出版发行　浙江工商大学出版社

（杭州市教工路 198 号　邮政编码 310012）

（E-mail：zjgsupress@163.com）

（网址：http://www.zjgsupress.com）

电话：0571-88904980，88831806（传真）

排　　版　杭州红羽文化创意有限公司

印　　刷　杭州高腾印务有限公司

开　　本　787mm × 1092mm 1/16

印　　张　21

字　　数　353 千

版 印 次　2020 年 5 月第 1 版　2020 年 5 月第 1 次印刷

书　　号　ISBN 978-7-5178-3671-1

定　　价　68.00 元

特别声明

本村史的编纂，不少内容凭借的是村民的口述，难免涉及对人事的评价、议论。村史中涉及评价、议论的相关表述，纯属被采访者个人观点，不代表藕池村委及《藕池村史》编写组观点。

村史内涵的解释权在村史编写组，不在利益相关方。

藕池村史编纂委员会

主　　任：李小平

委员会委员：徐建波、郭成祐、史娜、余忠芬

著　　者：钱茂伟

采 访 者：赵一唯、李逸涵、章叶挺、张振霞、陈晓南

序

藕池村，原来是一个典型的郊区农业小村。1971 年，乡镇企业的兴起，是一个契机，打破了城乡二元分割体制，乡村也可以办企业了。在这个过程中，城市来的知青带来了水平仪厂，活跃的永康五金商人带来了打铁行业。不过，在 20 世纪 70 年代，工厂还处于初步发展阶段，厂的规模不大。1974 年左右，布政乡通往宁波市区的机耕路打通，于是，村前有了一条大路。铁厂迁移到了杨家路头，逐步形成一个小工业区。村的行政中心也由新学堂转移到杨家路头。1982 年包产到户以后，村民种田之余，还忙于从事工商业，但此时的藕池村仍是一个农工混杂的小村落。

20 世纪 90 年代以后，藕池村逐渐成为城中村，这得益于道路的修筑和交通的逐渐便利。从 20 世纪 50 年代后期开始，6 路车是藕池村人出行最方便的公交，但乘车需走二三里路。这种交通末端位置，持续了近 40 年。20 世纪 80 年代以后，交通逐渐改善。1984 年完成机场公路修建，1990 年宁波栎社机场通航。机场公路的修建，使宁波城区的面积大为扩大。机场路穿村而过，将藕池头与板桥、姜苏一分为二，全村成为路东与路西两部分。藕池村也因此突破了原来环城西路西边三公里末端的限制，一下子成为宁波新的城西线以内的村庄，交通位置大为改变，成为城中村。1990 年以后，段（塘）梅（园）公路打通，古林、布政通往城区的公交与个体中巴车开通，藕池村人出行方便起来。接着，村南边出现了杭甬高速公路，出现了段塘收费口，藕池村所在地成为全新的交通枢纽。1998 年，503 路公交的引入，使藕池村与宁波城区相连接，村民出行更为便利，房屋出租业也因此兴起。1994 年，出现转制风，直接将村办集体企业出售给个人。村不再直

接办厂，而改为服务企业，通过投资藕池工业区，引进外来企业，收取租金，获得红利。

高速公路一通，路边藕池村的破败形象立马不适合了，上级领导要求改造城中村。2001 年，村北边的宁波汽车中心站的通车，也引发了布政通往宁波城区的公路改造，这段公路成为启运路。在宁波西部区域城市化过程中，藕池的城乡接合部、交通枢纽优势逐渐体现出来。布政乡书记张世生眼光独到，在藕池村旁公路边的水田中，搞起了商品房开发，建起了藕池新村。藕池新村的建设，又影响了杨家路工业区的改革，逼着它迁移到西边的稻田中，成为新的藕池工业区。村行政大楼也迁移到现在君运路与启运路间。如此，公路与藕池村间的农田逐渐消失。这片农田的消失过程，就是藕池村城市化的过程。

2000 年，村两委会抓住了机会，开始了旧村改造。旧村改造，加速了藕池村内部的调整，姜苏、板桥迁入藕池头，成为集中居住区。2004 年，板桥建立新的工业区。不久，机场高架建设完成，姜苏村消失，所在地成为全新的杭甬高速收费口。2015 年，地铁 2 号线藕池站的开通，使村民的出行更为便利。丽园南路的建设，也使机场路与环城西路间多了一条南北向大道，开车来往更为方便。如此，进一步带动了藕池地区的商品房开发。2016 年，宁波市行政区划调整，藕池村成为海曙区全新的中心区域。

综合藕池村四十多年的发展过程，有三点是值得注意的：一是道路的修筑和交通的逐渐便利，使之城区化；二是人才的引入，使藕池迈开了工业化发展的步伐；三是村党委核心领导作用的发挥，加快了城市化建设的步伐。农业、农村消失的过程，就是工业化与城市化的过程。郊区农村通过城市化解决了三农问题，实现了乡村现代化建设，这就是藕池村近四十年变迁的内在逻辑。

我生于藕池村，也一直在藕池村内工作，完整地见证了近六十年藕池村的发展变化过程。过往的发展轨迹，须有文字来记录，否则，将烟消云散。所以，当镇周高书记提出村史编纂建议时，我愉快地接受了。我们委托宁波大学钱茂伟教授团队，主持了村史编纂工作。钱教授团队也不负所望，通过一年余的努力，完成了《藕池村民口述史》《藕池村百姓联谱》《藕池村史》的编纂，使藕池村首次完成了系统的历史文化工程建设，我们非常感谢他们的辛勤付出。

藕池村书记　李小平

2019 年 2 月

民国时期的藕池

藕池村是一个没有主姓、没有家谱的多姓村，所以藕池村历史的回顾，只能始于民国时期。

第一节 / 位置地名

今日的藕池村，属于宁波海曙区古林镇。2016 年 11 月 28 日海曙区古林镇挂牌前，隶属鄞州区。历史上，它属于鄞县。从乡来说，1992 年前，隶属于布政公社（乡）；1992 年以来，隶属古林镇。

从地图可知，藕池村处于机场高架、杭甬高速、2 号地铁线形成的三角形间。如果以机场高架为中心，可分村为东片藕池头与西片板桥两部分。而机场高架与杭甬高速交叉口，曾是藕池的姜苏自然村。北边即宁波汽车中心站与城西客运站。西南方向是宁波栎社国际机场。可以说，交通位置十分优越。

图 1–1 藕池村位置（材料来源：高德地图）

绿荷苑东、绿荷苑南、绿荷苑西、绿荷苑北，正是今日藕池村村民集中居住的四个小区。大体说来，构成一个丁字形，藕池大道南为绿荷苑南，君运路西为绿荷苑西，君运路东边芳草苑东为绿荷苑东。

藕池一名，始于何时，已不可详考。藕池，20 世纪 50 年代，尤其是 70 年代，一度被村人写成“牛池”。这应是根据宁波话发音及村中牛粪成堆想象而成。

根据康熙《鄞县志》卷二，此处属西南乡，有官庄、看经寺畈、板桥、姜苏、小张潭、大张潭。这里明确有“板桥”“姜苏”，没有“藕池”，疑小张潭、大张潭，即藕池。

据同治《鄞县志》卷二，属五十一都，第一图有前后官庄，第二图有看经寺畈、俞圣君庙和苏家漕。

查阅 1936 年的《鄞县地图》，明确写有“藕池头”。这是今日所见最早用“藕池”为地名的地图。

由以上地图可知，藕池头、板桥、姜苏的地理位置，正好构成一个三角形。

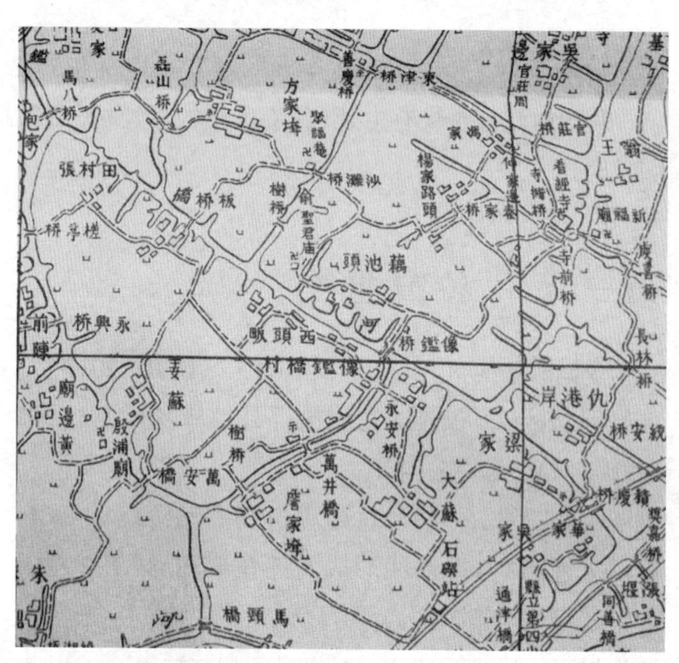

图 1–2 1936 年鄞县地图中的藕池
（材料来源:《民国鄞县通志》，宁波出版社 2006 年）

藕池头，是由藕池头村前通往新福庙港的几个可以种藕的漕咀得名的。围绕藕池前面与东面的这条河称为新福庙港，村人以前常说“到新福庙港柯鱼去”。这条河本来很小，1958 年时挖深且拓宽了。村前有几个漕咀头，查民国时鄞县地图，仍可见 5 个大小漕咀头，其中东边与西边的漕咀头很长。这些漕咀头，三面环陆、一头通河，当年可以种藕，所以称为藕池头。后来，祖宗不再种藕，村人也就忘了村名的来源。近几年新村改造中，多数漕咀都填掉了，只剩下庙前一条漕咀。村民包康利说：“我们家门前有一条河，宽度不会超过 10 米，长度也就几百米，大约最多 200 米。我们七八岁时，就在门口河边玩耍，抓抓螺蛳，抓抓小鱼。这条河跟外面是相通的。”这条河向北，可通方家耷、礼嘉桥。在河上，有两座桥，一是树桥，一是沙滩桥。两座桥间的漕咀，就是俞圣君庙。这条通向方家耷的河，直到机场路建设时被填掉。藕池头下的小地名有大屋、张家、李家、包家、洪家、孙家、中央埭、三间头、老屋、堂房间、后包家、藕池庙等。

板桥，源于村旁的一条板桥港。从民国鄞县图中可知，新福庙港西面，就是板桥港。

河上有一座木板桥，人称板桥。道光十九年（1839）后，改为石桥。今日，板桥已经成为工业区，但石桥仍在。板桥村中，有板桥、俞家、蔡家、桥头、三间头、庄里几个小地名。

姜苏，因姜与苏二姓居住于此处而得名。后来苏姓外迁，只剩下姜姓，仍习惯称姜苏。姜苏有大姜苏与小姜苏之分，或称老屋与新屋之分。

在藕池头与姜苏间的是西头畈，西头畈东边是田头树下。

在藕池头西北角有一座沙滩桥，藕池头北边是杨家路头，藕池东北角是秦家桥与官庄周。秦家桥，当地话读音为“秦家财”。据民国鄞县地图，杨家路头位于藕池头北边，这个位置近今日的客运西站。按村民的说法，杨家路头在今藕池新村。不管如何，当以当地村人的理解为准，地图可能有出入。自从 20 世纪 40 年代，孙、杨两姓搬进藕池村以后，这儿就逐渐荒废了。据 70 岁以上老人的回忆，这儿从前全是坟滩。晚上，人们不敢走这条小路，十分荒凉可怕。

第二节 / 六村主姓

从有关信息来判断，藕池村的形成不会超过 200 年，因为村内家族规模普遍不大。从姓氏来说，藕池的洪氏可能最早，其次是张氏、包氏、孙氏、李氏等。姜苏的姜氏也比较早，板桥的俞氏与张氏也较早。田头树下主姓是张氏，西头畈主姓是徐氏。

一、藕池头

藕池头，最早只有四个姓氏——洪、张、孙、包，其他的姓是从别的地方迁移进来的。洪桂棠说：“按以前老底子的说法，张、洪两个姓是正式的藕池人。还有李家也是正式的。”洪小康说：“在藕池祖宗上面，存在的就有洪家，过去藕池是张、洪两姓，后来有了包家、李家、孙家。”

1. 洪家

洪氏，来源不详。洪小康说：“过去藕池有洪家埠头，洪家埠头是我们洪家的。”洪桂棠说：“以前我们有堂沿，有七八户人家。洪友龄的辈分很大，我们要叫他公公，他是洪家的族长。”洪友龄（1885—1956）、盛秀英（1903—？）夫妇没有子女。洪友龄是材匠，即做棺材的木匠，是从事手工业的。

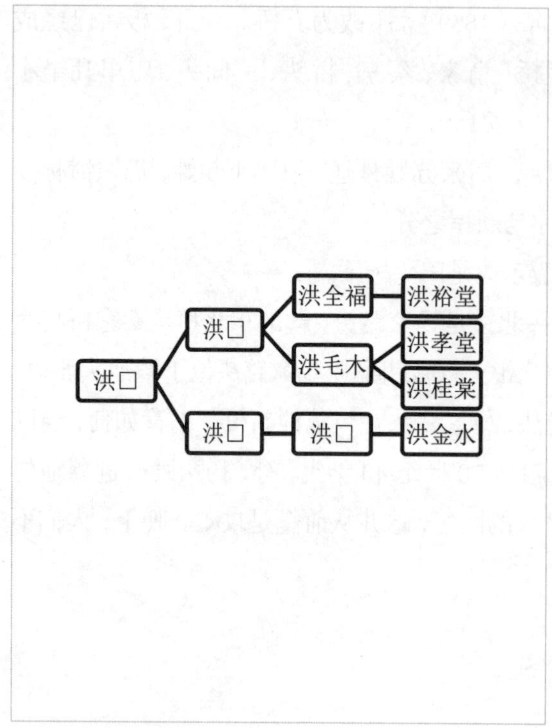

图 1-3 洪家世系（部分）

洪家普遍比较穷。洪桂棠（1932—2018）说："我自己从小就没有了父母，靠阿姐抚养大的，从小就在孙家、包家看牛，做了'五个月头'（短工）。再大一点，就给人家干活。后来中华人民共和国成立了，翻身了，农民当家作主了，我也大了，分到了土地，后面也结婚了，小孩也生了。"

图 1-4 洪桂棠

2. 大屋张家

据张小康说，大屋张家来源于布政张家潭。庙会时，张家潭宗族会分东西给他们。这支张家，民国时期，围墙里有三户人家。主要是两户人家，一是张阿章，另一支是张瑞庆、张董庆兄弟，他们两支是堂兄弟关系。也就是说，是由一个太公发展而来的。

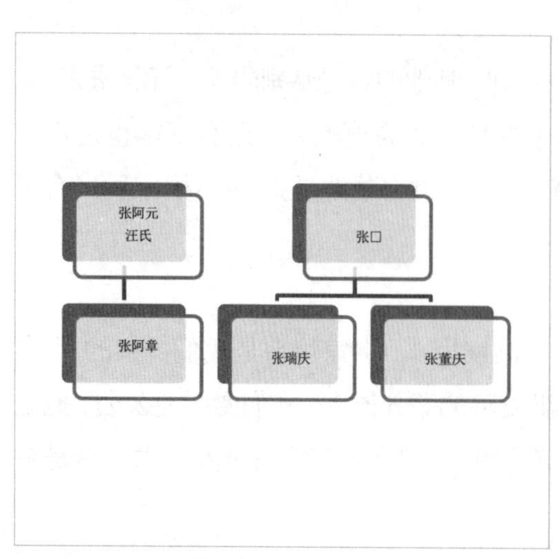

图 1-5 大屋张家世系（部分）

张瑞庆长子是张嘉康。张嘉康妻子包月娥说："我的公公也是种田的，我的老头子没有种，就放了一头牛。老头子脚摔伤了，不会干活，所以评了地主。会干活的话，地主不会及格（评上）了。田是没有几亩的。以前老头是放牛的，但是他贪玩，拿出 5 分钱，牛让别人去放，自己去打麻将了。我们结婚很热闹的，还要搭戏台，后来客人来了，在戏台上做操，老头说我来翻个跟斗，结果一不小心，脚摔伤了，拜堂了之后马上送医院。"

图 1-6 包月娥

张嘉康儿媳于春玲说："我公公结婚是 18 岁，我婆婆是 15 岁（1947）。当初我爷爷那边是地主，我婆婆那边是富农。以前大屋里面都是张家的，后来分掉了。我们结婚就在墙门楼上，比穷人还穷，因为都分光了。我婆婆有五个儿子，一个女儿，都像我婆婆。婆婆比较能干，以前挑便桶都是我婆婆来的。"

3. 张家

有张桂芳家、张祖芳家、张阿芳家、张财芳家、张明芳家和张如芳家这六户人家。再往上追溯，应是由同一个祖先发展而来的。

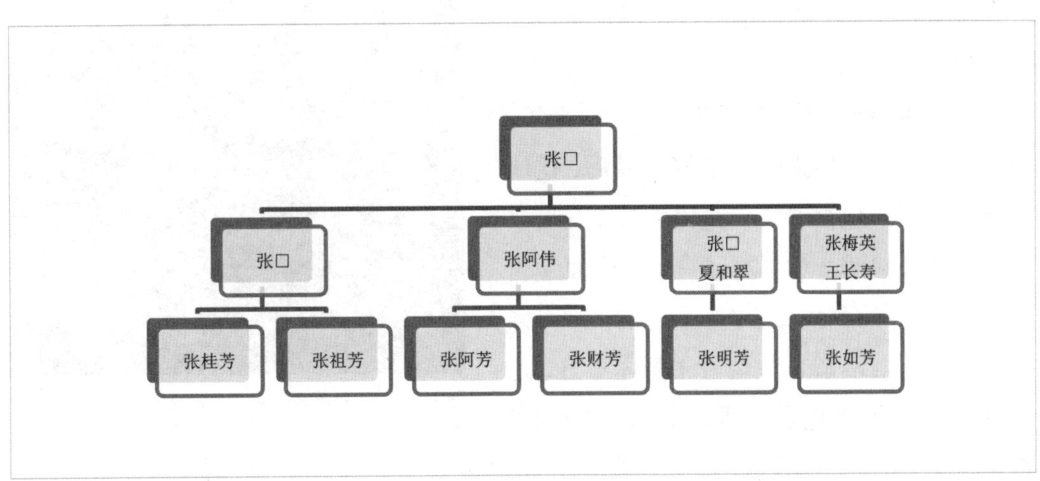

图 1-7 张家世系（部分）

据张富昌的说法，张氏是从张家潭迁移而来的。从家族规模来看，迁移时间较早，至少在清代就已迁来。他们曾想与张家潭张氏联谱，但没有得到对方的同意。

4. 包家

包氏可能来源于隔壁的包家，主要是三户人家。包祖绿是可考的最早祖先名，是包

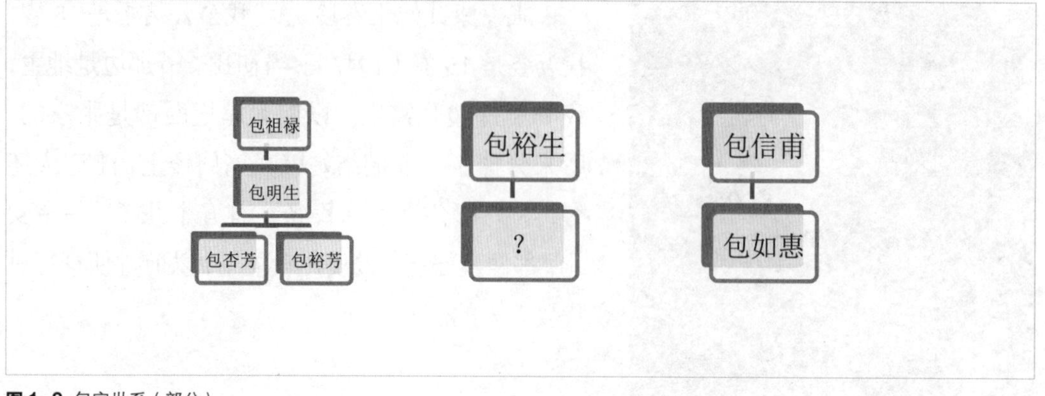

图 1-8 包家世系（部分）

明生的父亲。包明生、包裕生、包信甫是堂兄弟关系。包明生有二子包杏芳、包裕芳。现存包氏是包明生儿子包杏芳、包裕芳及包信甫儿子包如惠的后裔。

包康乐说："包明生的父亲是包祖绿，连我父亲都不知道，仅我知道。包祖绿是有坟碑的。在拆大坟时，那时候是 1958 年吧，有个碑上有'包祖绿'三个字，我就有了点印象。后来 1966 年'文化大革命'开始了，要扫'四旧'，我们家里东西什么都没有了，只剩下一个破箱子，把破箱子拿去了，上面写着'包祖绿'三个繁体字。我记得墓碑也写了'包祖绿'，我就去对照了，字是一样的，我就知道了，他应该是包明生再上面一辈了，应该是高祖了。后来房子造好了以后，这块碑就没有了。包祖绿肯定是没有钱的，坟小小的。后来包明生生活好了一点，后面包杏芳什么都没有，到我父亲包泉德也是，那时候土地改革了。爷爷（包杏芳）身体不好，是'大脚风'。天冷也要干活，爷爷的'地主'都是硬生生干活干出来的，这个'地主'多辛苦啊。"

图 1-9 2018 年的包泉德（时年 94 岁，为村中最长寿老人）

包泉德说："我爷爷、爸爸都是种田的农民，有六十多亩田，田是从我爷爷手里传下来的，我爸爸又买了一点。家里的房子，有楼房两间、小屋四间，我们生活也很舒服。自己来不及干活的话，也叫人家帮忙做。家里的条件，在村里算好了。我小时候身体也不好，老是生病，加上有财产，交关（非常）快活，没有吃苦。后来就落魄了。"

5. 孙家

孙家，来源不详。

孙定根说："我阿爸（孙阿友）一辈生了两个女儿，没有儿子。孙家有两户人家，我阿爸还有个兄弟，就是孙尧定的父亲，他们是两兄弟。过去分家产时，没有儿子是不能分家产的。他没有办法，就托别人买了个儿子来。我伯母做主，就把我卖掉了，我 6 岁到孙家。到了孙家，分了家产，上代留下来的这些东西，大房小房就这么分掉了。我来的当年，阿爸死了，那边的阿爸老早没有了，尧定母亲还在，我是叫她嬷嬷的，我家妈妈和嬷嬷是俩妯娌，就分家了。共有五间楼房，当中是堂沿，每户两间，这样分的。堂沿是共同使用，过去有很多事情，是在堂沿做的。"

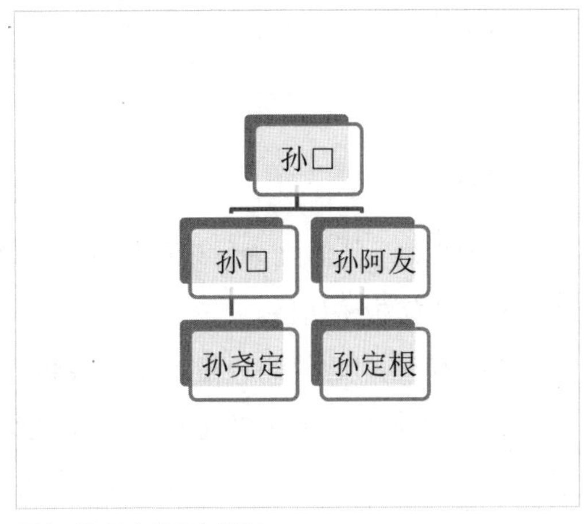

图 1-10 孙家世系（部分）

二、板桥

俞氏，据俞元根的说法，是来自古林镇北的桂林俞氏。吴升月说："以前板桥地主有两个，住的都是老楼房，土地改革后分给老农民了。板桥有板桥、三间头、俞家、桥头、蔡家几个小地名。"

板桥张氏，有几大来源。

一是奉化张氏。据张忠祺说，传说有兄弟俩张文龙、张文虎迁移到板桥，居住下来。张文龙后代是张杏芳、张德荣、张阿毛、张庆玉、张良惠等。张文虎后代是张阿元的二子张哲生与张如生。据说，张文龙后代发达早，所以有自己的堂沿。张文虎后代发达晚，至 1949 年才逐步发迹，正要起堂沿时，被定为"地主"。

二是从田头树下迁来的。

三是从慈溪迁移来的，如张炳元、张志浩。

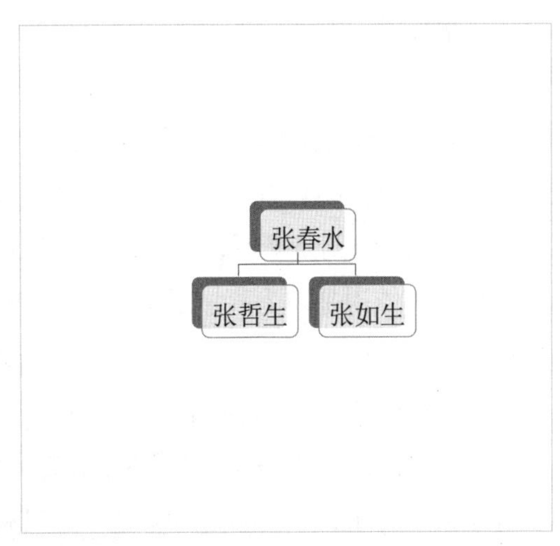

图 1-11 张家世系（部分）

四是从临海迁移的，如张文良。

图 1-12 张忠祺

三、姜苏

姜为主姓，其他姓为后来移民。因火灾，部分姜氏迁移板桥居住。

姜岳祥说："姓姜的老祖宗是从余姚迁来的。这位余姚人是善于做生意的，常常到处走动，走到这边的荒地，住了一个晚上，觉得这个位置很好，就搭了个棚子。这块地方是荒地，开荒后可以种田，别人不会说他的，政府也不会管的。他回家乡说，这个地方比较好，可以去看一看。这样，来开荒的就多起来了。最早是割完稻以后，用打出来的草盖棚子。后来一点一点富裕了，一点一点地起了房子，是这样发展起来的，成为一个新的村庄。"

姜宝根说："只知道我们姜苏上代是两兄弟，一个是老屋，一个是新屋。两兄弟可能有一些意见不合，不怎么走动，中间有一道墙。我们老屋建得早；新屋着火过，是后来又造起来的，所以它比较新，是后造的，它的屋就更好。我们老屋好也是很好的，四弄两明堂，不用走出去的，这样的弄堂是可以套的。这个屋的年数是老了点，我记得椽子还有一点塌下来，因为年份多了，我爸用树木顶着，力吃在树木上，椽子套在那里脱出来了。"

姜岳祥说："我们是新屋的，只有一个弄堂进出，别的地方不能出去的。房子就是这样一个门，周围都围着的。以前不流行开后门，为什么呢？因为贼非常多，开后门就怕有贼进来。我们都是从前门进的，这个弄堂就是这样团团围住的。新屋人多，人气最旺，他们有五兄弟。约有 70 户人家住在这里，房子有 100 多间，好好坏坏的都有。以前，姜苏总是着火，特别是新屋，几次着火。老人们说，姜苏不能造两层楼的，造了两层楼就会有火灾。传说是因为高过了旁边的殷浦庙。所以，姜苏是不起楼房的，都起平房，最多加一个小阁楼。"

姜苏有树德堂，又有中堂。

姜岳祥说："我 2 岁（1934）时，大姜苏发生了史上最大的火灾，烧掉了 100 多间房。那是冬至的晚上，大家都关门睡觉了。只有我阿娘（奶奶）在，阿爷已经没了，我阿爸在外面打工。我阿娘一看不对劲，隔壁着火了，到每户人家去敲门，叫别人起来。等她敲完门，回到自己家里，已经什么都没有了。我阿娘一手领着阿哥，一手抱我，我哥哥那时候已经会走了。大家从弄堂口跑出来，100多间房子都倒掉了，烧了一夜。这一次火灾，没有死人，人都逃出来了，但东西都没有拿出来。这一次大火之后，姜苏村败下来了，人非常少了。

“以前，国家是不管的。火灾以后，大家没有钱重新造房子，只好投亲靠友去了。有些是大人带着小孩到上海去了，还有到宁波城里去的，等于人都走散了。像我们，就到了板桥，租人家的房。有的人就一边要饭，一边走出去了。上次我遇到一个人，说起来也是姜苏人，着火以后，他跟阿娘讨饭到宁波城里，阿爸在上海做生意。中华人民共和国成立后，这些人都散掉了。老人在的话，因为祖宗在这里，总会回来看看，如正月初一来拜岁。如姜山的姜氏，子孙辈的人过年要来的。”

姜善庭说：“当时着火时，我们开始不相信。因为此前强盗来过，也敲过类似的锣声。等火烧着时，我们才相信，但已经来不及了。阿姆用一条棉被裹着我，逃了出来，什么东西都来不及带。随后，我们到了板桥的外婆家居住下来。我是在外婆家长大的。外婆因为没有儿子，他们家就成了我们的家。”

姜锡岳说：“新屋烧掉的地基，全是破瓦片，我小时候仍可以看到。生产队时期，浇成了生产队晒谷场。”姜宝根也说：“我小时，新屋的屋基地都是废墟。老派人是怎么说的呢，意思是那时候有个庙，房子起得比庙高了，就着火了。我们姜苏这个地方没有楼房，都是平房，最多小阁楼，放放杂物，不能住人的。意思是起楼房，起一回要烧一回的。后来到我们手里了，我爸分给我的只有一间小屋，楼上有是有，但不能住人。我一间房子住着也不够，就只能升高一点点，可以开个窗，住住人。因为老派人说，你房子起高了，要被火烧掉的，我也有点怕的。后来才逐步逐步地起楼房。”

四、杨家路头

杨家路头有杨氏与孙氏两姓。

杨国成说：“我爷爷是在杨家路头，就是藕池新村那个牌楼的马路对面。从爷爷、父亲那时候搬过来的。”

孙氏即孙德荣家族。包泉德说：“藕池另外一个村叫杨家路头，是一个小村，那个地方只有六七户人家，都是穷苦人家，孙德荣家里条件算最好。以前旧社会时老是被抢，吓死了，怎么办呢？他把房子拆了，就到藕池来了。孙德荣家里财产不多，田也不多，但是人缘差，常看不起人家，结果土改时被划成地主了。杨家路头刚好在大路旁边，强盗来得很多，所以搬进了村中。"

五、西头畈

畈，或作"板"误，见民国1936年鄞县地图。

西头畈主要是徐姓，有徐氏祖堂。徐氏祖宗在塘西村，准确地说，应是像鉴桥自然村。

徐定良说："父亲（徐德芳）跟着我爷爷种田，种十几亩田。到我出生（1937），壮大了，种二十亩田。后来中华人民共和国成立了，分田了，就是自做户，没有进也没有出。我们是中农，自己种田的。"

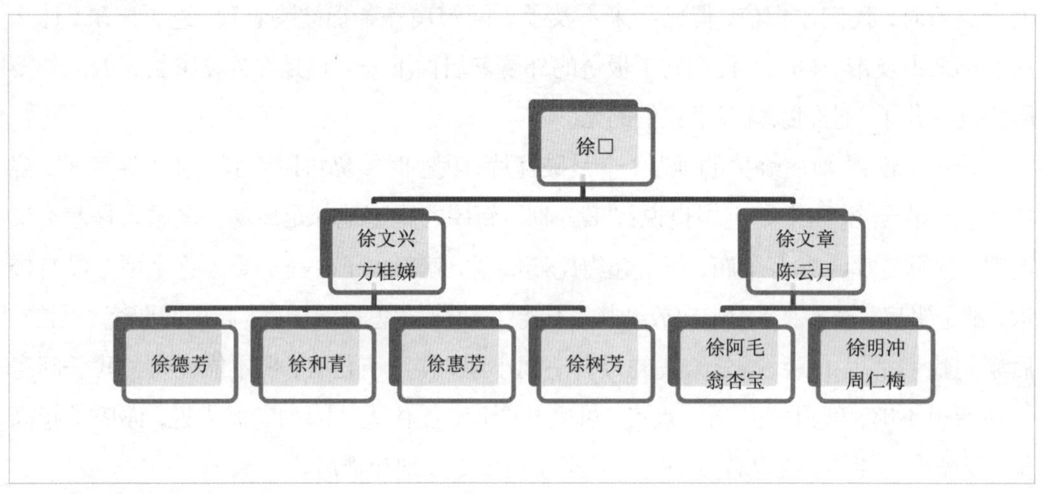

图1–13 徐家世系（部分）

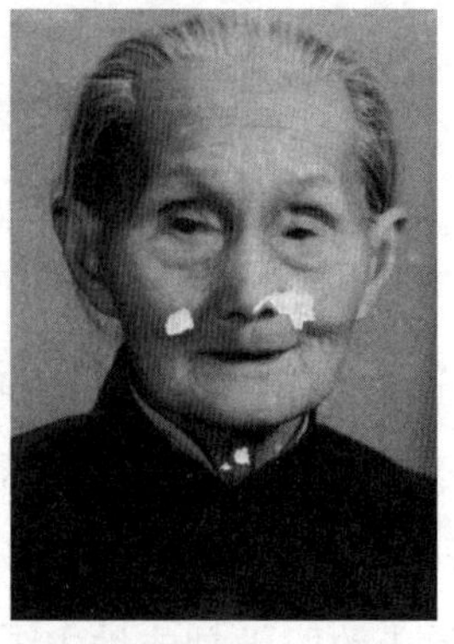

图1–14 方桂娣

六、田头树下

这是一个以张姓为主的小自然村，有百忍堂。

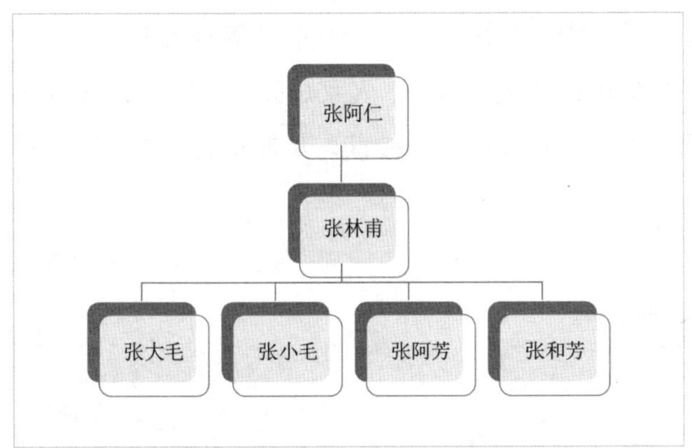

图 1–15 田头树下张家世系（部分）

图 1–16 年近九十的李和月老寿星

第三节 / 迁入诸姓

不同于主姓古村落，藕池村完全是一个移民村。它处于浙东沿海大通道上，是台州、四明山人进入城市的近道。它就是一个移民村，只是移民到来的时间先后不同而已。杂姓已经充分体现其特点。我们大体按来村时间，对民国期间来村打工的外地人做一个考察。

1. 马裕棠

马裕棠（1894—1951），人称马阿棠。1913 年左右，从马家塘（现火车站南边）来村中打工。马善祥说："我爷爷出来打工时，他的父亲母亲还在的。因为非常苦，生活维持不下去了，要饿死了，便出来了。我爷爷很坚强，弟弟妹妹给父母养，自己到外面讨饭。我听我父亲讲，我爷爷年轻时（20 岁左右）走到藕池来，那时候天气冷，他穿着草鞋，冷得瑟瑟发抖。到藕池来做'五个月头'，是给地主放鸭的。年数也做得蛮多了，后来人家老板叫他种田。当时他来是给张阿瑞家打工的，张阿瑞有土地。打工到 20 多岁，我爷爷找了对象。他们在张家的仓库间住了很多年，爷爷奶奶结婚以后，孩子生了两三个，都死了。我爷爷奶奶索性领养了一个女儿叫阿娇。结果，领养之后后面生的小孩就顺利长大了，一个也没有死。”

2. 江氏

江根星父亲早在1915年就从天台来村中定居。江根星是1933年出生的，1940到1945年（8岁至13岁）读小学，13岁起务农。姜岳祥说：“老江他阿爸是从黄岩到这里来安家落户的，他爸爸只有他一个独子。中华人民共和国成立前他读过书的，读到六年级，高小毕业，文化程度算高了。早年在孙家读了两年，人家烦死了；然后又来藕池庙里读小学，那时候是俞福泰当老师；高小在石碶中心学校读。从前跟我一样，也是看牛的。”

3. 徐张氏

徐礼康母亲，1919年，从余姚来到村中。

4. 张阿元

1919年，从余姚来到村中。

5. 林阿三

1920年，从黄岩来到村中打工。

6. 龚平仁

1928年，从台州海门来到村中打工。

7. 张文良

1929年，从乐清大正来到村中打工。

8. 林阿迷

1930年，从太平来到村中打工。

9. 卢如槐

1931年，从温州乐清来到村中打工。

10. 厉金土

1940年，从本县其他地方来到村中打工。

11. 林阿冲

1941年，从台州太平县来到村中打工。开始在段塘苏家做长年（长工），后来到藕池马阿棠家里做长年。

12. 蔡小囡

蔡小囡（1910— ），1942年，从鄞县其他地方来到村中打工。

13. 竺信翠

1942年，来村中做娘姨（保姆）。后改嫁姜振根为妻，从此定居下来。1954年，儿子吴祝庆来到村中。吴祝庆说："我 5 岁（1940）时，阿爸死了，靠阿叔养大的。九岁，阿叔把我介绍到一个寺院里做小和尚，那时是为了活命。14 岁（1949），中华人民共和国成立了，我就不当小和尚了。我属于贫下中农子女，干部、亲戚都培养我了，我参加了村农会，是村农会中年龄最小的人。后来我也分了地，自己种了。我阿姆改嫁到姜苏村。之前我去过一趟，我说：这个地方我不来住，我自己的地方蛮好。就这样，我走了。此前，我哥到部队参军，觉得找不到阿姆心不甘，就到处打听，终于打听到阿姆在姜苏，那时我哥 25 岁，我 16 岁（1951）。他从部队退下来，到宁波警卫队任职，身体有残疾，被枪打伤了。不久，我阿哥生病死了，我就算烈属。次年，我阿姆改嫁的老头也死了。这样，阿姆一个亲人都没有了，就来找我了，我就跟我阿姆来到了姜苏。那时候我才 19 岁（1954）。我干活很厉害的，到生产队自己带头劳动，就这样当了队长。"

14. 邵芝香

1943 年，从慈溪来到村中打工。

15. 赵大毛

1943 年，从邻村陈横楼来到村中打工。

16. 李阿凤、曹凤英姐妹

1943 年，从南门来到村中做娘姨。温岭县岩下公社田前大队李阿凤姐妹，流浪到藕池村，被张阿瑞收留。李阿凤说："我出生是在南门，我爸妈是里山人。16 岁（1943）时，爸爸死了，妈妈要去娘家了，我跟我妹妹两个人随行。我们那边的保长跟她说：阿姨，你不能去，你有两个小孩。但是，我妈妈一定要回去，她走到段塘，走了一天；去了石碶，走了两天。走到那边时，妈妈生病死了。当时门口有一个小店，老板问我们，说小妹妹，你还有多少钱？我说，我只有这么点钱，这些钱是卖东西得来的。他没问我要，让我把钱藏着，回家去。南门外那边有保长在，我们姐妹就去了，他让我们坐船去。我们船也没坐，两姐妹一起走去的。有人说，这个小女孩挺好的，让她到藕池村做保姆吧。于是有人给我介绍到了藕池村张家做工。我在他们家是做饭、洗东西的。他奶奶（张阿瑞妻子曹莲香）可客气了，我到他家里做凉帽去了，然后带饭去。她说，阿凤，我跟你说，人家外面在捡稻皮，你不要去说别人，不能说别人的。这个有两百斤，有的捡嘞。我在他们家做了两年多。之后，我就给别人家做工去了，我一直都是在藕池村做的。18 岁（1945）时，奶奶介绍我认识了一位姓李的，我们结婚了。我做媳妇的时候，家里东西一点都没有，棉被也没有，床也没有的，棉被也是他奶奶家给我们的，钱是他奶奶付的。我在他们家，他对我是很客气的，他奶奶对我也很客气，知道我做席子没什么钱，爸妈也早就死了，就说，你没钱，就可以问我来拿。我说，我是不会来拿的，我过得下去就可以了。她跟我说，这个没关系的，你可以问我拿。他们一直跟我很客气，我也很可怜。我在他们家也是全心全意的，给他们做工，给他们洗尿布，我那些钱都是赚来的。偷我是不做的，抢我也是不做的，好事情我是要做的。我当时跟我老公没有房子，租房也租不起。因为我们很穷，我老公家很穷，我爸妈也没的什么，也是很穷。”张富昌说：“小平的阿爸阿姆很苦，孝康的阿哥给张阿瑞家里打工，他阿姆做娘姨，给别人做饭、洗衣服，这样他们就处对象了。他们住在孙德荣房旁边的一个堂沿。后来土地改革了，他的老房子是土地改革分给他的。”

图 1-17 张阿瑞妻子曹莲香

图 1-18 吴康华（89 岁）

17. 吴康华

十二三岁（1943 年左右）时，从邻村吴家来到张阿瑞家中放牛。

18. 鲍启扣

1947 年，从乐清大正来到村中打工。

19. 邹梅章

1947 年，从余姚来到村中打工。

20. 张志浩

慈溪长河人，1947 年来到藕池做生意。他是因为姑姑张梅凤（俞阿赉妻子）在板桥而来到此地的。1947 年左右，他来到藕池做生意，儿子张吉安也因此迁到藕池小学读书。1949 到 1950 年，到邻村陈横楼开小店，张吉安也到陈横楼读书。1954 年供销合作社建立后，张志浩的小店成为陈横楼供销分店。他的算盘水平相当高，可以一手打算盘，一手写字。1958 年，张吉安回到长河，与同村 18 岁的张彩英结婚。1962 年，张彩英从萧山精简回到藕池，从此定居藕池。

21. 戚阿毛

1948 年，从本县其他地方来到村中打工。

22. 孙锦堂

1948 年，从本县其他地方来到村中打工。

23. 张仁仙

1949 年，从黄岩来到村中打工。

24. 水德寅

1949年，从本县凤岙来到村中定居。

25. 李云金

1949年，从本县其他地方来到村中打工。

26. 史志浩

1949年，从余姚迁入村中。1949年，史氏迁入。史幼芳说："我爷爷是余姚大岚下马村人。我父亲的哥哥是参加革命的，人受伤了，国民党军队来包围，如果抄到了，就得被抓去打死。我奶奶跟我父亲一路讨饭，到了板桥，在张阿存家做了'五个月头'。当时土地改革，我们是烈属家庭，有优惠的。我们小时，就在农村里抓黄鳝，我妈去卖，到宁波大世界去卖，家里有一本烈属证，只要把证拿出来，随便队伍排多长，都可以插队优先卖的。"

图 1-19 史志能的光荣纪念证

27. 陈存夫奶奶

来村中做娘姨（保姆），从此定居村中。陈存夫说："我姓陈，92岁。爷爷在余姚，条件不好，奶奶来宁波给别人做娘姨，照顾小孩。我们住在屯庄，那时候造房子了，家里什么东西都没有，就是一张破床、一只缸。后来我阿爸住在屯庄。庄是守墓的房子，那时候大户人家会到乡下做祖坟，买两亩地，造个小房子，就是庄。我们帮人家管管坟头，顺便帮着种两亩田。屯庄就一直有一户人家，跟村里不搭界，平时就是种两亩田，帮别人管个大坟。庄里没东西的，就是三个牌位和一些照片。屯庄主人家姓范，是天一阁范家，造的坟在藕池旁边。除了清明到了要上坟，平时没人的。我们就是帮他们管祖坟的，这两亩田也是范家的。中华人民共和国成立了，老板把房卖掉，我们就搬到藕池了，租别人的房。后来搞互助组，我就入社了，先后经历了低级社、高级社。我在益丰社，板桥是迎丰社，一共有两个社。那时候藕池村也是种田，很困难，种田没有花头。种一年要交粮谷，之前要交大业田主谷、小业田主谷，大业田主谷是每亩50斤，小业田主谷是每亩183斤。一年两季，如果是每亩50斤，那一年要交100斤。种人家的地，也没有什么花头，小孩要交200多斤，大人要交300多斤。"

28. 叶顺昌

剃头师傅，余姚人，1921 年迁居村中陆家庄。1950 年 12 月，迁回老家。

29. 陈氏

陈惠信说："我爸爸最早是做戏的，后来在村里落户了。那时候就做爆米糖、冻米糖，赚一点小钱过过日子。"

30. 叶氏

叶根财母亲前后有两个丈夫。周利英说："爷爷是奉化岩头人。他们这户人家说起来很复杂，前一个爷爷是给人家做'五个月头'的，生了两个儿子以后，他去世了。后来和外头贩牛的人又生了两个儿子。公公（叶根财）是第二个贩牛的父亲生的。贩牛就是把外面的牛拉过来卖。他七岁（1913）时，自己父亲也死了。后来，叶家就以捕鱼为生了。"

31. 李氏

李阿定（1891—？），箍桶匠，是一个光棍，1952 年尚在村中。李阿来（1909—？）是渔民，只有两个女儿。女儿们出嫁以后，在村中无后人。这两位李氏应是兄弟，可惜没有后人。包泉德说："李氏有堂沿一只，李阿定住堂沿，李阿来也是租人家屋住的。"这说明他们是外来的。他们与宋严王村圆塊张村李氏兄弟合用一只堂沿，可能是同村人。

布政乡宋严王村圆塊张村李云康、李孝康、李云金三兄弟，来到藕池村打工。李和芳说："我们姓李的，不是地道的藕池人，我妈是温岭的，我爸是古林宋严王村的。以前住老房子，过来以后，我爸帮人家做木工，后来就在藕池落户了。接着和我妈处对象了，就住在这里。"据吴康华说，他们三兄弟，在张阿瑞家做"五个月头"。

以上这些人定居村中，有四种情况：一是置房，如江根星，有三间被人称为"芋艿头"那样小的平屋；二是租房，如陈存夫；三是婚配，如李阿凤；四是政策分配，1950 年土改时分得房子，落下户口，从此定居村中。可以说，他们享受了中华人民共和国的政策福利。

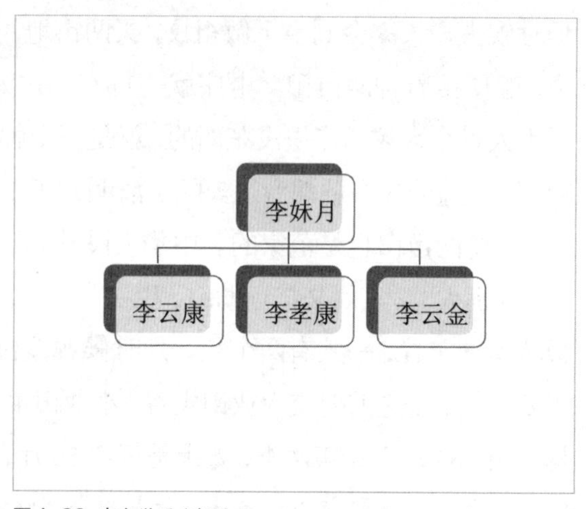

图 1-20 李家世系（部分）

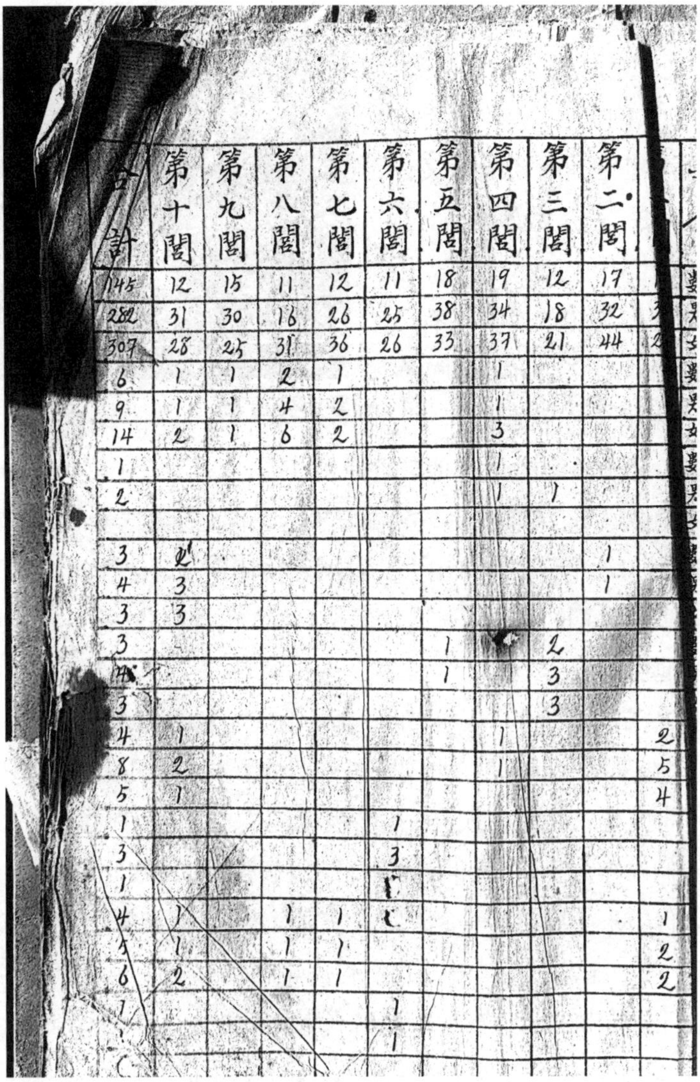

图 1-21 1952 年藕池乡第四村 10 闾住户数及成分

第四节 / 保甲自治

民国时期，鄞县实行乡保甲制度，十户为甲，十甲为保。保长负责复查本保户口统计报告，督练壮丁，辅助军警；甲长受保长指挥，负责编查户口、抽选壮丁、盘查奸佞，报告户口异动等。保甲制度是一种军事化人口管理的制度。包泉德说："藕池那时候叫布政乡 19 保。中华人民共和国成立前，藕池头有三十多户人家，姜苏只有十多户人家，板桥有二三十户人家。此外，还有官庄、秦家桥、西头畈、田头树下四个自然村。共有

171 户人家。那时候几个自然村间的联系靠甲长和保长。当时保长是马裕棠。藕池头的甲长是张阿芳、包裕芳；姜苏的甲长是姜美扬，担任了十余年，又任副保长一年。甲长一般是做好几年，开会是甲长去开，保长不怎么去。保长、甲长的选择，一般是找村中的富裕而有力者。那时候当保长、甲长没有津贴，有时候找有钱的人家稍微'开支开支'。"

图 1-22 胡飞英

说及马裕棠，孙子马善祥说："他当了保长以后，买了两三亩的田，多是不多的。爷爷没有文化，专门做好事，专门给穷人家做好事的，谁没有饭吃了，过年了，就说到我家里拿点米。谁家棉被没有了，也拿出去。这两三亩田买来，这些饭、米，总是给人家穷人吃，有时候隔壁的塘西村人，知道这位保长心好，也会问我爷爷讨一点，说自己的日子过不下去了。他们来了，多点少点，会拿一些去。"胡飞英："公公（马裕棠）不识字的，是那个杨亚明的爷爷（杨茂生）当秘书的，都是他出主意的。"

胡飞英说："杨家路头以前是荒地，躲了五个地下党员，国民党来镇压，已经快搜到了。有人来告诉他，杨家路头有五个后生要被枪毙了。公公就跑过去，对方说他们是共产党员，他与他们说好，把五个人带到家里来，没有被子，就给他们被子，谷子给他们装去，把这五个人保下来。其中有一个人后来一直有走动，我结婚，他也来的。"这个故事有另一个版本。马善祥说："有一次，我们村庄里在杨家路头淘坟滩，其中有三个人把强盗叫来了，是宁波仓桥头人。村里的人就来跟我爷爷讲了。我爷爷马上赶过去，跟对方讲，你们有什么要求就讲，不要把人家打死，有什么事情，要什么东西，你跟我说。后来强盗把他们放掉了，我爷爷就拿出了几条棉被、几斗米给他们，他们就走了。其中一人我也知道，我叫他小爷爷的，一直走动的，到他死为止。他们家里种了紫葡萄，我还去摘过紫葡萄的；他正月里买吃的给我们，让我们拿饭菜回来。"包月娥说："棉花阿棠（马裕棠）心地很好。有一个人卖螺蛳卖不完，他就出钱买下，到河埠边放生了。"

除了政府层面的保长、甲长外，村民更多是靠自治的。当时各姓有自己的祠堂，譬如洪家就有祠堂，洪友龄担任族长公公。洪小康说："过去的风气和现在不一样，那时候如果没有礼貌，族长要讲你的，一定要尊重他的。现在的书记，如果我不睬他，倒也没问题。但是以前碰到族长公公，一定要叫族长公公好，否则你就是对族长公公不尊重，要吃亏的，说你家里没有教养，他就要告诉你母亲去了。他开堂沿门了，大家都要进去向他鞠躬；有事情，他会通知的。一个族里面，姓张、姓王、姓李，都有一个族长的，就算只有两户人家也有族长的。过去都有排行的，现在没有了。”

第五节 / 农耕生产

一、藕池头

包杏芳，据 1950 年藕池乡第四村户口清册，家中财产如下：自耕，大小业 39.65 亩，大业 1.75 亩，小业 17.4 亩，折合 47.66 亩。租入，大小业 2.4 亩，大业 18.4 亩，小业 2.75 亩，折合 14.54 亩。租出，大业 20.8 亩，折合 12.48 亩。楼房 4 间，平房 5 间，牛 3 头。土改时定为地主。包永德说：“我父亲烟都不抽的，非常俭省。钱借给人家，倒光了。后来，这些东西都没有了。”

图 1–23 包永德夫妇

张瑞庆，人称张阿瑞，据 1950 年藕池乡第四村户口清册，家中的财产如下：自耕，大小业 1.7 亩，大业 6 亩，小业 25.38 亩，折合 15 亩。租入，大小业 12 亩，大业 30.83 亩，小业 11.45 亩，折合 35 亩。租出，大小业 3.1 亩，大业 20.5 亩，小业 13.7 亩，折合 20.88 亩。房屋，楼房 3 间，租出 1 间，小屋 3 间。牛 2 头，水车 3 部，车盘 1 只，犁 1 把，耙 2 把，锄 5 把，稻桶 2 只，箩 58 只，箪 14 只，蓑衣 5 件，风箱 1 只，肥桶 3 只，黄掸刀 3 把。土改时定为地主。

图 1–24 张瑞庆

孙德荣，据 1950 年藕池乡第四村户口清册，家中财产如下：大业 29.6 亩，折合 11.84 亩。租入，大小业 6 亩，大业 32.5 亩，小业 2.9 亩，折合 26.66 亩。租出，小业 17.1 亩，折合 6.84 亩，楼房 3 间，小屋 2 间，耕牛 1 头，及其他农具。土改时定为地主。

孙尧定，据 1950 年藕池乡第四村户口清册，有自耕大小业 25.9 亩，大业 30.6 亩，

折合 38.14 亩。租入，大小业 6.4 亩，大业 30.6 亩，折合 27.76 亩。租出，大业 1.4 亩，小业 1.3 亩，折合 1.32 亩。楼房 2.5 间，小屋 5.5 间，耕牛 2 头，及其他农具。

徐阿珠，据 1950 年藕池乡第四村户口清册，有自耕大小业 23.1 亩，大业 3.6 亩，小业 36.25 亩，折合 39.36 亩。租入，大小业 4.8 亩，大业 45.95 亩，小业 13.3 亩，折合 37.69 亩。租出，大小业 1.6 亩。折合 1.6 亩，楼房 2.5 间，耕牛 3 头，土改时定为地主。

张阿章，据 1950 年藕池乡第四村户口清册，有自耕大小业 6.5 亩，小业 2.66 亩，大业 31.85 亩，折合 20.826 庙。租入，大小业 1.8 亩，大业 35.55 庙，小业 6.36 亩，折合 25.674 亩。租出，大小业 5.57 亩，大业 5.3 亩，折合 8.75 亩。楼房 3.5 间，小屋 1 间，耕牛 2 头，及其他农具。土改时定为地主。

马裕棠，据 1950 年藕池乡第四村户口清册，有自耕大小业田 10 亩，小业 8.3 亩，折合 13.32 亩。租出，大小业 1.7 亩，大业 18.3 亩，小业 10 亩，折合 16.68 亩。自置楼房 2 间，平房 3 间，小房 3 间，耕牛 1 头，其他农具 1 套。土改时定为富农。

包裕芳，据 1950 年藕池乡第四村户口清册，有自耕大小业田 20 亩，小业 24.4 亩，折合 29.76 亩。租入，大小业 14.7 亩，大业 27.1 亩，小业 2.7 亩，折合 32.04 亩。租出，大业 0.6 亩，折合 0.38 亩。自置平房 5 间，小房 1 间，耕牛 2 头，其他农具 1 套。土改时定为富农。

包文华说："我爷爷（包裕芳）那时候算是大户人家。那时候，我爷爷的田最起码有五十亩，我爷爷都是种菜卖菜、种席草。菜种了，到黄古林市场去卖。我们藕池包家是农社一员，菜市价都知道，市场上有多少菜，价钱怎么样，报过来，如果菜多了就便宜了，如果菜少了就贵了。那时候去卖，我大爷爷和小爷爷两兄弟摇两只船，有时候是一起去的。以前种的是黄杨菜和生菜。春天就种席草，是本地蔺草，打席子用的，叫席草。中华人民共和国成立之后，我大爷爷被划为地主，因为他自己是不干活的，只在家里搓搓麻将。我们本来是要被划为地主的，但因我父亲自己是去干活的，就没有。我父亲有三兄弟，中华人民共和国成立以后，我大伯自己种了田，收了米，在南门开米店，没有什么本钱。共和国成立前，他跑到上海去了。当时，我父亲还不到 18 岁，是未成年人，我叔叔才 10 多岁，更小。我爷爷

图 1-25 包文华

本村自耕租入租出田畝數統計表

田畝數 \ 閭次		第一閭	第二閭	第三閭	第四閭	第五閭	第六閭	第七閭	第八閭	第九閭	第十閭	合計
自耕	大小业	11.1	24.4	49.45	19.48	9.1	109.05	66.727	2.5	4.85	9.4	306.127
	大业	1.2	3.1		8.66		5.35	32.37	3.9	3.97		29.417
	小业	27.2	31.7	28.6	103.5	21.75	138.25	77.32	25.4	60.91	44.5	559.15
	折合	22.7	39.01	60.89	66.096	17.8	167.56	99.5972	15.	31.596	27.2	54.74292
租入	大小业											
	大业											
	小业											
	折合											
租出	大小业											
	大业											

图 1–26 自耕租入租出田亩数统计表

已经没有什么用了，生病了，因此就把我父亲（包德云）划成了富农。”

二、板桥

姜岳祥说：“中华人民共和国成立前，板桥的人多数都是种地的。那时候都是个人的地，土地是两种，一个是大田，一个是小田，小田的话我想给你种就种，不给你种就不给种；大田权利是没有的。当时有这种规定。比如说你是小田，每亩要交 120 斤，随时会增加的，稻谷收割了就给他每亩 120 斤。大田就少了，每亩 50、60 斤。后来这些人全都被打倒了，土地统一到人民政府手里了。

“那时候板桥有地主两户（张阿存、张如生）、大佃农 3 户（俞阿祥、俞云孝、张德荣）。板桥在中华人民共和国成立前大概有 30 户人家，村庄比较小，楼屋较多。张阿存家里有 5 个雇工，3 只牛（1 只水牛，2 只黄牛），100 亩田。他人还好，田多了也出租。水牛、黄牛都是耕地的，水牛天热了就不干活了，干活时，力气很大，速度很快。黄牛天热会给你干活，天冷也会给你干活。水牛很聪明，后生去弄它，它会用腿踢；你不弄它，它也不会来弄你。黄牛比较老实，水牛要看人的。”

张阿存靠种田。姜岳祥说：“张阿存一直种田的，他种了很多田，大概有百来亩，他自己不种的。以前种田要有本钱的，牛、犁、耙，车水要用牛。1947年以后他开了一个店，但是生意不大好。日本人来了以后，炸弹扔下来，人家都跑光了，张如生就跑去把店买来了。”

张阿存，据 1950 年藕池乡第四村户口清册，家中财产如下：自耕，大小业 12.4 亩，小业 59.32 亩，折合 36.12 亩。租入，大小业 22.08 亩，大业 60.82 亩，小业 1.5 亩，折合 59.13 亩。租出，大小业 2.4 亩，大业 4.7 亩，小业 8.25 亩，折合 8.52 亩。楼房 4 间，平房租出 8 间，小屋 5 间，耕牛 3 头。

张如生，据 1950 年藕池乡第四村户口清册，家中财产如下：自耕，大小业 35.52 亩，大业 3.23 亩，小业 6.7 亩，折合 40.14 亩。租入，大小业 1.3 亩，大业 6.7 亩，折合 5.32 亩。租出，大小业 26.4 亩，大业 5.4 亩，小业 16.85 亩，折合 36.38 亩。平房 9 间，小屋 1 间，耕牛 1 头。

板桥村的大佃农有三户：俞阿祥、俞云孝、张德荣。大佃农也算是勤劳的。姜岳祥说：“俞阿赉、俞云孝父子田种着，让两个年轻雇工做，农忙时节自己也种田。什么时候不下田了呢？以前田需要耘三次，第三次耘过以后没有草了。有空了，就开始做生意。老板自己是贩牛的，从黄岩把牛拉过来，在这儿再卖掉。这个牛老了，就得卖掉；如果不卖掉的话，冬天要冻死的。老牛卖掉，肯定要买新牛的，不买的话，明年田怎么种呢？他就是做这个贩牛生意的。”其家曾从外面请了三个人（临海人黄仙浦、板桥人孙金荣、礼嘉桥人徐爱玉）来帮忙种田。

三、姜苏

姜宝根说：“整个姜苏没有地主，没有大佃农，也没有富农，都是中农，有两亩田的，像姜梅扬这样的。田不多的，问别人租一点，或者有点钱了买两亩，就是中农了。”据姜锡岳说，父亲姜梅扬是一个老实巴交的农民，有“大脚风”病，开始是给人做“五个月头”的，后来有钱了，买进了一两亩田。

四、卖米

包泉德说：“地种了以后，米除了自已吃，还会卖出去，卖给做生意的米店老板。有时候稻谷没有收上来，困难的人家就向米店老板拿，等新谷上来再还给他。谷要卖的，否则的话没有钱用。旁边有粮站——宁波望湖桥长济米厂；湖西那边也有一个米厂，要自己运过去。那时候要交公粮，收粮的人叫张桂芳，要交钞票，不是交粮。”

五、帮佣

图 1-27 包德云

包泉德说：“村里人关系还好，你也种田，我也种田。无地的人给别人做雇工，有地的自己种田。藕池头出去做生意的非常少，都是种田的。”张加昌说：“地主是根据地亩、财产、牛、棚一整套算出来的。像我姐夫包德云是大佃农，他自己一直做，雇了两个人帮忙。”

张杏芳说：“我1942年生的，1947年我父亲去世时，我才5岁，也不怎么懂事的。两个姐姐出嫁了，我母亲在人家家里做佣人打工。我母亲在别人家里干活，就住在别人家里，一直到1949年，那时候我才9岁。我们地多人缺，地主多，地种不过来，给人家种。地主和富农，还有大佃户农，这三种多，上中农地就缺了，种的地很缺，就自己种，‘五个月头’的人工不用雇了。以前地主要雇工的，分为五个月、三个月两种。三个月是短工，收割好早稻，就把人给回掉了。五个月算是长工，最起码要等收割完晚稻，才可以不用做了。”

六、女人织草帽

织草帽是藕池村女人的传统行业，根据1950年藕池乡第四村户口清册，全村的女人均从事织帽行业。姜锡岳说：“我母亲十分能干，三天织一顶金丝草帽，可以买一袋米。我家的日常开支，主要靠母亲织帽赚来的钱。”可见，其收入直接维系一个家庭的日常开支，作用是十分大的。

第六节 / 外出经商

民国时期，随着长三角一带城市工商业的发展，宁波人纷纷到上海等地发展。我们

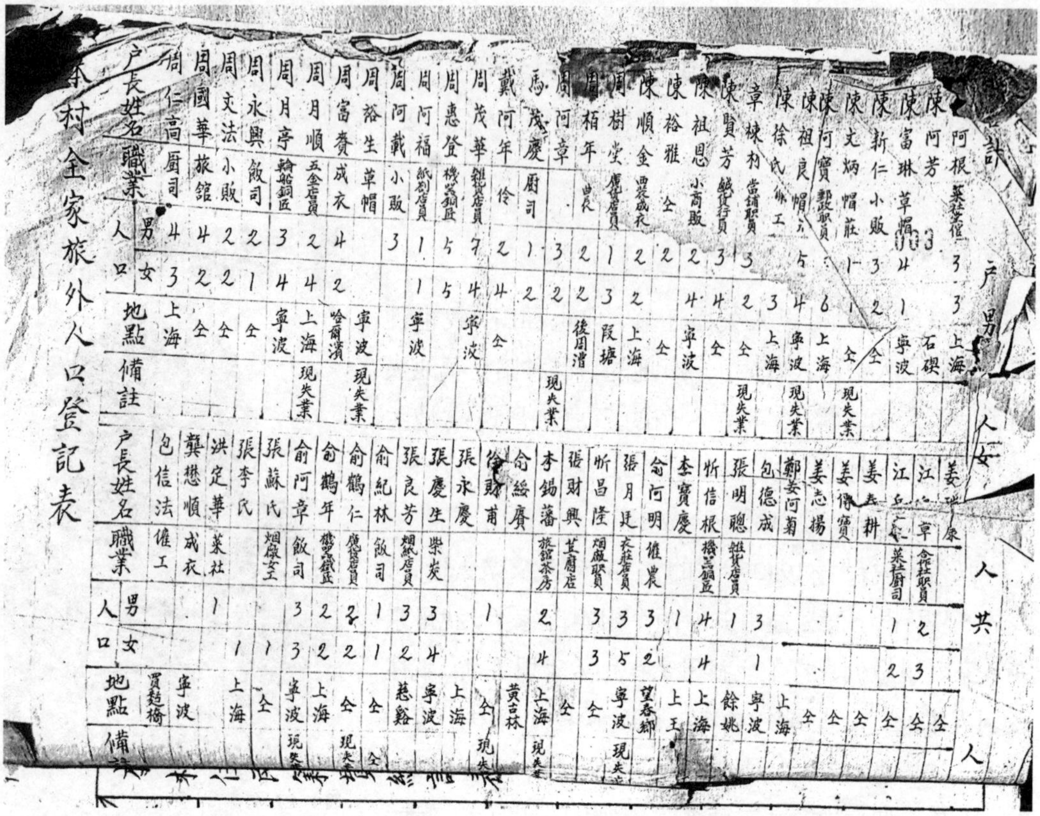

图 1-28 1950 年本村全家旅外人口登记表

可以发现，藕池村人也纷纷外出，他们到上海、宁波及村周边经商或打工。板桥外出学做生意的很多。

一、去上海做生意

板桥的俞信昌，十四五岁到上海，在上海布厂当店员。姜岳祥说：“我原来在姜苏，家里着火了，那时候我只有两岁。1934 年后全家搬到板桥，租人家房子。这户人家条件很好，有三间楼房、两间小房子，楼房是两兄弟住的，小间是给种田的‘五个月头’住的。房东俞信昌，十五六岁（1931 年左右）就走出去，在上海打工。中华人民共和国成立后，落户上海了，未婚。房子原来是租的，老是要交租金，房东阿弟俞信昌住在横畚市，钱每年交给他，他再拿去给他哥。后来，他阿哥年纪大了，身体不太好，就想把这个屋卖掉。那时候‘文化大革命’，你想买也不行，想卖也不行。等‘文化大革命’结束，就好买卖了，我购进了一间楼房、一间小屋，那时候要 480 块左右。此外，还有一个姓俞的，也到外面了，房子卖给潘阿根，他儿子在布政粮管所，叫潘坤华。后来上海打仗了，吓死了，要逃了，那时候日本人来了，去上海讨生活的小孩都逃回来了。”

板桥的江岳庆、江岳章去了上海。姜宝根说：“江时生有三个儿子岳定、岳庆、岳章，岳庆、岳章到上海做生意去了，仅春节回来看看而已。岳定生了一个儿子、一个女儿，后来他死掉了。1955 年，他老婆改嫁我父亲。江岳定的女儿文娣和儿子奕年，后来被岳庆带去了。岳庆没有子女，就将侄子侄女带去当自己孩子了。他们也从来没有回来过。我后母当年死前，总想要她自己生的儿子女儿来见一面，但是不管电话怎么打，他们都不肯来。因为想法不一样，他们认为母亲抛弃了他们，不要他们了，他们来干什么啊。”

西头畈的徐惠芳，13 岁去上海第一衬衫厂当厨师。目前在上海养老院中。

藕池头的洪孝堂，做轮船厨司（厨师）。洪桂棠说：“我大姐夫是段塘人，后来到上海，在人家饭店里做厨师。我阿姐带我大哥到上海去，在饭店送送菜。后来人长大了，朋友就介绍去长江轮上做厨师。中华人民共和国成立后，在外轮上做厨师，经常出境，去过美国、德国、香港等国家与地区。年纪大了，嫂子也带去，就在广州定居了。”1952 年的户口本上，尚有洪孝棠夫妇名字，定居汉口。这说明，定居广州是 20 世纪 50 年代以后的事。

俞云孝（1920—2004）也到上海学过做生意。据鄞州区所藏俞云孝档案，1936—1946 年，他在板桥村、陈横头、方加耷小学读书。1936 年 10 月—1938 年 9 月，在上海亚明路压字西路森泰烟纸店当学徒。1938—1939 年，在上海亚明路压字西路信记烟纸店当店员。1939—1941 年，在上海海宁路裕新昌烟纸店当学徒。1942—1953 年，回村种田放牛。

藕池头的包泉德去过上海光沪店学生意。包泉德说：“光沪店在上海虹口康格路 168 号。这个店是我娘舅的，隔壁另外有一家店。娘舅从小学做生意的，很苦的，日本人来了也不逃难，就住在上海。人家老板都逃难了，他还在这里。我母亲两姐妹也在这里，我是外甥，叫我去开个店去管管。那开什么店呢？就开一个店，卖搪瓷杯、热水瓶、脸盆这些东西。我做了三四年的时间，快解放了，家里叫我回来，就回来做事情了。”长子包康乐说：“我父亲对知识也是很看重的，我父亲原来是上海做账房的，如果不回来的话多好。他大概 1948 年到 1949 年在上海，一直是账房、做会计。没想到家里遭贼了，我母亲打电话来说银圆被某某人偷走了。我父亲说，这是我朋友，我跟他说说。所以我父亲就回来了。他刚刚在家里住了一个星期，上海轮船封了，不能去了。接下来，全国都开始整顿。藕池村这边一看，你是地主，你是地主儿子，就把成分划定了。本来在上海的话还是一个很好的成分——店员职工，结果他为了 5 块银圆回来了。”姜苏的姜凤生家，长子姜志良到上海学做生意，从此定居上海。后来，次子姜梅扬的长子姜昌岳、姜海岳也去了上海。据姜俊岳说，1938年前，姜昌岳到上海铁路的货物托运公司学做生意。他此前在像鉴桥读过私塾。抗战时，公司关门，他做小生意。公私合营后，他在上海曙光木桶厂当会计。老三姜海岳，在石碶小学读过书，1945年左右到上海，最开始是卖收音机。公私合营后，他在上海宏音无线厂（后改名上海无线电十八厂）当工人，后当过工会主席。老四姜俊岳，在石碶小学读过书，1948年左右到上海金城钢笔厂当学徒。1952年，厂由上海迁到北京，他也到了北京。

姜锡岳说："我母亲十分能干，有意识地托人，将三个儿子介绍到上海学做生意。学了做生意以后，就可以自力更生了。而且，也可避免家中几个儿子闹矛盾。当然，家中也得留一个儿子。三个儿子后来得以在上海、北京等大城市当工人，而另外两个儿子则在家中当农民了。"姜宝根说："姜梅扬本人是种田的，但他有三个儿子到外面做生意了，家里老二、老五种田。三个儿子，仅过年过节回来探亲。他这户人家在姜苏也蛮有名气的。"

姜志良

姜梅扬

姜永岳

图1-29 姜氏兄弟

板桥的张庆玉，在上海从事针织手工业。

张如芳，1937—1938年到上海学生意。此前的1931—1936年，他在方加耷小学读书。1939—1948年，在本村给人打工。

二、在宁波本地做小生意

图 1-30 姜宏庭

姜苏的姜德英（？ —1937），在宁波东渡路著名的任恒泰席店做店员。其长子姜宏庭（1919—1945）也在浒山店里当账房。二子姜善庭，14 岁（1944），到宁波江东的布厂当学徒，后到浒山店哥哥徒弟开的杂货店中当店员，凡五六年。

张如生。姜岳祥说：“张如生是做生意的，卖空瓶、酱油瓶这些乱七八糟的瓶子，生意非常好。他是做批发的，在宁波东门街做批发生意。生意也是跟表姐妹拼的，他管店，另一个人进货。中华人民共和国成立后，张如生回来种地了。他自己家里的田有十多亩。他开过店有钱，什么地方有田，种不起就可以卖给他。但后来田不能卖了，那时候没有钱就靠国家，你要买东西就向信用社借。我在信用社当理事，我批给他钱。比如说三个人拼买一只耕牛。那时候信用社钱也很紧，这些人很困难，田要种，牛没有怎么种？只好几户人家拼着买。有的人有钱，没有钱的就向国家借，说好什么时候还。我也跟他说，你不要拖我的债，拖的话我就麻烦了。他说，你放心好了，不会的，我宁可自己家里没有饭吃，这笔债总要还的。我说，那就借给你。他们也很爽快，谷收割了卖掉，钱拿来还债。这样，第二次又可以来信用社借了。那时候很困难。”张如生儿子张忠祺说：“小时候苦是实在苦，当时我爸爸被划为‘地主’，被抓去坐牢，有的人枪毙了，我爸爸被放回，还算是好的。钱赚来买地，要么就是做生意。我爸爸是卖和帽瓶的，是医疗器械生意，这个钱很好赚，然后赚来的钱就用来买地。土改了，他说，你自己种的地没关系的，是不会弄掉的。后来生意不做了，就来种田了。他小时候很苦，4 岁死了奶奶，4 岁的小孩，衣服都不怎么会穿。16 岁，跟爸爸、姐夫做生意。当时和帽瓶生意特别好，然后发财了，就买了一些地。后来打仗了，饭没得吃了，他们地也不要了，然后就被我爸妈买过来了。我有两个姐姐、两个妹妹，爸爸被抓走了，只能自己种田了。我 7 岁的时候就开始种田。村里的学校还是挺好的，爸爸被抓走的孩子，学费免了，书费交一下就好了。”

图 1-31 姜德英

俞和昌。姜岳祥说："俞和昌是初小文化，那时候会写字的人很少的。开始是广货店员，打仗了他就逃回家了，工作也没有了，只能看看牛什么的。20世纪50年代，到姜山粮管所工作，负责记录出仓多少、进仓多少，报到上面去，工作是轻松的。后来调到横街粮管所，就卖掉了板桥的房子，在旁边的横岙市购了房，一直到退休。他在横岙市购了房子，板桥的都卖掉了。后来他儿子俞祥华也在那。孙子很乖，读书成绩很好。"

姜春芝。姜宝根说："姜春芝是铜匠，他挑铜匠担的。他一直挑铜匠担，人家的铜茶壶漏了修一修，是挑铜匠担的，一直在挑。"

江时生。姜宝根说："江时生是做小生意的，背着一只大纱篮，卖香烟。卖完以后，会带点零食回来，给我们小孩吃。我们每天等在那里，他来了就蜂拥上去，能分到点糖、水果吃。他也是死在姜苏的。这户人家做生意，父亲做生意，儿子也做生意，后来走出去了，胆子也蛮大的。"

龚梅顺，在宁波做裁缝。

张良惠、张良芳，在外面做店员。

严文才，做咸海货生意。

洪友龄，材匠。

李阿来，渔民。

李阿定，箍桶匠。

俞阿赉、俞云孝父子，贩牛。

姜岳祥说："做生意有多少钱好赚，也要看老板客气不，那时候好的话，老板给你一点小利，像现在的奖金一样；如果做得不好就没有了。"

第七节 / 习俗一窥

一、红白喜事

包泉德说："找对象讲究好对好，坏对坏。我姐嫁的也是老板，嫁到塘西村，条件蛮好。我老婆是礼嘉村人，家里条件一般。中华人民共和国成立前由媒人介绍，定亲就是礼品拿过去，这些都是大人做的。我18岁结婚，结婚那天很热闹，酒席办得很多，宁波叫了一班吹客班，还演滩簧（甬剧的前身），客人很多。结婚酒席摆了两天。娶亲用花轿，六个人抬。第二天去丈母娘家。

"人过世，放在堂沿。藕池村有几个堂沿，孙姓的一个，包姓一个，张姓一个，洪姓一个，李姓的一个破掉了。摆寿酒看条件，条件好，一两天；条件差一点就算了。那时候行土葬，要做坟的。坟是大人定的，像我爷爷的坟老早就做好了。坟就在乡下头贴隔边（旁边）。那时候随便你去做好了，没有人管的，土地也多。”

二、逢年过节

包泉德说：“过年的话，条件好一点的人家过年，杀一只猪，请人吃一餐。条件差一点的人家，杀只鸡（自己养的）。再差一点的人家，养四五只鸡卖掉，然后用卖的钱买一条鱼，买一点肉，小孩子还要买新衣服。这是要看条件的，没有说一定要怎么样。我自己家里过年，一般杀肉猪一只、羊三四只。过年走亲戚走的都是自己地方的亲戚人家，跟现在一样，正月初一夫妻到丈母娘家，然后对方丈人、丈母娘到你家里来，其他日子其他客人来，没有什么规定的。请客的话，黄鱼、蚶子，那总是要的。买菜，中华人民共和国成立前到石碶买菜，石碶市场不大，逢初五、初九、十五、十九、廿五、廿九都有集市。有些人到布政市场买菜，布政是逢一、四、八有集市。有的人去黄古林，黄古林是逢三、七、十有集市。中华人民共和国成立后，段塘就每天都开市了。”

三、行路交通

包泉德说：“农民每天种田，忙都忙死了。只有不会种田的，才今天到那去，明天到这去。人家结婚请吃酒、邀请打麻将，像我是用脚走的，保长会骑马。人家做生意的，还要雇人抬。到宁波城里去的话，就是走路去。那时候路还没有直通，先要到看经寺，然后到夏家村，然后到望湖桥，最后到宁波城里。”也就是说，在相当长时间内，他们是用脚走到宁波城内的。

张文德、张阿毛父子在做航船生意，他们专门做板桥与宁波市区浩河头的航船生意。张阿毛在 1931 年到 1934 年间，读了三年书。1936 年，张文德故世后[①]，张阿毛也做起航船生意，被人称为“航船阿毛”。徐定良说：“张阿毛的生意很差，当时农民进城少，一天能赚点小钱买几斤米，已经相当不错了。他有一两亩田，农忙时种种。农闲时，就做航船生意。到 1950 年以后，他就不做了。”这条线路，应始于板桥，经过塘西村、石碶，然后通过南塘河，到达浩河头。

---

① 据徐定良回忆，张阿毛十三四岁时，父亲故世。

四、民间宗教

1. 俞圣君庙

俞圣君庙位于藕池西边河流树桥与沙滩桥间的漕咀口。“俞圣君庙”供奉的是神像俞充，为迁鄞俞氏始祖，为宋时浙东制置使、朝请大夫俞鼎后裔。俞鼎见鄞县西乡广德湖南滨有一块地，桂木扶疏，风景独好，于是定居下来，后人称为桂林俞家。三世祖俞充（1033—1081）为宋嘉祐四年（1059）进士，历任都水丞、著作郎检正、成都路转运使、庆州知州，为兴修水利、保疆卫土做出一定贡献。过世后，朝廷赐封其为应纪侯。有一年发大水，桂林俞家的一棵桂树，漂流进藕池边的漕咀，村人以为吉祥物，是圣君来临，就用这棵树造了个庙，纪念这位俞圣君，这就有了藕池村的俞圣君庙。同治十一年（1872）重修。李小平说：“原来的庙门口有两只大狮子，狮子后面有一个圈，可以骑上去的。庙里面就像北京的四合院，庙里的菩萨在1958年被敲掉了。敬拜的地方很脏，而且很可怕、很黑的。”

2. 殷浦庙

殷浦庙位于姜苏村与庙边黄村间。“文化大革命”时候烧掉了，现在重新建造起来了。姜岳祥说：“那时候殷浦庙里有菩萨。农历八月十五、十六这两天，会搭台唱戏的，很热闹，是老辈传下来的规矩。塑菩萨的这个人是慈溪人，是卖私盐的。他是海边人，我们这儿有一座石家桥，他挑扁担走过，顺便洗一洗，看一看，发现这个水不对，有海水味。原来这个地方的水塘和海是没有隔断的，到了农历八月十五和十六要发大水的，现在也还有，只是水有大有小而已。他想了办法，在姜苏边的水塘上加了隔断。他死后，村人为了纪念他，就捐钱塑菩萨祭祀。那时农民虽然也没有钱，但因为他办了好事，也愿意拿出积蓄，就这样塑了菩萨金身。”姜宝根说：“姜苏旁边有一个殷浦庙，几十年前敲掉的。我们庙界就是殷浦庙庙界，我们是属于殷浦庙，板桥、姜苏属于殷浦庙，我们拜菩萨什么的都是去殷浦庙拜的。正月初一去一去，平时一般还是到俞圣君庙。”

图 1-32 殷浦庙

3. 看经寺

据康熙《鄞县志》记载，看经寺建于北宋乾德二年（964），旧号“明福院”，治平

图 1-33 看经寺

二年（1065）赐“普照”额。看经寺在古时就有“鄞南第一寺”之称，至 2018 年已有 1054 年历史。看经寺的来历，源于在其地下发现了一部《法华经》。《法华经》全称《妙法莲华经》，为佛教之经典，看经寺的三宝之一。相传北宋初年，有人在此处掘得石刻《法华经》一部，遂埋地作为寺基。明洪武初年（1368）重修时，因得石刻经而后立刹，改为今名。后历经废兴，成化元年（1465），金寅重建；正德年间（1506—1521），宝云住持如璋重修。清康熙三十七年（1698）毁于火；康熙三十九年（1700），僧本行、恒修、碧云、慧安等复建。民国二十三年（1934），住持指南大师重修。1949 年，看经寺由观成（1909—？）任住持，其为湖南人。师弟必邻（1909—？），也是湖南人，出外到苏州。僧妙如（1900—？），湖南人，1952 年迁至南大路。陈阿毛（1895—？），慈溪人。孤儿周祥瑞（1936— ）、苏定宝（1940— ），鄞县人。帮工孙兰英（1895— ）。租出土地 64.38 亩。

姜岳祥说：“看经寺，以前我们经常去。中华人民共和国成立前去寺庙烧香的人很多，逢初五、逢十都去烧香。有些人会去做白事。老和尚叫观成，前几年我碰到过，年纪很大了。寺庙的和尚有一点功夫，一次可以提起来五六根玉米。有一个师傅功夫还要好，大风刮过了，树枝断在屋顶上，小和尚可以直接跳上去取下。”

集体化探索时期（1949 — 1962）的藕池

第一节 / 政权更替

一、国民党败退过村边

1949 年 6 月，藕池村经历了政权变换。

姜岳祥说：“那时候被国民党碰到了，被抓了，找你要钱，你说没有，那就搜身，身上有什么东西就拿去了。解放军来了，老百姓刚开始不知道，也要逃，也怕的。后来他们在附近住了几个月，百姓就不怕了。部队晚上睡在坟头，晚上也好、白天也好，都不来找你。后来找老百姓问，哪里有公路，老百姓不知道公路是什么，解放军把字写给他，就是开汽车的路。老百姓说有，就陪他们到石碶，然后解放军就从奉化那边过去了。国民党兵坏，门打开了，就要‘吃生活’（挨打）了，这是 1949 年。

图 2–1 姜岳祥

“我们村解放是农历四月二十八日。国民党军和解放军在坟头碰到打起来了，不到一刻钟，国民党军枪都扔掉只管逃命了，衣服也扔掉，帽子也扔掉。打仗的地方就是詹家耷，在坟头桥，这是我亲眼看到的。

我在那里放牛，我们三个人‘做生活’（干活），一人一只牛拉着。老板吓死了，赶快叫我们回去。我们问：怎么回事？他说打起来了。国民党兵，那时候我们叫他们大兵，到布政市买早点，他们都是拿大洋买的。他们从余姚过来，走了一夜，肚皮饿了，就把我们的东西全部拿去。后来他们从坟头桥那边走了，一部分人跟解放军去了，也算是俘虏兵。共产党优待俘虏兵，自愿当兵的可以来当兵，不愿意当的话，给路费回老家，好好种地。此前，国民党军跟这些士兵说，共产党怎么怎么坏，被抓住的话，手指一根一根地割，脚趾一个一个地割，他们都吓死了。后来做俘虏了，发现不是这样的，他们说：怎么对我们这么好，如果你之前是排长，就让你当排长，是队长就让你做队长。这些大兵都是十七八岁的后生，20 多岁就算年纪大的了。”

说及村解放过程，张杏芳说：“小时候，国民党的军队来，我也吓死了。到了石家桥，部队过来，把我拉过去，要问我路，我吓死了，后来问好路后，他说你去吧，我赶紧走了。解放战争时期，在板桥，国民党军队把机枪架在柏树上，防着共产党来。那时候快要解放了，地主人家的地已经分了，房子里的东西也不能动，用封条封着，改革了，东西都要充公。那时候解放军也过来，就怕撞到了，要打起来。后面国民党退了，到舟山那儿去了。”

张小康也是亲身经历者，他说：“我生在旧社会，长在新社会。1949 年我才 7 岁。部队开进我们藕池村，在礼嘉桥住下来。共产党在抓国民党在浙江的省委干部，那个省委干部从杭州逃过来，逃到三门，就逃走了。那天下午 2 点多，我去捡田螺，只听到前面稻田里的水在“乒乓乒乓”地响，还以为是泥鳅在打洞，实际上是重机枪子弹从那边扫过来发出的声音，能打这么远，是国民党打的。那半边解放军也过去了，我们藕池有 100 多个兵驻扎，只有 20 多支枪，都是靠扁担背过去的。那时候也没有什么枪的，打了一天一夜，重机枪子弹打光了，共产党就拦住他们不给走。他们一边用重机枪在扫，一边在小小的石路上走。子弹要老百姓挑的，最后子弹打光了。

“解放军是好的，在我家住着，手榴弹什么的都在老屋的钉子上吊着，钉子歪下来了，就把它拔掉，把新的钉子钉上去。走的时候，看部队里有什么东西吃的，就给你拿来。他们饭菜都是用大脸盆盛的，一盆大概够 8 个人吃，都坐在地下吃。睡是睡在门口的，我们叫他们睡到屋里来，都是不来的。遵守三大纪律八项注意，这些是我们亲眼看见的。我在田里捡田螺，怕被打死，卧倒在地。我那时候人小，才 7 岁，篮子也丢了，只顾自己跑回家。实际上那时候战场很近的，就在附近不远，国军逃亡的路上实际上子弹已经没有了，打光了。被抓了就用以前船上用的那绳子，绑在那里，他们穿黄色的衣服，有的肚子很大。小时候解放军走过，大人也都会过去。原来看见解放军都很怕的，但实际上解放军都挺好的。”

二、看经寺成为临时医院

看经寺在段塘吴家，1958 年划归海曙区。姜岳祥说：“1949、1950 年，这里是部队医院、诊室，民兵那时候要去值班。做医院时，寺庙原先的东西没有动过。1951 年开始做粮仓，情况大变。老和尚观成被关起来了，小和尚没有了。寺庙里的东西也一点点被偷走了。那些人说：东西有人要吗，要的话拿走好了。百姓认为，国家的东西不能拿，拿去后被查到，你就要‘吃生活’了，都不敢要。工作人员说：没有关系的，我在，你们只管拿好了。很大的鱼肚皮桌子有四张，凳子全部是银制的，碗、盆、筷都是银子做的，全部被偷走了。寺庙里的菩萨被敲掉了。四大金刚，总共有三米多高，要两个人才能抱得住，最后都敲掉了。敲的碎片，都挑了好几天，挑出来倒掉。寺庙原来大概有四十亩田，三十多亩田没有人种，解放军只好亲自去种，否则地要荒了。种了两年以后土地改革了，就分掉了，剩下的让官庄人来种。”

曾在看经寺粮站打过工的洪小康说：“我十七八岁开始当木匠。我在粮食系统工作好，表现好，可以做泥水、木匠。我是 16 岁读完书，去看经寺粮站工作的。我读到六年级，总共读了四五年，是从第二册教材开始读的，第一册没有读。我一毕业就参加工作了，去看经寺挑谷，这个工作只要肯干就可以了。我 16 岁就参加抬谷，把谷子抬到仓库。看经寺有工程队建仓库，那时候都找寺院、祠堂做粮库的，真正的粮库是没有的。他们叫我去建设粮仓。我说好的，就这样去了。看经寺当时挂在鄞县粮食站。”

说及看经寺和尚的结局，姜岳祥说：“劳改出来以后，观成和尚做农民了，回到方家耷了，那是 1958 年左右的事，他在地里种一点玉米、黄豆。他一个人独身，年纪比我大，身体很棒。前几年还见过，现在不知是否还活着。”

三、镇反运动

为了巩固新生的人民政权，稳定社会生活秩序，1950 年 3 月，中共中央发出《关于镇压反革命活动的指示》。12 月，鉴于朝鲜战争爆发后，台湾的蒋介石政府也准备反攻大陆，国内反革命分子的气焰更加嚣张，中共中央再次发出《关于镇压反革命活动的指示》，强调“必须镇压一切反革命活动”，要求坚决纠正过往镇压反革命中过于宽大的偏向，贯彻严惩与宽大相结合的政策。那时候，农会主任权力很大。1951 年 1 月，在上级的统一安排下，藕池乡镇压了三个地主，即马裕棠、龚梅堂、周聚星，还有一个空手人卢如槐。枪毙地点在今藕池新村 4 号楼前的坟滩。

图 2-2 鄞县古林区藕池乡村地主不法分子判处及斗争情况统计表

保长马裕棠（1894—1951），人称马阿棠。徐定良说："保长马阿棠与外面的'空手人'（空手套白狼，吃别人白食之人）联系较多，如'空手人'卢如槐（1914—1951）就挂靠在马裕棠家，所以县上直接下令惩办。卢如槐平时到处打游击，于是被定为'罪大恶极之人'。"

龚梅棠（1907—1951）。孙定根说："土改开始以后，龚梅棠被枪毙了。可能是田多，属于地主了。那些田本来是准备卖掉的，我养母（徐阿珠）说，田卖掉还债，外面欠了很多债，我舅公那边借了很多钱给龚梅棠。龚梅棠说：'不能卖田，卖了田，下一代就没有田了。'结果，龚梅棠因此被定为地主而被枪毙了。如果田卖掉的话，就不会这样了。"徐定良说："他是庙堂人，住在俞圣君庙中，老婆也住庙中。此人属'空手人'，喜欢搓麻将，结识同样喜欢搓麻将的徐阿珠，俩人同居，一起住进了徐阿珠家，土改时被视为霸占别人妻产，于是被定为'罪大恶极之人'。"

周聚星（1895—1951）是官庄的地主，当时官庄属藕池。

四、乡村闾体制

1949 年时，鄞县实行县区乡村闾五级管理体制。据鄞州区档案馆《鄞县布政乡人民政府全宗 40 号》，1949 年 6 月，鄞县布政乡人民政府成立，简称布政乡。布政乡是旧名，人民政府是新名。

1950 年 12 月，中华人民共和国颁布《乡人民政府组织通则》，实行小乡制，便于管理与监督。鄞县早在 5 月就实行小乡制了，布政乡划分为布政、藕池 2 个乡。古林区藕池乡乡政府在礼嘉桥，下辖礼嘉桥、吴家、藕池、薛家、方加耷、陈横楼 6 个村。赵晁甫为第一任乡长，藕池村的李阿凤担任副乡长。姜锡岳说："李阿凤妇女主任从土地改革开始就当领导干部了，我们这里实际上是藕池乡，她实际上是第一届藕池乡的乡政府领导人，当过副乡长。"吴祝庆以为，当时没有看见过她做为乡领导，抛头露面，如坐在主席台讲话。笔者再次访问姜锡岳时，他坚持认为李阿凤当过副乡长，当时他 10 岁左右，

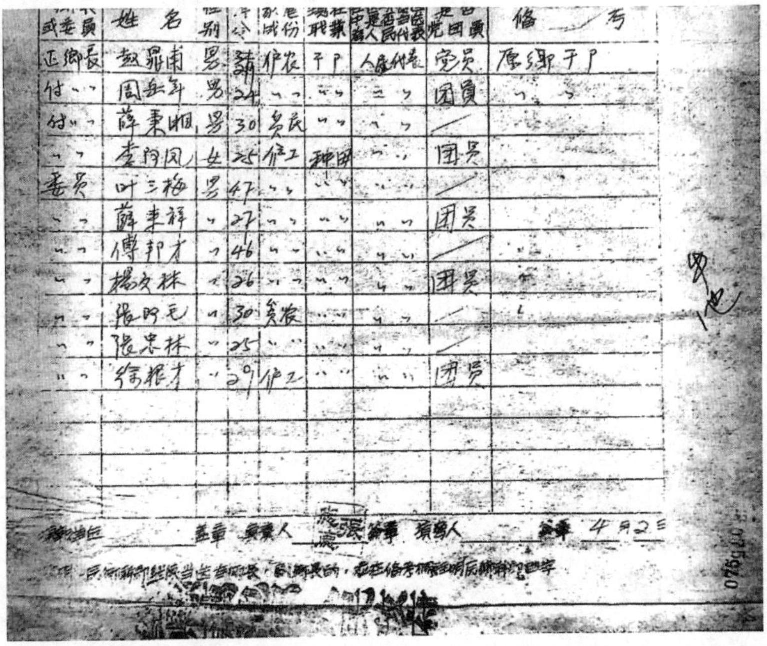

图 2-3 藕池乡人民代表登记表

有印象。为此，笔者在鄞州区档案馆查阅了当年藕池乡的档案，果然查到了1954年4月的藕池乡人民代表名单，乡长是赵晁甫，副乡长是周岳年、薛秉湘、李阿凤，委员是叶三梅、薛来祥、傅邦才、杨文林、张阿毛、张忠林、徐根才。由此证明了李阿凤确实当过藕池乡副乡长。

这份名单是1954年藕池乡人民代表名单，也是第一届藕池乡政府人员组成名单。由此证明，李阿凤应从1950年5月以后即担任副乡长。甚至，这个乡的名称，之所以不称为礼嘉桥乡而称为藕池乡，可能与李阿凤的建议有关，说明她的话语权比较大，这是姜锡岳的猜测。

不过，我们注意到，赵晁甫、周岳年、薛秉湘三人的现任职业是“干部”，也就是说是专职领导干部；而副乡长李阿凤及以下委员，其现任职业是“种田”，也就是说，近于今日的兼职领导。这可能正是吴祝庆记忆中（吴祝庆是1954年才到村中的，当时住在板桥村），未见李阿凤做为乡领导抛头露面的原因所在。在这份13人的名单中，只有赵晁甫是党员，其余均是团员，可见当时党员数量之少。

1955年，藕池乡换届选举，横岙市人张德庆为藕池乡乡长。李阿凤、张阿毛，可能也被换了下来。

1956年6月，布政乡与藕池乡合并，成立建设乡人民委员会。也就是说，藕池乡前后存在了7年。

藕池村，当时属鄞县古林区藕池乡第四村，共10闾。第一闾，官庄，21户；第二闾，官庄，18户；第三闾，15户，看经寺3户、秦家桥12户；第四闾，藕池头，22户；第五闾，藕池头，19户；第六闾，藕池头，14户；第七闾，15户，板桥9户，西头畈6户；第八闾，14户，板桥5户，田头树下9户；第十闾，姜苏，17户。每一闾应有组长，名单不详。从自然村来说，官庄36户，秦家桥14户，藕池头61户，板桥与田头树43户，姜苏与西头畈23户。总户数175，人口636人，其中男295人，女341人。

第二节 ／ 权归农会

一、农会领导村务

1949年6月，藕池村属布政乡。工作队指导成立村级领导，分为农会与村长。林阿冲为农会主任，姜岳海、张阿毛为副主任，蔡小囡为委员；苏仁甫为村长。姜岳祥说：“那时候我阿哥还在，林阿冲是正主任，阿哥是副主任，年纪还轻。还有张阿毛，他是第二

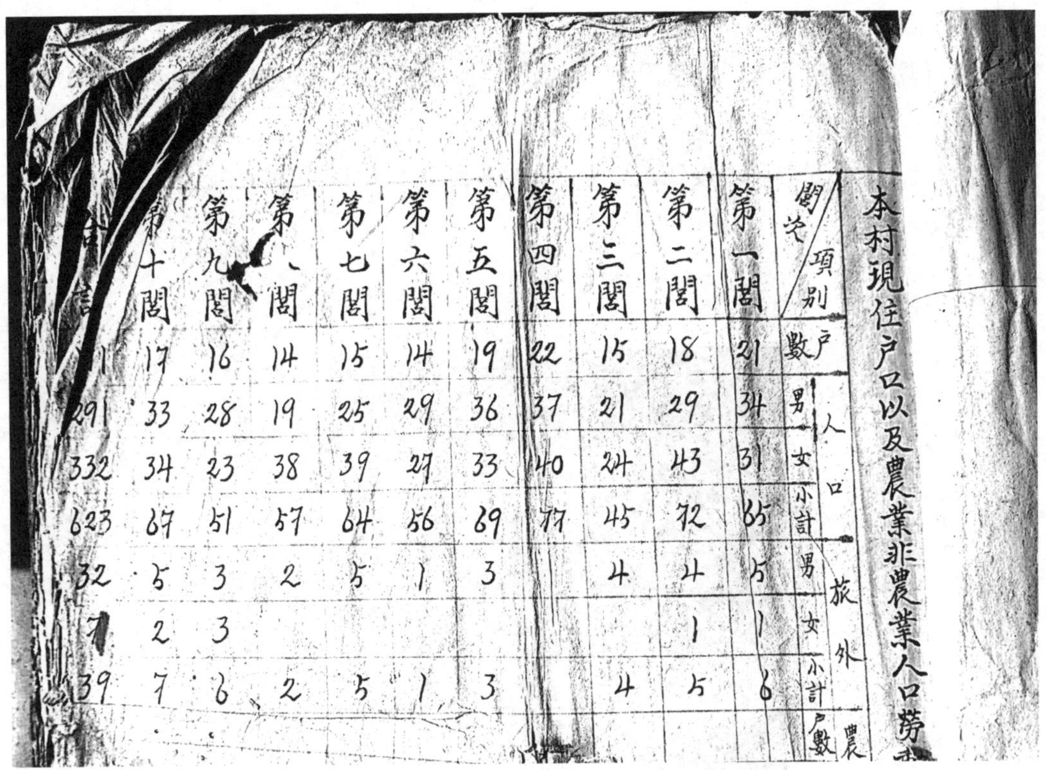

本村現住户口以及農業非農業人口勞

閭次＼項別	户數	人口 男	人口 女	人口 小計	旅外 男	旅外 女	旅外 小計	農户數
第一閭	21	34	31	65	5	1	6	
第二閭	18	29	43	72	4	1	5	
第三閭	15	21	24	45	4		4	
第四閭	22	37	40	77				
第五閭	19	36	33	69	3		3	
第六閭	14	29	27	56	1		1	
第七閭	15	25	39	64	5		5	
第八閭	14	19	38	57	2		2	
第九閭	16	28	23	51	3	3	6	
第十閭	17	33	34	67	5	2	7	
合計	1	291	332	623	32	7	39	

图 2-4 本村现住户以及农业非农业人口表

个副主任。”1949 年时，林阿冲 28 岁，姜岳海 17 岁，张阿毛 27 岁，蔡小囡 40 岁，苏仁甫 35 岁。可见，蔡小囡年龄最大，姜岳海最小。从结婚情况来看，蔡小囡、苏仁甫、张阿毛已结婚，而林阿冲、姜岳海尚未结婚。

图 2-5 林阿冲

1950 年下半年，藕池村土改。1951 年 4 月，土改结束。林阿冲应是 1951 年 4 月左右免职的。徐定良说：“后来土改了，田分了，他（林阿冲）就落户了，就没有回去。他没有公心，只顾自己种田，结果入不了党，后来就被排除掉了。”据村档案资料，1952 年时，林阿冲为民兵队长，也证明他已不再担任农会主任了。

图 2-6 蔡小囡

1951 年下半年，任职七八个

月的苏仁甫，因私自出售席草给他村而被撤职，赵大毛接任。吴祝庆说：“赵大毛村长也当过的，但没有当过几天。文化没有，怎么领导群众、推动工作呢？”当时赵大毛 31 岁，已婚。

赵大毛之后，是张阿毛接任农会主任。据张阿毛本人填写的档案显示，1951 年，张阿毛为农会主任。

中国共产党党员登记表

[illegible]	张阿毛	性别	男	出生年月日	1922年11月7日
[illegible]	张阿毛	民族	汉族	籍贯	鄞县
[illegible]	[illegible]	本人成份	贫农	入党	
[illegible]	1954年10月	转正时间	1955年4月	介绍人	[illegible]

本人简历（包括学历）

自何年何月至何年何月	在何地、何部门、任何职	证明人
[illegible]	[illegible]	

图 2–7 张阿毛党员登记表

张阿毛至少做到 1953 年。下面这份材料，字相当漂亮，应是文书陈知远代写的，上面署名与盖章均是张阿毛，时间应在 1952 年。1953 年以后，农会权力淡化。

1953 年，李阿凤为妇女主任。李阿凤是村中第一位妇女主任，但到底何时开始担任，一直没有明确的说法。姜锡岳认为，中华人民共和国成立初即开始了。下面这份档案，可能是李阿凤本人填写的，也确实是在 1951 年。不过，1980 年的档案，却写着 28 岁，即 1956 年当妇女主任。

姜锡岳说：“李阿凤这个妇女主任在我们当地是真正地为人民服务的，这个党员在我们藕池村，在妇女中间讲起来是一个非常好的共产党员。她没有什么文化，一字不识。我 10 岁左右吧，经常看见她来走访，下雨天就拿把伞，不像现在的干部老是坐在办公室，那时候的干部都是靠两只脚跑出来的，了解村里的情况。我们土地改革，那时候是县里的一个干部王国华到我们藕池乡里来的，他们关系也是蛮好，她配合工作组做事

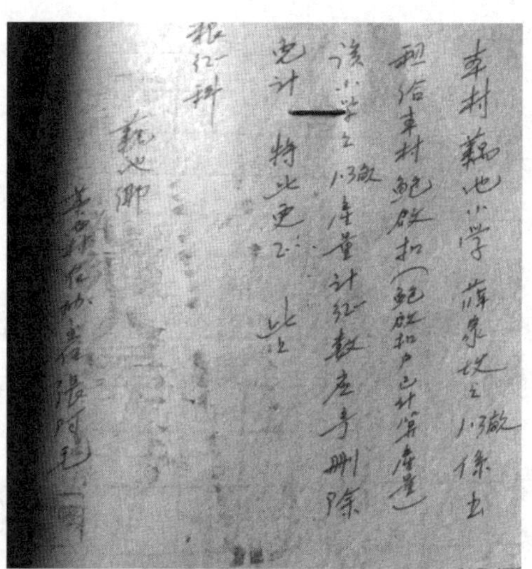

本村藕池小学 薛泉帜之1.3亩系出租给本村鲍欧松（鲍欧松户已计算产量）该小学之1.3亩产量计征数应予删除 免计 特此通知 此致
粮征科
藕池乡 [illegible] 张阿毛

图 2-8 文书代写便条

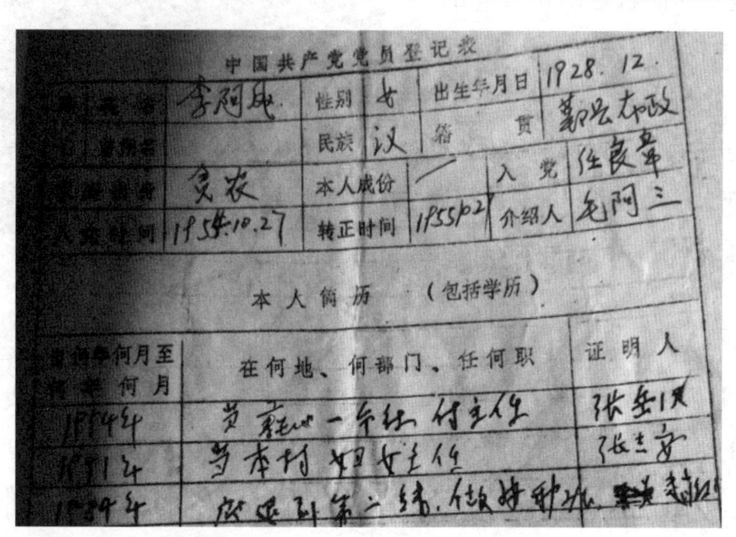

中国共产党党员登记表

姓名	李阿凤	性别	女	出生年月日	1928.12.
[illegible]		民族	汉	籍贯	鄞县布政
[illegible]	贫农	本人成份	/	入党介绍人	任良章 毛阿三
入党时间	1954.10.27	转正时间	1955.1.27		

本人简历（包括学历）

自何年何月至何年何月	在何地、何部门、任何职	证明人
1954年	当藕池一乡妇女副主任	张岳[illegible]
1957年	当本村妇女主任	张[illegible]
1959年	[illegible]	[illegible]

图 2-9 李阿凤党员登记表

情。这个人是最正宗的本地干部了，穷也最穷，思想也最好了，就是想着为人民服务，不管下雨天也好，晴天也好，都到处跑的。”

说及姜岳海入党事，其弟姜岳祥说：“我阿哥是 1953 年入的党，那时候还是土改队在这里，他做介绍人。那时候他还到天童学习。他在村里当第一任村主任，当了六年。”

二、土地改革

1950 年 6 月，中央人民政府委员会通过并施行了《中华人民共和国土地改革法》。1950 年 7 月，政务院通过并公布了《农民协会组织通则》，再一次确定，农民协会是农民自愿结合的群众组织，同时规定农民协会是农村中改革土地制度的合法执行机关。

说及土改事，徐定良说："土改工作时，我才十二三岁。工作队有两个人，一个姓朱的是学生，是经过国家培训的。后来找对象找了一个'地主'还是'富农'的女儿，他职位上不去了，就到供销社当了办事员。另一个是姓常的，部队里来的，土改以后回部队去了。他们两个到村里，土改时，负责评成分，每天都在的。"

图 2-10 张小康

张小康说得更为详细，称："当时有一套计划，这个自然村怎么评'地主''富农''大佃农''富裕中农''中农''下中农''吊死中农''贫农''雇工'，再其他。其他就是田也没有的。就这样一档一档分出来。上头土地改革的人来了，把村里的人都叫过去，成立农会，成立民兵队，把'地富反坏'都管起来。农会成立以后，保长被控制起来，成了打倒对象，然后开始慢慢土地改革。

"档次分好以后，一个自然村划到 4 个'地主'，最多的有 65 亩田。这一个村庄只有 20 亩田，那 20 亩田也算你是地主，它是这样算的，不是一刀切的。我们藕池有 40 亩田以上算的地主，还要按他和儿子春季种田、夏收、秋收三季是否参加劳动来算，还要根据是不是放高利贷来判断。被称为'地主'的，是要被打倒的，因为他们经常剥削人家。

"第二种是'富农'，田可能比'地主'还要多几亩，但是父亲参加劳动，儿子也参加劳动，他们会雇一些人来干活。雇的人就是'贫农'，是最苦的老百姓，上无瓦片下无土地的人，整年都在'地主'家里，等于说长期被'地主'剥削。和'地主'比，'富农'是三季最忙时雇人来，农闲了就自己做，这样剥削就少了一些。分得很细。

"再下面是'大佃农'了，'大佃农'的地比'地主'和'富农'的少，但是种田的工具都有的，田也缺的，工具也少，但他们脑筋非常好，会放高利贷，把钱借出去。田里苦，放高利贷钱赚得多啊，这样的人也有一部分。也有将农业的工具租借给人家的，这些人称为‘大佃农’。

“还有‘富裕中农’、‘中农’，地少，东西也有的，就是田少，三季也要雇人的，活来不及做，但是他雇的人是少量的，没有几个人，就雇两三个人做做，这样是属于‘富裕中农’。‘中农’是东西都有的，田也少的，就种点自已吃的，以前用的工具有是有的，虽算是老旧的，一般也能用得过去，不会问人家借，也可以过日子的。也有一部分，是要放高利贷的。再就是‘下中农’了。下面还有‘吊死中农’，分得非常细的。‘吊死中农’，田比中农多，但是工具都坏的，要种田了，都要问人家去借的，要去贷款，他就是田多。但是他经济条件跟人家去比，是比不上人家的。

“最后是‘贫农’，‘贫农’是在地主家里做工的，上代留下来还有两亩田，我在‘地主’家里干活，这两亩田就带过去种，有时候要车水什么的，这些工具都是用‘地主’的，‘地主’再贴你一点钱。这样的人是‘贫农’。

“这样划好以后，1951 年初开始土地改革了，要‘地主’拿田出来，能肯吗？村里的恶霸弄死过人的，如果检举查实好了，7 天以内，就枪毙了。公安局、乡公所的人当时都是到村里住着的。”

下面是藕池村档案室中存放的 1950 年土改方案，也可以说这是藕池村最早的文字档案。这份档案用纸是宣纸，已经相当皱了，但质地好，字迹清楚，不得不佩服中国老祖宗发明的宣纸与毛笔的千年寿命。

当时俞云孝是村文书，负责具体的划成分工作。张杏芳说：“他有点不好意思，把人家划成大佃户，自已当文书倒撇开了，于是把自已也划进去，成了大佃农。大佃农是地主、富农下一档，大佃农是不用‘改革’的。”儿子俞元根说：“其实家中才一间平房，还有一个共用的堂沿。”这样的理解和实际情况相比是有出入的。据 1950 年的土改档案，俞云孝有自耕地 5.2 亩，租入 28.03 亩，租出 0.88 亩，耕牛 2 只，农具一副，平屋小间 2.5 间。就这些条件来说，他确实是符合大佃农标准的。只是划成分的时候，没有想到后面会带来那么长远而巨大的影响。

说及当时给人帮工的生活，姜岳祥说：“我小时候在村里一开始是给地主（大户人家）放牛，13 岁开始放牛，一直到当兵，都是吃人家的饭。土地改革以后，板桥中农俞利康有 30 亩田，他一个人忙不过来，让我帮助，我就一直帮到当兵前。1954 年帮好，我就说不帮了，要去当兵了。土地我有分的，我家里人很多，我父亲那时候还能做，母亲管家里。还有阿哥，阿哥总是去开会，开会的日子很多，有空就来帮忙。我弟弟那时候还小。那时候自已分了十多亩田，我们这里土地特别多，一个人可以分 2.74 亩田。分

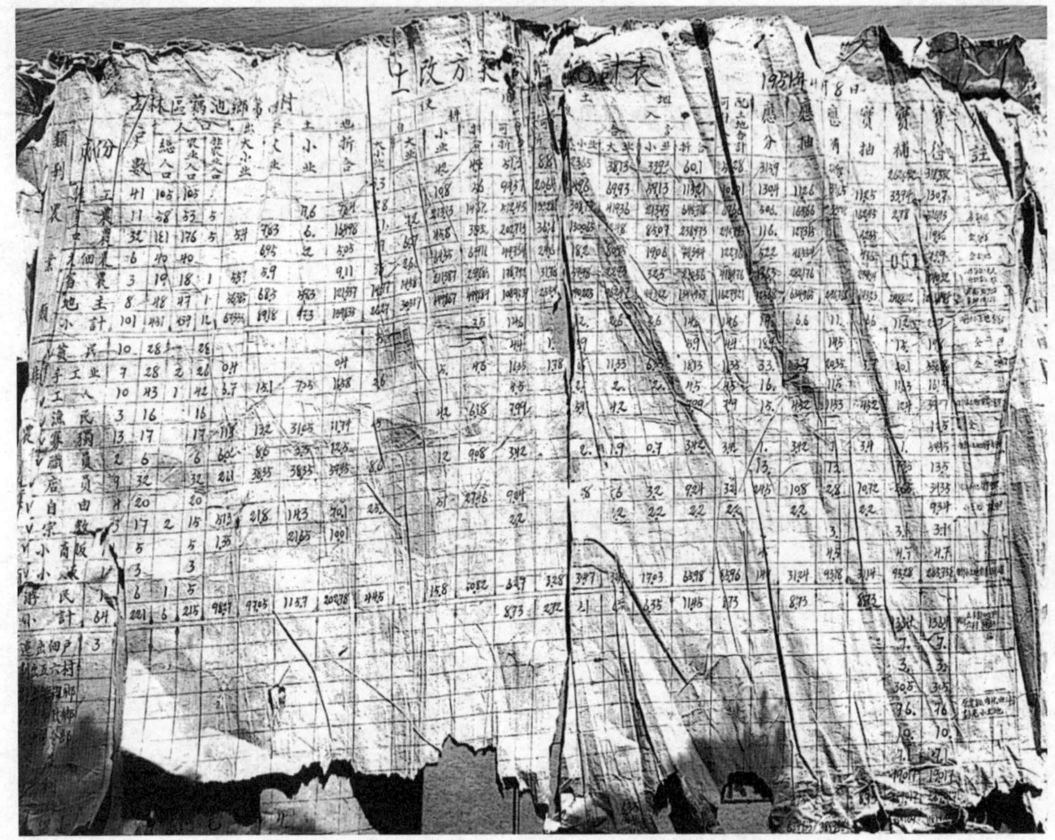

图 2-11 1951 年本村土改方案

了以后，村里还有很多地，那就给富农种，因为富农有牛有犁、有耙。我们地分了以后，也没有牛，只有一把锄头，犁、耙都没有的。我不种，我阿爸种，我阿哥开完会回来帮忙。我当兵去了，也不用种地了。中华人民共和国成立的时候，我 16 岁。我放牛的地方在隔壁村，一边看牛，一边做活。在别人的地方打工，后来就不打了，回到自己的地方。那时候还没有土地改革，土地改革是 1951 年，1951 年分好土地以后，我家里人很多，我在板桥的俞利康家里打工，一直到 1955 年 2 月才不做了。那时候帮人家做 5 个月，可以拿 185 斤谷。那时候钱比较难赚。”

张富昌说：“土地改革，我们到地主家里搬财产，地主态度好得很，坐在门口说：你拿那么多东西，别摔倒了。她嘴巴说话，眼泪在流，毕竟屋要分掉，田要分掉，牛也分掉，全部要分掉，只有一张床可以留，土地全部分给贫下中农。”这段话比较有意思，将地主的无奈与强装笑脸，刻画得十分细致。

被划为“地主”的包泉德说：“那时候家里财产都没收了。不过，共产党也不会让我们饿死，分给我三间房，因为我家人多，我妈妈、爸爸、老婆、三岁的女儿、刚刚出生的儿子，还有一个弟弟、两个妹妹，一个姐姐当时已经出嫁了，有 9 个人，苦是比较苦。每人分给你 2 亩 7 分地，贫下中农分两亩四分，地主分多一点。我们 9 个人，共 24 亩 3 分地。问题是，我们家里一个劳动力都没有，我爸爸不去种，我又不会种，我老婆也不太会种，有两个小孩，女儿才 3 岁，儿子刚刚出生，家里有两个妹妹，弟弟也只有 16 岁，那 24 亩 3 分地叫什么人去种呢？但是你不做也要做。后来爸爸妈妈死掉了，那时候我只得学会耕地，一切从零开始，种田也学会了，24 亩 3 分地，都得我自己来做，那时候雇工也不行，只得慢慢挨过来。年数多了，结果我身体也锻炼好了。”

佃农陈存夫说：“土地改革就是分田屋，你有房子的话就不能分了。我分到了，分了一间屋，我之前住的地主房子就分给我了，是上海一个地主（老板）的，姓王，他在上海开店，不回来。房子我们住着，一年要交给他 200 斤谷，住了很多年。200 斤谷交给老板的亲戚，这里他有亲戚在的，住在礼嘉桥，他亲戚会来拿。因为我住着的，所以就分给我了，如果没有住的话，也分不到。贫下中农有一些都分不到，房子没有的话也分不到。藕池地主多，房子多，能分到的人多一点。搬到藕池以后，租房住。房子差一点，100 斤谷一年；房子好一点，200 斤谷一年。房东姓张，张家没有老公。因为没有老公了，所以也属于中农，那时候叫中农地主。还有大佃农，大佃农是自己劳动。地有三十多亩，自己劳动叫大佃农，如果自己不劳动的，就叫地主。”

佃农张杏芳说：“房子就是这个老房子，年纪不到，你也分不到东西的，要 16 岁以上算大人，才可以分东西。我那时候 10 岁都不到，怎么分啊，分不了。我和我母亲两个人分到一亩多点的田，也种不来，是姐夫来帮忙，他们也是‘五个月头’，种种田是没问题的。”

周利英转述丈夫叶金康早年的土改故事说：“礼嘉桥那边人家改革了，东西分来很多，别的东西不拿，他（叶金康）就背了两爿晒垫，他想着可以用来晒晒谷。他背了两爿晒垫，重又重死了，从礼嘉桥背到藕池。那个晒垫是晒谷的，长长的。他们捕鱼人不知道，他想以后田分进来了，谷子晒到哪里去呢，那时候还没有这种水泥地，他就想背两爿晒垫来给我。他母亲也总是在讲，真是傻，这么远背两爿晒垫，背得大汗淋漓。他也是老实人，捕鱼人要分到田了，很高兴。”

新旧政权的变化，也影响了个别人的婚姻。张金菊说：“那时候贫下中农没有屋，土改后每个人分了一间屋，好坏不管，分到算数。老头（林阿冲）最早是外地人，给别人做‘五个月头’，土改时分了他一间楼屋。我找对象，我阿婶跟我妈妈说：对象给她找找，你自己苦没办法，让她轻松一点。我们自己一亩三分田在的，你自己又不会做，这样工钱也不用拿了，叫女婿种了。”

1951年藕池村民成分

户序	姓名	成分	户序	姓名	成分
1	王三农	雇工	50	郑孝方	工人
2	周信才	中农	51	陈福庆	贫民
10	钱月林	贫民	52	章高峰	雇工
11	戴根友	贫民	53	张才根	雇工
12	屠阿叶	寡独	54	周和利	贫民
16	周志棠	工人	56	吴桂香	大佃农
17	周阿棠	大佃农	58	周小康	店员
18	周宝全	贫农	59	周文星	地主
19	陈阿华	工人	60	陈瑞祥	中农
20	周阿根	工人	61	陈阿利	中农
21	周茂章	工人	62	芦昌祖	雇工
22	周永昌	工人	64	陈根祥	中农
23	周阿章	贫民	68	陈新福	中农
25	江春瑞	大佃农	70	冯永法	地主
26	江春法	大佃农	73	陈嘉法	工人
27	江阿三	大佃农	74	陈庆祥	中农
31	周阿忠	中农	76	叶阿咪	贫民
32	周信才	工人	77	陈纪良	中农
34	方其元	雇工	78	徐如德	雇工
35	毛阿槐	雇工	79	冯金凤	贫民
36	陈桂桂	中农	80	陈将法	雇工
38	周如金	店员	84	林阿冲	雇工
39	王甫根	工人	85	李云康	雇工
41	周阿贵	贫民	86	洪桂棠	雇工
44	胡阿林	贫农	87	王秀利	贫民
45	周云庆	店员	88	张名芳	雇工
46	周位高	贫民	91	张和方	贫农
47	陈金香	贫民	93	李阿宝	手工
48	周小宝	游民	95	杨祖全	中农
49	周宝根	雇工	96	洪明康	中农

续表

户序	姓名	成分	户序	姓名	成分
97	洪阿三	中农	139	包德云	富农
98	洪友林	手工	140	包裕方	富农
100	李小康	雇工	141	胡来法	雇工
101	陈存甫	中农	143	包传（泉）德	地主
102	孙尧定	地主	144	李阿来	渔民
104	吴金宝	中农	145	洪金水	贫民
106	龚梅方	贫农	146	叶仁昌	自由
107	史阿全	工人	147	历（厉）金土	雇工
109	许兴法	雇工	148	王咬其	贫民
110	郭阿毛	工人	149	徐秀利	贫民
111	张甫（富）尧	中农	150	包信甫（夫）	贫农
114	张阿瑞	地主	151	叶根才	渔民
115	杨如元	中农	153	张昌海	宗教
116	孙定根	地主	154	包裕生	寡独
117	张昌尧	宗教	155	马仁德	富农
118	张王瑞甫	贫民	156	吴康华	雇工
119	龚平仁	雇工	157	张良惠	工人
120	李阿玉	贫民	158	姜阿利	雇工
121	张文良	雇工	160	张如生	地主
122	李云金	雇工	161	鲍干口	雇工
123	洪根康	贫农	162	张庆玉	工人
124	姜岳振	雇工	163	严文才	小贩
125	郑春方	职员	164	张阿存	地主
126	姚信方	渔民	165	俞阿海	中农
128	张阿珠	寡独	167	俞阿来	大佃农
129	蔡小囡	雇工	168	张阿章	手工
131	杨美生	中农	169	俞岳林	手工
132	阿毛	中农	170	俞信才	工人
136	张阿壮（章）	富农	174	俞和昌	店员
137	孙桂荣（德荣）	地主	175	杨岳云	寡独

续表

户序	姓名	成分	户序	姓名	成分
177	俞阿昌	中农	212	林阿三	中农
179	俞阿祥	大佃农	213	姜振根	贫农
180	姜善定	店员	214	张仁西	雇工
181	潘阿根	雇工	215	邹茂壮（梅章）	游民
182	王林弟（令娣）	平民	216	姜松岳	中农
183	李芝帆（志繁）	雇工	217	江根信	贫农
184	戚阿毛	雇工	219	姜文源	中农
185	俞利康	中农	220	姜春芝（志）	手工
186	张阿元	中农	221	林阿迷	雇工
187	史志浩	雇工	223	水德寅	自由
188	周祥才	贫民	224	姜小毛	雇工
189	张兴德	雇工	229	姜梅羊	中农
190	张德荣	大佃农	232	姜大毛	雇工
191	张阿毛	贫农	233	江时生	中农
193	姜信根	贫农	236	徐阿毛	中农
194	张志浩	自由	237	徐德方	中农
195	赵大毛	雇工	238	徐宝山	中农
198	俞阿昌	雇工	239	詹月春（香）	寡独
199	张甫棠	雇工	241	吴阿君	平民
201	孙金棠	雇工	242	方小宏	雇工
202	张林甫	中农	243	姜岳海	贫农
203	张大毛	中农	250	龚梅兴	中农
204	张小毛	中农	251	周小毛	工人
205	张阿华	贫农	252	吴阿仁	中农
206	苏仁棠	贫农	253	徐根云	贫民
208	徐信忠	中农	254	李志庸	雇工
210	姜岳梅	小贩			

1951 年土改时藕池村成份统计表

类别	成份	户数	总人口	农业人口	非农业人员
农业类	雇工	41	105	105	
	贫农	11	58	53	5
	中农	32	181	176	5
	大佃农	6	40	40	
	富农	3	19	18	1
	地主	8	48	47	1
	小计	101	451	439	12
非农业类	贫民	10	28		28
	手工业	7	28	2	26
	工人	10	43	1	32
	渔民	3	16		16
	寡独	13	17		17
	职员	2	6		6
	店员	9	32		32
	自由	4	20		20
	宗教	3	17	2	15
	小商贩	1	5		5
	小贩	1	3		3
	游民	1	6	1	5
	小计	64	221	6	215

这份表格，将当时村中的阶级成分写得清清楚楚。

第三节 / 权移党政

一、党员的培养

中共藕池村支部是在土改中逐步发展起来的。1953 年，姜岳海入党（指成为预备党员）。那年，他 20 岁。弟弟姜岳祥说："我阿哥是 1953 年入党的，他结婚也结在家里。那时候家里也有债务，这样他就留在家里了，没有到外面去。" 1954 年 9 月，22 岁的江根星入党。由此可知，当时所用的村干部，年龄普遍比较小。这正是特殊用人时机、特殊用人政策的结果。1954 年 10 月，26 岁的李阿凤、30 岁的张阿毛入党。1956 年 6 月，26 岁的徐信华在从事铁路工作期间入党。1956 年 10 月，21 岁的吴祝庆入党。1958 年 11 月，37 岁的张如芳入党。1959 年，22 岁的张昌浩在外面入党。这批人，就成为藕池村第一代党员干部群体。此外，藕池人徐信忠是 1956 年入党的，他担任三联大队书记。

二、由合办支部至独立支部

中共藕池与方家耷支部，大体上是 1954 年建立的。1954—1958 年，方家耷人张忠林当书记。张杏芳说："当时藕池乡政府在礼嘉桥庙里做工作。我那时候成为党员以后，党费 5 分一个月，每个月的月底要去交办公室里，是庙里的办公室，很小的。我结婚登记也是在庙里的，那时候分喜糖，你有个一斤糖半斤糖，那是非常威风了。那时候党员有六七个吧，当时入党是很严格的，要查祖宗三代，还有自己要非常积极。以前一个月要开两次会，都要自己谈的，谈得对那还好，谈得不对，那还要同志们来帮助进步。"

1960 年以后，情况变了。吴祝庆说："原来跟方家耷合并，1960 年自然灾害到了，饭也没得吃，社长也不灵了，谁还听书记的话呀？就是大难临头各自飞，越分小越好，等于跟藕池分开了，我们自己建立支部。那时候藕池支部，没有几个党员，只有五个党员：江根星、李阿凤、姜岳海、张阿毛和我。1961 年，姜岳海回村当书记。"

第四节 / 大公社化

这是一个新中国如何组织村民从事生产与生活活动的探索过程。

一、互助组

互助组是 1953 年，中国劳动农民在个体经济基础上组成的带有社会主义因素的集体劳动组织，土改以后得到广泛发展。自愿互利，互换人工或畜力，共同劳动。有农忙临时互助和常年互助之分。这年 1 月，藕池也组成互助组。包文华说：“中华人民共和国成立了以后，田分给个人，很多贫下中农只会像现在这样在人家厂里上上班，叫他做什么就做什么，二十四节气该种什么东西不懂的，给他分了田，没有用的。就说跟别人说，还是把田租给你，给我们点饭就好了。”张小康说：“分田后，贫下中农做主。他们没有文化，也没有经济来源。原来不用动脑筋的，每天饭有得吃的，现在田拿来了，要自己当家，要动脑筋了。他们种不好田，没有收入的，就开始卖田了，卖给有钱的人。中央一看不对，田又到个人那儿去了，于是，就要求成立互助组，等于三户人家、五户人家拼着干。互助组成立了，那力量就大了，也有效益了。以前 300 斤一亩都没有的，不像现在这样。”

说及互助的模式，吴祝庆说：“那时候上面有要求，要组建互助社，互助社有两种性质，一种是忙时凑在一起，大家相互你帮我、我帮你；一种是常年互助社。我们先进一步，是常年互助社，一年到头都是相互帮助的。互助社有个条件，你几亩田，我几亩田，统统拿到一起，作为互助组的田，叫我当组长。互助组组长怎么样调工调分呢？你几亩田分摊多少，我几亩田分摊多少，也照工分评分，然后按工分找补，你十亩田应该要找出多少，我六亩田找出多少，如果你工分低，还要拿钞票出来。那时候是做一天算一天的。”陈存夫说：“后来搞互助组，田都是个人各自种，割稻谷，大家拼起来一起做。”

1953 年，藕池村有 10 个互助组。他们的组长是：第一组周宝全（15 户），第二组胡阿林（15 户），第三组周宝根（1 户），第四组洪明康（18 户），第五组张明方（16 户），第六组张阿毛[①]，第七组鲍启扣（15 户），第八组李志饭（藩）（14 户），第九组俞阿昌（7 户），第十组林年组（15 户）。大体上遵循了当时第四村十间的分类法。

1954 年 8 月，开始并组。从下面 1954 年 8 月的林仪佐、张阿毛二个互助组合并后的结构来看，比较复杂，总组负责人有 5 人，正副总组长 2 人，下分 3 个小组，每个小组

① 第六组资料缺，据相关资料补。

配组长 2 人、生产组长 1 人、记账员 1 人，成员 9—12 户不等。这相当于后来的生产队规模了。

加入互助组是有条件的，只有贫下中农可以。俞云孝因为是大佃农，所以到 1955 年 4 月才加入互助组。1955 年 10 月至 1956 年 4 月，他还在自己单干。

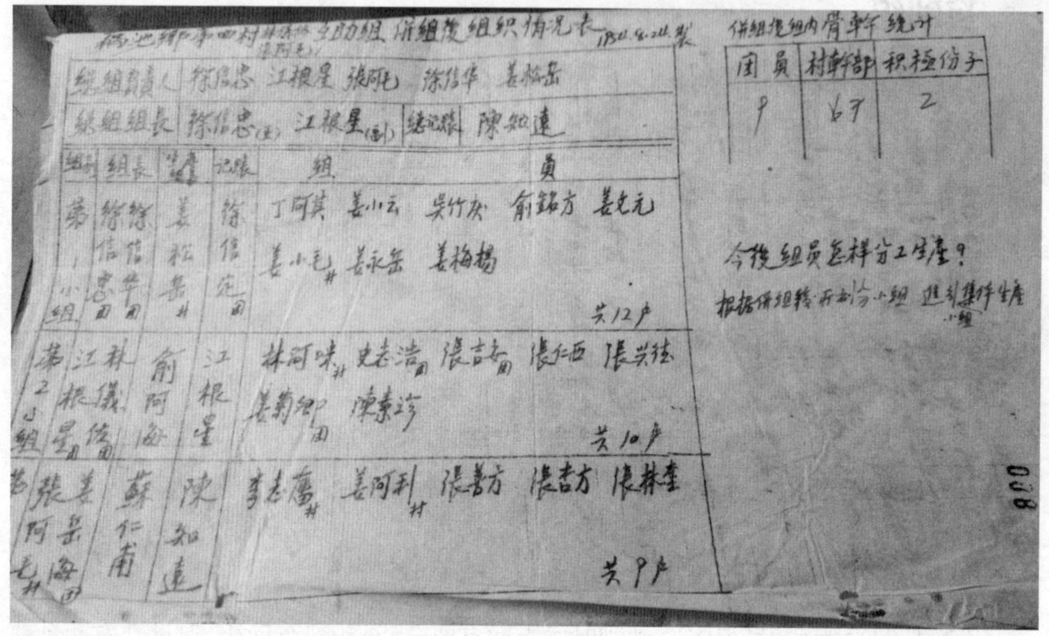

……互助组併組後組織情况表

併組負責人	徐信忠 江根星 張阿毛 徐信华 姜梅岳			
併組組長	徐信忠(正) 江根星(副)	總記賬	陳知遠	
組別	組長	生產	記賬	組員
第1小組	徐信忠 徐信华	姜松岳	徐信定	丁阿其 姜小云 吴竹友 俞銘方 姜光元 姜小毛 姜永岳 姜梅楊 共12户
第2小組	江根星 林儀佐	俞阿海	江根星	林阿味 史志浩 張吉安 張仁西 張兴法 姜菊卿 陳秉云 共10户
第3小組	張阿毛 姜岳海	蘇仁甫	陳知遠	李志鹰 姜阿利 張善方 張吉方 張林奎 共9户

併組後組内骨幹統計

团員	村幹部	积極份子
9	67	2

今後組員怎样分工生產？

根据併組後……小組 進行集体生產

图 2-12 林仪左、张阿毛互助组并组后组织情况表

二、初级社

初级农业生产合作社简称初级社。其特点为：农民在自愿互利的原则下将私有土地、耕畜、大型农具等主要生产资料入社统一经营和使用，按照土地的质量和数量给予适当的土地分红，其他入社的生产资料也付给一定的报酬。初级社在社员分工和协作的基础上统一组织集体劳动，社员根据按劳分配的原则取得劳动报酬，产品由社统一支配。初级社有一定的公共积累。初级社与互助组相比，实行了土地和其他生产资料的统一经营，积累了一定的公共财产，在社的统一计划下集体劳动，产品分配部分地实现了按劳分配的原则。初级社部分地改变了私有制，促进了生产力的发展，是由个体经济转变为社会主义集体经济的过渡形式。张小康说："后来党中央又提出信用社。你种田没有钱，到信用社这里来贷款，信用社给你帮助。这样，信用社可以帮助农民把日子过过去。到后面，农民又要卖他的田，那怎么办？国家又出了合作社。这样，农民的农具、田都给合作社了。"

1954 年 9 月，藕池为益丰社，板桥是禾丰社。姜岳海为益丰社主任，李阿凤为益丰社副主任，会计是张吉安。江根星为禾丰社社主任，张阿毛为禾丰社副主任，会计是陈知远。此间的陈知远是一个特殊人物，原名陆世校（1921—），慈溪人，原是国民党的下层军官，中华人民共和国成立后改名陈知远。1951 年，他寄住在藕池村姐姐陆阿秀家。由于他有文化，于是与水德寅、俞云孝一起，承担了村基本信息的统计工作，在村档案建设中，有其贡献。吴祝庆说："此人态度好，模样好，人缘不错，村人都照着张林存叫其娘舅，被人称为'人民娘舅'。1957 年被慈溪公安局发现，于是抓捕进牢。后来释放出来，偶尔也来村中做客。"

图 2–13 水德寅

吴祝庆说："后来组建农业合作社，那又先进一级了，旱涝保收，贫困的、残疾的，社里帮助你。互助社互相是没有很大帮助的。"

初级社期间，不少村人因招工而外出。譬如徐信华，1955 年参加萧甬铁路建设。姜全法，1956 年在排蓆社，1958 年到诸暨化肥厂工作，1962 年回乡。

三、高级社

高级社全称高级农业生产合作社，我国农业合作化过程中建立的社会主义性质的集体经济组织，特点是土地、耕畜、大型农具等生产资料归集体所有，取消了土地报酬，实行按劳分配的原则。

1956 年 5 月①，益丰社与禾丰社合并，称迎丰高级社，意为迎接丰收。张忠林为社主任，江根星、张阿毛为副主任。

吴祝庆说："1956 年，我当队长，有 26 个生产队。我当青年突击队的队长，组织一些青年。青年突击队员有姜松鹤、林年祖、俞明方、林德庆、江根星、姜小云、严金法、徐定良。" 1957 年，姜岳海被派去办酒精厂。1958 年，他又被派到新安江水库参加修建工作，江根星则到宁波农校读书。

随着新兴政权的建立，为了传播党与政府的信息，各地开始装有线广播。当时一般以县及公社为单位，组织有线广播系统。1957 年，藕池大队装上有线广播。龚财良说："我 8 岁的时候，装了第一个广播。第一个广播装在老的庙里，装在那儿的大樟树上，很

① 俞云孝加入迎丰社的时间是 1956 年 5 月，大体可判断此月成立了高级社。

大的。那时候播报早，好像 5 点多就开始了，8 点钟就结束了。以前村里小小的，都可以听见的。广播一装，社会消息就知道了。”在文化生活单调和信息闭塞的年代里，广播成为农村了解外界和传达贯彻上级指示精神的一个重要工具和窗口，成为当时农村一道独特的风景线。

四、大公社

1958 年，全国农村几乎在一夜之间都实现了“公社化”，农村的土地使用权，由农民而归集体。1958 年 10 月，古林（卫星）人民公社成立，建设乡划分为布政管理区、藕池管理区和汤西管理区。1959 年 11 月，藕池管理区改称礼嘉桥管理区。1960 年 9 月，礼嘉桥管理区并入布政管理区。1961 年 7 月，布政管理区改称为布政人民公社。

1958 年冬，藕池和方家耷合并，称为第四大队，杨文林当书记，吴祝庆为副书记，张如芳为大队长，一直到 1961 年底。吴祝庆说：“那时候书记调整了。当时公社总支书记就是姜林祥。姜林祥当书记以后，看我们藕池干部力量比较弱，就调杨文林来藕池当书记。”姜岳祥说：“我 1955 年 3 月当兵，1959 年回来，在部队做了五年。1958 年，我阿哥被调到新安江，他去了以后在食堂卖菜。杨文林是幸福人，1958 年来的，在这里当了三年书记。1961 年 8 月，他又回到幸福去了，我阿哥又回来了。他们两个一个回来一个走。阿哥从新安江回来了，就弄土地平整，那时候全部是坟头，全部拆光了，做稻田。”

入社，主要是针对人民的，至于四类分子，是十分困难的。譬如俞云孝成分是大佃农，所以 1958 年才成为候补社员；1966 年 7 月 22 日，经鄞县公安局批准摘帽，才正式成为社员。可见，当时入社的政治要求比较高。

村中开始装电话机。吴祝庆说：“1958 年人民公社时，人家没有电话，我装了一只背包式电话机，直接跟公社通的。那时候要用电话机向大公社汇报。村里买的，分配给我一个电话机。1959 年还在。后来电话机被村里拿走了。”

当时实行军事化的连排制度。1958 年，张阿毛担任连长。姜岳祥说：“后来‘大跃进’，他（张阿毛）调出去当领导了。那时候整个古林工作都是统一安排，谁到那里都是统一安排的。1958 年，后来张阿毛到方家耷当领导了。那时候工作是统一安排，书记也是统一安排的。”1959 年，因在拔白旗运动中受冲击，张阿毛到礼嘉桥担任农中校长，1962 年回板桥。

1959 年，成立古林人民公社，称为四大队牛池生产队，也称藕池耕作队，队长称为连长，张如芳为连长，下面分四个排，藕池头为第一二排，姜苏为第三排，板桥为第四排

（吴祝庆为排长）。徐定良，根据档案，1945—1946年在藕池小学读书。1947年，到塘西小学读书。1949年，到石碶小学读书。1950—1954年，在家务农。1956年，参加姜苏青年突击队。1957年，任西头畈小队副队长。1958年，任板桥副排长。1959年，任姜苏队长。1960年，担任迎丰社沙滩桥队长。

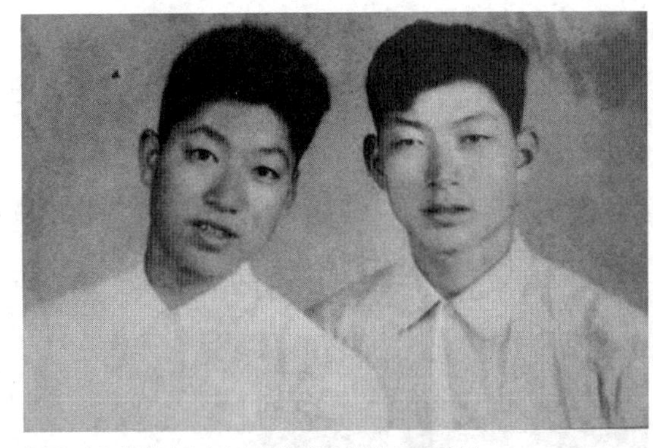

图 2–14 林德庆（左）与吴祝庆（右）（1969年）

从图2–15这份表来看，当时人员配备是大范围配制的。现在藕池村中人，只有二队长林阿冲，民兵排长龚武良、徐定良，记工员张昌浩、林德庆。又丰产方队长施（史）志浩。

公社化期间，行政区划不断调整。官庄划归吴家大队，田头树下迁居板桥，西头畈徐家划归板桥。姜岳祥说："土地改革，我们这里地主很多，原来隔壁的吴家官庄，以前是藕池村的，1958年公社化时，划到吴家那边了。1958年公社化了，他们田没有，我们田做不完，启运路大马路那边也是。再说我们也种不过来，而且那是最差的田，水进不

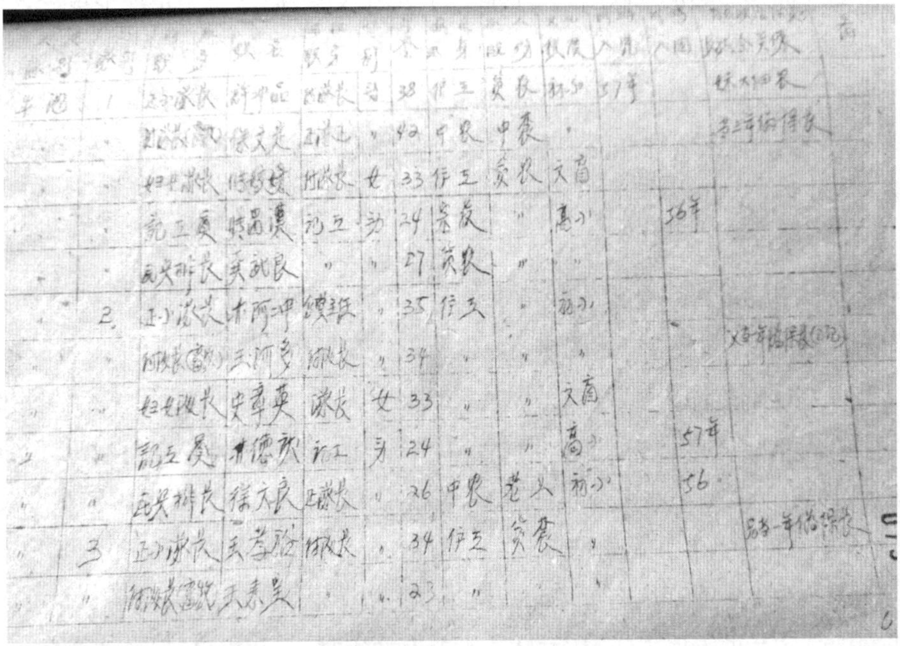

图 2–15 1961年藕池村三个队干部配备

去。”张杏芳说：“西头畈还是田头树下早。西头畈靠近塘西像鉴桥村，只有将近 20 户，很小。后来就说全部搬到板桥去。搬迁是因为不方便了，当时晚上经常要开社员大会，来回要走很多路的，就搬出来了。徐定良他们造得最早了，老房子拆掉，到板桥重新建造。我是住不下了，到板桥翻新屋的。张和方兄弟四户人家，是原拆原建。他们是老房子、小房子翻新，到板桥就造楼房了。田头树下人家是原拆原建，拆的时候是多大，造上去就仍然是这个大小。”1957 年 12 月田头树下迁居板桥。李和月说：“我家秀娣 1957 年 6 月生下来，12 月就搬到板桥了。”1962 年，西头畈迁居板桥。徐定良说：“我是西头畈最早拆屋的人，后来徐森林等两三户人家也拆屋了。其他人家的房子，则直接卖掉了。”妻子姜爱珍说：“拆屋时，女儿（贤君）尚抱在手中。”考徐贤君是 1962 年 10 月生的，则搬家应在 11 月左右。

图 2-16 姜爱珍

说及当时村中领导，张杏芳说：“老江是 1957 年下半年去邱隘回龙读书。那时候，合并以后，在迎丰社，他当副社长。江根星那时候对农业生产不太熟悉，也不太用心，听到可以到外面读书的消息以后，藕池有三个人就去读书了，一个是江根星，一个是洪康华，一个是俞元昌，去邱隘回龙（农校）读书了，读了三年。书读出来以后，总想找出路，出路没有找到，就回来了。那是 1960 年下半年，三个人读好书都回来了，回来了以后也没有花头。后来姜林祥说，现在要么给你当书记。当了两个月，书记谢以光来了，就让老江当队长。过了一段时间，又让江根星当书记了。”

1961 年，江根星为书记。

1958 年，江根星 26 岁，到农校读书。姜岳祥说：“他是宁波农校（在回龙）毕业的，是中华人民共和国成立以后的事情。他爸爸住在板桥，后来住到姜苏去的。农校是他自己去的。那时候不用考，是自己报名。他农校毕业了，读好以后回来给他安排了工作。他是独子，他妈不让他去外面，那时候外面很危险。回来看了两年打水机。”洪康华，1948 年到 1954 年读小学，1955 年到 1958 年在家务农，1958 年至 1961 年在宁波农校读书，1961 年到 1968 年，在家务农。俞元昌是独子，老母亲不肯让他外出。吴升月说：“当时在板桥村中，只有徐信定与俞元昌是两个文质彬彬的年轻后生。”

张富昌说：“我做治保主任、民兵队长大概有两年时间。江根星说，你当副队长去吧。我就当了副队长，跟林阿冲搭档。我当兵时是杨文林当书记，大概是 1958 年、1959 年、

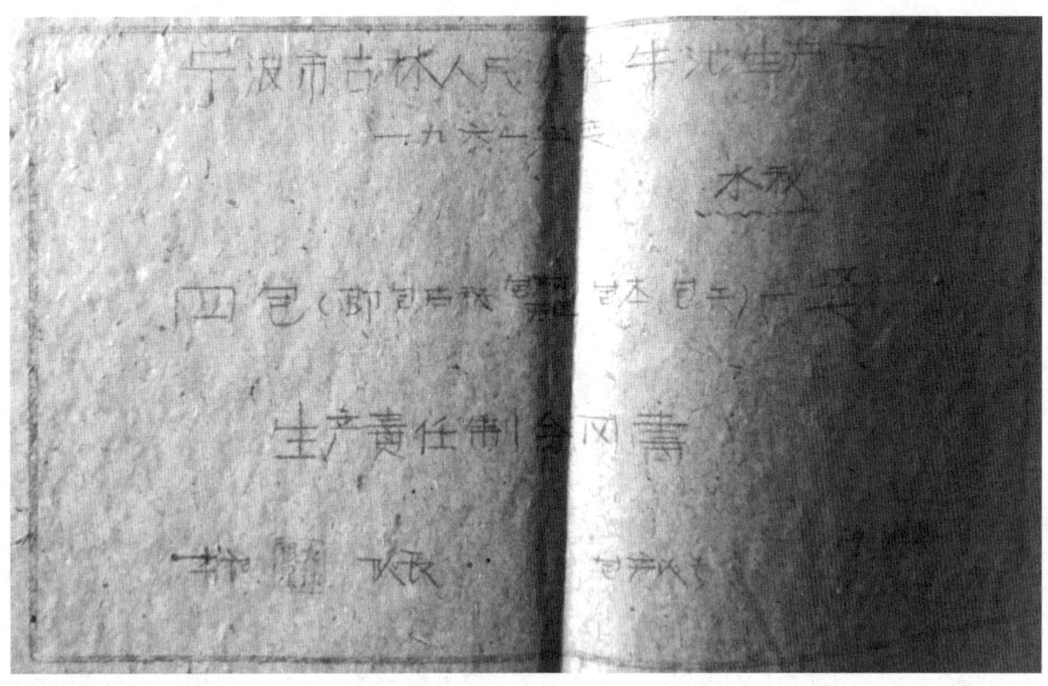

图 2-17 1961 年古林人民公社牛池生产队年表

1960 年、1961 年。治保主任是徐文定，食堂在藕池的庙里。杨文林当书记时，方家耷大队也属于我们藕池大队，是大公社划下来的。”

1958 年掏河。张富昌说：“那时候有几个耕作队，藕池耕作队的队长是张如芳。那时候虚报产量，一亩田产量看起来很高。后来因为你上报产量很高，所以就要让你上交口粮了，但其实都是虚报的。说产量 818 斤，那时候只有二三百斤。中苏关系交恶，国家决定主动还债。那时候产量没有，又要还债，是农村最困难的时候。我阿哥的女儿说：奶奶，我要吃饭，要吃饭。从食堂里打来一点粥，如果家里有种菜的话，再加上一点菜煮煮。掏南塘河很困难，1958 年，那是最困难的时候了。活要做，饭又没得吃，牛也死掉很多。零下几度掏河，那时候条件很差，没有手套。掏河在石碶，睡的地方在礼嘉桥，那时生产军事化管理，县里是民兵团，公社是营，大队是连，小队是排。一年总有好几个月，每天下午掏河，上午搞生产。掏河是最苦的。张岳振下午掏河到六点，偷偷摸摸跑到家里吃饭，第二天被别人知道了，让他开全夜的夜工，跟洪康华两个人一起干活。把河泥用铁锹锹起来，你捧给我，我捧给他，一个传一个，一直捧上来，在旁边放着。那时候藕池大队，我和另一个人我们俩最小，我 18 岁，他 17 岁，两个人捧不动。天又冷，每天人都弄得一塌糊涂。晚上睡觉了，在门口用稻草烧点火烤，不然太冷。”

1958 年，吃食堂饭。张加昌说：“在我们老屋的旁边吃，开始在藕池吃。1958 年开始吃食堂饭，吃了一两年。之后包家祠堂做食堂了。1961 年藕池食堂与方家耷合并了，有小船摇着来送饭，大家拿着饭盒去盛，这样吃了一年多。饭票拿去，饭拿来。那年，我读书了。晚上弄饭，火油倒在了粥里，不舍得扔，大家继续吃。我才 14 岁，还在读书，15 岁参加种田。”张杏芳说：“庙里食堂也办过的，很大的，是藕池村的总食堂。老百姓可以吃饭啊。没有白吃的，那时候发饭票的，一天一斤饭的饭票发给你，食堂饭弄好，送过去，每天都这样的。”当时，板桥也有一个食堂，在张阿毛家旁边的庄里。

孙定根说：“我性格也很强硬的，尽管是地主成分，也不怕别人。吃食堂饭时，吃饭是要饭票的，我在板桥干活，平常我吃饭也在吃的，等种田了，我饭票吃完了，就问人家借饭票。人家说：饭票不能借的！我也很硬气，不能借，那我不干活了。我收拾包袱走人了，难道叫我饿肚子干活吗？你们可以借饭票，我就不能借。我是看见别人在借饭票，我吃光了也去借饭票，我也是讲道理的。有两个人碰到了，就说：你不要走，饭票给你。那有饭吃了，我就干活。饭没得吃了我怎么做，这也要讲道理的。有几个人说，老孙本事真大。”

张杏芳说：“那时候家里的锅是不烧饭的，政策给一个人一天 1 斤粮食，17 岁以下的人就是 8 两一天。再年纪轻的话，是小孩子吃的量。那个时候挖南塘河，我才 17 岁，只能吃 8 两饭。干活是干大人活，吃是吃小孩饭。没办法，只好这样做。我们年纪轻，白天干活累死了，睡一觉又能缓过来了。大人的话，我两个姐姐不在家，像我娘和我，有时候太饿了的话，有种劳动饼可以买的。有时候做夜工，5 分一个、3 分一个，买两个吃吃，就这样过日子。”徐仁定说：“1960 年，我 8 岁，真正很饿，没有饭吃，都是吃糠的，吃下去后拉不出来。”洪桂棠的妻子因为饥饿，竟然偷吃了生产队的粮食种子。事后，洪桂棠怪罪她，导致离婚。从此，洪桂棠终身未再娶。张小康说：“1961 年，国家困难，我是 20 岁结婚的。那时候饿到什么程度，我结婚了以后，天亮爬起来，家里一粒米都没有，吃的东西一样都没有，两个人躺在床上不起来。人家来叫了，说你怎么现在还不起来。烟囱都倒了，没有饭吃。人家年纪大的人，到里山（四明山区），把毛衣拿过去换玉米、小麦、番薯干，就这样渡过难关。这个难关渡过以后，慢慢好起来了。我去晒席草，生产队给我一天 2 毛的补贴费，食堂总是吃点番茄咸菜汤。”

李桂花现在仍经常在外孙面前说起当年吃食堂饭时差点将弟弟淹死的往事。“我妈妈（李阿凤）在外面开会，我跟我大弟弟（李安明）一起，被关在家里。人家门口在叫，可以去吃饭了，去食堂吃淡包（无馅馒头）。我就背着大阿弟去吃饭，当时我 10 岁，他才 3 岁。本来我就是生病快死的人，你说我背得动吗？两个人摇摇晃晃的。由藕池头到礼嘉桥食堂吃饭，要过一座木桥，桥是一块活动的木板。我们过桥时，一不小心就滑倒了，我弟弟掉进了河里。我吓死了，如果弟弟没了，我爸爸非把我打死不可。我自己冲进河里，把他救起来。以前衣服没有的，我们俩就穿着湿衣服坐在床上，幸好当时是天气热。妈妈回来，我们肚子还饿着。妈妈就问：你们俩怎么了？怎么就这样子坐在床上？我说：饭没得吃，想去吃淡包，去拿的时候，差点在河里淹死。现在我弟弟们对我很好。”

当时还有平坟运动。1958 年，为了配合农业“大跃进”，增加耕地面积，同时也推进殡葬方式改革，掀起了全国范围内“平坟开荒，向鬼要粮”的平坟之风，平掉坟墓无数。张加昌说：“当时挑坟滩泥土挑了很多，像藕头这条泥路，石板一直铺到看经寺，坟滩有八九亩，挑完之后变成了十几亩的田。挑坟滩，没有人反对，藕池坟滩最多了，挑掉也干净点，小时候附近全部都是坟滩。这里是河，我们前面、后面都是坟滩。挑出来的地种种稻，前两年，土是死泥土，种田规模种不大。坟，本地人、外地人的都有。”李安法说：“10 岁时，我叔叔（李云金）没有了。那时候，他在地里种南瓜。藕池那时候坟很多的，他从坟上跳过去，结果石板压在他身上。过去的医疗水平很差，四肢断了，治不好。后来（1960）他就死了，他当时年纪很轻的，才 35 岁。”

人民公社时期（1962 — 1982）的藕池

经过大公社的试验，1961 年底以后，国家及时进行了调整，缩小了公社的规模，这可以称为小公社。小公社的形式自 1962 年始，直至 1982 年，前后存在了 20 年。藕池大队正是这样建立的，它属三级所有制，是人民公社与生产队间的中层管理体制。

第一节 / 大队管小队

一、大队体制

1960 年后，刘少奇和邓小平主持经济工作，有了“农业十二条”和“农业六十条”。“农业十二条”指 1960 年 11 月 3 日中共中央发出的《关于农村人民公社当前政策问题的紧急指示信》，共 12 条。指示信指出，“一平二调”的“共产风”严重地破坏了农业生产力，必须坚决反对，彻底纠正。“农业六十条”指 1961 年 3 月 22 日中央工作会议通过的《农村人民公社工作条例（草案）》，文件共 10 章 60 条，故简称“农业六十条”。“农业六十条”是人民公社的“宪法”，规定了三级所有制，队为基础，生产队成了最基本的经济核算单位，提出了包产到队、多劳多得的口号。

1961 年 11 月，公社以姜岳海为书记，江根星为大队长，张吉安为会计，一直到 1968 年。

说及哥哥姜岳海当大队书记的往事，弟弟姜岳祥说：“1962 年，阿哥做书记，老江去做大队长。那时候公社的书记是俞永方，是上面排的。早稻收割以后种晚稻，晚稻收割了以后又种菜籽、种麦，那时候是有任务的。有空，要平整土地，要拆坟，坟头都要拆掉，拆了三四年。这些事村里书记跟大队长两个人要安排好，什么时候做什么事情，种田季节不能错过。造路，启运路一直到布政，然后再接到古林，这是后来做的。除了生产和拆坟，还有引水，一直到高桥。1961 年、1962 年，把姚江的水打出来引到这儿，三四部机器一起打，这样粮食就保住了，否则水稻就会被晒死。1962 年歉收，第二年粮食就没有了，那时候就种一点草籽，草籽也可以吃，没饭吃，队长看到也不会说。”姜岳海儿子姜冲德说：“我父亲（姜岳海）原来当书记，经常要开会什么的，公社开会都是晚上，像大队开会，晚上的也有，白天也有。晚上开会没有工分，没有工资，白天是有的。如果以前到公社开会，都要三四天，日夜都在那边的，那等于是记白天的，晚上不记的。到县里开会也是一样的，不能多拿的。”

图 3-1 姜岳海

20 世纪 60 年代初来村中的吴升月老师说：“老江书记也是一直在田里做，像我老头一直在厂里带头做，也没有休息。开会去开，没什么享受，也没有车，也没有补贴，样样没有，饭自己在家里吃。很少看见老江书记和姜岳海书记在村里坐着，我那时候每天上课，他们办公室在我旁边，很少看到他们在办公室，他们都是出去做事的。我跟书记交往也比较少，基本是学校有什么事才去问问他。我那时候就是想怎么样把书教好，拍领导马屁也没有，反正就给我两百块，有什么好拍呀。他也没有什么东西来问我。白天七点多到学校，去给学生上课，放学到家里吃饭，学校是没有食堂的，吃好又到学校来上课，晚上又回家了。我跟书记交往不多，‘双抢’时候会有一些，因为你要送简报、汇报进度，平常没什么交往。原来两个老书记，群众的印象比较好。因为他们一直在劳动，没有什么享受，有什么困难也会帮助解决，村里小偷也没有。就是干部和群众心连心，没有两张皮的。”吴升月又说：“我来的时候，姜岳海是书记，老江是大队长。我老头来了，支委成员又增加了，五个人很团结，没有什么分歧。老江重点管姜苏，姜岳海重点管藕池，我老头管板桥。后来老头办企业了。我老头还要管治保、办企业，治保的事很烦，那时候人穷，吵架也很凶。我老头工作蛮会做，没有人说我们闲话，能把吵架双方都摆平。”

老妇女主任李阿凤，是村中的骄傲。周利英说：“她（李阿凤）年纪大，也要工作的。我们年纪轻，安排我们去做的事，她早就干完了。做得多了，晒谷之类的活也知道了。像她年纪这么大，这么能干是厉害的。下田干活，中午 12 点都去干的。那时候天热，一边怕下雨，要打稻，汗水淋漓，一边要喝水，她的裤带都解不开，别人就帮她割断。她一直干活，就一直要喝水，肚子胀。天气太热，一直出汗，小便都解不出，多辛苦啊。我们以前跟她是同一个小队的，人家有时候说她闲话，但我们不会这样讲的。以前土改，一户一户，都是她去讲的。我以前在张家潭，她到布政来开会，我们就知道有一个妇女背了一个小孩来，也不知道是谁。实际上她是当领导的，我倒是不知道，就看到那个小孩挺开心的。她有一个特点，总是背着小孩。她是要出去检查的，小孩总是背来背去，因为没有人看护小孩。后来嫁到藕池，才知道这个人是李阿凤。像我们这一代是算苦了，但是前一代还更苦。我们这一代苦是苦点，饿倒是没有饿到过，天天耕种，好好坏坏，总归有东西吃。有时候我们干活，有时叹苦，她听后说：你们这算什么苦啊，我讲点苦的给你们听听。她到的这户人家也苦，小孩很多，父亲身体差。我们比起人家算好的了，她们还要苦了，没有饭吃，干重活，那我们没有轮到过这么苦的活。”吴升月说：“李小平的妈妈是妇女主任，我 1962 年下放过来，她就做妇女主任，工作也很积极。她文化是没有，但领导做得蛮好，做妇女工作，隔壁邻居闹矛盾，她去解决，也蛮公正公平，群众对她印象很好。她对自己儿女要求也很高，所以她子女都蛮好，这也很要紧，家庭教育也很要紧，她家子女也蛮孝敬大人。”包文华说：“她老头（李孝康）当队长的，她（李阿凤）当妇女主任，小队里面干活的事情她也要管，不管也难受，因为她老公是队长，自己兼妇女队长。从分队一直干到 1967 年并大队。以前都是小小队，4 个生产队都小小的。那时候一个生产队靠 10 户人家，包德林、龚财良、陈存夫、杨金尧、吴德利、张嘉法、张其康等八九个人，有 100 多亩田，李孝康是队长。那时候我还只是小孩子，跟着到他家去，有时候分东西就拿拿回来。书记阿娘这个人非常爽直，一点也不打扮，她自己做的事情不让她儿子做的，负责到底的。去开会，人家看见她无不认识的。附近的人说到李阿凤都知道的，李阿凤的名气很大。她开会去了，在人家生产队里，也太爽直了。自己家里要打米，儿子不让她去打，老太婆担了一百斤去打。她总是自己去做，不叫儿子，不差人家去干。像老嬷嬷这样的人真是没有的。人家都只出主意，她是自己做的，自力更生的。现在年纪大了，也是没办法了。她也还算好的，也不容易。书记阿姆也是非常苦的。”徐定良说：“李阿凤人也是实惠的。我也比较听她的话，她说：我们是穷村，第一要精打细算，第二不能给人家骗去。我就是听了她这句话，‘不能给人家骗去’，所以我在开支各方面都是精打细算的，没有给人家骗去。”

当时大队的办公条件相当简陋。于春玲说：“当初我们村里有个新学堂，其实很陈旧，一楼是一、二年级，上面是三、四年级。楼上另有两间，中间用档案柜子隔开，里面一间开会用，外面一间村里办公。玻璃窗下面有两个陈旧书桌，给会计、出纳使用，他们每天需要上班。书桌旁边放了类似乒乓球桌的一张桌子，我们去村里办公，就在这张桌子上，柜子连个抽屉也没有。办公楼下是拖拉机房间，农具都放在这里。当时一个月工资也就 20 元，办公条件非常简陋。”

二、小队结算

1961 年 11 月，藕池分为九个生产队。每个生产队的干部名单如下：

1961 年藕池村各生产队干部名单

正队长	妇女队长	会计	保管员	技术员（副队长）	监事（代表）
叶金康	李凤英	洪康华	洪桂塘（棠）	吴阿仁	龚武良
李孝康	李阿凤	张昌尧	杨金尧	陈存夫	吴德利
张如芳	张交才	张昌海	洪信华	张明方	张岳振
林阿冲	杨彩林	杨如元	许信法	蔡小囡	厉金土
姜小云	姜银（任）凤	姜文元	姜小毛	俞名（明）方	林德庆
吴竹庆	姜爱珍	俞元昌	徐德芳	徐定良	俞利康
姜岳祥	史照英	姜善庭	姜阿利	史志浩	张阿毛
徐为康	李杏材	张林存	张阿芳	张小毛	李志凡

藕池大队下面有九个生产队。吴升月说：“大队有 9 个生产队，那时候是按地来分，不是按户数分。1962 年来，我们是 6 队，还有 7 队、8 队。1、2、3、4、5 队在藕池，整个大队这样编下去，板桥是 6、7、8 队，姜苏只有一个 9 队。我做过统计知道，一个生产队有一百多亩，整个大队有土地有一千亩多点。我们第 6 生产队最厉害了，苦是非常苦。藕池生产队，又落后一点。姜苏那时候老江书记亲自管，他们生产队也好，虽然是小村，但书记亲自在那个村，所以好。藕池队数多，生产队长能量没有这么足。板桥 3 个生产队，我们 6 队最好了。我参加了两年，真正苦死了，队长很厉害，副队长徐定良很勤劳，他抓生产。”

老队长吴祝庆回忆说：“那时候生产队不管你书记不书记，开会你是书记，不开会生产队跟你没有关系。生产队彼此不能侵犯，独立核算，大队就空掉了，没有东西。因为没有经济收入，江根星经常来找我借钞票。他说，你这么多钞票，借一点给村里。钱上交还是要上交，不上交，大队干部工资都没有。上交工分，村里也是拿工分，各生产队上交到大队里，有残疾人要照顾，有孤寡要照顾，有贫困户要照顾，这是大队的事。大队里钱有大用场就跟生产队打招呼，我们在信用社有存钱，是谷卖掉存的。那时候生产队最大了。”

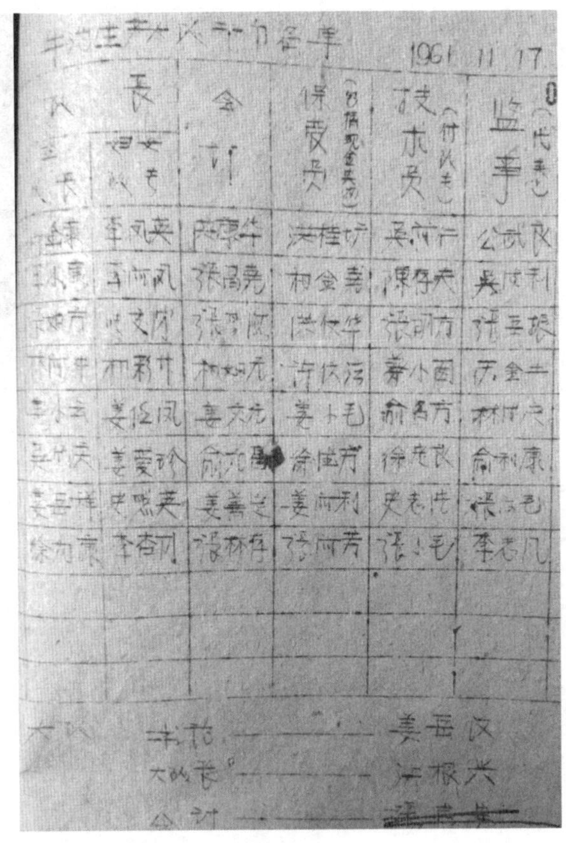

图 3-2 1961 年牛池生产大队干部表

姜岳祥也是当过多年生产队长的人，他说：“1962 年，他们叫我去帮忙，我说：我帮什么忙，我又不认识字，我不去，不要笑话我。书记说：让他人讲好了，我有缺点你讲我好了，是错就是错，否则的话也不要讲。那也没办法了，我就当队长了。这个队也大，上面也同意分开来，当队长好管。我们有 3 个生产队，吴祝庆是 6 队，我是 7 队，徐信华是 8 队。田最多的是 8 队，有 110 亩，我们是 106 亩，6 队是 103 亩土地。”周利英说：“等我来时，他（叶金康）已经在生产队了。在藕池有 4 个生产队，他在 1 队当队长。我来时他 29 岁了，29 岁（1961）开始当队长的。当队长的时候，那一队才 7、8 个人。”

吴祝庆说：“我当队长一直没有调过，一直做队长。那时候生产队一直变，一会儿变大队，一会儿分了。青年突击队弄了两年，到 1958 年合并了。1958 年当队长，那时候只有 3 个队：藕池、姜苏、板桥。那时候徐定良和我都当队长了。板桥田多劳动力少，藕池队劳动力多，所以那时候人可以调的，后来提出人要回到自己的队，藕池的到藕池，板桥的到板桥，我还是当队长。1958 年是 3 个队，公社化以后有 8 个队。后来又扩大了，板桥变成 5 个队，藕池 3 个队。1961 年变成 9 个生产队了。

图 3-3 吴祝庆

图 3-4 周利英、叶金康

6 队是最好的，产量 660 斤，我被评为县劳动模范，在华侨饭店开会，我去参加的。1958 年下半年，开夜工，不开夜工弄不来的，马马虎虎做不好的。”

忆及当年生产队生活，姜岳祥说：“生产队开会一般一个月开一次，在老庙里，整个生产队的社员都要参加，生产队队长汇报田种得怎么样了，汇报好书记总结谁种得快，慢的要赶上去，要紧的是比如到收割的时候了，哪里的稻要割，哪里的稻暂时不割。饭没得吃，稻就早点割，好早点吃。后来一点点富裕起来，矛盾没有了。那时候有事，也是几个领导（队长）讨论这个人怎么样处理。他们说，人命长还是麦命长？人要饿死的，麦不会饿死的，这是给干部敲警钟了。没饭吃，就是靠做思想工作，动脑筋，上面的粮食任务要完成，一个生产队大麦 300 斤，小麦 200 斤，菜籽多少，任务还是要完成的，怎么办呢？地就多种一点。肥料没有怎么办呢？那时候没有化肥，就动脑筋，到宁波积肥，没办法呀，因为生产要搞上去。有些年纪大的人不去，因为跑不快。年纪轻的后生，跑起来快一点。那时候生产队也没办法。积肥书记不会去，但他知道这些情况，他说，你看看人家，别再坐等丰收，人家这样做，粮食产量高，生活好了，你也要改变生活。著名的一句话：田里没有肥料，稻子不会长的。产量高一点是 6 队，6 队弄得非常好。队长吴祝庆

图 3-5 后排左起：史志浩、姜岳祥
前排左起：张林存、吴祝庆

图 3-6 陈存夫

图 3-7 徐信华（左）与俞阿秀（右）夫妇

指挥，副队长徐定良搞生产是内行。”

陈存夫也当过三年队长，他说：“我们是藕池村的，屯庄也是藕池村的。生产队时，我在 2 队，当过三年队长。公社化以后，田都归社里，那时候藕池有 9 个队，我是 2 队队长，当时一个队有一个副队长，一个正队长，我做了三年队长。队长也要种田，等于现在的车间主任，要带头干活。生产队有 7 个人，111.3 亩田，每天做多少活，都要安排好。”

儿子徐繁荣说及父亲徐信华时说：“从我下田干活开始，父亲（徐信华）已经到皎口水库干活去了。做完皎口水库，他又搞移民工作。基本上我不和他一起下田的，在我记忆中，没有几次是和他一起干过活的。他当生产队长，我还没有开始种田，还小。他造皎口水库，后来搞移民工作，后来再回来，身体也不怎么好。”根据档案，徐信华 1962—1969 年担任生产队长、大队支委；1969 年 1 月—1973 年 8 月，在皎口水库工地，担任人保组长、支委；后担任移民小组组长；1974 年 1 月—1976 年 12 月，回村铁厂工作，担任厂长；1977 年 1 月—1978 年 1 月，担任农业学大寨工作组组长；1978 年 2 月—1980 年 8 月，担任公社农田基本建设指挥部人保组长、支委；1980 年 6 月—1986 年，回村铁厂工作。

图 3-8 张如芳

张如芳原来是大队长，1961 年底始，担任生产队队长，直到 1973 年。1974—1976 年任畜牧主任。

三、收入低

周利英说：“以前总是要干活，天亮时候要按照时间出去的，几点钟要上班，你不能迟到。后来分开了，自己做自己的，人家今天做好了，你难道能不做好吗？也要做好的。

像挑泥土抬进来，也是按照平方计算的，你力气大一点的人挑得快，我力气小的人多挑半天，你也10平方米，我也10平方米，工分是一样的。力气小一点的话，就要多做一点。我们这帮人样样都做过的，很苦的。在藕池，坟滩很多，走出来那个塘边都是坟，这么多的坟也拆光了，我们一年到头都要做的。拆坟，做机耕路，用一个小小的簸箕在挑的。"

姜芬琴说："三个自然村比较一下，板桥这个自然村的老百姓是最勤劳的，是最会做的，也是最诚实的。姜苏的这个自然村最小，这些人胆子比较小，也很勤劳，但是开拓创新不足。藕池这些村民比我们要强，强在语言上面的，或者心理上面的，比我们板桥这些人好像进攻能力强一点。板桥这个自然村有两个生产队，一个是6队，一个是7队，一年下来，报酬有600块，这是全公社里面最高的。我们这个自然村的村民没有很穷的人、吃饭吃不上的人家。都是在生产队做工，以前都是有粮，生产队分过来的。我们家的女孩子比较多，男劳力没有，我老爸每年去做，每年都要超支。我以前不知道超支是什么意思，我父亲每年年终结账了以后会说，我们家又超支了100块，又超支了120块。后来才知道，超支就是你做的工抵不过你拿来的东西了，谷要分给你，农副产品要分给你，番薯要分给你，这些分的钱物已经抵不过你赚的钱了，超支了。等于每天这样超着，这个超支也不用你现金补上去的，就是到第二年你去做工，又把超支的东西先扣掉，所以我们家每年要超支的。但是不管超支还是没有超支，我们家生活还是过得下去的，我们女同志还可以打草帽拿去补充。"

为了工分，社员忙于劳动。姜宝根说："我父亲死的时候（1973），我好像是33岁。我父亲是做死的，因为人多，吃的粮食没有。说难听一点，我和我阿姐还稍微大一点，以前在地里偷点草籽，采点野菜，米一点点，野菜、草籽调调好倒下去，做好是糊糊的，那时候总是吃些这种糊糊。但是做还是要做的，像我这样要做的，像我爸也是很苦的，要做，又没得吃，他总要省点给小孩吃。小孩也不懂，乱吃，那样的糊糊，拼命夹来吃。我后来生浮肿病，也是饿出来的，1958、1960年左右得浮肿病的人很多。我家子女多，后来我结婚了，成家了，我还记得，我父亲还要去劳动，生病了也还要去，强撑着，干活干得面孔嘴唇赤黑的，发热发到37度多，还要去做，不做就没有工分。那时候也没有办法的。我父亲以前在田里赤脚干活受伤，脚开了一刀，不能走路。后来队长也算好，照顾他，让他管麻雀去。我把他背过去，让他坐在椅子上，绳子给他放好，赚点工分，日子真的是难过。那时候工分是一天都不能少的，要全工分的。工分360天，每天坚持还好，如果缺一点就工分少了。休息时间也有的，每月3号、8号是休息的，其他日子是天天都要做的。年纪大了，有些活干不了了，别的活要去抢了。70岁老人，像林阿三，年纪很大了，他一定要来做，也不能不让他做。一般这么大年纪，也不要来做了，也就这一点收入。但是他还是要来做，晒谷子什么的，人家在晒谷子，他也要晒谷子，因为没别的地方赚钱，都想来赚一点。以前没粮食吃，我父亲 57 岁死的，他一直撑着劳动，后来得肝硬化、腹水，都是肝病，去看医生，也说没办法了。”

第二节 / 艰难地度过

1959 年至 1961 年，被称为“三年困难时期”。“大跃进运动”以及牺牲农业发展工业的政策，导致全国性的粮食和副食品短缺。1962—1965 年，可以称为恢复时期。

一、精简回村

徐信华，1955 年 10 月起，在西北铁路局 204 工程队当工人。1962 年 5 月，回乡支农。

徐信定、吴升月夫妇，从镇海回村务农。吴升月说：“我们俩人 1962 年 4 月下放，到藕池村做农民来了。那时候农民饭有得吃，饭总可以吃饱。他妈妈那时候穷，要饿死了，买细糠吃，是叫别人买来的，里面有点白白的，别人骗她说是米，实际上那白白的不是碎米，是碎骨头。他妈妈吃了以后，大便也拉不出，面黄肌瘦。他走到屋里跟我说，我妈妈要饿死了，我要么种田去。我说你地也不怎么会种呀？他说现在有生产队，没有关系，我跟着去做。他人雪白（皮肤很白），种田吃得消吧？人家也客气，你思想这么好，给你评 9 级。按劳动评的话，只有 6、7 级。就这样来了藕池，我也只好跟来。4 月来的，粮票带回去，他 29 斤，我也 29 斤。他妈妈开心死了，有米了，可以吃饭了。1962 年 8 月，早稻分进来了，我女儿名字取良芬，意思就是粮食分进来了，有的吃了，我女儿 1962 年八月初四出生。”

张昌浩，从浙江水电水利工程处回村务农，原在公司当电工。

洪根庆，从浙江长广煤矿回村。1956 年 2 月进机械厂，1962 年 7 月回村。

仇友芳，1958 年进宁波石油公司，1961 年回村。

张彩英，从萧山棉纺织厂回藕池。她是 1957 年 4 月招工进萧山棉纺织厂做挡车工的。因为是农村户口，精简时，随夫到藕池居住。

图 3-9 张彩英

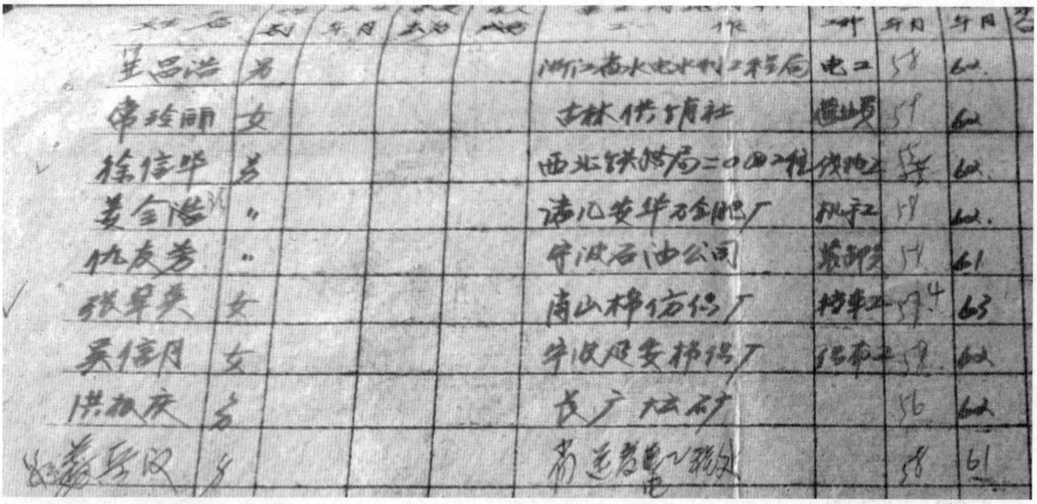

图 3-10 1962 年回乡人员统计表

二、“借田到户”

张加昌说：“1962 年，刘少奇提出‘借田到户’政策，当时田是集体的，借给你们个人，借去种种菜，种稻了要还，这叫借田到户。”张小康说：“刘少奇的政策来了，‘三自一包’‘四大自由’，谁种谁收。一下子会议开了，传达下来，大家很高兴。贫下中农都去翻地种了，当时坟滩很多的，可以种土豆什么的。这个快，几个月就好了，半年够了，就可以翻了。吃的东西又种下去。到 1961 年下半年，已经慢慢好了。”

三、自留地的分配

1962 年生产队开始分自留地了。姜芬琴说：“我是 1958 年出生的，那时候你自己劳动得来的东西就可以自己用。到 1962 年以后，有自留地了，房前屋后可以种种了，我们每户人家自留地都种得很丰富的，种向日葵、南瓜、冬瓜，旁边都可以种的，就是这种宅基地。”陈高华说：“那时候自留地分过来，只有 600 斤定粮，自留地 7 分 8 厘，乘以 3，才 2 亩左右。自留地的政策很不好，和现在的股份一样的，生出的人、会吃会跑的人没有股份，死掉的人、火葬场老早都烧掉的人反而有股份。有人死掉已经快 10 年了，还在拿股份，人家已经在读书的人没有股份。我两个小孩加我老婆，还有我自己，每天都要干活，饭很会吃的；有些人女儿嫁人了，大人死了，他有七八分自留地，种了两三亩，他的粮食就多了，我们没有什么粮食的。”

四、购打水机

姜岳祥说："1962 年还好，下半年就是抗旱，1963 年就没有粮食了。农民其实很不好当，没有农具，这个种子还要国家拨下来。早稻种子有的，晚稻的种子已经被晒死了，那就要去打报告，国家发下来。到下半年割了稻子，要去还给国家。国家说不用还了，那还好。那时候稻子种不大的。后来用机器了，那块田好，有打水机了，两个小时，田里水就灌溉好。之前这种田不要的，因为每天晚上你要想，是睡觉好还是去赶水好，不去赶水的话，明天田就晒死。"

五、打击经商活动

姜岳祥说："藕池每两年换一个队长。这里一开始没人当，妇女主任来做也做不好。上面来叫我去当队长，我说我不去，这帮人，我弄不过他们的。他们起来非常早，4 点不到，就走出去做生意了，等到种田干活了，叫不来人，所以产量非常低。在外面做生意，称为'吃龙头'。比如这个东西你在卖，多少钱一个？ 1 毛 5 分，那买 2 桶，一桶有 10 个，拿到另外一个地方去，1 毛 5 卖 2 毛，卖完了再回来。不是只卖一样，比如看见鱼或者虾都会买，反正样样都有的，就这样做生意，做好回来了。做的话，至少 5 个小时，早上好卖。后来管得严了，队长、书记社长都要抓了。"

姜岳祥又说："老江书记不住在村里，住在詹家耷他姐姐家。他要了解村里一般事务，譬如村里有多少田，他都要清楚。村里有哪些人是好的，哪些人是坏的，也要关注。他来了，会问队长，某人在吧？队长说：不在，到宁波'吃龙头'去了。他会说，派两个人去找来。'吃龙头'，是我们这边人的术语，跟小生意有点不一样，小生意是批发东西过来卖。他是看到东西先买来，再卖给别人。不是每天有货，赚得不多的。像这种'吃龙头'的人，老江是自己出去找。找到了，就说：你好好种田去，没饭吃是大家都没得吃，不是你一个人没得吃。大道理跟他讲讲好，弄过两回，人家也不去了。规定支部开会，每个月 3 次，譬如说这任务交给谁做，你不做好，我就来看看你是怎么做的。要过

图 3-11 姜岳祥（后排中间）

年了，那时候有生猪出卖任务，有国家收购任务，有些人动歪主意，晚上把猪杀掉。第二天问他：猪呢，你自己说，到哪里去了？他说：杀掉了。这样，肚子里面的心脏肝脏肺都可以自己拿去了，但白肉要卖给供销社。然后那人说：我思想坏。检讨两句，事情也就算了。那时候饭都吃不饱，有的人在仓库里拿点，队长发现了，也不处理，因为那时候大家都苦。拿过一次，你不责备他，下次他也不会再拿了。你对他好，他也心中有数，一直做坏事的人也没有，那时候也是讲思想的。总要讲好话，生产才能上去。如果你恶来恶去，别人会跳起来了，不给你做了，因为反正就拿你这一点东西。我们生产搞得好，跟领导好大有关系。”

吃龙头，近于“投机倒把”（指倒买倒卖）。这是计划经济时代的专有名词，就是买空卖空，它破坏当时国家的统购统销政策，所以成为当时的打击对象。1963 年 3 月 1 日，《中共中央关于厉行节约和反对贪污盗窃、反对投机倒把、反对铺张浪费、反对分散主义、反对官僚主义运动的指示》（即关于“五反”的指示）要求坚决打击和取缔“私商长途贩运、投机倒把、私设地下工厂、倒卖票证等违法活动”。所以，江书记上来后，每天要关注这些坏分子的动态。非常有意思的是，笔者采访姜岳祥时，他说及“吃龙头”一词，笔者感觉就是做小生意，他马上纠正说，与小生意不一样。其实是一样的，只是当时没有批发市场，物资在个人手中，须从个人手中购得，又复销售出去而已。当时不准个人经商，所以将这些人定为“坏分子”。没得吃，偷生产队仓库的粮食，也是 20 世纪 60 年代初期的特有现象。

六、没有电灯的时代

20 世纪五六十年代，没有电灯，用火油灯。姜岳祥说：“那时候用火油灯，下面一个瓶，上面一个灯头，就这样点。火油灯很危险，很难弄的。”说及 1962 年刚刚到村里的情况，吴升月说：“那时候村里条件很差，有一句老话，说藕池村是牛粪成堆，实际上我们是莲藕的‘藕’，但这时候大家都只记住牛粪。那时候，藕池村牛粪成堆，满路都是牛粪，条件很差，没有电灯。那时候我说镇海这么好，到这里来，点的是火油灯，黑乎乎的。生产队多少苦呀，那时候又没有钱买菜，我们下放到这，只拿了 200 多块钱，交给村里 180 块。村里说要交生产资金，不交的话，不能到生产队劳动。那时候也很困难，没有钱买菜，所以要种菜、种豆，他背石头，我提篮，非常辛苦。

“村里坟头多，藕池的坟非常多，大坟头、小坟头，都是坟。学校也是小小的。村里办公室在庙里，我们有个会计，就是张吉安，他的写字台破破的。他的办公室也是在庙里，课堂也在庙里。1962 年，那时候人少，学生也少，只有三十多个学生。后来村里赤脚医生也在庙里。这一座庙等于是村行政中心了。庙里菩萨没有了，都弄掉了，‘文化大革命’弄掉的，庙也是破破的。”

第三节 / 1966—1970

一、并队

1965 年开始，搞社会主义教育运动，说小小队是“走资本主义”，结果是把小小队并成大小队。包文华说：“一开始 4 个生产队，1967 年，并大队了，4 个并 1 个队，就是一个锅里吃饭。”1967 年 1 月，林德庆为队长，一直到 1980 年。1967—1975 年，徐定良担任板桥大队副队长，此前 1961—1966 年他担任 6 队副队长。这一年，张杏芳为队长。

队长葛小其说：“我 7 岁读书，先到方家耷读书。读到二年级，换到了藕池读书，读到四年级。从五年级开始就到了礼嘉桥读书。读到六年级，就开始‘文化大革命’了，我就没有读书了，去参加生产队了。以前入社要交钱进去的，要不交家里有田、牛、耙等。要入社了，东西要拿进去，比如说 30 个人一个生产队，都是要评级别的。我是 15 岁进生产队的，当时交了 400 多块，那时没有钱，人也小，生产队粮食给你拿的，但是钱从里面抵扣掉，抵扣了好几年。我 16 岁种田，17 岁就当了生产队的副队长。因为我技术好，我级别加起来起码四级。以前，一个小队，一个正队长、二个副队长，我就是其中一个副队长。后来一个队分成了两个队，那时我 19 岁，就成了生产队队长，一直担任至分田到户为止，总共十多年的队长。开始是集体的，就吃大锅饭。1983 年，就分田到户了。以前的生产队长类似现在的车间主任，自己也要去干活的。自己不干活是不行的，一定要自己带头。”据档案，葛小其 1960—1963 年在方加耷小学读书；1964—1966 年在藕池小学读书；1969—1972 年务农；1973—1978 年任副队长；1978—1982 年任一队队长；1979 年 7 月入党；1980—1982 年兼任大队团支书、民兵连长、畜牧主任，被选为布政公社第 10 届人民代表大会代表；1982—1983 年，在宁波运二车队做工；1983—1985 年任村金属提炼厂厂长；1985—1986 年任村模具制造厂副厂长，兼自由村村长、党小组长。

队长张杏芳说：“1958 年，我也才 17 岁，挖南塘河。后到队委会任职。1966 年，当了生产队长。1972 年，入党，当大队支委了，治保主任也当过，团支部书记也当过。共产党的政策好，重用贫下中农，所以当了干部。当队长，要老百姓听你的。如果不听你的，

图 3-12 张杏芳

也没有用。队长一直当到 1979 年。1979 年到铁厂当厂长去了。到 1982 年，又到生产队当了一年的队长。1982 年的下半年，分田到户了。1978 年那时候，'大佃农'的帽子摘掉了。我们就是靠共产党，如果没有共产党，我们这样的人老早死了。现在形势是好，支部也好，也都关心你。"据档案，1959—1961 年，他在古林红专学校读过书。

队长姜冲德说："我 13 岁（1965）参加劳动的，在生产队干活。后来（1967）生产队并大队了，原来是 4 个队，我们并成 1 个队。那时候我当队委会委员，才 16 岁（1968）。后来又分队了，分 2 个队，我当了生产队长。那时候到皎口水库去造水库，在那边做了一年。随后到水电处，那时候水电是归浙江省水电三处管的，要招粉碎工，工作就是钻洞、打洞、冲山，就把我叫去了。我在水电三处做了大概一年半就回来了。回来以后又当生产队长。水电三处的军海码头招宝山要开发了，要造码头，那边三处又招人了，我又去了，大概去了一年半。那边不需要了，然后又回来。回来，又当了队长。我在村里也当过队长，那时候因为是大队，我在大队里当团支部书记、民兵队长。我自己是没有什么文化，那时候当干部也不讲什么文化的，人家信任你就可以。因为生产队长是老百姓选的，像现在这样选举的，这是硬碰硬选的，每个人都要投票，你选不上的话，也没有办法，让你当队长就是当队长。至于团支部书记，这是大队里信任你。

"当生产队长，要分配社员工作，什么人做什么活，每天安排好。要开开会，搞搞活动。以前别的没有，就只有田里的活。以前都是坟滩，田间也是坟滩多，人去干活，钻进去以后都看不见的，要我父亲到下面去找我的。现在没有了。以前塘也都是坟滩地，'文化大革命'之前就已经开始弄了，后来慢慢弄掉了。这个是要人挑的，挑到河边倒掉，全部处理掉，这样土地可以增加。这个填了很多年，前后十多年，每年都要拆坟，家里没有事了，田也没有种了，没有什么活干，就是挑坟滩。这是非常苦的，我 13 岁参加劳动，刚刚开始挑坟滩，我人还没有挑土工具高。没有人跟我搭对，只好和最大年纪的人搭档，就是杨祖全。

图 3-13 姜冲德

我最小，他最大，就搭档了。我挖得非常快，他挖得不快。村里以前苦，他和老婆没得吃没得穿，夫妻两个到田头去干活，吃点冷饭团，用酱油下饭。干活都是记工分的，10级就是 10 分，9 级就是 9 分，按照工分算的，到年底了算总账。中途收了早稻、收了大麦，就暂时发给你多少，预支付一点，付 200 块、100 块或者是几十块。到了年底有可能还超支，那还要还呢。以前也没有办法，总共才 200 多块钱收入，像我这样的有 290 块、300 块吧。像徐定良算是最好了，最起码有 300 块。我们藕池村里基本也就 200、300 块，再多也没有了。因为那时候的田没有别的地方好，以前坟滩特别多，产量是有高低的。以前稻子一亩产三四百斤已经高兴死了，现在几千斤一亩都有的，那是不一样的。现在也有钱了，科技不一样了。以前 400 斤已经很好了，一般都是二三百斤的。碰到坟滩地，田都是很硬的，稻子倒是长得很好，虫子也不会生的，但是没有什么产量。”

社员包文华说：“在人民公社干活是这样的，4 点钟就起来了，干两个小时活，再煮饭、上班。吃好饭，过个把钟头，又要去干活了，干活干到 11 点。以前藕池有三个生产队，大队就像部队里一样的，煮好了饭，就来叫歇工吃午饭了，就像在工厂上班一样的。我爸在皎口水库做了两年，后来回来了，在田里干干活，我在生产队里干活，每年都有奖金拿。其实也不是钱，以前都是一只搪瓷杯、一个脸盆、一块手巾这些东西；奖状也是有的，一样可以拿的。我人缘也好，也比人家干得多，人家都知道的，队长也知道的。大队发的奖，基本上我每年都有。”

二、村革委会

“文革”开始后，布政人民公社管理委员会停止职能活动。1968 年 9 月成立布政人民公社革命委员会。1968 年 11 月，藕池大队建立革命委员会，成员有洪康华、姜全德、姜阿利、徐信定、江根星、吴德利、徐信华、李阿凤、俞明福。洪康华为革委会主任。此间，江根星、李阿凤虽也在名单中，但实际上靠边站。原来的大队书记姜岳海也靠边站。1969 年，成立村级贫下中农协会，张阿毛担任贫协主席。

那时候李阿凤也被斗了。姜锡岳说：“我回来没几天工夫，他们也斗李阿凤了。我只允许他们文斗，不允许武斗，你要是武斗，我就对你不客气。实际上我们藕池村民风是很好的，藕池村的村民不会对人怎么样，党风也很好。不允许斗争就不会有斗争，藕池村动手的事情基本上是没有的。”吴升月说：“当时他们要我喊打倒李阿凤，我根本喊不出口。”李阿凤说：“‘文化大革命’斗到我自己了，我真真苦死了。他们斗我，我心里不快活。我老公去跟他说，我家老太婆快被们你弄死了。但是，后来我想明白了，我是为国家做事的，我也不怕，我怕什么。我是做好事，我不做坏事的，人要全心全意，不能三心二意，人是凭良心说事的。我们是共产党员，是在做党的事业。”

图 3–14 洪康华

洪小康说：“我是 1962 年下放的。‘文化大革命’时村成立革委会，包括我在内有五个人。那时候也很傻。在革委会，我待了不到一年工夫。我也吃不消，从内心来讲，做人是凭良心的，‘文化大革命’就是一个过程，当中高升的人很少的，真正‘文化大革命’结束以后当领导的基本上没有。为什么？这帮人都是没知识的，也没有什么能力的。”

三、“文革”期间的土地平整

张富昌说：“我是 1966 年 3 月回来的，4 月就发生了‘文化大革命’。我来的时候是姜岳海当书记，江根星当大队长。我在大队当了一年治保主任，民兵队长当了二年，然后参加生产队，当副队长。1968 年土地平整，把藕池坟头挑平。那时候，从杨家路头一直到那边，全是坟头。很早就有人到藕池来做坟，外地人来做坟。1968 年，公社下命令，要将土地全部弄平。藕池挑坟是论面积的，比如说男劳动力一天要挑 4 平方米，女劳动力挑 2 平方米，每天早上很早去挑，很晚才能回来，而且还要开夜工。土地平整我也做过，做了好几年，那时候也没有机器，都要靠人工。藕池人做的坟也有，但大部分是外地人做的坟。坟越多，地方越穷。有半边是土地，坟头没有多少。以前藕池的房子很分散，东一处，西一处，屋后就是坟头。藕池的田也很分散。有的坟年头长了，就变成无主坟了。那时候有政策，不管是有主还是无主，藕池人或外地人做的坟，全部要移到山里去。没有人认的坟，就是无主坟。1965 年、1966 年大量拆坟。地基那时候不用批的，但是石头很难买，就把造坟的石头拆来搭屋。后来坟没了，就要去砖瓦厂买了。以前的屋都是一块块石头搭上去的，石头都是敲碎的墓碑。我家里还有一个老石碑，也是坟碑，那时候村里没有收入的，把这些石头拆去卖掉，能有十来块的收入，那时候十多块也很值钱。

图 3–15 张富昌

坟里的石头、木板都拿掉，烂泥挑平，造田。那时候水很多，田里水可以贮存，家里水也可以贮存，那时候种田要积水。”

四、文宣队

“文化大革命”时期的文宣队，全称毛泽东思想文艺宣传队。那个时候，注重意识形态宣传。当时，各行各业的形势宣传，必须紧紧围绕着国家政治运动。于是，形式多样、热火朝天的毛泽东思想文艺宣传队，像雨后春笋般地遍布城乡的每一个角隅。当时，藕池大队也成立了文宣队，配合当时政治宣传的需要，展开演出活动。大队文宣队的队员选拔，需要具有一定的文艺宣传特长。他们白天参加生产队农业生产劳动，利用晚上的业余时间排练节目，每晚仅给记几个工分，只有到外村演出或在本村有演出任务时，才能占用白天的劳动时间。他们的演出，有声有色、惟妙惟肖，让社员同志们时而放声大笑，时而抹鼻涕眼泪，看得出神，也佩服得要命。1966 年，赵宏海才 17 岁，比较活跃，参加大队文宣队。据吴升月回忆，1967 年 10 月，村文宣队扩大为村剧团，由俞阿任为团长，排演了革命样版戏《沙家滨》。由吴升月演阿庆嫂、赵宏海演郭建光、陈高华演胡司令、张纶华演刁德一、周利英演沙奶奶、张昌浩演刁小三，演员们努力学习演唱，演出很成功。曾去宁波南门外剧院卖票演出，满场无空位，得到观众的好评。春节时，去各村演出。在农村剧团中，藕池大队剧团小有名气。当时宋严王村排演了《红灯记》，包家村排演了《白毛女》，张家潭村排演了《智取威虎山》，整个布政公社只有这四个村有农村剧团，给农村父老乡亲的业余生活带来了欢乐。张昌浩曾经演了一个角色“王老板”，给村人的印象太深，结果村人一直叫他“王老板”。文宣队主要活动于 1966 年至 1970 年间。1971 年，随着革委会的解散，文宣队也消失了。

据赵宏海说，图 3–16 是 1969 年左右拍摄的，是为庆祝革委会成立而拍摄的。当时请来摄影师，在生产队晒谷场前拍摄。分生产队、各队分性别拍摄，所以洪康华也在内的。这是板桥村男性社员合照，女性合照已经遗失。照片原来是夹在生产队会计间玻璃台板下面的。1982 年生产队解散时，没有人要，他便将合照带回家了，一直保留至今。笔者拿了此照片，让照片中的当事人来回忆，均称没有印象。其中的小孩子，吴升月老师辨识出了大部分人，但部分人仍辨认不出。生产队时期，村民外出机会少，拍照机会十分少，留下的照片更是奇缺。在 1969 年的生产队时期，藕池大队就有这样的大合照，确实体现出洪康华眼光过人之处。这张大合照记录了板桥村大部分男性社员当时的面貌，形象史学价值相当高。照片中间两排的人，多数已经故世。前排的小孩，现在已成

图 3-16 1969 年板桥男性社员合照

了爷爷辈的人。最后一排人，多数七十多了。藕池村真的应该感谢赵宏海老书记的资料保存之功。

五、知青下乡

1968 年 12 月 22 日，毛泽东授意《人民日报》发表了题为《我们也有两只手，不在城里吃闲饭》的文章，提出“知识青年到农村去，接受贫下中农的再教育”。1969 年开始，许多城镇开始有组织地将中学毕业生分配到农村去。张杏芳说：“那时候下放青年来了，下放青年也要去干活的，不过大家会照顾他们。下放青年来了，那就拜农民阿哥当师傅。我们这边北京来的也有，以上海青年为主。上海人很多的，后面都回去了。胡克荣那时候是苏州下放来的。那时候下放青年来，国家是有分配出路的。张元镇到鄞州银行去了，也蛮好，现在也退休了。来的也都是学生，读过书的，生产队照顾照顾，有轻松的活给他干一点。后来村里办厂了，就到厂里去了。”

根据村中人员进出记录，1969 年下放的知青有胡容娣、俞智君、范品花、胡克荣、范回米、林小毛、马莉萍等。从月份上说，最早 2 月，5 月、9 月、10 月、11 月都有。1970 年来的有俞回□、葛小云。其中，胡容娣、俞智启、范品花、范回米、俞回□、葛小云 6 人为上海人，胡克荣是苏州人，林小毛、马莉萍为宁波人。

六、夹着尾巴做人

"四类分子"不能开会，只有贫下中农可以参与。张杏芳说："以前我当治保主任，工作队的严组长就说了，你今天晚上来开会，要狠狠教育人家一顿。人家事情又没有做错，这个我也做不到。我跟严组长说，要么你去说，我是不会去的，人家白天干活，像地主、大佃农，都要做得更多，你开大会还说他，这个事情我做不到。人家年纪大了，只能干这点活，再叫人家多做点，这样的事我可不干。组长说，那你这个人没用。我说有没有用，让别人去评好了，冤枉别人的事也不能干。大佃户农干活干得多少、偷懒不偷懒，也有老百姓反映的。我和老江书记讲，完全听人家讲的也不行的。老江说，那就按自己的能力，有什么说什么。"包康乐说："我 1957 年开始在藕池小学读书，一直读到 1966 年，是初中二年级，开始'文化大革命'，搞红卫兵串联。本来我可以考到望春中学的，因为是地主成分，只好考到石碶的农中。后来'文化大革命'一串联，红卫兵套着红袖章，可以到全国各地去。我们当时是属于地主子女，外面是不能去的。这样过了一年多，1967 年开始干活了，就在藕池四队。那时候像我这个年纪的初中生还比较少，村里说你是初中生，做做保管员、会计。我们地主子女，在生产队，都是受到表扬，没有吃过批评的，都是积极生产、带头劳动的。我那时候任务完成了，还免费给人家分稻草、做会计。曾经有一件事，我的脚上生疮，叫张国章医生开刀，开刀一个小时，手术做好，纱布一包以后，我自己马上到队里干活了。藕池这条路，原来还没有改造，煤渣路算是最好的了，没有什么石板路。我的脚包着纱布去种田，一个人要种 9 分 9 厘田，自己拔自己种，这多不容易啊。我们生产队的包队干部、武装部部长周召丰（后来为乡党委副书记），想要贴纸表扬我，但他们不知道我是地主儿子。张富昌那时候当队长，他说是地主儿子，就不要贴纸表扬了。我自己不管他们说也好，不说也好，总归是坚持原则，积极劳动，勤勤恳恳，做好每一件事。"

第四节 / 1971—1976

1971 年 9 月，林彪外逃坠机，这件事导致革委会产生调整，洪康华为公社革委会副主任，江根星重新担任大队书记。1971—1972 年，姜岳海为副书记、大队长。1973 年起，赵宏海为大队长。

1971 年 2 月，大队下面建立 3 个革命领导小组，组长名单是张如芳、俞名（明）福、林德庆。1971—1974 年，张昌浩为生产队长。

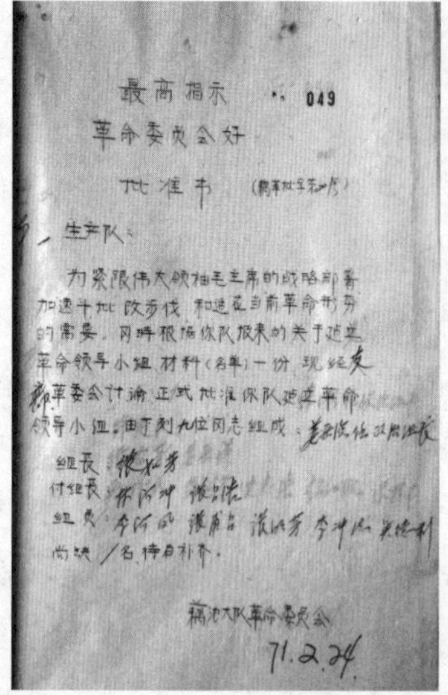

最高指示 049

革命委员会好

批准书

生产队：

为紧跟伟大领袖毛主席的战略部署加速斗批改步伐和适应当前革命形势的需要，同时根据你队报来的关于建立革命领导小组材料（名单）一份，现经大队革委会讨论正式批准你队建立革命领导小组，由下列九位同志组成：

组长：[illegible]

付组长：[illegible]

组员：[illegible]

尚缺/名，待自补齐。

藕池大队革命委员会

71.2.24.

组长：[illegible]

付组长：[illegible]

组员：[illegible] 林德庆 俞阿秀 张杏芳

尚缺/名，待自补齐。

藕池大队革命委员会

1969 11 5

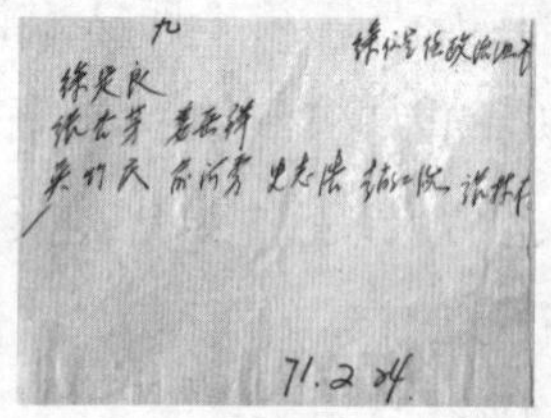

[illegible]

71.2.24.

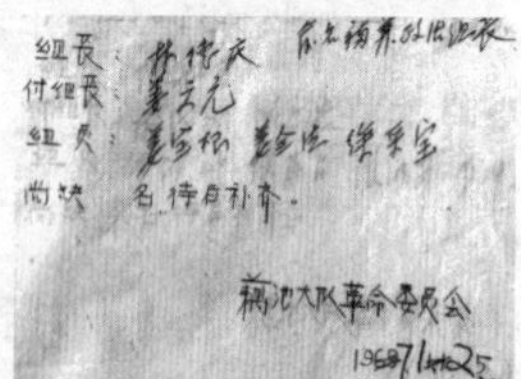

组长：[illegible]

付组长：[illegible]

组员：[illegible]

尚缺 名，待自补齐。

藕池大队革命委员会

1969.11.25.

图 3-17 1971 年生产队长批准书

图 3-18 后排左起：张吉安、张阿毛、林德庆、张杏芳、李阿凤、俞阿秀
前排左起：张昌浩、赵宏海、俞明福、江根星

1975 年时，5 个队长分别是吴德利、姜冲德、俞名昌、吴祝庆、张杏芳。

一、20 世纪 70 年代初的大队

张国章说："我一直在村里，最早担任书记的是江根星，我跟他交往比较多。那时候村里穷，过年过节，村民请他吃饭都很少的。他当书记的时候，村里破破烂烂的。后来老百姓慢慢有了电灯、电话，都高兴得不得了。他那时候就是办厂，给老百姓办事。那时候我当医生，村里很艰苦，支出方面也很紧。为了减少开支，江根星书记一边让我当医生，还让我兼做民兵连长、团支部书记、治保主任，我都干不过来了，开会老是迟到。后来，就换了其他人。各人有各人的想法，那时候我的上进心也比较小。

"书记也想让我到厂里去。1977 年，工作队来了以后，镊子厂调人了，让我去厂里做厂长，与我谈过，我说我不干，我还是安安稳稳做个小医生算了。那时候跟我谈入党问题，问我为什么不入党。我说入党做什么，我只不过一个平头百姓，每天过过日子好了。那时候他也很看好我，好几次让我去公社开会，对上面也发发言，说慢慢来，以后好接班。我还是想安安稳稳做医生，我不喜欢去外面。"

赵宏海说："那时候我跟老江书记搭档，老江那时候当书记，我做大队长。我在生产

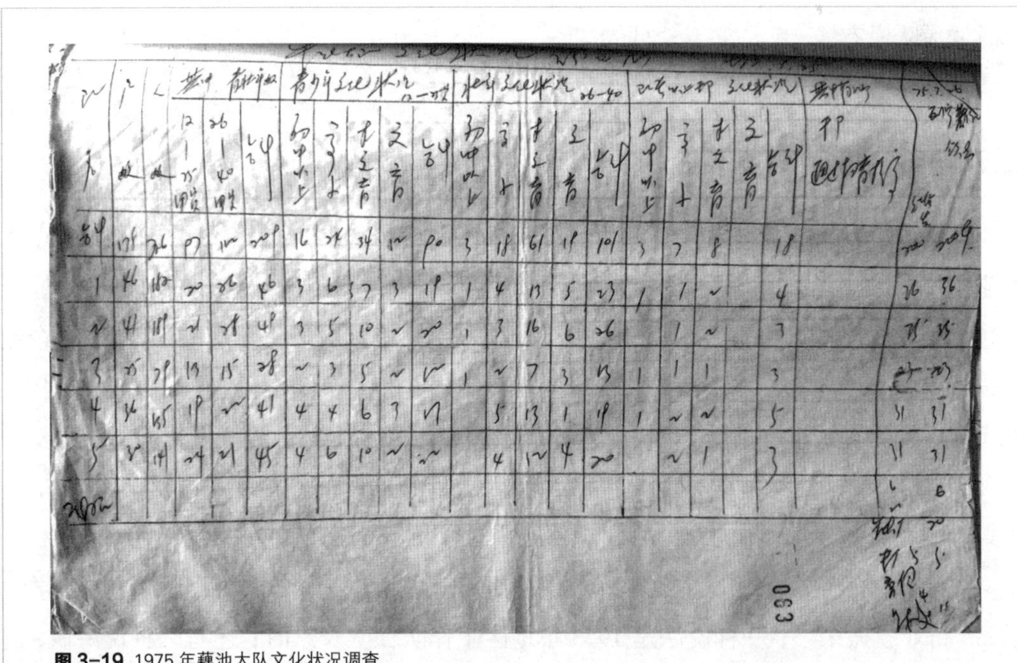

图 3-19 1975 年藕池大队文化状况调查

队劳动的年数不长，14 岁去的生产队，20 岁提上来当干部，生产队做了五六年，就当领导了。大队长我是从 1973 年开始做的。最苦还是当大队长，凭良心讲，那时候最苦。一天到晚都没有在家里坐过，‘双抢’到了，天天在外面劳动，要带头。那时候很苦，没有拖拉机；后来有拖拉机了，但是一个大队 1000 多亩田，只有一台拖拉机，给谁用好？那时候也没有机耕路，都是小路。我们的田，这边也有，那边也有，河塘边也有，拖拉机转来转去的，有时候不小心会翻倒，那就推起来，修好再弄。‘双抢’到了，一会儿那个人来叫，一会儿这个人来叫。那时候生产队很难弄，有 8 个队，你想能弄得好吗，8 个队只有一台拖拉机怎么弄。一会儿拖拉机又翻倒了，耕不了，那又要起矛盾了。

“我跟老江书记说，还是让我去企业好了，所以最后两年我到企业去了。那时候也没有特权，当大队长只有 2 级工分，8 级向队里拿。那时候白天开会、夜里开会，没办法。每天开早工，人家生产队开早工，你也要去开早工，早工只有 2 级。白天开会、晚上开会，又没有钱。那时候有很多会，抓生产会是一种，其他会也很多。那时候上级文件很多，文件下来都要学习。”据档案，1982—1983 年，赵宏海在村电器绝缘厂工作。

姜岳祥说：“电灯是 1971 年通的，板桥是从像鉴桥拉电线过来的。我们用了一年多以后，藕池也接进了电线，是从板桥接过去的。最早是宁波一个阿三师傅说起来的，他是做电工的。他说：你们怎么没有电灯呀？我们那时候没有电的，习惯用油灯。用了电灯以后，大家都说：这怎么这么好！藕池迟一年，那时候是书记江根星做主装起来的。那时候大队没有钱，都是拿工分抵的。”

二、兴办企业

1971 年，对藕池村企业发展来说，是一个转折点。这年，大队创办了铁厂，地点在新学堂。张国章说：“江根星书记会动脑筋，想把村里经济慢慢弄上去。铁厂办了以后，村领导又动脑筋，办了镊子厂、翻砂厂，这样村里经济有所好转了。”1971 年，乡镇企业的兴起，是一个契机，打破了城乡二元分割体制，乡村也可以办企业。在这个过程中，城市来的知青进了水平仪厂，活跃的永康五金商人带来了打铁行业。原来的村书记姜岳海及 1962 年精简回乡的人才徐信定、洪根庆，成为办厂骨干。20 世纪 70 年代办厂，农工杂处，大家作息时间不同，收入不同，导致彼此间的矛盾很大。

关于铁厂搬至杨家路头的时间，众说纷纭。一种说法是 1971 年庙里拆迁造新学堂以后，企业就搬来了；一种说法是 1973 年地区工作队任队长来时；还有一种说法说，是因为布政至宁波市区的机耕路修通了，方便了藕池村人的出行，马路是当代工商业发展之本，于是，杨家路头位置优势初显，村人便将铁厂迁移到此。笔者倾向于第三种说法。史幼芳也认为，铁厂是在1973年左右搬迁的。

三、编村简报

20世纪70年代，“双抢”期间，吴升月老师负责编辑村简报，16开。吴升月说：“老师放假了，要参加农业劳动。后来我没有参加农业劳动了，就叫我编简报。中饭吃好饭到生产队去统计，今天田种了多少，有多少好人好事，像工作汇报一样，然后到学校把材料写好，第二天上半天，用蜡纸刻好印好，然后发下去，明天上半天又这样做了，非常忙。70年代开始编简报，一直到布政并到古林（1992）后，没怎么编了。简报是我们自己藕池村的简报，跟别人没有关系。内容是种田进度、好人好事，村里有什么政策命令也通过简报宣传。差不多要印二十多张，一个生产队一份，还有书记、大队长也要给。快报要每天印，16开。本来每天都要去劳动，这样的话，空了去劳动，没有空不去劳动，也没有关系了。因为快报要刻要印，还要自己排版。那时候老师比较苦，后来放暑假，我们就去学习、备课。开始都是跟生产队打交道。这种简报，有的生产队也有，有的比较少，他们不弄，统计倒是会做。简报有的生产队不弄，我们是书记要我做，他也有眼睛，对情况也知道得比较多，好人好事开会也表扬。那时候队长开会非常多，要布置任务，工作也肯做，也会做，所以领导对我也很好，我也尽力。”

四、修皎口水库

皎口水库所在河流樟溪，是甬江水系奉化江上游的主要支流之一，发源于四明山对岗岭东部莲花村。樟溪水直接关系鄞西水利，“樟溪不治，鄞西难安”。修水库，是几代人的梦想。水库上游就是大皎和小皎，二皎相汇成皎口，故名皎口水库。1970年5月动工兴建，1973年5月封孔蓄水。皎口水库是鄞县兴建的第一座大型水利枢纽工程，也是当时宁波地区最大的水利工程。施工主体是由鄞西农民组成的民工队伍。8300多位农民组成15个民工连，由3个指挥所指挥。那时搞的是群众运动，施工方法称之为“土洋结合”，沙砾料、块石开采，浆料运送上坝都是民工做的。民工是按合理负担原则，由鄞西受益区出工的。施工高峰期，每百亩农田出民工四人，共投入劳力958万工。民工在工地劳动，回队评分，工地每天只补给3角钱伙食费。1970年5月4日，皎口水库大坝在红旗簇拥、万人欢呼声中挖出第一铲土，宣告工程正式开工，开始了第一期围堰建

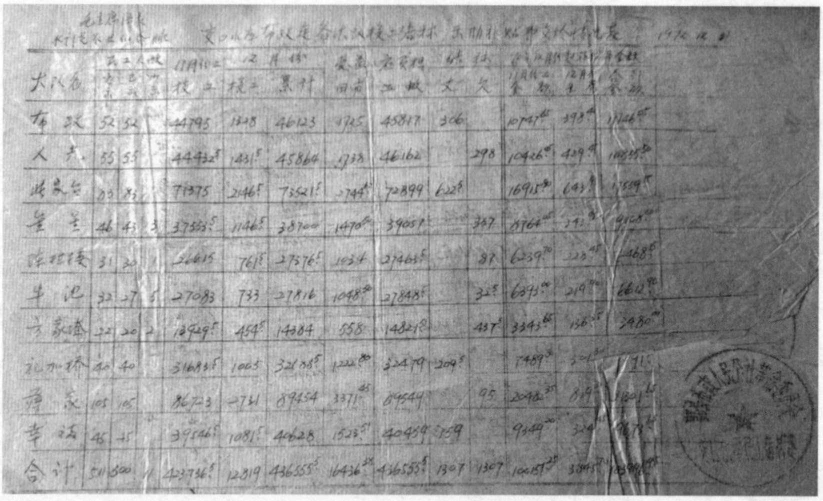

大队名	民工人数			核工	12月份核工	累计		工数	文	欠	11月底止	12月	合计
布政	52	52		44795	1328	46123	1725	45817	306		10747.[illegible]	398.[illegible]	11146.[illegible]
人大	55	55		44432.5	1431.5	45864	1738	46162		298	10426.[illegible]	429.[illegible]	10855.[illegible]
[illegible]	83	83		71375	2146.5	73521.5	2744.[illegible]	72899	622.5		16915.[illegible]	643.[illegible]	17559.[illegible]
[illegible]	46	43	3	37553.5	1146.5	38700	1470.[illegible]	39057		357	8764.[illegible]	[illegible]	[illegible]
[illegible]	31	30	1	26615	761.5	27376.5	1034	27463.5		87	6239.70	228.45	[illegible]
牛池	32	27	5	27083	733	27816	1048.50	27848.5		32.5	6393.[illegible]	219.[illegible]	6612.90
[illegible]	22	20	2	13929.5	454.5	14384	558	14821.5		437.5	3343.65	136.35	3480.[illegible]
[illegible]	40	40		31683.5	1005	32188.5	1222.80	32479	209.5		7489.[illegible]	[illegible]	[illegible]
[illegible]	105	105		86723	2731	89454	3371.45	89549		95	20982.35	819.[illegible]	[illegible]
幸福	45	45		39546.5	1081.5	40628	1523.51	40459	159		9349.20	[illegible]	[illegible]
合计	511	500	11	423736.5	12819	436555.5	16436.[illegible]	436555.5	1307	1307	100157.25	[illegible]	[illegible]

图 3-20 1972 年 12 月布政公社各大队参与皎口水库用工情况

筑及基坑开挖。同年冬，开始二期围堰，半年内进行二期围堰及基坑开挖称得上施工中的奇迹。1971 年 10 月大江截流，开始第三期围堰基坑开挖。1972 年坝体全面升高。1973 年 5 月大坝封孔蓄水，水库下游开始受益。1974 年 5 月，大坝土建工程结束，实现三年受益、四年建成的计划目标。1975 年 1 月主体工程完工。①

吴安光说：“我 17 岁到皎口水库做工去了，18 岁回来。为了响应号召，我 19 岁又去皎口水库，当时一村 30 人，我就去带班，那时候在是大队里。1970 年，到皎口水库，叫我带班，分配干活。”当时，生产队是抓阄轮流去的。包文华说：“以前造皎口水库，在鄞江桥里面，是要走过去的，那时候 10 多岁，干完以后走到家里，都十点多了。那时候每天要做 8 个钟头，三班倒的。到家最起码要走 6 个小时。那时候交通工具是很少的，船最多只能坐到鄞江桥，鄞江桥上往河有的，但是不能撑船。自己就带米过去给食堂，我一个月要吃 60 斤米，菜就是咸菜汤，赚也赚不到什么钱。我以前去皎口水库，干活不要紧，但是饭总归要给我吃饱的。我吃饭都已经吃得怕了，那时候我已经毛 20 岁了，家里没有粮食，要挑米过去。我一个人要挑去 60 斤，家里有时候还可以煮点别的菜什么的，但是食堂里没有别的，就是饭，我一顿饭吃两斤米饭，我就说了，这个米，我 7 两一餐，吃了不够，又打 3 两，吃完了也没有觉得肚子饱。人家就问了：你再吃 1 斤能吃得下吗？以前那个宿舍，不是现在的房子，而是毛竹搭起来的，皎口水库这里，上面盖着油毛毡。

① 缪复元：《记忆：皎口水库兴建始末》，见宁波水文化网。

这边是女寝室，那边是男寝室。那时候没有泥板的，只有毛竹搭着，用报纸糊糊的。”陈高华说：“那时候，我生了儿子敖忠（1968）。等到他 2 岁（1970），我从生产队走出去，去造皎口水库了。建皎口水库，苦是苦的。不过，我们还好，我们班是车水的。我头一年做时，公社党委王书记找我说：你再做一年，给我帮帮忙，说大方向管一管好了，自己不用做。不过我喜欢干活，那时候车水，力气是有的，可以车两三个小时。我又多干了一年，共干了两年。本来干一年就够了，后来大队带班的不干了，就说让我不要去干活了，来带班管理。”

五、水库移民来村

20 世纪 70 年代，曾有一批皎口水库移民进入村中。第一批是皎口造水库时的政策移民，杨志忠（1932—1996）家、庄定根（1935—1991）家、崔述芳（1932— ）家、龚加云（1951— ）家、方美龙（1932—1985）家，共有五户人家。庄定根来自长砂头村，崔述芳来自长里方村，杨志忠、龚加云来自大皎村，他们 1971 年迁入。1972 年，方美龙从长里方村迁入。杨志忠妻子徐早珠说：“搬出来一开始没有地方住，就在冯家桥头以前开厂的地方先住着，房子造好了再搬进去。一共两间老房子，一间楼房，一间矮屋。”

图 3-21 水库移民来村 左杨志忠 右徐早珠

崔述芳说，当时政策是小家服从集体、集体服从国家。于是，他们接受了迁移。他之所以迁移藕池，是因为藕池大队徐信华带班修水库时住在他家，彼此相识了。要迁移时，徐信华鼓励他来藕池大队落户。于是，他全家五口人来到了板桥。来的时候，习惯山区生活的他们，不习惯平原种种田生活。为此，他曾反反复复，心中十分纠结。村里也照顾他，没有让他下田干农活。他 40 岁来到藕池板桥村以后，开始几年种蚕桑，后来养猪。包文华说：“皎口水库移民，水电是免费享受的，因为他们为水电站建设做出了牺牲。”

六、工作队进村

张杏芳说："1974年，地区工作队来了，那时候每天晚上开会，白天生产。晚上开会，地区工作队来的话，要很主动的。白天生产队的事也好，村里的事情也好，都要去汇报的。那个阶段苦也是苦的，义务工非常多的，晚上开会也没有钱，白天也没有钱。"张国章说："比较深的印象是地区工作队，那时候有工作队开进来，特别注重成分。我那时候是中农，也不是贫下中农。工作队来了，问老江书记为什么让我在村里做医生。江书记回答了一句话，我们藕池村稍微有点读过书的人找不到。地区工作队也是领导，非常严格。他住在詹家耷，地区工作队要求他每天7点汇报工作，说说今天一天打算做什么事情。那时候搞得比较紧张。稍微有一点贪污受贿苗头，那是不得了的事。记得镊子厂有一个厂长，他有一点能力，经济上有一点点问题，比如说送东西。办厂总是会有一点人情往来，比如说递香烟，送一包香烟也是送礼。后来因为这个，就说他犯了经济上的问题，把他革掉了，请他告老还乡。"

"富农"张小康说："工作队来的时候，我在厂里做，肯定要接触人的，有人就说我富农儿子贪污。工作队来了，人家去告了。工作队说：你们厂里还有这样的人啊？就把我叫去了，叫到大队办公室，来自宁波港务局的严组长跟我讲了：张小康，买煤是你买的吗？你老实交代，头上这些字认识吗？坦白从宽，抗拒从严。如果你不交代，明天让你坐牢去。我吓死了，当时我家有7个人要吃饭的。我快要哭地说：严组长，我真的没有。他说：人家检举你拿了，如果你没有拿过，你吃总吃过的。我就讲了，我是算过账的，付钱是别人付的，钱我从来一分也没有去碰过。那他说：你总归吃过饭的。我说：我去收煤，我把饭带去的，在人家家里吃饭，人家的菜夹一点给我吃吃，那是吃过的。他说：你还不老实，让你坐牢去，你坐牢要坐吗？我说：我不去坐，不去坐。他说：那你就坦白从宽，抗拒从严。我的脸红一阵白一阵，真的吓死了，就哭了。旁边一个来自银行的女工作组人员跟严组长讲：算了，张小康负担也蛮重的。如果你把这个人吓傻了，吓成神经病了，他怎么做人？他家里有7个人吃饭，他是这家的顶梁柱。这个事情还没有结束，严组长说把付钱的人叫过来。他就讲：你讲我们贪污，你去卖煤的地方去查好了。三年的账算下来，攒了600多块钱。老江书记也说了：我们总共才一个厂，

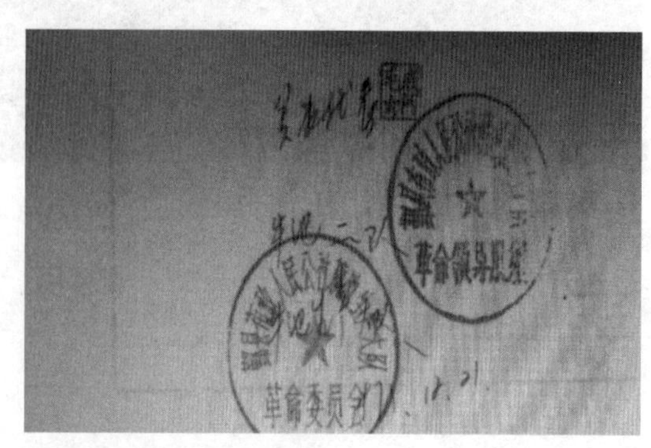

图3-22 当时的大队、生产章

都靠他在撑着。他在厂里，这样那样都做的。这个事情也就过了。二十多天以后，工作组结束工作，严组长跟我讲：张小康，我已经帮你看过了，你在厂里蛮能做的，你对这个厂也蛮有贡献的。我不会来为难你，我希望你在厂里好好地干下去。你以后在厂里好好参与财务，不然，你不会被人讲一句好的。第二个，你以后在厂里适当考虑自己的饭碗。"

1959—1969 年，俞云孝因为会挑选耕牛，屡次到临海贩黄牛，其中为小队买了 50 只，为别人买了 2 只，自己买了 1 只。他在经销过程中，赚了 1400 元。结果，在 1971 年 12 月的"一打三反"运动中，成为典型，被扣上贪污的帽子，被要求退回款项。1970 年还 300 元，1971 年还 300 元，1972 年还 400 元，1973 年后还清全部款项。

1976 年，工作组进驻村中，进行对比教育。包泉德说："生产队来了一个王姓公社书记，他到村里来搞生产，我们这队因为没有共产党员，他就入我们队了。那天早上他来犁田，我也在犁田，他在我隔壁。因为我的成分问题，我一看他在我隔壁，我想这事情麻烦了，我怎么弄呢？我弄得快，他没面子。如果有什么做错了，要批我破坏生产。我想还是慢一点来，让他在前面去，我在后面，出了什么错也没有关系。我也动脑筋了，就上厕所去了。等我上完厕所回来，他问我：包泉德，你现在每天要劳动，以前你不用劳动，是以前好还是现在好呀？我说没有想过。这怎么说呀，说好也不对，说不好也不对。他一定要我说。我说王书记，你问我以前好还是现在好，我说实话还是假话？他说什么叫实话，什么叫假话？我说讲实际。他说那要讲实际。我说你让我讲实话，我就说实话，以前我不劳动，不过我身体非常坏；现在，毛泽东领导好了，劳动锻炼了身体，在生产队可以挑 200 斤担子了。没有共产党来，我身体就不好，没共产党，人早死掉了。国民党在的时候，我们晚上睡不着，他们老是要到家里来抢，到下半夜才可以睡。等天亮了，又找你借谷了，农民哪有这么多谷呢。你不借的话，国民党就把手枪拿出来了，只好借。现在是好了，这种人没有了，可以安心劳动了，身体也好了。我说共产党是好，共产党领导好，做像衣服一样，你一丈三尺，我一丈三尺，谁都不吃亏。"

第五节 / 1977—1982

一、末代生产队长

1977 年 8 月 15 日，江根星继续为书记，赵宏海与李阿凤为副书记。吴竹庆、吴安光、张杏芳、姜岳海分别担任组织、宣传、保卫、后勤委员。

1977 年，划分为 9 个生产队。

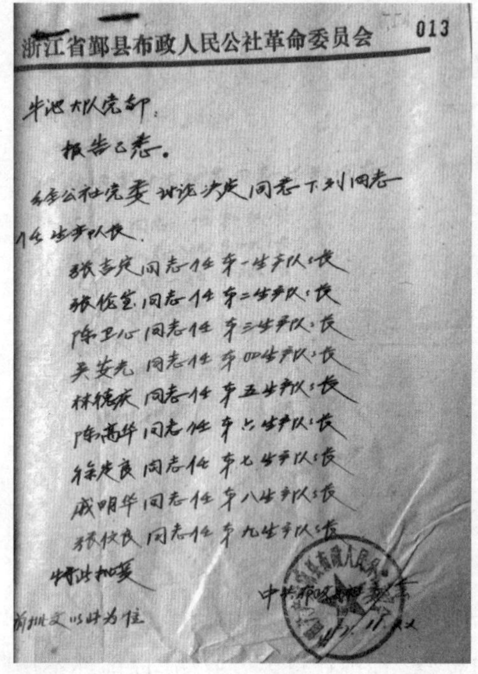
浙江省鄞县布政人民公社革命委员会 013

牛池大队党支部：

报告已悉。

经公社党委讨论决定同意下列同志任生产队长。

张吉庆同志任第一生产队队长

张佐堂同志任第二生产队队长

陈卫心同志任第三生产队队长

吴安光同志任第四生产队队长

林德庆同志任第五生产队队长

陈高华同志任第六生产队队长

徐定良同志任第七生产队队长

戚明华同志任第八生产队队长

张秋良同志任第九生产队队长

特此批复

前批文以此为准

中共布政公社委员会

图 3-23 1977 年生产队长批准书（1）

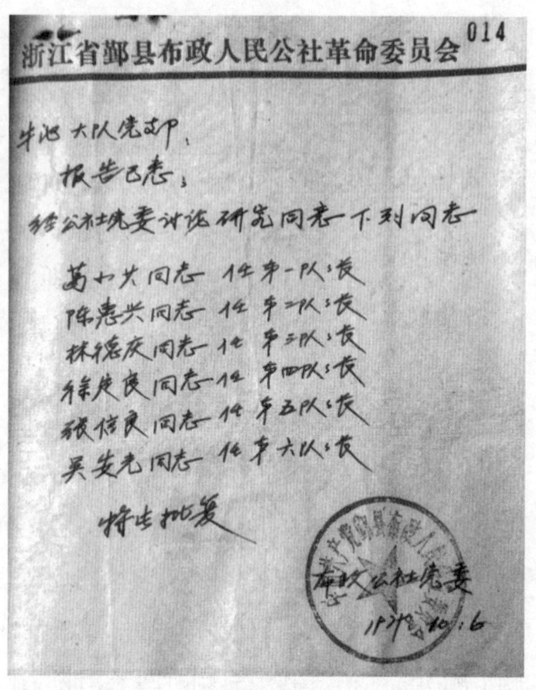
浙江省鄞县布政人民公社革命委员会 014

牛池大队党支部：

报告已悉：

经公社党委讨论研究同意下列同志

葛小兴同志任第一队队长

陈惠兴同志任第二队队长

林德庆同志任第三队队长

徐定良同志任第四队队长

张信良同志任第五队队长

吴安光同志任第六队队长

特此批复

布政公社党委

1978.10.6

图 3-24 1977 年生产队长批准书（2）

1979 年，合并为六个队，生产队长名单如下：

徐定良，1976 年担任种子队队长，1977—1979 年担任 7 队队长。姜岳祥说：“我队长做到了 1977 年，后来分田到户了。我们队长是两年选一回的，还是叫我去当，我是也不想做，事情非常繁杂的。我 1977 年生病了，让姜阿利代。病好了以后，我也不做了，让他做了。姜阿利也说不做。他原来是生产队做会计的。后来是张阿（志）芳弄了两三年，他是这儿保温厂的。之后是戚明华做了几年，后面就承包到户了。”戚明华说：“从 1978 年至 1982 年，我就做了 4 年的生产队长。分田到户之后，我们生产队就结束了。我当队长时，形势也是比较好了，后面政策来了，就分田到户了。后来做社长，分田到户，生产队储备粮也有了，板桥的生产队一队有二万多斤。藕池又没有储备粮，我们都把钱给了村里，我们社员都没有分过，村里墙角角落头发展了，造村办公室。后来搬到这个新房子里来了，是吴安光当了书记，徐定良当社长。那个时候交通工具都是船，每个生产队 2 只船和 2 只牛，1000 多亩田，1 辆拖拉机。以前也没有石子路，船运着拖拉机到板桥，再搬到岸上使用。”

陈惠信说：“我做队长是 1978 年，一直当到 1982 年。当队长样样自己都要带头，是最苦的，生产队一级的队长主意也大。那时候有三级，生产队、大队、公社。十多户人家一个生产队，每天要种田了，做什么了，都要队长去叫，要去带头，否则的话人家不做

图 3-25 戚明华

图 3-26 陈惠信

的。生产队都是按劳分配，以前做是做，但没有吃的。生产队又不一样了，自己样样要做，都要按上面的政策来。后来两年开放了，就不一样了。最早生产队每日是挣工分的，你今天出工了，给你 10 个工分，所以不少人是出勤不出力，做是做，但没有成绩。后来两年好了。1982 年分田到户了，就是个人的了。”

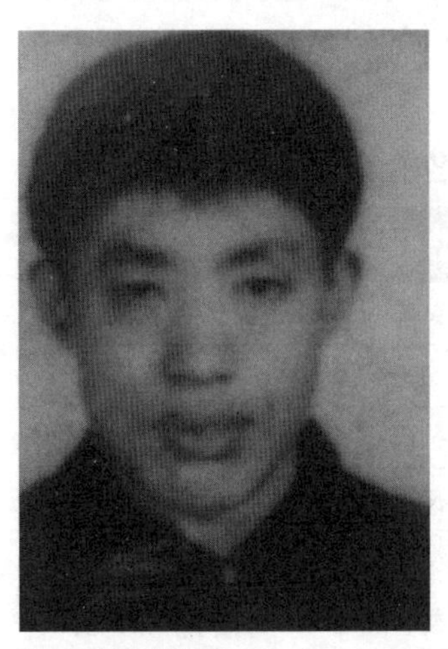

图 3-27 张信良

张信良队长早已过世，他母亲李和月说：“儿子读到六年级，是在藕池读的。小学毕业种田，以前当小队长，也入党了。小队长当了蛮多年，也蛮出挑的。以前他也没得吃，我也没得吃，有时候借点钱给我，平时也没有的。他也有小孩，也没有东西吃，以前只有 40 块一年，有点钱给你送一点，以前也没有东西的。”陈高华说：“舅老爷张信良是 9 队队长，当了 8 年队长。他一直做得很苦，改革开放后也很苦的，比老生产队时期还要苦。后来因车祸死了，现在这么好的房子没住过。”据党员档案，张信良 1956—1959 年在藕池头庙读小学；1959—1961 年，在沙塔庵小学读书；1961—1963 年，在礼嘉桥小学读书；1963—1980 年，担任生产队副队长；1980 年，担任第九队长；1984 年，到提炼厂工作；1985 年，到翻砂厂工作；1986 年，到钳子厂工作。

姜国城说：“我们那个时候，生产队队长在我们村庄里面。我从有记忆开始，一直到高中毕业，有好几届生产队队长，最早的一个生产队队长是蛮好的。总的来说，生产队队长在我们小孩子心目当中是一个官，而且在我们小孩子心里是做事情公平公正的。因为那时候是拿工分的，我们小孩子不管是初中生也好，高中生也好，放假了也要工作。我们板桥村是藕池村生产队7队，一个特点就是劳动力少，田多。有几个生产队是田少，劳动力多。我们割稻，比如2毛4分钱，那时候生产队有队长，有出纳，我们一天干下来，跑到生产队队长那边，把自己单子写好给出纳签一个字，可以到出纳那边拿钱了。那时候分东西，譬如分稻谷、分茭白，等等，都是很和谐的。所以村里面留给我的小时候的记忆，没有什么负面的，很美好。"

二、进社办企业

蔡菊英说："关了以后，公社胶丸厂收人了，我就过去了。我17岁到胶丸厂，那是1971年4月15号。人家要面试的，要来打听的。人家来打听，大家说这个姑娘很好，非常稳，也从来不会乱弄，他们才会要。那时候也苦的，虽然我在厂里，也没什么吃的，只有13块5毛一月。我和我母亲要生活，姐妹们都嫁人了，都得照顾自己家里。我在厂里，午饭就是几分钱，一点盐汤，吃点咸菜，是很可怜的，很苦。后来分田到户了，我有田分了。我那时候在胶丸厂也是很会干活的，也培养徒弟，现在一些徒弟也都还在走动，40多年了还关系很好。后来培养我入党了，厂后来关闭了。"

1982年左右藕池村进社办企业职工名单

企业名称	姓名	工作地点	职业
布政公社第八服装厂	姜阿银	成衣车间	缝纫工
	徐亚晨	成衣车间	缝纫工
	赵安珠	成衣车间	缝纫工
	张兰芳	成衣车间	缝纫工
	张凤珍	成衣车间	缝纫工
	马利萍	成衣车间	材料保管员
布政公社第五针织厂	张阿毛		门卫
	张夫尧		食堂主任
	张必珍	横机车间	针织工
	潘美英	横机车间	针织工
	王春芬	横机车间	针织工

续表

企业名称	姓名	工作地点	职业
布政公社第五针织厂	崔佩君	横机车间	针织工
	江雅君	横机车间	针织工
	张菊娣	圆机车间	针织工
	张翠英	圆机车间	针织工
布政公社工艺草革制品厂	张红菊		织蓆档车工
布政公社机械仪器厂	朱爱珍	水泡车间	玻璃管成形工
	徐爱珠	水泡车间	玻璃管成形工
	姜素琴	水泡车间	玻璃管成形工
	冯竹花	水泡车间	玻璃管成形工
布政公社水泥预制品厂	张加法		饮事员
	林振明	预制场	预制工
布政公社印刷纸盒厂	高碧峰	排字车间	排字工
	杨国安	印刷车间	装版工
	徐美凤	组装车间	组装工
	王瑞利	组装车间	组装工
布政公社电子塑料厂	张高华	成型车间	塑料成形工
布政公社胶丸厂	张寅菊	制坯车间	拨丸
	吴桂利	轨丸车间	轨丸
	姜纪琴	制坯车间	温胶
	张菊英	轨丸车间	轨丸
	徐贤军	轨丸车间	轨丸
	龚小英		出纳
布政公社日用电器厂	张昌浩		采购员
布政公社活塞厂	龚加云	三金工车间	副车间主任
	张富昌		食堂主任
	江飞龙	铸工车间	浇铸
	许国莉	二金工车间	仪表车工
	徐彩宝		出纳
	徐红菊		检验员
布政公社电器塑料厂	俞卫浩		门卫

续表

企业名称	姓名	工作地点	职业
布政公社电器塑料厂	张秀珍	塑料车间	
	姜冲义	成型	采购员
布政公社渔业队	姜岳海	翻砂车间	车间 主任
	姜惠庆	五金车间	仪表车工
	姚永华	五金车间	采购员
	周利庆	五金车间	仪表车工
	姚昌华	捕捞队	捕鱼工
	陈银菊	五金车间	仪表车工
	姚亚萍	五金车间	仪表车工
	姚国华	捕捞队	捕鱼工
	陈利菊	五金车间	仪表车工
	姚宝华	捕捞队	捕鱼工
	吴仙云	五金车间	仪表车工
	叶金康	捕捞队	捕鱼工
	叶文龙	五金车间	仪表车工
	叶文德	五金车间	仪表车工
	张根月	五金车间	仪表车工
	叶康海		资料采购员
	杨文娟		实物保管员
	叶国海	捕捞队	捕鱼工
	姚幼春	五金车间	仪表车工
布政公社床单厂	张秀翠	织造车间	织布工
	姜珊华	织造车间	织布工
	徐良芬	织造车间	织布工
	俞玉梅	织造车间	织布工
	张加洋		负责生技
	姜芬琴		负责政宣
	姜锡岳		物资采购
	张如方		门卫
	张利菊		摇纱工

续表

企业名称	姓名	工作地点	职业
布政公社床单厂	朱意芬		送纬工
	林惠芬		摇纱工
	俞卫国		经纱工
	徐美珍		
布政公社床单厂	方百君		机修工
	徐翠娥	整理车间	修布
	庄明海	打包车间	
	龚瑞花	打包车间	车间主任
布政公社建筑队	俞元根	第 5 施工班	泥工
	龚财良	板金组	板金工
	徐杏娣	板金组	板金工
	陈志信	第 5 施工班	力工
	陈志伟	第 3 施工班	力工
布政公社提炼五金电器厂	洪康华		书记
	姜岳祥		厂长
	徐连荣	搬运队	搬运工
	叶振龙	搬运队	搬运工
	张华平	提炼车间	电器工
	严阿毛	电器车间	电器工
	李安珠	电器车间	电器工
	张竹味	电器车间	电器工
布政公社兽医站	李安法		兽医

注：此表据一份草稿而成，名字写法，出入较大，佩君作培军，雅君作亚军，爱珠作安珠，亚晨作亚仁，不一而足。且字迹模糊，辨识不易。经余忠芬找人反复辩识，才为理想。

张富昌说：“我 37 岁（1976）进机电站，机电站是集体单位，算最好的了，我做了七年。那时候段塘到古林的路已经通了，造路大概是在毛主席去世的那年（1976），我参与了筑路活动。路通了以后，江根星书记说：小张，你对公社贡献也很大，现在田里你也不用去了，机电站和服装厂，随便你选好了。那时候机电站算最好的，就这样去了机电站，那时候我已经 36 岁了，在机电站做了 7 年，然后站被个人承包了，我就回到了家里。”

1977年，张如芳到鄞县床单厂工作。1984年，回家退休。李安明说："我老婆以前在布政第八服装厂，因为我妈是妇女主任，每个老干部有一个人可以照顾，于是我老婆去了服装厂。她就做到了退休。"徐彩宝、儿子江飞龙到布政活塞厂工作。徐彩宝说："工资13块5毛一个月，三班制的。回来以后，半夜做凉帽，白天也做凉帽，做了才有得吃，以前真的是苦。"

三、"地富反坏"四类分子摘帽

1979年1月，中央颁布政策，摘除"地富反坏"四类分子的帽子。于春玲说："我以前在慈溪，政治背景还行的。到了这里，就成了地主、富农。我结婚那年，刚好地主、富农帽子摘掉。在谈对象，当时他们家还是地主、富农。还好帽子摘掉了，我也可以出头了。"这对藕池村大批地主、富农、大佃农家庭来说，是一个福音。此前，他们受尽种种政治歧视。

改革开放前期（1982 — 1999）的藕池

1981 年 12 月，革委会改称布政人民公社管理委员会。1983 年 6 月，改名为布政乡人民政府。1992 年 5 月，鄞县撤区扩镇并乡，布政乡撤销，并入古林镇人民政府。

藕池村，原来是一个典型的郊区农业小村。1982 年包产到户以后，人们边种田边打工，改以进企业务工或经商为主业，土地出现抛荒现象，逼着村领导引进台州人来村中种田。不过，台州人并不适合平原“双抢”农业模式。乡镇企业的兴起、城市化的出现，从根本上解决了藕池村土地过多、种田人员不足的问题。

第一节 / 包产到户

说及往日的包产到户生产，村民们普遍的说法是辛苦，当然也有喜悦。张加昌说：“在生产队的时候每天上班，1982 年包产到户，到现在又三十几年了。以前大家讲笑话都说，集体种了一行稻，一颗都不是我的。后来分田了，都是我自己的。像我种了六七亩的田，还要去厂里上班。以前在生产队的时候，田都还要承包掉，活都来不及做。当时化肥也没有，包产到户了以后，化肥也跟上了。”陈高华说：“最苦就是分到户的前一两年。在生产队的时候，你可以讲别人。一旦分到户了，你产量拿不出来，这不是要被人家戳手指头吗？那时候非常苦，当然那时候身体也好，活也能做，晚上只睡三四个小时也行。那时候我儿子还不会下田，我自己种了三亩田的菜籽、两亩田的麦子，只能用拖拉机耙一下，其他时候都要用锄头锄。到礼嘉桥去换油，满满四箩的菜籽，我一户一户去喊。后面两年，改种日本席草。”陈惠信说：“分田到户后，大部分人家生活都好起来了。我自己生活好起来是从 1982 年 28 岁当队长开始的，以前队里那么多人要吃饭，是没办法，1982 年分田到户生活就好了。以前是苦的，后面就惬意了，在生产队做队长最苦了，每天要带头。以前苦是苦，但旧社会更苦，活要做，吃又没得吃。生产队是大伙一起弄，分田到户以后，就凭个人能力了，那挺好的，没饭吃的人也没有了。生产队时，没饭吃的人每天要借谷，到收成的时候还要再扣回去。形势始终是在变化的，现在大不一样了。”

包文华说得更为详细，称：“1982 年下半年田分开了，每个人自己干活了。我们种田是会种的，在生产队里，还可以养鸡、做农业植保员。现在田分开了，我们自己种，我的稻种得就比别人的好。种了两年，我就到宁波赚钱去了，拉黄鱼车，那时候可以赚 20 块一天。那时候刚刚开始改革开放，人家做社办企业。村办企业、社办企业我们是进不去的，但人家已经进去了。我们是 1982 年分田的，田分到有了，然后出去赚钱了，有一个和我同年的，他是贫下中农，安排进社办企业里了，比如铁厂什么的。我就问了，你现在在厂里按照老师傅算的话，现在可以赚多少钱啊？他说今年加了，有 42 块，早两年才 38 块。我心里想，你这个 42 块、38 块，我做两天的活就有了，虽然累是累了点，但是 20 块一天呢。我就有动力了。我家老太婆就跟人家贩卖凉帽的人一起做生意，凉帽 3 毛钱、2 毛钱一顶的，他们要零钱，我们就去跟他们换，我们是最好要整钱，像 10 块、5 块，可以放到银行去。后来到藕池造房子了，田分好了，仓库间没了，又分地基，按照实际劳动情况分，分完以后自己造房子。仓库也不造了，造自己儿子结婚的房子了。我儿子当时只有一两岁，家里又没有钱，人家造房子了，水泥横条拉上去。那时候我已经借了钱了，自己田里也干，宁波那边拉车的活也在做。改革开放了以后，1980 年，我 28 岁的时候结婚的。那时候我看起来比较壮实，但是人家要问，我家里什么成分，一听说富农就没戏了。在我们藕池，也不止我是这样，很多人都找不到对象。两年以后，成分没有了，但是村里比我小两年的姑娘也已经没有了。之前我找隔壁村的，人家也不肯，听说富农就不要。那时候大家挑坟砖造房子，我们家也挑了坟砖，人家就说，你们这样的家庭能拿坟砖啊，只有我们贫下中农才能拿，你地主富农不能拿的，要钱，要 2 分一块。那时候能拿出这么多钱吗？那就只能拆掉了。人家造房子，我们家又没有的。我父亲也是在劳动的，虽然成分差了点，但技术很好。以后改革开放了，就好了。”

1982 年，农村实行家庭联产承包责任制，21 岁的马善祥分到 8 亩多地，开始“摸六株”（种田）。但不管怎样努力，年收入只有三四百元，一年忙到头，想给家里添个大件也难。1985 年，马善祥进了家门口的机械制造厂，将承包田交给了临海人，年收入涨到五六百元。1995 年，鄞州进行第二次产业结构调整，鼓励专业户发展效益农业。马善祥开始养鸭。规模最大时一度达到五六千只，多时一年赚了两三万元，但也有赔的时候，

图 4-1 徐森林

不过，比种田和厂里干收入都要高。徐森林亲自销售多余的粮食。他说："一开始多余的粮食卖给粮站，头一年粮站还收的，第二年、第三年，粮食多了，粮站也不想收了。去卖掉的时候，他们还要把谷子翻一翻，说你没有晒干。特别是晚稻，晒 7 天都晒不干，挑过去又得挑回来。后来是上市场卖，上半年晒干了去卖，还好卖一点。那时候早稻米才 1 毛 3 角 8 分一斤，晚稻米才 1 毛 6 分一斤。后来到 1989 年，就个人自己去卖了，骑着自行车到宁波老江桥市场去卖，价钱稍微好一点，最好的时候是 8 毛多一斤，那是最贵的了。后来又降下来了，价钱便宜了。"

第二节 / 新老交替

一、赵宏海为书记

1983 年，藕池大队改为藕池村。1983 年 4 月，江根星退休，赵宏海为书记，吴安光为村主任，徐定良为生产合作社社长。此前的 1980—1982 年，徐定良为大队长。

图 4-2 前排左二为江根星

徐彩宝谈及丈夫江根星时说："他书记当了这么多年，人家拿东西来，他都不要的，鸡蛋拿过来也不要。如果送了一只手表过来，那真的是要生气了。人家叫他去吃饭，他还会讲：吃什么饭？别人的东西，他都不要的，这一点思想是非常好的。儿子要去厂里，也不让去，说就这样种种地就好了，不用去。"江根星是一个大公无私的老书记。

老书记赵宏海回忆说："我书记当了三年，到 1985 年不当了。那时候薛家有一个种子厂，公社党委书记是张世生，他到我们村里做工作，意思是礼嘉桥、方家耷、藕池三个自然村弄一百亩田，种桃子，种出来给那个厂里。当初我是不同意，藕池土质非常差，种稻产量都没有。如果说种桃子的话，没有一两年，肯定没有收入。张书记说我小农思想，没有市场经济观念。就这样，我与上面闹矛盾了。没过多少时间，大概一个月，就把我调掉了。他的意思，让我到俞家大队当书记。我说调掉没有关系，我不去俞家。拖了一年，他说机遇来了，去插企业，我给你安排好了。那时候我想不去，但他一直来说，我就插企业去了。我是 1986 年去的，去厂里做副书记。后来厂转型，转给个人了，我就走出来了。又给我安排到电熨机厂，我做了一天就跑了，到外面打打工。据档案，1985—1986 年，赵宏海在村保温建筑材料厂工作。李小平说："赵宏海书记这个人做事情很实在，话也不多说的。当时藕池人说，上一辈的性格比较实在。旁边村有的书记很活络，我们村这种人基本上没有的。"吴安光说："张世生书记做事是军队作风。"据吴安光简历，他 20 岁（1974）时，大队分小队了，分到种子队去干活，在种子队里做了三年。

图 4-3 前排左四为布政公社张世生书记
后排右四为吴安光

1975 年底，到张家潭村参加工作。1977 年 1 月，入党。1979 年，到工作队，担任陈横楼工作组长。1980 年，到种子队当队长，同时，兼大队治保主任。1979 年到 1980 年之间，当了一届支部委员。一届支部委员当完以后，第二届又选举了，结果支部委员也落选了。等隔了一届以后，又给推选上了，又当支部委员。

“1982 年，承包翻砂厂。1983 年，叫我当村长。当村长的话，翻砂厂就不能承包了，就给别人弄了。1983 年，担任村主任，当了两年。当时一边当村长，一边到公社培训班里去培训，读书也没有读几个月，大约半年。”

二、李阿凤退休

1983 年，老妇女主任李阿凤退休，于春玲为妇女主任。于春玲说：“村里老妇女主任 56 岁了，从年轻干部上来的张世生书记在乡里开会，就问了：你们藕池村年轻的人难道没有了吗？当时，藕池村也需要招收小学老师。村里几个领导经过开会讨论选定了我，有两个位置让我选：是当小学老师还是当妇女主任。我想，当老师的话，我学历不高，当时也只是初中生，教学吃力，那我就选择了妇女主任尝试一下。当上村妇女主任是 1983 年的事，阿凤嬷嬷带我到葑水港开会，这样慢慢带了我一段时间，就把事情全部交给我了。”

图 4-4 后排左起：徐定良、张杏芳
前排左起：徐岳定、李阿凤、赵宏海

1984 年，李阿凤正式退居二线。李阿凤说：“我当妇女主任，是国家委托我办事，大队书记让我去干我就去干，我文化不高，记忆力很好，有的事只能让别人讲给我听，然后我跟群众讲讲，就是传话，别的事也不会做。”于春玲说：“阿凤嬷嬷人比较直爽，一是一，二是二。我刚来藕池的时候，与她接触不多。后来当了妇女主任，她带我去开了几次会，在村里大家都比较尊重她，开党员会议时，说话也比较实事求是。我们也没有做过轰轰烈烈的事情。我接她的班之后，她就退休了。我第一次跟她去开会的时候，她孙女骑在她脖子上，她走路像跑一样的，我后面小跑跟着。大家都挺尊重她的，她能力也

是有的。开会时，一边听，一边还能做些凉帽，赚点小钱。她家里有四个儿子，都省吃俭用的。老嬷嬷一生蛮辛苦的，我现在经常去看她，她看到我经常跟我说，我奶奶对她很好。”李小平说：“母亲做妇女主任年数很长，55岁时，按照规定要退休了。布政乡有个领导叫她到敬老院去负责，她不肯去。她无论是在家里还是外面，都是很优秀很公道的，记得她年年都是先进，评上布政乡的先进也有好几次。”姜爱珍说：“李阿凤在村民中的威信相当高，她虽然没有文化，但会干活。她人实在，讲话接地气，不讲大头话，别人听得进去。”

俞阿秀（秀莲）长期协助妇女工作，她说：“我给妇女主任做做助手，她也不认识字的，以前人不认识字的多了。上头文件下来，都靠口口相传的，口头传达一下，我就去带带头。以前开会很多，一会儿去乡里开会，一会儿去村里开会，活都是靠群众做的，都是靠他们的支持。”

图4-5 俞阿秀

1983年，李小平担任村出纳。李小平说：“21岁，到村里做出纳。那时候村里很穷，企业刚刚开始发展，村里有个出纳叫杨裕祥，铁厂发展了，他就去企业做出纳了，村里出纳他就不当了，让我来做了。那时候村里有工分，出纳是六级，还有四级要到生产队参加劳动。我出纳做了很多年，直到1992年左右。那时候办公有两个地方，一个就是藕池大厦那边，那房子是属于藕池工业区，那时候刚刚开发。我跟张会计两个人在新学堂办公。做出纳的那一段时间，我民兵队长、治保主任也在做，都是兼职的。做出纳最大的事情是处理老百姓卖谷，我每日要到段塘去，因为粮站在段塘，每天都要去粮站。大家有谷要卖给粮站，粮站称好以后，给一张纸，写了某某人谷多少斤，多少钱，钱要到村里去拿，老百姓就要来找我拿，我再到银行去把钱拿出来付给老百姓，每天基本上都没有空。那时候做出纳，村里没有别的事情，因为没有钱，支出也没有，就是卖粮食那段时间忙。像村里菜籽收了要卖菜籽，都要经过我们这个渠道，卖给粮站，每天都有人卖，所以我每天都要去，结账要到我们村里结，粮站直接把钱打到我们村里。那时候也不多，大多一次几十块钱，一百块以上那就是大卖主了。那时候村里有公积金，每年几块。上交公粮，每个人都要扣，提存，收过来放在村里。不像现在，一分钱都不能向老百姓收。此外是麦子、油菜、谷，那时候其他东西也没有。”

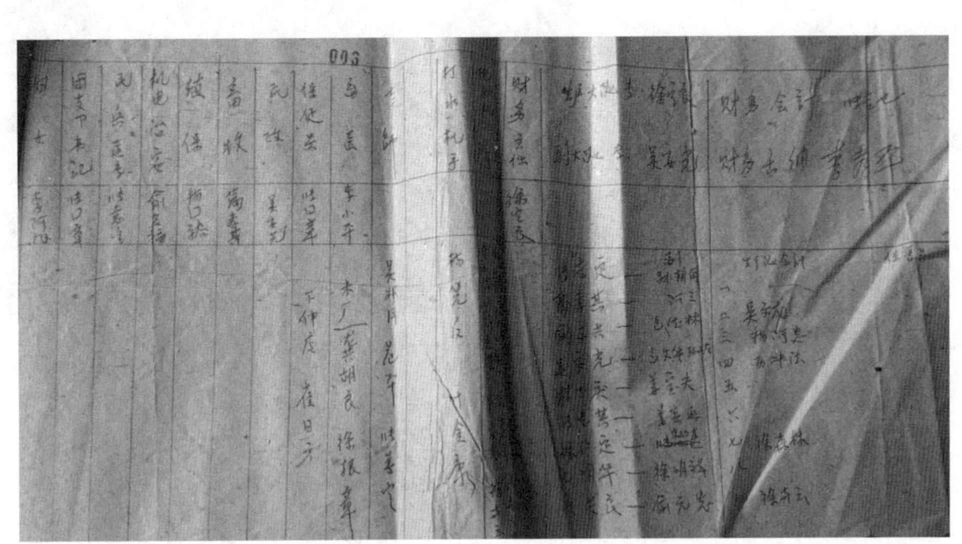

图 4-6 1983 年藕池村干部人员名单

三、吴安光任书记

吴安光任书记（1985—1994），藕池生产合作社社长徐定良兼村主任（1985—1987）。

图 4-7 徐定良

吴安光说："1985 年，公社张世生书记找我谈话了，说这个担子要由我来挑。我说：这我也不行的，年纪轻，没有经验，这个担子太重。那时候，我才 29 岁。他说：不管行不行，都要上。面对上级领导的信任与托付，我马上行动起来，积极思考怎么干。那天晚上我就睡不着了。既然领导这样说了，那总归去试试看，就这样在村里当书记了。

"村里当时很穷，村办企业可以说是有名无实的，一年下来上交的很少，没有钱的。我第一年当书记，村里只有 26000 元的总收入，村里的五保户、困难户，包括几十号人的工资，都在这里了。说难听点，生产队的拖拉机坏掉了，要去修，都要发愁的。当时村里的条件是怎么样个穷法呢？要买一辆拖拉机，钱不够，问信用社去贷款。信用社的主任讲：这个是不能贷你们村的，你们村整个的家产才值多少钱，拖拉机贷给你，你以后还得出吗？我说：不管还不还得出，现在有实际困难，你总归要贷给我。他说：我相信你，你年纪还轻，贷也总归要贷给你。拖拉机就是这样弄来的。就是这样穷的情况下，经过村委与村民的努力，两年后经济情况基本上也可以了。

图 4-8 左为布政人武部长、联队干部周召丰
右为吴安光

“开始分田到户后的老百姓重视个人利益，想法多啊。比如说今年承包，要开社员大会，都开害怕了。为什么害怕呢？你书记还没有讲话，老百姓老早在讲话了：还讲什么呢，我们老百姓又没有收入的，我们要求是不高的，什么地方的东西没有弄好，你去看看就知道了。开会，是老百姓发牢骚的机会，不是你讲话的机会。头一两年开社员大会，老百姓都是发牢骚。后来村里也慢慢发展了，老百姓牢骚发的相对来说也少了。

“村里的资金也有了一部分了，那怎么办事呢？当时农民劳保还都没有的，我想既然村里有点钱了，就向保险公司提出，拿出一部分钱，买农民劳保，钱给保险公司。但是这个钱先不用，利息拿来付劳保。我们在鄞州区还是第一个做这件事的，记者都来采访了。以前儿子给父母才 50 块钱，现在村里是 60 岁以上的老人都有 50 块、60 块好拿了，这是很好的，是为老百姓谋到了实实在在的好处，老百姓真的很开心。后来随着宁波经济形势的发展，这笔钱对百姓来说也不算什么了。”

1987—1995 年，于春玲担任村主任。于春玲说：“妇女主任我当了两年，我是从慈溪过来的，公公是地主，婆婆是富农，但是大家也默认了，因为我工作能力还是有的，人也随和。公社张世生书记看我有能力，想让我做村主任。当村主任需要投票的，有些人觉得地主、富农的儿媳妇怎么可以当村主任，他们的观念比较陈旧，觉得如果我做了村主任会报复他们。其实这种思想要不得。在选举的那一天，我十分紧张，根据规定半数以上就可以了。我们发了 700 多张票，有 400 多张选我，算通过了。1987 年，我就通过选举当上了村主任，入党也是在 1987 年。我在工作期间，当过村长、妇女主任、治保主任。当时村里没有集体经济的，80 年代我当村长才两年，那会要上缴公粮，公粮缴不出怎么办，我只好去娘家借钱，买好粮食，再上缴公粮。党委一直催促缴，下面的老百姓都不肯，只有村里承担。但是村里又没有钱，那我坐在这个位置，又必须要解决，那只能先垫付一下。我当妇女主任的时候是困难阶段，在这十几年过程当中，藕池村的张世生书记观念很超前，我们整个布政属于东大门，他就提出要建设藕池新村，当初居委会还未成立，要藕池一定数量的人家聚在一起，才能批居委会。这整个过程都是村里管的。这里造房子的时候，包工头、民工吵架打架很多，而我刚刚好住在这里，晚上他们打得头破血流地来我家，要我处理这个事。当时治保主任、村长都是我，我无法推掉，重大事情可以叫派出所，一般事情都是我自己处理掉。新村建好，居委会还未成立，这段日子真的难熬。

"后来搞新农村建设，村里事务也是繁杂的。在工作中碰到的事情也不少，比如村里的电费付得多，问老百姓收来的少，相差很多，就要清查了，于是叫来了村民组长、电工召开紧急会议，全程都是保密状态，查出来之后发现偷电的人很多，每户人家都有借口。那这种情况已经存在了，不处理是不可能的，但面子还是会给百姓的，找个借口，就说可能是关门太重，导致保险丝脱开了。这也是一种工作方法，给了台阶下，把电费补足就好了，罚款也不用交了，通报也不出了，圆满解决了。又比如说藕池有几户人家吵架、打架了，人受伤了，大家都说自己有理，受伤方的医药费要四十几元，我暗自拿出了以后就跟打伤方讲，他嘴上说不赔，但是也知道自己不对，医药费后来就还给我了。收了医药费的人家，觉得对方也上道的，钱肯出，证明自己知道错了，双方之间的敌意会慢慢淡化的。随着岁月的流走，他们和好了。后来他们讲起这个事情，才发现原来是我出的钱。在村里短短的 12 年，1985 年刚当妇女主任工资只有 20 元一月，外面的人都说在藕池我是大材小用了，我说再做个几年，也算有个交代。"

1986 年，李安明担任副书记。担任了一年多，主持村中工业工作。

1988 年，洪康华担任村副书记。洪康华从公社革委会副主任退下后，去布政公社提炼五金电器厂当书记。后来到布政建设工程队当书记。吴安光说："后来党委派洪康华来村里当副书记，原来他在社办厂当厂长。党委张世生书记跟我说：安光，他年纪也大了，到你这里来吧。他会讲话，也有文化水平，到你这里来做个搭档，应该比较理想。乡领导既然这样讲了，我也没有办法。这样，洪康华到村里当副书记了。" 两年以后，村里讨论，让洪康华办轧钢厂。

图 4–9 洪康华

1989 年，徐定良调到布政乡工作。1990 年，葛小其接任社长。1991 年底，徐定良再次回来担任社长。葛小其说："在 1990 年，我们村里有个社长年纪到了，要退居二线，

我就到村里来了。最早是大队长，后来名称换成了社长，事情做的是一样的。村长管社区的安全、计生等方面，社长就是以前的大队长，就负责农业，去看人插秧、如何除虫，荒地问题也要解决好。旺季每天都要去看，生产要按照进度来的，要在规定的时间内完成，公粮要交足。我们村里也有很多人外出打工，不想种田，就叫外地人来种。等我负责时，我们的前任社长已经叫了很多外地人来种。有段时间，外地人也叫不来，是因为政策关系，要保持村里农民的收入。改革开放以后，去外面打工的人更多了，实在不行，村里就想办法，派党员、共青团员一起帮助种，可以承包的话就承包掉。如果村里有人要种空置的地，也给他们种。

图 4-10 葛小其

"我负责了两年左右，不想做了。一个是因为工资太低。当时厂里和村里的收入不一样，村里收入低，厂里的收入高。新村刚开始要准备发展，老书记跟我说，两者的收入是差不多的，于是我去了村里。村里事情比较繁杂，经济条件差。干完一年之后，干部考核发了 2900 元，但当时我们在厂里的工资是 3600 元一年，相差 700 元。我管农业的还要打 7 折，书记是发全部，社长、村长打 7 折，会计、出纳是 8.7 折，村里当时就这 5 个人。二是村里的事情太繁杂，以前的农药、化肥都是分配的，不是在供销社随便买的，多少化肥过来，都要去分配好，村里没有钱，拖拉机坏了要去修，都是靠信用社的贷款，靠个人的面子去贷的。我们藕池村没有资金，我要想办法贷款。"

第三节 ／ 新兴建设

一、装自来水

吴安光说："1988 年，村里打算装自来水，当时资金缺口较大，当时村里根本解决不了。我费了力，拿了一部分钱来预支。装自来水，当时讲起来公司是为农民服务的，所以相关部门给我们开了绿灯，帮我们装自来水。宁波的自来水给我们通管道接进来，他们的水大一点，价钱也便宜，水也好，就计划装起来，应该说是蛮顺利的。"于春玲说："在当村主任的过程中，碰到了村里要将河水更换为自来水的事，请来了安装公司的人，规划一下要 30 多万，每户人家只收了 250 元一户。大家都同意了。因为穷村就 300 多户人家，总共收的钱也不多，才 19 万。当时自来水公司负责我们藕池这一块的是韩信国，我们去和自来水公司的老总谈，这条总管一直到段塘那边，外面买的价格要 16 万。后来积极争取，一次一次地打报告，最后自来水公司将管道赠送给我们贫困村了。1988 年 4 月就安装了自来水，刚刚是春耕种田的时候，就让大家不要种，等管道埋好了再种，老百姓都很不谅解。安装资金也缺一部分，我从娘家那里调拨来了一些钱，最终将自来水安装好，这是我当村主任后第一次碰到这么棘手的事。”吴安光说：“自来水弄好了，我们给自来水公司送了一面锦旗去，表示感谢。我们还离不开张会计的出谋划策，他当家是诚恳、勤俭的。”

图 4-11 左一为李小平、左二为于春玲、右二为陈惠信

二、城中村的形成

从 1957 年左右开始，6 路是藕池村人出行最方便的公交车，需走二三里路。这种交通末端位置，持续了近 40 年。张凌说：“前面那个时候的马路不像现在都是水泥路，都是用石子铺一下，一般都是只能步行的。”1990 年初，古林、布政通往城区的公交与个体中巴车开通，藕池新村有了公交站，藕池村人出行大为方便。

1984 年，宁波完成机场公路修建。1990 年，宁波栎社机场通航。机场公路的修建，使宁波城区的面积大为拓宽。原来西部宁波城区，实际上在环城西路线以内。现在，又在更西面的鄞州区，开辟了一条南北向的机场路，实际上将宁波西部城区线外移了三公里左右。如此，机场路以内的区域，受到人们的关注。机场路的修建，使机场路以东、环城西路以西区域加速了开发。对藕池村来说，意义更大。机场路穿村而过，在藕池头与板桥、姜苏间直穿过，全村成为路东与路西两部分，藕池头西面多了一条大马路，板桥与姜苏东边多了一条大马路。藕池村也因此突破了原来环城西路西边三公里末端位置的限制，一下子成为宁波新的城西线以内的村庄，交通位置便利性大为提升，藕池村

图 4–12 右一为于春玲

因此成为城中村。不过，机场路穿村而过，似乎并没有发挥多大功能。直到很久之后，才在面向机场路方向，建造了藕池村牌楼。

接着，1992 年，村南边的杭甬高速公路开始建设，藕池村不少土地被征用。1995 年，杭甬高速公路建成，召开表彰大会。藕池村也在表彰名单之列，村长于春玲出席会议，接受锦旗。1996 年，杭甬高速公路开通，东边出现了段塘收费口，藕池村的交通枢纽中心位置凸显出来。这带来了连锁的反应，加速了旧村改造步伐。

在这片西部区域城市化过程中，藕池的城乡接合部、交通枢纽优势逐渐体现出来。布政乡书记张世生眼光独到，在藕池村外马路边的水田中，搞起了商品房开发，建立了藕池新村。布政乡党委书记张世生显然看到了这样的机遇，于是要求开发藕池新村，参与商品房建设大潮。1994—1995 年间，新村的成立，带来了连锁的反应，启运路完成水泥马路改造后，藕池村在此立了一块“藕池村”石块标志。这影响了杨家路工业区的改革，逼着它迁移到西边的稻田中，成为新的藕池工业区。村办公大楼，也从工业区独立出来，在启运路南、君运路西处修建起来。如此，马路与藕池村间的农田逐渐消失。这片农田消失的过程，就是藕池城市化的过程。

三、藕池新村建设

姜芬琴说：“到 20 世纪 90 年代初，在布政公社，藕池的地理位置算是边远地区，中心是张家潭村、布政村、葑水港村。过去有一句话，烂泥藕池，藕池算是最穷的。改革开放以后，我们变成了城郊接合部了，是城市化最前沿了。这个最前沿的思路，也是我们党委书记张世生在 90 年代初提出的。他的眼光跟人家不一样，他办过企业，思维创新。他看到了藕池的地理位置，1990 到 1991 年，要乡政府人员造集资房，地点就选在藕池村。那个时候造房子，就是水稻田中间造，是乡镇政府的集资房，造好以后好像就是 190 块一平方米，政府的一些工作人员、领导买了。那个时候，我们没有眼光的人就说，房子怎么造在这个地方，在水稻田中间造着，怎么会有人买。但他是书记，只有听他的。这个房子造好以后，周围都是水稻田，中间是一排房子，孤零零的，离藕池村还有点距离的。后来开发了，这个房子就涨价了，变成了宝地，他就是有眼光。”

李小平说：“最早布政乡党委书记是张世生，这个人很有水平，以前一直在布政那边发展。后来，他说藕池、礼嘉桥这个地方发展空间很好，因为是城郊接合部。他提出藕池要开发商品房，最早是藕池大厦旁边，开发了两栋商品房，当时没有人买，现在的酒店这块土地是宁波市的。那时候发展思路绝对是超前的。看到造了以后没有人买，他动了一个脑筋，要古林乡里工作的班子成员去买。这样还不够，他又动了一个脑筋，外地人如果来买这个房子，就给你落户。那时候户口不是随便可以落的。我们有个会计是台州人，他爸爸在台州山里，为了走出来，就在这里买了一套房子，户口就进来了。”村出纳李小平的观念是，先造新村，因为卖不出去，于是让乡干部来买。时任布政乡长姜芬琴明确说，当时就是为乡干部而造的集资房。由此说明，同一件事，由于信息的不对称，上下的认知是不同的。

1990 年，大学生出身的布政公社书记张世生看好藕池鄞州区与海曙区接合部的位置，决定开发藕池商品房。他选择东临新福庙港，面临启运路，西临藕池村工业区的一块长方形农田，作为商品房开发地。这块田属于海曙区段塘镇吴家村。据俞元根说，造房子是在中间开花的，就是在一片农田中间，造了 1 号楼，作为公社干部、厂长的集资房。1 号楼是象山人开发的，生意不太好。过了一年，布政乡才开始造第二批房子。考虑到在藕池地界，要与藕池人打交道，通达房产公司将建设项目给了他，叫他建造了 2、3、4、5、6、7 号楼。2、3 号楼，是布政城建办负责的。1992 年造 4 号楼时，布政与古林合并。造 5 号楼时，房产生意好起来了。不过，当时的生意并不好做，他们亏了。因

图 4-13 藕池新村

为预售时建材便宜，结果后来建材上涨过快，导致成本大升，结果他与另一个承包商都亏损了，他小亏，另一个黄古林建筑商大亏，最后跑路了，至今未回。后来，生意才逐步好起来，有了几十幢楼房，成为藕池新村。

郭成祐说："1990 年、1991 年、1992 年，古林镇的通达公司开发藕池新村，其中就是一个吸引处户口。那时候房子卖得很便宜，一套房子只要 3 万左右。买了以后，可以落户。本身我这里有亲戚的，我一个叔叔在这里，我爸的舅舅也在这里，他们是来种田的。他们说，家里的山区不要住了，这里好。于是，我爸爸就到这里购了一套房。1993 年 12 月退伍以后，就回到了村里。"

郭成祐说："藕池新村这个土地本身是属于藕池村的，1995 年正式成立古林镇藕池新村居委会以后，要求有 500 户，才可以成立居委会。因为户数不足，藕池村帮忙，将在藕池新村购房的藕池村民划出去。成立居委会后，藕池新村的户口全部划给他们了，包括以前本地的村民。后来弄了几年，居委会规模也大了，我们不好管理，人口普查、换届选举、党员管理这些都比较难开展。我就给书记提建议，把这些户口全部弄回来。当时书记也挺支持的，于是全部划回来了，这样好管理。"

四、两次建村办公楼

自从 1974 年铁厂搬迁到杨家路头以后，这块地方逐渐成为藕池村的工业区。1990 年，村里的办公室也造起来了。原来办公室在新学堂，楼上楼下两间，中间放一个柜子，后面是书记、村长、社长，三个人办公。1990 年，杨家路头发展起来，藕池这边也造房子了。当时办公室造了五间，中间一个楼梯上去，两边各两间。现在藕池新村 24 幢的位置，就是原来的藕池村办公楼。造好以后，二楼、三楼就做村办公室，一楼出租给别人办厂，一边是迎凤食品厂，一边是印刷厂，都是邻村人来办的。当时之所以要将办公楼迁移到杨家路头，是为了方便工业管理。分田到户以后，重点转向了工业。不过，当时会计与出纳仍在新学堂办公。过了几年，经过规划，做了藕池大厦的开发。于是，行政大楼迁移到现在位置，朝东向，靠近大马路，1994 年建成，三间三楼。这块地原来是吴家村的，是藕池村跟吴家村换来的。包括现在这条君运路，也是当时从吴家村换来后，才打通的。原来，藕池村缩在里面，交通不便。

五、藕池大厦的自建

藕池新村的建设，迫使杨家路头的工业区转型。李小平说：“藕池大厦为什么要造呢？因为这个地方后来变成住宅区了，藕池铁厂打铁噪音很大，老百姓有意见，就要搬掉。除了铁厂，这里尚有保温材料厂、铸造模具厂、轧钢厂，这块区域有 4 个企业。镇里领导提出，你们自己搬掉，自己去开发。那时候是村办企业，随时随地可以关的，有的厂长有技术，自己可以做。搬了以后，这块土地就给村里自己开发，这样就建藕池大厦了。这个地方造了四幢房子。吴安光当书记时，造了两幢，大概是 1992 年造好的。后来两幢是吴纪芳当书记时造的。那时候村里也有一点钱好赚，便宜是很便宜的。后面两幢，卖也是我们卖的。那时候法律没有这么健全，自己造好就卖掉，找土地部门补办一下手续即可，现在就不允许了。现在藕池几幢房子，今后为了发展可能还要搬掉。当时造的时候，用的是空心板，质量有问题，空心板的房子全部要重新做，那时候价格也便宜，原来制度也不是很完善。”

这就是一种倒逼机制。本来藕池杨家路头工业区早已存在了，它是主人。结果，后来东边建起了藕池新村，它是后起的主人，但这是给人居住用的，居民大于企业。于是，公社张世生书记要求藕池村关停工业区，让他们自己开发，于是就建了藕池大厦。所谓藕池大厦，其实也是商品房，是给老百姓住的。当时因为楼房不多，就称为大厦。也因为有别于通达房产公司开发的藕池新村，所以称为藕池大厦。当时张世生还题了字。藕池大厦的四幢房子，今日有单独的编号，称为“藕池新村村大厦”。

图 4-14 藕池大厦

吴安光说：“后来就是发展经济，发展经济是当时最热门的，也是来钱比较快的。村里当时想造房子，有很多现在住的房子是村里造的。但是我看这个是好的，当时是顶住压力了，他说不要造了。我说不造，经济上不去，那怎么弄？厂里几间房间，如果拆掉的话，我自己也要造房子。村里造的房子非常好，买一套房子只要2.6万，房子造好以后，一栋房子就相当于一百万。

“一幢房子当时造也要百来万，没有钱。一开始就找到开发公司做，也谈好了。后来动了脑筋，谈比例分成，银行利息照付，钱要到银行去拿。没有钱怎么办？按照现在说的就是加强舆论宣传，藕池大厦房子造好了以后，当时店面房卖900块一平方，如果你们愿意的话，就交钱。几个厂长看看也不错，当时就出资购了。当时藕池的几个厂长，买房子的比较多。钱是很困难的，一定要去贷款。第一幢房子是1992年造的。房子卖得出去，卖得很好。当时是用自己的土地，把老厂房拆掉了，再造房子，经济相对来说比较宽裕。房产证暂时做不出的，通过别的渠道，后来慢慢可以做了。造房子的土地是集体土地，包括附近的厂房也是集体土地，没有土地证的。第三幢房子是1995年，当时村里买的人比较多。当时一套房子2万多，好的店面房，当时900块一平方卖出去的，现在的价值翻了几十倍。开发公司的想法是这样的，我可以赚100万的，为什么要去赚50万呢？为什么要给你分呢？所以就没有合作了。当时的情况，房地产的经济效益是好，可一般的老百姓还看不到。当时我们看看也是觉得还好，当时村里合计，觉得还好，有百来万可以赚。”

据泥水承包头头俞元根回忆，1995年，藕池大厦第一幢房子造好，第二幢打好地基以后，象山吴姓老板过年拿海产时半路上心肌病发作死了，于是代理书记徐定良找他，说他是自己人，生意要交给自己人来做。于是，他接手了第二幢房子。当时，他在造藕池新村5、6号楼。不过，他真的不想造。于是，扫尾第二幢（43幢）后，后面两幢，又给别人做了。45幢位置是翻砂厂。以前建房是石灰砂浆，现在是混合砂浆，质量更好。

六、藕池工业区的开发

接着，就是重新建设藕池工业区。吴安光说：“如果村里一幢房子可以赚一百万的话，那经济效益是非常可观的。这个资金拿过来，就可以发展工业，造工业区了，这个工业区是可以赚钱的。村里卖土地跟造房子相比，实际上是造房子更好。土地卖了，就没有了；房子造好，那钱就来了。现在藕池工业区，已经20年没有动了。当时工业区是150元一平方造的，一年以后这个房子的投资已经收回了。集资房是村里得到的第一桶金，为后来更大的发展奠定了资金基础，它是发展的第一步。

“村里实际上最重大的决策是找地皮造厂房，这是发展经济最直接的。当时造了一

图 4-15 吴安光

排房子，440 平方米。当时工业区里，当中路走进去，两边是厂房。就这样开始造的。这样是很好的，150 块一平方米的造价，租给人家 10 块一平方米，等于一年的时间，就收回成本了，厂房还可以再用。藕池工业区的收入是 90 万一年，村里有 90 万一年的话，日子就好过了。没有这些厂，村里的收入从哪里来？最早如果不是造这些房子的话，地直接给了房产公司，那村里也没有长久持续的经济来源，厂房也造不起来。”

藕池工业区的建设，总的方向是不断往西迁移的。吴安光说：“开始是迁移到现在藕池社区卫生站那个位置。过了一段时间，乡里说不行，又重新规划，迁移到现在 503 公交路西边那个位置。当时总共造了二十多排，每排租金 4 万，共有 90 万。藕池工业区的建设是分批的，填一些造一些，不断扩大的，不像现在，一次规划一次建设而成。这块田原来是一块差田，都是坟，种田收入很低。”

来村里租厂房的总经理许冲良回忆说：“当时藕池工业内的厂真的很小，你也看不出来是在做什么东西。因为村里的房子是老房子，一排房子里面放了很多工厂。他租两间，你租一间。那时候租房子，不是说像现在这样大的面积。我那时候也租了三间房子，40 平方米一间，三间也才 120 平方米，就是家庭住房一样的，里面什么都没有。那个时候刚刚起步，藕池村刚刚开发，1990 年初，慢慢把企业引进来。藕池工业区内地方也不大，但工厂不少，做注塑机的比较多，还有开模具的、做不锈钢的。我们只知道一排有十几幢房子，一排房子里都有很多工厂。按照图纸上看看，应该挺多的。藕池村现在在镇里算好了的，位于东大门，靠近市中心，变化真的很大。我来的时候，这里根本就是老的村庄。”

七、村代理工业会计体制

1986 年左右，随着杨家路头工业区的兴起，藕池村确立了由村里代理企业会计的制度。原来是各厂自己设立会计，20 世纪 80 年代中叶以后，各小厂就被个人承包了，他们会嫌独设会计成本过高。村里也为了方便了解各企业，便决定由村中集中进行会计管理。郭成祐说：“藕池村有四个企业会计，一个人负责两家企业或者三家企业。这个厂里的账是我们村里面做，他们厂里上交给我们一笔会计费。这四个会计在村里上班的，拿村里的工资，是企业把工资给村里，村里的钱再给到我们，是统一管理的。”徐亚晨说：“1990 年，我开始做村企业会计，先在保温材料厂里做会计，然后到塑料厂等做会计。后来村办企业转制为私营企业，他们看我时间也做得久了，税务、工商的人也熟悉，继续要我做。我一边当妇女主任，一边帮 7 家企业当会计，那时候我真的是忙死了。很温馨的是，老板很信任我。我这个人，做事情不做好，总觉得心里不踏实。后来我真的是来不及做了，我跟书记说，吃不消了，工作量实在太重了。”郭成祐说：“1994 年初，藕池村刚好有一个企业会计退下来，其中有一个不做了。村委会考虑到我在部队里学过函授会计，有结业证书，就让我来干。我就这样来了，那天是 4 月 16 号，做到 1996 年 12 月。”

图 4–16 张林存

另两个工业会计是林德庆、张林存。

1995 年 5 月，吴安光不再担任村书记，由社长徐定良代理书记一个月。

第四节 / 移民涌入

一、临海牛头山水库移民

杜炳地与杜加田，杜加田因老婆的叔叔林年祖在此村中，也移民到此。杜加田说：“我是 1984 年 9 月来的。我们这个地方刚刚造了水库，要移民。我移民此村的直接原因是，老婆的亲叔叔林年祖在此。林年祖送他哥哥到山里去，他就跟我们说：还是我们宁波好，到我们宁波去好了。我老婆就认为，叔叔在这个地方，可以帮帮忙，就这么来了。来到这个地方以后，一开始是有 7 个人来的，我自己家是 5 个，还有妹妹，还有爸爸，这样 7 个人，分了 10 亩 7 分土地给我种。当时来，我自己也不能种田。他们几个来了以后，先把地种了下去，村里对我们还是蛮关心的。给村里人怎么样，给我们也怎么样，自留地也给我们的。房子是住草房，村里暂时给我们住。开始种田，也是很苦的，我们没有这么多田，也是种不下来，也是日日夜夜自己在种，和老婆两个人这样种。后来我自己盖了两间空心板房，

图 4–17 杜加田

前后门也没有的，窗也没有的，自己就住进去了。后面就有一点钱就搞一下，一点点盖起了房子。我自己也不会种田，可能就三四年，一边种田，一边在外面做生意。”据档案，杜加田1971—1975年当兵；1974年入党；1976—1977年，参加乡工作队；1978—1984年，任副大队长、副书记、民兵连长。李和芳说：“我老婆（杜炳地女儿）是临海牛头山水库那边的，水库被征用了，国家叫她们移民到板桥，板桥自然村土地多，我老婆十四五岁来种田。”

郭梅兰夫妇同样是移民到此。郭梅兰说：“我们是因台州牛头山造水库移民过来的。我们是自己要求到宁波来的。我们有五个女儿，老话讲，生女儿为了女儿好，生儿子为了儿子好。我们为了小孩好，就到宁波来了。我们拿了6亩3分田，住在板桥种田。我们是1986年下半年来的，1987年造房子，造了两间半房子，一直是平顶。9年后，房子再造上去。当时很困难，我们没有钱，小孩要上学。村里人很好的，给我们钱，给我们支票，让我们到银行拿。他们就是1万块钱、5万块钱，直接给我们造房子。第二年房子再造上去，前面可以晒谷。小孩要上学，我们没有钱上学，这里的妇女主任叫阿玲，说要让孩子读书。五个小孩上学没有钱，怎么办呢？妇女主任挺好的，给我们钱，叫他们上学。她说：你一个女儿我养得起的，一个女儿跟我好了。我小孩也挺懂道理的，讲自己家里没有钱，就不上学了，一个初中毕业，一个还没有毕业。我把钱还给她，她说钱不用还。我说谢谢，非常感谢她，我真的是非常开心的。后来三个小孩上学，还有两个女儿上班了，这样慢慢条件好一点了。我和我老头子过来，挣两块钱一天，我做30天才60块钱。我老头子种田种好，有空了就造房子，15块一天，真是非常困难，慢慢地一步一步好起来。这里村里的人很好的，别人会看不起你，说你是外地人，但这里人是挺好的，家里的东西都会给我们拿过来。当时来的时候，先到包家。以前这个路都是泥路，很小的。车子卸下来，再用船，开到新学堂，我们住在这个学校的。后来，房子造好以后，搬到板桥去。房子造好以后，按照地基算，100块多点一间。我们过来，分红、劳保什么的，都按照宁波人一样的。八月十六，年纪大的人分月饼，三八妇女节分纸巾，过年了分汤圆、瓜子，什么都有的，我们村里是挺好的。现在好了，我们也挺高兴的，板桥房子拆迁时，我们分了两套房子。”

图 4–18 郭梅兰

村文书兼会计郭成祜说：“杜加田他们早一点，后来陆陆续续进来的也很多。第一批是水库移民，因为他们那边是山区，有山林基地，就像我们的自留地一样的。他们是牛头山水库移民，他们移民之后，可以投亲靠友的投亲靠友，不能投亲靠友的，国家来给你安排。移民之后，他们的山林基地费交到我们村里面来，正好这边缺人，田没人种。那时候我们的田有1200亩，田真的很多。你想，我们有1200亩田，本村村民只有300户，种不了，所以把他们拉进来。”

二、种田移民

徐森林说：“1982年以后，来了很多外地人。本地人有的是年纪大了，有的是到外面厂里去了，田没有人种了。”郭成祐说：“1982年分开单干，本身村民的公粮交不了，但又不能拖的。一户人家有10多亩田，两个劳力又要上班，根本种不了。村里没有办法，社长徐定良叫上杜加田，到我们临海去拉人，拉过来种田。通过一年两年，他们看看还不错。那个时候，人的思想还比较保守，不肯离开老家。这样拉进来的人，大概是99个。这种种田拉进来的，占移民的三分之二以上。三分之一是通过政策进来的，有些人可能买房了，有些是企业办到这里了。”

图4-19 季贤兵

杜加田说：“这里一块田很高，水打不上去。那时候党委书记、赵社长就说叫人来种黄桃。赵社长当书记，开会说要去找人，要找会种黄桃、会管理黄桃的人。开会时，我也在的。”季贤兵说：“我们有一个老乡打听到一个消息，说藕池可以种黄桃40亩。当时厂里桃子树苗也给买好，三年水电免费的。我们非常高兴，我们三户人家就过来了。不过，来了以后非常吃惊。我说，山上可以种桃，水里可以养鱼，这地方怎么可能种桃？这块地在工业区内，地势非常高，水打不到，根本不适合种黄桃。我们信心不足，那时小孩都是小小的，最后都悄悄走了。到了1984年下半年，地什么的都弄好了。1985年春节过后，我们又来了，此时桃树已经种好了。村里担心我们不肯来，电报打过来，说可以放牛了，我们就又来了。当时书记也是这样说，说杨家路头的杨家已经搬进来了，你们愿意去也可以去。那时4户人家，分别种40亩黄桃。当时村里是很穷的，社长让我们造房子，急死了，他说如果不造的话，你们又要回去了。造房子的批条也是社长写的。第三年，天下雨，水漫上来，黄桃只有一半可以吃，1斤卖四五块，挑出来的几个好点的桃子，就卖10块、20块。第四年，说种桃还不如种席草好，就把桃子树挖了，种水稻。拖拉机也进不来，地和水泥地一样硬。水稻刚好种了一年，村里搞工业区了。”

蔡品志是典型的种田大户，1992 年左右来村中。蔡大利说：“父亲（蔡品志）来了，田种了二三十亩了，把两个弟弟带来了。他原来在村中当生产队长当了几十年，他是种田大户，自己有耕牛，田种得好。那时候，大队部在杨家路头，当时是（吴）安光当书记。第一年，二三十亩早稻种了，他们来看，安光说：这个是像种田大户了。女村长阿玲也讲：老蔡这个种田是像样的，种田种得很好。这个田种得好，虫子也不来吃的。早稻种下去，到了下半年，我父亲将两个儿子户口迁进来，父亲自己的户口没有迁进来。”

郭成祜说：“当初来是两批，一批好像是种黄桃的 4 户人家。我是把他们分类，种黄桃的一批，还有种田的。黄桃的那块田弄掉了，附近的田都给他了。我记得藕池村分自留地最晚的是 1987 年，1987 年以前进户口的话全部有自留地。我是 1992 年进来的，就完全没有了。分批的话，也可以算是三批，第一批是我们村里领导出面把人拉过来的。那一批是在 1982 年到 1986 年之间来的，那批人不少的。像我叔叔（郭小占）就是 1986 年来的。第二批是种黄桃，以前这个地方是种黄桃的，后来黄桃挖掉了，变成田了，就没有人种了。1990 年以后，陆陆续续进来的是他们的亲戚朋友，像杜加田弟弟（杜炳地）也过来了，土地要给弄 5 亩、10 亩。两三年以后，如果表现好的话，户口也可以进来。实际上，很多人也不会种田的。准确地说，他们那边种田的技术和习惯，跟我们这边不一样。那边是山田，土地不多，每个人只有四五分田。我听我爸说，我们家里 6 口人的话，每个人只有四五分田，加在一起只有二三亩田。到这里不一样了，最起码给你 10 亩。那怎么办呢？要慢慢学。他们那边种点自己吃吃，优哉游哉的。这个地方就不行，有季节性。我们李书记说以前自己很苦，早上三四点钟开始就要拔秧了，中午太热不能种的，晚上一直要种到八九点钟，蚊子很多。第二天，人正要睡觉的时间，生产队队长来叫起床了，快拔秧去。当时有 1220 亩田，只有 300 多户人家，你说平均每户要种多少？临海那边，有些地方是用电的，有些地方的稻桶是用脚踏的。这里全部用机器，是水田，机器在泥里陷下去，拉也拉不动。所以 1983 年有互助组，你帮我，我帮你。1990 年前后迁进户口的人特别多，等到 1996、1997 年，人口饱和了。宁波一开发，土地什么的开始慢慢用来搞建设了，土地少了，不可能再去叫人种田了。到 2005 年，好像已经发展到 200 多人。

“还有小部分是办厂或空挂户。我是买房空挂而落户的。因为我的一个叔在这里，我爸的舅舅（蔡品志）也在这里，他们是正式来种田的。他们说：家里的山区不要住了，这里好。我家里兄弟姐妹 4 个，都是差 2 岁的。1992 年，我在藕池新村购了房，落了户。

我那个时候当兵，1993 年 12 月退伍回村工作。”

张杏芳说：“种田人越来越少了，后来里山（山区）人都涌进来了，本地人不愿意种田了，有的是开厂，有的是去做生意了。田分到户，都是给里山人种了。我一开始也种了两年，后来我也不愿意种了，就到厂里去了，到保温厂。早稻放半个月假，弄好后再到厂里去。”吴升月说：“有些人是移民来的。80 年代开始有外地人来了，1985 年后来了很多，到现在有 30 多年了。第一批是皎口造水库移民，当时板桥有 3 户人家，藕池、姜苏、板桥加起来总有 5 户人家，这是国家政策移民。后来有干部个人介绍来的，前面一排 14 套别墅，外地人 10 套，本地人只有 4 套。他们来了以后乱搭，面积都算进去了，这样别墅都被分去了。”李和芳说：“藕池村里面有三个自然村，四百来户人家总有的，现在是 430 户左右。最早藕池村是城郊接合部，迁户口早就关闭了，不能迁进来，只有我老婆那边临海等种田户迁移进来，之后全部关闭了。其实，我们本地人做得很辛苦，最幸运的还是他们移民户。我结婚没有房子，像这种坟滩地不敢造，移民户就没这个忌讳了。到拆迁，要分给他们很多房子。他们拿三四套房子的人很多，本地人只有 1 套或者 1 套多点。这些人都是温岭、黄岩、三门人。2003 年，贵州、安徽来宁波打工的就很多了。藕池那时候已经没有田了，房子、高速路口都已经造完了。”

徐仁定说：“那时候是村里人，后面就是外地人来了。一开始来的水库移民，叫村里人。后来人多了，就叫外地人了。那时候是改革开放了，多起来是 1990 年以后。这也是靠外地人的，如果没有外地人，这么多厂找不到工人的。厂办得多，本地人不够，本地人一些辛苦的活不肯干，都是外地人干，现在外地人起码占到厂里员工的 80%。外地人到我们村里来，他们自己去租空房子，村里人就在隔壁住着，厂里也能顾得上。”

第五节 ／ 加速发展

一、吴纪芳为书记

吴纪芳说：“我当支部书记，从 1995 年 8 月 2 日开始，一直到 2016 年 7 月 13 日，前后 22 年。作为村支部书记，压力比较大。作为村支部书记，第一要对得起党心，第二要对得起良心，第三要对得起藕池村老百姓。藕池村村级经济发展过程中，开始比较薄弱，现在有了翻天覆地的变化，从原来几十万到现在有几百万、上千万村级可用资金，在上级党委正确领导重视下，村支部一班人积极发展村级经济，提高老百姓生活质量。”李小平说：“1996 年以后，他当时年纪也轻，上来以后，总要多做一点工作，他是镇领导

图 4-20 吴纪芳

派到村里当支部书记的，之前是农机站的，那时候农村有拖拉机，他原来是布政乡农机站站长，后来古林、布政、蜃蛟合并了，这样就有三个站长了，多了。当时他们有一个选择，可以下海经商。那时候提倡下海经商，我们书记下过海了，就是做蔺草生意，所以就让他来做党支部书记了。他来当书记了以后，开始也很有勇气。”

徐亚晨为妇女主任。她说：“1995 年换届以后，我就上来当妇女主任了。当时吴纪芳找我谈话，他说：要么村里妇女工作你来做。那时候我想，我做不好的，我只能做会计。他说：不会做，好好学呀，有人带的。我文化程度是高中毕业，是古林中学毕业的。我入党是 1995 年 10 月的事。入党积极分子时期是在布政无线电厂工作时，转正期是在村里，1995 年 10 月转正了。然后进了支委，那时是 1996 年。后又进村委。每次支委会投票，总是我最高。”

二、修缮村道

上任初，吴纪芳便大力修缮村道，就任第一年即花大手笔修缮村道，彻底改变了该村交通不便的旧貌。这就是今日村人所称的丁字形路，正式名称为君运路。藕池大道的西头，修起了牌楼。

图 4-21 藕池村

图 4-22 藕池村前十二生肖像

三、开通 503 路

1998 年，为发展经济，搞活城乡流通，吴纪芳积极奔走，与市公交公司协商，开通藕池至市三院 503 路公交车，总投资需 53 万元，村投 17 万元左右，公交公司 36 万元左右。503 路公交的引入，使藕池村与宁波城区接上，出行更为便利，出租业大为兴起。张吉峰说："原来这边是不通公交的，我们小时候要到宁波去，要么骑自行车，要么就走路到段塘，走路到丁家，坐 6 路车过去。503 开通后，藕池的房子就涨价了，那个时候房子 800 元一平方米，但是是没人要的。"

四、扩建村属工业区，引进外来企业

交通改善，使该村投资价值猛增，他又带领集体积极扩建村属工业区，做大做强村级经济。工业园区三家大企业用地 32.28 亩，厂房竣工，已投入生产。

吴纪芳接任以后，一方面，根据上面要求，对原有的村办企业进行转制。1995 年，对新星塑料厂等企业转制进行设备拍卖、签订协议。另一方面，则不断地引进外来企业来村办厂。1996 年，为了发展企业生产，引入宁波鹤峰厨具有限公司、宁波杰佳不锈钢

有限公司2家大厂，投入厂房及资金440万左右。

1998年，新建宁波三友机电有限公司厂房，总投资需520万左右，村投入175万左右（包括土地投资）。1999年，引进3家企业：宁波终端电器公司，征田14.965亩；宁波杰利模塑公司，征田6.189亩；宁波杰丽斯文具公司，征田5.875亩。2000年3月，引进牟纪法的宁波光达不锈钢厂、应卫国的宁波印花厂、张容的宁波三友机电有限公司3家企业，批准土地15.75亩，计10%回报。2001年2月1日，引进宁波兴驰塑料厂和宁波鑫潮工艺品厂2家企业，扩建3家企业：古林林峰模具厂、模具车间、宁波鄞州古林顺达文具用品厂。5月1日，扩建鄞县良宝文具厂厂房，顺利投产。2002年3月1日，引进宁波大榭开发区甬甬钢管厂、宁波鄞工缝机械厂、宁波文斌竹木制品厂3家企业。2004年1月30日，村支部扩大会议，统一板桥工业区征田安排。

吴纪芳说："外来企业引进，厂房是村里造的，投资方面，书记压力很大，不可能百分之百成功，投资会有风险的。但我们还是始终坚持固定投入、固定回报为主，不盲目投资。上次我跟老板说，我们村里固定回报是可以的，我投多少土地、多少资金，你给我20%回报就可以了，土地算100万，资金我投了200万，一共投了300万，20%回报就是每年给60万。我说你是个私企，我是村级经济，两个捆在一起，自主权、经营权都在企业，企业可以在设备上做文章，比如一台摄像机，可以买进口，也可以买国产。第二，在原材料上做文章。第三，经营费用可以做文章，吃一顿饭一千块也可以，一万块也可以，住宿也一样，宾馆好一点差一点都可以。”

徐亚晨说：“我兼村里工业会计，负责厂房的租赁、出租，一共有三四十家厂房出租，在板桥工业区，还有村前面藕池工业区也有三四十家企业。房租那时候只有 8 块每平方米，很便宜。从吴安光做书记就定下来了 8 块每平方米，一直没有变过。有些租客自己发展好了，厂搬到外面了，他自己再转租，从中赚钱。村里收入一年只有 200 多万。我负责收租，工作量也很大。我们村里是先租后收钱，好点的老板，一年到了就全额付清，还有一些人，他说资金很紧张，要一趟一趟地去找他。有的老板素质低，就故意拖着不交。譬如原来塑料厂那个老板，段塘人，搬过来，半夜逃走了，村里房租费收不到，就损失掉了。这就是政策定得不对，应该要先付钱后租。今年价格提高了，但具体合同没有签过，这个政策一定要定下来，先交钱后用，否则的话，村里经济还是要损失，这也是村里主要收入之一。早收和晚收一天，利息也差别很大。当时书记是这样想的，多数厂长是本村的，塑料厂、不锈钢厂都是本村人做的，想着本村人要扶持一下。后来外地人也来租了，情况就变了。”

五、第二轮土地承包

郭成祐说：“我们一轮分田是 1983 年，二轮的话是 1998 年，我们是宁波市搞试点的。1998 年，宁波市在藕池村试点第二轮土地承包，宁波市政府跟区里面的人到我们村常驻。应该是 1982 年、1984 年，到 2000 年为止，承包期 16 年。根据我们村里试点搞出来的成果，在全宁波进行推广。

“我们有专门的一条政策，是动账不动田。以这个为指导，不可能把全村的田都拿回来，再每户人家抽签分，这个工程量太大了，就根据多少人口，每个人分多少田，如果超出这个，一个人比如有 4 分田，5 个人的话就是 2 亩田，超过 2 亩田的属于承包田，承包田跟分的田政策不一样的，包括以后卖都是不一样的。每户人家多少田，多少自留地，这些东西都统计清楚。什么叫动账不动田？就是账面上可以动，比如当初我第一轮承包 15 亩的，后来划出多少亩的，这个账要重新动了。不动田的意思是说，整个村里的田，不可能再收回来重新分，只是账面调整。这个是参考宁波市第二轮的土地承包政策。1998 年时，藕池的土地有 60% 以上被征用了，每户人家还有一些田，有些一亩多一点，有些只有七八分，最多的还有三四亩。”

六、补交福利费

郭成祐说："1995 年、1996 年，要求种田的外来移民补交福利费。这个福利费，在整个宁波市，藕池最早开始搞。我们当初是这样考虑的，外来人口也要享受藕池村的劳动成果的话，你必须要交福利费，相当于入股的意思。我们当时提出的名字叫福利费，后来全市都推广了。吴纪芳书记说，种田的人要享受我们藕池村的劳动成果，必须要交费。这个费怎么算呢？譬如 1980 年藕池村总资产是 1000 万元，社员 1000 人，1000 万元除以 1000，每个人是 1 万元。1 万元再打对折，交 5000 元，这样，你可以享受藕池村各种福利。"余忠芬说："村里老百姓提出来，这是祖宗三代积累下来的，外地人走进来，样样跟他们分，这怎么行？后来书记脑筋动出来，藕池村大概有多少资产，平均到每个人头上算一算看看，每人有多少积累。最后，平均每人 8000 多元，外地人就把这个费用上缴村里，算积累费。"

七、土地征用

郭成祐说："藕池村以前很穷的，当初我们藕池村也有企业的，企业的电费是我们村里统一支付的，我们村里问他们收。我当出纳，付钱的时候银行账户里钱不够了，怎么办？如果电费不交，就会停电。如果企业停电的话，我们也受损失的，没办法，因为企业还没有交上来，他们要先统计好，我们再去收，等我们收好的话，就来不及了，所以只好借钱，问个人借，一般就是书记主动拿出来。到 1997 年，日子仍不好过，这个垫一下水电费的钱都经常没有。"吴纪芳说："勤劳致富，我们是一步一个脚印发展起来的。现在我们土地没有了，原来土地有 987 亩，杭甬高速公路建设征用 147 亩，这次杭甬互通立交又要征用 190 亩，再加上机场路的 82 亩，国家征用藕池村 400 多亩地。另外，原来镇通达房产公司开发征用土地，包括我们村新农村建设，也用了不少土地。目前板桥还有 130 亩土地，都是农保地。"

八、治安的严峻

郭成祐说："以前 1996 年、1997 年、1998 年，随吴书记都搞安全、调解工作。当时吵架的人很多的，一年最起码有十多次。以前动不动就吵架，吵架了很麻烦，要把大家拉过来，跟他们谈，给他们解决，一天不行两天，两天不行三天。常为了一点小事情，就打得头破血流的，一般都是本地人跟外地人吵架，还有企业员工和老板，这种劳务纠纷多了。”郭成祜又说：“以前，每个星期晚上都要查夜的，一到两天查一次，查到夜里11、12点，也有查到凌晨2点的，我们那时候有老房子，暂住人口很多。我们本村村民，包括藕池新村，大概是900人，外来人口最起码有1000人。现在外来的人也不少，相对来讲国家对这方面的管理水平提高了。以前做暂住证的话，我们要收费的，一个人要120块钱。比如一家3口人，就要360块了。他们基本上能不做就不做了，但那是不可以的，我们查夜都要查证的。现在暂住证是免费的，这样的话，人家会自动上门来做了。还有出租房屋是要房屋出租许可证的，也要问房东去收，所以以前的事情也多。现在很多事情都免掉了，比如暂住证免费了，最多花工本费6块钱、8块钱，这样是好的。中国的流动人口数量太大了，很多人今天住这里，明天住那里，到一个地方就要做新的证。现在的管理就好了，方式改变了。大家的法律意识慢慢增强了。

“外来人口，以前是我管的，从1996年、1997年开始，一直管到2000年。那时候都是我跟村主任晚上查夜，我们登记工作做得很好。表格上面写明有几个人，下面是地址、身份证复印件粘上去，我这个方法后来被推广了。身份证登记好，建档了，有的人心里就会有点虚的。那时候我们没有电脑，现在很方便了，全部把资料输入电脑，照片登记进去，一查就什么资料都查到了。”

融入城市发展时期（2000 — 2018）的藕池

2000 年，对藕池村来说，是一个有转折意义的年份。这年开始，藕池进入了旧村改造行列，新村逐步形成。经过十多年的努力，藕池村完成了城市化工作。洪小康说："吴纪芳书记在任时，村的发展是最快的。拆迁啊，造路啊，都是在他当书记时发生的。"

第一节 / 旧村改新村

吴纪芳 1995—2016 年担任书记，李小平 1996—2016 年担任村长，徐定良担任社长至 1999 年。李小平说："我跟吴书记两个人主要是做新农村改造的事情。"2017 年起，李小平担任书记，徐建波担任村长兼社长。

一、旧村改造的背景及规划

杭甬高速公路一通，路边藕池村的破败形象立马不适合，上级领导要求改造城中村，于是引发旧村改造活动。吴纪芳书记抓住了机会，开始旧村改造。李小平说："为什么要搞旧村改造呀？我印象很深，当时省里来市区会路过藕池段塘出口，藕池那边有一条河，河边全是搭得破破烂烂的房子，都是老百姓养鸭用的，省里领导每次经过宁波，印象都不佳，意思说鄞州发展这么好，在全省也排得上名了，老百姓居住环境怎么这么差。但实际上是鸭棚。"

那时候上面搞新农村建设，古林的藕池、五乡的明伦、下应的湾底三个村当试点。2000 年 9 月，藕池村被县府列入农业农村现代化试点村，建设三大园区。吴纪芳说："我们村里再三考虑，在村里经济发展过程中，要改变村容村貌就要搞新农村建设。新农村建设，要总体规划分步实施，目的是建设中心村、消灭空心村，改变村容村貌，改变老百姓原来比较破烂的房子。藕池村 1999 年规划，2000 年开始动工，2001 年第一次动员。在上级党委政府领导下，新农村建设从示范村起步。我们建设了三种模型，一种是 A 型，第二种是 B 型，第三种是 C 型。”徐亚晨说：“旧村改造，是上面要求的，但不是强制的。我们书记那时候是人大代表，对各方面政策也很了解，旧村改造上面提出来以后有补贴。如果这个村改造了，上面规定给你一年几十万、上百万的补贴。因为我们村很破烂，那时候要消灭空心村、建立中心村，这样就打算搞拆迁。2000 年开始，分批搞旧村改造。”葛小其说：“为了造村里的房子，党员、干部去外面考察了很多村庄，确定到底造哪一种样子。”

图 5–1 李小平

二、滚动式的开发

李小平说：“藕池新农村改造，实际上是一步一步走过来的。开始，板桥、姜苏是不改的，只改藕池。结果老百姓一看房子很好，意见就大了。实际上，我们也是走一步看一步，逐步统一改了。旧村改造是从孙家开始的，是先向鄞州区土管局借了一块地，20 亩左右，先把房子建起来。造好以后，就让第一批的人搬进去，然后再把老房子拆掉，再建第二批房子。时间长了以后，土地多了。农村以前有牛棚、厕所间，这些就赔偿钱，没有土地赔偿的。整理出来以后，先改姜苏、板桥再到藕池。这样也不用因为拆迁，到外面租房子。这是一种滚动式的开发，这块土地建好，那边人先过来；然后那边人的房子拆了再建起来，另外一边人再过来。总体来讲，对老百姓是好事，但村里工作压力是相当大的。”

改造可分三个阶段。一是第一批。2001 年 8 月 3 日，农业农村现代化居民住宅区第一批村民分房 26 户 33 套。拆迁是从 2000 年开始的，2001 年第一批分，只有一年多的时间，当年拆，当年分了。村民住宅园区第一期工程竣工，用地 12.7 亩，建新房 33 套，投资近 300 万元。

二是后面几批。2002 年 2 月 2 日，藕池村村民第二批安置抽签。2003 年 4 月 8 日，藕池村进行第四批安置抽签，共 19 户。5 月 22 日，藕池村进行第五批安置抽签，共抽签产生 A 型 14 套，B 型 18 套，C 型 12 套。6 月 27 日，藕池村进行第六批安置抽签，共 17 户。9 月 30 日，对板桥蔡家进行第七批村民新房抽签，共安置 60 户。2004 年 4 月 30 日，全村已安置新房 230 户，其中 A 型 103 套，B 型 140 套，C 型 28 套。9 月 8 日新村规划出来，旧村拆迁基本情况摸清，板桥、姜苏抽签 126 套房子。2002 年第二、第三批分，2003 年是第四、第五批分。2005 年最后一批分，全是板桥和姜苏的。

三是大龄婚房。2008 年 10 月 20 日，村 1、3、5 大龄婚房项目开工，总投资 3000 万。2011 年 1 月 25 日，1、3、5 大龄婚房分配。“书记非常有头脑，上级关系搞得很好，包括帮大龄青年婚房办房产证，能力非常强。”

吴纪芳说：“新农村建设是建设中心村、消灭空心村，把原来 3 个自然村并成一个中心村，也花了九牛二虎之力。”李小平说：“当然，钱那时候也是值钱的。时间拉得很长，这个模式有好有坏，坏的是时间拉得长，市场价前后就差得很大。从长远来说，这是一件功德无量的事，这是村庄的现代化转型。”

三、第一批拆迁遇到的难题

吴纪芳说：“人家都说天下第一难就是拆迁，特别是农村房子。老百姓原来对新农村建设是‘门难进、脸难看’，老百姓不想搞旧村改造。”李小平说：“拆迁那时候难度很大，第一批的老百姓不想拆，那时候房子不像现在这么贵。开始第一批拆，一套房子只有十几万，你造出来的话，还要人家拿两三万，人家为什么要拆呀？有几个老头说，我拆什么呀，80 块一间，50 块一间出租的话，每个月的钱就够我用了。第一批拆迁，工作压力是相当大的。”

徐亚晨说：“有些人安安稳稳过日子，拆迁要搬家、装修等，太麻烦。拆了以后，有什么结果也不知道，好多老百姓有思想顾虑。这么大自然村，集中起来弄新村，很困难的。有些人本身房子刚刚造好才一两年，好好的房子让你拆掉。东西要搬，人临时住到哪里？不愿意拆的人很多，反对意见很大。有人喜欢，有人不喜欢，矛盾百出。最不喜欢的是年纪大的人，本来日子过得还可以，而且钱也没有多少，要他拿五六万太困难了。自己钱不够，还要向子女拿。子女自己也要拆迁，不借给父母的人也有，那父母就急死了。反正五花八门的事情很多，工作是难做。”余忠芬说：“拆迁政策会让老百姓意见很大，礼嘉桥书记就不弄。有一些人非常拥护，比如自己儿子结婚了，本来住老房子，买不起新房，旧村改造变成新房子了，或者说老房子面积大，有两间可以分。这些人就高

兴了，自己一间，儿子一间，婚房也不用造了。”

包康利说：“会碰到很多老百姓观念上的问题。比方说今年已经70多岁快80岁，儿子、女儿婚事都办完了，有钱的，房子买到外面去了，老两口不想动迁，儿子女儿混得不错，原来的房子装修得蛮好，住得不错。还有的不想换的原因是老邻居楼上楼下聊天比较方便，门口场地比较多。到了新安置场地以后，首先要装修，不想这样麻烦。其次是进进出出不方便，原来在门口种种菜，养养鸡，这是原来的农村生活方式。一到新区以后，原有的这些东西都要改掉了，不能生蜂窝煤炉，不能劈柴烧火，他们几十年的生活习惯就是拿堆火，拿个大锅，过年到了，烤笋、烤鸭什么的。到了新村以后，大家都在小区里面，谁敢这么做？你一做，别人不来说你，你自己也不好意思，这是最大的一个顾虑。其三，有的人卫生习惯没有这么好，年纪大了，不方便改。现在我们村里的垃圾桶是有固定地方的，大家也必须把生活垃圾和建筑垃圾放到指定的地方去，年纪大的人没有这个意识，不愿意这样做，随手就把菜叶子放到绿化带，他认为可以做肥料，这个观念就完全不一样。他住新房子，毕竟要拿出钱，哪怕最少的基本造价也要606元一平方米，还有一档是1038元一平方米。按照政策折算，两层的房子可以拿到158平方米的新房，老两口子住，一个嫌大，第二个嫌贵，对老年人来说何必呢！他们就说，我没有必要再花十几万块钱，我十几万块钱养养老已经很好了，很自由自在了。这样的情况下，碰到的难题就很多了。”

张加昌说：“我爸妈给我一间，自己造了一间。后来我儿子结婚了，又造了两间，新房子也分了两套。搬进新房子时，是高兴的，新房子干净。以前木质结构的房子是爸妈给我的，后来的水泥房子也是用乱七八糟的砖头造的。我的房子是第二批，因为第一批房子，百姓补贴要600多元一平方，价格太高了，大家都有意见。书记动了脑，分经济房，补贴300多元一平方，但是水泥工又偷工减料，结果导致房屋质量不好，水泥梁要翻新重弄。不过，当时价格补贴的也少。第一批面积跟我们是一样的，房子造得比我们还好。以前的楼房一间最多卖一两万，新房分到手后，房价马上涨了。以前村里有个人有一间小屋，有八九十平方米，有两套可以分，但要补贴600多元一平方。两套拿下，要补贴9万左右，他说自己没有钱。人家说，你直接拿了两套，卖掉一套好了。他就直接把第二套让村里卖掉，卖了二十几万，付掉补贴9万，还剩余11万，其中6万给了儿子，一直住在儿子一间楼房里。我自己房子卖掉也只有43万，现在卖的价格更高了。当时我还在当村民组长，就在想，这么大面积地弄，有这么多钱吗？老百姓有些人家可以补贴得起，但是有些人可能补贴不出来。像我为了还清那10万元欠款，就把房子卖了。像有些人到现在都还有欠款。”

老书记吴纪芳说："在新农村建设中，老百姓老的观念很难改变，大水缸要敲掉，他也不舍得，就把小缸、大缸都放在阳台下面，锄头什么都要放在家门口。你说这像新农村建设吗？我们村就出政策，大缸敲碎给 50 元，小缸敲碎给 30 元。这样，他们接受了。不通过这种方法，老百姓观念没办法改变。房子是新的，思想观念是旧的。"

四、沟通与谈判

书记李小平说："当时，轮不到改的人，要找支部，一定要改；轮到要改的人，又不愿意搬，这种情况很多的。那时候旧村改造，拆迁就是靠村里自己做工作，又没有其他领导参加。第一批是从孙家开始的。记得有十多户人家，分户到人（每个支部）。好在我的大伯和叔叔都住在孙家。那时候就有亲找亲，有人找人，做思想工作。那时候有五六户人家要拆，就让我家里人先带头，逐步逐步这样做思想工作。"

工作思想是怎么做通的？徐亚晨说："分组，分好几批，我负责姜苏、板桥自然村的结算工作，藕池拆迁是郭成祐做，后来是包康利、郭成祐、李小平，分两三组做。那时候就是走访上门谈。有的村民心态不好，想多分房产，到办公室拍桌子，跟你来闹。我们说，手伸出五个手指也有长短。当初，因为拆的政策规定，八十平方米以下是老年房，超过 80 平方米可以拿两间新房，这个政策老百姓反对的很多，79 平方米只有一间老年房，80 平方米以上两间，老百姓心里就不平衡了，因为这种原因闹的人最多了。"

包康利说："我们整个建设不可能为了你一户人家停下来，这个就只能多做工作，多谈，把利益讲清楚。首先你住在那边环境好了，心情好了，可以在门口打打太极拳，健健身，鸡、鸭不要去养了，蔬菜现在也很便宜。讲不通的，就通过他儿子、女儿去说。说得多了，自然而然会同意。10 户人家的老房子，8 户已经走了，剩下 2 户就要打算了。过了三个月、半年以后，他们自然会有想法要住新房子。后来几户人家的观念就不一样了，他们觉得现在不去住，说不定再过三年五年，生命就先到终点了。通过一步一步劝导，人的思想也在改变。我们就是这样一步一步地做工作的。"包康利又说："1999 年 10 月，开始搭建班子，我进入拆迁办。我们跟着村里领导一起实地去谈，跟村里领导谈拆迁政策，我们再分工分出来，在书记、村长的带领下，各就各位分工，把老百姓要拆迁的地块怎么去安置。我具体的工作就是跟老百姓去交谈。我们村里的工作也做得很细致，把所有的政策宣传到位，每个人的思想上都要明白，我们这个动迁是怎么动迁的，是怎么样享受的。对老百姓来说，贴出的钱是很少的，性价比很高。"

五、后面拆迁的顺利

旧村改造做试点是对的，中国改革也是从试点开始。李小平说："一开始最难，前面的人麻烦也是最多的，因为前面几户人家市场价格也便宜，房子卖给别人也没有人要。最早做一个老党员（陈惠信）的思想工作，把一套别墅分给他，差不多200平方米，当时他只卖35万，现在卖掉的话，最起码300万。"余忠芬说："2000年时，一户人家拿出五六万不容易，大家都没有钱。第一批拆的人房子不多，比如说分得两间，没有钱，就卖一间，有钱了再装修一下。后来，卖掉的房子拿五六万买不回来了，价格差别很大。像陈惠信200多平方米的别墅，当时只卖了35万，他真正悔死了。如果晚一点，他就不卖了。"

吴纪芳说："藕池村基本上一套房子起码100万，不是新农村建设，怎么会有100万给你？原来的房子算好一点，三五万一套房子够了吧，但我们现在有100万好卖，这样资金不就来了。新农村建设，老百姓一开始不想改造。通过几年努力，老百姓看到了实惠，村里按照总体规划分步实施，很多人的资产从原来几万变到几十万，发生翻天覆地的变化。在党和政府的领导下，在村支部的努力下，通过2001年第一次动员，到2003年一部分村民得到了实惠，村容村貌有了改变，老百姓资产也保值增值。原来老百姓破烂的房子，只有200元每平方米，假如说150平方米房子，只有3万多，老百姓觉得村里干部总是要面子，就是做做样子，不是按照总体规划、分步实施，使旧村得到彻底的改变。通过几年努力，老百姓确实得到了实惠，就要求村支部加快新农村建设。党委政府比较重视，政策处理、拆迁都依法依规的进行。藕池村新村建设，走得比较早。"

图5-2 绿荷苑南一角

李小平又说："我们是做得早，后来一段时间工作很好做，房产价格也贵起来了，老百姓看看，感觉合算，积极性就来了，要拆的人很多。人就是这样，看到好处，巴不得你来拆早一点，给我建新的。"等板桥、姜苏人提出来拆迁时，房子价格高了，他们觉得拆了划算。徐亚晨说："到后面，多数老百姓还是拥护的。政策都一样的，是他们的想法不一样了。之前拆都不愿意，真正拆了以后，心里想还是拆了好。"

杨国平说："我儿子大了，要买房子，现在村改造了，房子分配好了，儿子的负担不知道轻多少。我自己造了两间房子，现在儿子一套房子，自己也有一套房子，那是非常好了。不然的话，造了两间房子，我儿子肯定要另外买。要么造，要么买，买又买不起，要 100 多万。现在村里面貌这么好，这么干净，多好。我拆迁比较晚，老二（杨国成）的房子分得早，他们在孙家，拆迁孙家那边先拆，我们是在包家，是在中间的。新房子是在路边的，就是超市的隔壁。基本上以前是什么位置，就还是什么位置，以前新房子是我们自己造的，后来拆了造套间了，套间又是比较晚了。第一批好像不太容易接受拆迁，但是后来都接受了。第一批分房子可能吃亏一点，比如我房子自己多造了，那么后来加的面积不算的，赔得少一点，吃亏一些。房子总要买的，买是买不起，现在的话，我是轻松多了，现在我房子有了，儿子的房子也有了。"

六、后期分配的争议

郭成祐解释说："意见大是这么回事，第一批是专门有人分的，以前一个姓李的，是乡里面的老干部，退休了以后，书记把他叫过来，以他为中心分房子。结算方面，我是会计，不用参与的。第二批是妇女主任主持的，第三批是我主持分的，第四批是全部交给他（李小平）了。"张加昌说："拆迁对社员来说是好的，但是如果会吵就能多拿一间去，还是有些不公平，越会吵的人拿的越多，人们会争相效仿。"

郭成祐说："第一批搬家的时候，有的人家因为没有钱，将房子卖给村里，村里再卖给人家。有的也不是被没钱所逼的，相反是有多余房子。因为你考虑卖房子的话，自己住的房子肯定是要留下的。有些人是故意这样说的：村里造的房子我没有钱买，村里发通知一定要我拿，没办法，我只好卖房子。说这种话的，有部分人是心里有一股气，其实他是一点儿也没事的。听的人好像觉得村里做的事情不怎么好，没有考虑老百姓利益。我看到不少人对分房子的事情，怨气蛮重的。有些人就是故意不肯拆。不肯拆的话，村里就要去做工作，政策就有点放松了。一放松的话，这碗水就端不平了，前面已经拆了的人就有意见了，既然放松了，那就要全部放。"

余忠芬说："有的人攀比，看到别人分多他分少，就要到办公室闹了。移民是最划算的，他们老房子买来以后，在旁边搭出来一部分，房子面积很大，有的搭三四百平方米，房子就分了很多。我们造的房子坏在哪里呢？房产证一直没有做过，古林镇里面只有2个村没有房产证。20世纪90年代末，想要做了，领导说要拆迁了，等造好再做。结果，到现在还没有做。政策就让外地人享受了，他搭出来的违建房都算面积了。上面有规定，1992年开始有图纸，有图纸之前造的房子都认可，这一点本村人意见很大。新房子真正本村人拿得比较少，一般只有2套。外地人很多分3套、4套，然后卖掉，就发财了。”

图5-3 张加昌

吴升月说：“最开始分得公平公正，后来有一点端不平了。什么原因呢？一分为二地讲，人的工作总有摆不平的地方，有欠缺的地方，拆迁分房是新的工作，做书记、做村长也有兼顾不到的地方。从我的角度来看，老藕池村社员没有享受多。但后来政策出问题了，是什么原因呢？是干部没有以身作则。之前，我跟老头两个人到古林镇政府去讲过了，我们没有扩大过，就是一间小屋的厨房。我说小屋倒了，要拆迁了，怎么办？村里说你不能扩大，要跟原来一样。我说家里住不下，这样才让我扩大。1993年后面旧村改造时，我的房子算违章建筑。但我是村长批过的，是原拆原建，没有扩大过。村里给我拿掉了。我说，我有批文，怎么会是违章建筑？同样的情况，为什么某个干部可以算进面积，我就不能算？后来我也没有去讲过，想想还是算了。吴纪芳书记来了，建设得这么好，我也不要为我自己十几平方米面积弄来弄去了。”

郭成祐说：“有的人会说，房子给外地人分光了。1986年到1996年来的部分移民，确实造了很多房子。不过，之前种田造房子，村里也允许他们造的。特别是板桥的移民，造了很多。有的人儿子有二三个，每个儿子都分到了房子。有些人心里就不平衡了，觉得他们怎么能拿那么多。其实，这样的人也不多，但是话一讲起来，就很难听。话说回来，不是说每个外地人都有房子的，有的外地人房子也少。但相对来说，政策有一点点放松。”郭成祐又说：“还有一种情况，以前大家房子样子都不一样，当初的话，70平方米的老房子，按照规定只能拿一间房子。有些人说，10平方米也能拿一间，我是70平方米，相当于60平方米浪费掉了。执行政策一松的话就出

图5-4 吴升月

问题了，这样子就不好掌握了。你看 503 车站那边还有一排老房子在，按道理，这个村的房子都要收回来的，但是现在大家有点分歧，说人家怎么分的，我也要怎么分。如果村里采取强制措施，在法律上是站不住脚的。”郭成祜还说：“当初为了分房子，我们也花了很多精力的。有些人在村里闹，要求账目公开。我把账公布了以后，就没人说了。”

七、资金压力大

村里资金压力大。李小平说：“我们又不能拿房子赚钱，但补贴要向老百姓收，新旧房子折价，比如说你的老房子有 100 平方米，我现在给你 150 平方米的房子，这 100 平方米的差价大概是 300 元 / 平方米，还有 50 平方米大概是 1000 元 / 平方米的价格，我们还要造绿化、搞道路建设和配套设施，这些钱全部是村里贴的。所以，我们村到现在为止，资金底子也不是很雄厚。像礼嘉桥村，同样的事情做好，他有好几个亿可赚。我们大多数都是贴到老百姓的房子里面去了，像他们村基本上没有建设过，他们有的老百姓就说藕池顶好了。”郭成祜说：“农村现代化改造后，感觉村里稍微有点钱了，这是 2000 年后的。说起来的话，这个账也很困难，村民的房子在改造，实际村里都是亏本的。当初我们造这幢大楼以及对面那个大楼（金顶大厦）的时候都是没钱的，那怎么办？去银行贷款。那时候那边的楼还没有造，土地还空着，用土地抵押给银行贷款，这个手续都是我去办的，那时候刚过 2000 年。薛家村那边正好有点零钱，通过镇里面，借 500 万给我们。还有属于镇里面的通达房产公司，我们问他们借了一点，都是付利息的，最后才造好这个楼房。当时商品房是一起造的，要好多钱，比如我们投资近一个亿，老百姓的补贴收进来只有 4000 万，还有 6000 万的钱，一定要通过别的地方挣出来贴进去的。我们当时都是贷款的。造芳草苑时，我们与通达公司联合开发商品房，钱是靠这个挣出来的。不然的话，改造真的改不起来。”

八、村人的心声

徐亚晨说：“旧村改造难做，我们村那时候最早做，真的是没有钱，老百姓也没有钱。这个事情被吴纪芳做起来，他也是大功臣，这功绩是磨灭不了的。”陈高华说：“我做梦都没有想到，藕池这样的地方会造这样的房子。总的来说，他的目的是好的，方向是对的，对藕池百姓的好处大了。到我家小店里来聊天的人多，他们说：你怎么还说他好？实际上，如果没有阿三（吴纪芳）到藕池当书记，现在我们还住在老房子。这是他的功劳，我是佩服他的，藕池村也算是有福气，如果没有吴纪芳到我们藕池里当书记，这些建设都是不可能搞的。那时候我也弄席草，他也弄席草，弄了三年席草以后，有三个人让徐定良选，徐定良最后选了吴纪芳。这个就像唱走书一样的，都是一环套一环的。没有吴纪芳，就没有藕池这样的房子；没有吴纪芳，503路公交车不会通到这里。有一句话，叫要想富，先修路，说明他以前眼光是有的，胆子也大。弄好了以后，他那天跟我讲，说心中没有底。后来人家来，夸村里面弄得很好，他的心事就放下来了；如果说外面看看还好，村里头住着一塌糊涂，那他心里也交代不过去。一开始大家都不理解，都不愿意拆，那时候拿出5万、10万，也难的。书记的眼光还是有的，胆魄大，也有经济头脑。所以现在很多村里让老板当书记也是有点道理的，做过老板，再做书记，有经济头脑。一个村的书记如果没有经济头脑，村里也发展不起来。对藕池来说，旧村改造真的是翻天覆地的变化。老藕池比板桥还要差，以前龚财良家屋子边上的包家，过来是要一步一步跳的，无法踩下去，地上跟泥浆一样的。板桥房子还好一点，藕池全部是老房子。我来的时候，路也没有，自行车在下雨天是不能骑的，要推进来。现在这样算是好的了。做人一定要凭良心，也不能乱讲，有些人好像还有点心里不平衡。现在藕池的人住在这里，下雨刮风不用愁了。不像布政这样，每次发大水，每次都要漫两三个台阶。我们倒是不用担心了，因为我们的房子地基都比较高的。以前台风来，房子都会摇动的。现在的房子真的好。以前房子造是造两层，但都是用泥造的，下雨天都要用脸盆接水，质量很差。”

吴升月说：“我们最大的变化就是旧村改造，多亏了吴纪芳书记来做旧村改造，把老房子拆掉，新房子分给我们，要不然，也住不上这么好的房子。然后工厂也都拆掉，搬到板桥去，工厂区就放在板桥，环境现在也变好了，变化大了。旧村改造，是从藕池村先开始的，藕池弄好就是板桥和姜苏。以前住的老房子，外面下大雨，里面就下小雨。现在都住新房子。人民生活总是改善的，邻村也羡慕。像礼嘉桥村就没有改造过，还是破破烂烂的房子住着。这么看，改造总是好的，我们要看大方向。书记眼光是有，魄力也有。”张国章说：“吴纪芳书记为藕池村贡献确实是大，原来村里都是破烂草棚，大风都要吹倒的房子，换成现在的新农村别墅，哪一个人心里不是高兴的？虽然说过程中有一定曲折，但总体来讲，这是一个为民造福的大事情，的的确确是为藕池村办了一个大实事，这是真正的实事。”包康利说：“工作难度是有，但总体来说，老百姓的拥护性是相当大。改造了以后，有一个新的面貌，这肯定是好的。当然工作不可能是一帆风顺的。我们就和书记、村长一起努力，和老百姓多谈，多做工作，才有了现在这样的状况。拆迁问题的解决效率，藕池村可能在鄞州区里边也是名列比较前茅的。我们的拆迁基本上全部结束了，剩下没有几户人家了。到 2018 年底之前，拆迁全部会安置完毕。”

九、领导的声音

吴纪芳说：“刚去藕池村时，村里经济条件比较差，房屋也比较破旧。现在一年分红有六千，生活质量普遍提高了很多。作为村支部书记，我个人来看，还是要加强村级民主建设。在新农村建设中，从那时候到现在，都是公正公平公开进行招标，让村民参与到工程招标中。原来老百姓不是很了解，但是让村民来参与，可以避免村支部包揽一切，免得大家觉得总是书记说了算，民主也促进了村的经济发展。”

图 5-5 吴纪芳

2009 年，吴纪芳被评为省级劳动模范。2016 年，他退居二线。2018 年，正式退休。李小平说：“2016 年，我们书记要走了，不做了，一方面因为年纪也大了，另一方面这么多年支部书记做下来，村里多多少少有一点闲话。上一届，他已经不想做了。”吴纪芳说：“我始终还是说要实事求是，像习近平总书记讲的，说实话、办实事、鼓实劲、求实效。还是实事求是好，否则的话，嘴上说得很好，但村里什么都没有，老百姓当然会有意见。到目前为止，十几年过去了，老百姓对新农村建设也很满意。”

李小平说：“新农村工作不好做，像我们做过的人都吓死了，老百姓看见你就敲桌凳。像我还算好，因为我的母亲在村里威望很高，她对人也很好，所以老百姓对我们还算好。虽然说还算好，但有经济方面的事情，老百姓还是有想法的。做新农村建设那段时间，我头发大把大把地掉，晚上睡不着。我跟书记两个人，他虽然是外地进来的，但社交水平很高，为人处事也好。在几任书记中，吴纪芳人最好，交际能力相当强。这么多年做下来，我跟他搭档了二十多年。他的抗压能力很强，什么事都能轻松面对，心态很好。像我就不行，工作上有一点事情或者什么事情没有做好，总是要翻来覆去地想要怎么做才好。

“反过来看，其实也是好事，老百姓居住条件改善了，房子升值了。旧村改造老百姓是得到实惠的，原来的房子破破烂烂的，只有几千块，现在的新房子最起码也要一万多块一平方米。原来资产几十万的，已经变成几百万了。比如说本来的一个‘五保户’老头（洪桂棠），原来就只有两间破屋，现在他自己住的房子最起码值 200 万，两套房子差不多值 400 万。事后实惠得到了，他也说好，但事前他想不明白。老百姓需要一个理解的过程，这是很正常的。硬骨头一定要啃，不啃也不行。好在我们旧村改造比较早，成本低，老百姓那时法制意识也不是很强。现在旧村改造，上面领导提出来，老百姓愿意拆就拆，老百姓不愿意拆你就不能拆，这样的话，工作就更难做了。”葛小其说：“等我们大部分房子造好之后，土地已经不能批了。我们好在什么地方呢，我们房子都是一两层的房子，不是高楼。那时候三个村的试点，五乡的明伦村也是两层的，藕池村也是两层的，还有一个就是湾底的是高层。最后，像湾底的高层改造方案就被推广了，我们两层的就没有进入推广之列，因为土地浪费很厉害。从老百姓来讲，是我们这种房子住着爽快，高楼的楼梯爬上爬下比较累。从节约土地角度来讲，是推广高层比较好，礼嘉桥也是造了高层房子。”

郭成祐说：“如果造高层商品房的话，土地可以空出来很多了。像我们藕池新村，如果造 12 楼的话，5 幢就够了，老百姓可以免费住进来。剩下这么多空的地方，造起来卖的话，就真的发了。但造房子这个钱也是很紧张，拆西墙补东墙来的。”

第二节 ／ 旧貌换新颜

包康利说：“当时他们买了这个房子，特别是现在房价涨了以后，观念又完全改变了。我可以这么说，我们现在藕池村的村民，按照身价来说，每一户村民至少在 80 万，都是因为旧村改造。这一点当时绝对没有想到。到后面，人的观念又不一样了，市场在变化，人的商品意识也越来越高了。”

村民搬进新房子以后。郭成祐说：“刚开始搬进去，经济方面可能相对比较困难，装修要花钱，村里有小部分差价要个人补出来。几年以后，慢慢有了积累，有债的大部分都还清了，然后再提高自己的生活水平，搞一些爬山活动，生活质量也在提高了。以前老房子住着，很早就要出去干农活，干到 7 点半回来，再上班去。下午 4 点半下班了，又要下地。现在没有土地了，就出去上班，回来以后锻炼锻炼，保养自己，生活质量提高了，起码穿的衣服跟以前就不一样了。”

图 5-6 包康利

吴升月说：“搬进新房子，我们很高兴，这么好的房子从没有住过。我们下放，是人家的偏屋，我们在镇海这么大的房子不住，要来偏屋住，多困难呀。后来自己搭了一间。像这样一间房，

图 5-7 村民住的二层小别墅

自己装修的话要 6 万，现在装得这么好，很好。宁波大学两个退休老师来说：吴老师，你们住得很惬意了。一楼、二楼住人，三楼自己做了一个阁楼，上面放点杂物，等于是两层半。对藕池村村民来讲，生活是发生了翻天覆地的变化。”

包康利说：“他们住了新房子以后，肯定不一样了，首先是不怕刮风下雨了，感觉舒服多了。过年过节，家里的子女回来，有闭路电视、有网线。我们住的新房子，最小的近 80 平方米。现在老年人对他们的生活，包括现在的环境，印象都很好的，身体也健康。现在早上起来锻炼的老年人很多，以前他们要下地挖菜，现在不挖菜了，一般出门锻炼或者散散步，这就是一个很大的变化。

“村民变成市民以后，他们的思想意识现在也提高了。原来年纪大的老百姓，谈吐都是土里土气的，聊天都是聊今年收入多少、菜籽种多少、油菜卖几斤、水稻卖了多少。现在谈的不一样了，都聊早上几点起来、在哪个公园走走、今天麻将打了几圈、儿子女儿有没有来看，他们谈论的话题也在变。我为什么会留意呢？因为我老爸 94 岁了，我老婆和我几乎每天都要去看他，至少两天要带一顿饭去，老年人在谈的话题，我送饭过去的时候就会观察。他们还谈现在的社会主义好，好到什么程度，都是实话实说的。现在年纪大的人，农保最少的都拿 1000 多块钱，生活来源早就足够了，生病了也有医保，作为子女来说，烧几个菜过去就可以了。尤其是像我爸这种，区政府也好，村里也好，过年过节都会去慰问的，有时候送袋米，或者送个羽绒被，不管怎么样，一片心意到了。倒推到 20 年、30 年前，60 岁以下的老头老太都过得一塌糊涂，裤子都是一个裤脚高，一个裤脚低，典型的老农民形象。30 年前的五六十岁的人，和现在八九十岁的老头，都是不能比的。现在八九十岁的老人，身体都很健康。他们本来就是农民出身的，现在思想也解放了，他们穿出来的衣服，不管怎么样，至少不会是很脏的。为什么呢？因为他要为子女争光，而不是为别人争光。如果子女进了你的屋，你身上太臭了，那他自己也不好意思，对子女的影响也不好。这就是老年人最大的变化。他们现在的素质也不一样了。因为我爸爸在，有时我会到老年活动室去，也会经常观察这些问题。原来印象里，一些五六十岁的老头老太太打电话，我坐在四楼都可以听见。现在，情况变了，老百姓经常在交流，老年人也在学文明这一套。过去是父母教育孩子，现在是孩子在教育父母：爸爸，你说话不要这么重，不要这么难听。原来他会骂孩子，现在也很少了，慢慢地也能接受了。

“这都是我所看到的、听到的，的确是不一样了。一些年纪大的人，环境卫生他们也做得很好。在家时的生活垃圾，年纪大的人都会放到指定的地方去，原来都没有这个习惯的，现在人家刚刚扫好地，你敢扔吗？我有时候扔下去，自己也会捡起来，也会不好意思。包括老年人的吐痰问题，慢慢都在改变。像开车时，以前会摇开窗户，随口吐痰，但我两个小孩就会说：爸爸，你怎么能这么做啊！一次两次说过以后，我的脸都会红，因为小孩子在教育我。现在我们车上都放有垃圾桶。现在新的一代在教育老的一代，老的那一代思想已经 out 了。虽然好好读书，听老师的话，听父母的话，这个前提始终是不会改变，但是，新的东西，老年人就要向年轻人学习了。原来老年人走出来，两个鞋子一脱，马路上一坐，像个老法师一样。现在你去看看老年人，真的不会这样了。他穿着拖鞋也好，穿着普通鞋子也好，也是正儿八经地坐着，已经没有过去的这个问题了。这个就是生活方式的变化，市民的生活方式和农民的生活方式不一样。生活的方式就是随着环境的改变而改变。如果没有新农村建设这种环境，老年人绝对不会到这种层次和境界。假如说在整个社会环境都不抽烟，那抽烟的人自然而然就不会想到去抽烟了。我们村里真的不错，这就是十多年新农村建设的成果。

“吵架的减少在村里最为突出。现在每户至少有 80 万的身家，邻居之间都很和睦。你去看，现在商品房里有吵架的事情吗？最多有同一单元楼上楼下吵架，关于漏水等一些小问题。30 年之前，农村的吵架概率是相当高的。为什么吵架？就为了你的鸡吃了我的谷子这种事情。十户邻居里面，我不敢多说，有三户邻居之间肯定是吵过架的。现在除了外来务工人员打架，纠纷也少得多了，老百姓之间的吵架几乎没有了。原来就是为了一些小事情纠缠在一起，现在小事情也没有了。子女也会说了，邻居之间关系处理得好一点，不要为了小事情去说人家。儿子肯定会说：爸爸怎么了，又不开心了？又跟隔壁的叔叔吵架了？没意思的，不要吵，年纪这么大了，我们日子也好过的，随便了。你晚上没事的时候自己想一想，也会觉得没必要吵架。

“新农村改造以后，实际上邻居相互之间牵扯的利益少了。邻居之间，你在这个门里，他在那个门里，之间最少相差四米，能产生的矛盾少了。原来农村之间，就是门对门的，所以容易吵架。像这种问题，真的要感谢社会主义，感谢党，把老百姓带到这种生活环境里，真的很好。说实在话，现在人都有良心的，以前有嫉妒心、逆反心理，现在，你也一套房子，我也一套房子，大家都住新房子，大家都一样了，等于是公平了。你家生活也好了，我家生活也好了，不会为了几块钱，把你家里东西弄坏，大家思想层次不一样了。能把新农村建设搞到现在这样，政府花了很多精力，村里和市里在共同努力下，把老百姓的事情做好。现在我们村里真的很好，你去问老百姓，10 个人里边，9 个人都会说好。几十年下来，这是村里最大的变化、最大的成就。现在不管是小的也好，老的也好，思想观念跟原来都不一样了。这就是市民化了，接下来还要向更高层次进军。”

第三节 / 为民做实事

李小平说：“我们（吴纪芳）书记来了以后，为老百姓做了很多实事，工作压力是很大的。”

一、煤气管道

吴纪芳说：“新农村建设一步到位了。2000 年，村里装煤气管道，很多老百姓有顾虑，万一断掉了怎么办？饭煮得半生不熟怎么办？实际上这种情况是不可能出现的，除非有突发事件。”

二、闭路电视

吴纪芳说：“ 2016 年装网络电视的时候，对村民也是免费的，280 元的年费都是村里交。原来，老年人觉得网络电视、闭路电视我们怎么可以看得到呀。现在技术进步了，信息化了，老百姓都得到了实惠。特别是老年人，原来机顶盒遥控器都不会玩，通过几年努力学习，现在都说这个东西怎么这么好呀。有一个孙子说：我爷爷厉害了，手机摇摇，肯德基都能吃上了。”

三、医保与社保

吴纪芳说：“为了提升藕池村老百姓的幸福感，村里搞了失土农民养老保险、大病医疗保险。这方面，我们村始终有一条原则：因病致贫、因病返贫的，按照新农村合作医疗执行以外，我们村也可以再补助 10%，比如说大病医疗保险 60% 国家报销，40% 个人承担，我们村再补助 10%，他本人只承担 30% 就够了。从 90 年代初起，村里实行老年人交 30 元的养老保险，到 2000 年为止，有失土农民养劳保险。参保时，村民每人还可以享受 5000 元的被征地人员养老保险参保补贴。”陈高华说：“我前两年身体不错，劳保都可以拿。有些人说，拿劳保是因为我们拿出钱了。我说，你拿出了多少钱呢？他说：我们有集体资金。我说：集体资金是谁给你的？以前在生产队，有多少钱分你？怎么以前集体资金不分给你？其实全都是国家的东西，你现在是有的拿了，都是政策好，如果不给你呢？对方就无话可说了。”张加昌说：“现在国家这个劳保政策真的好。还有一个医疗保险，农民原本医保都没有的，都是只有社保。现在年龄大的人坐公交车也免费，国家对老年人也是尊重的。从历史上看，从来没有这么好过。以前年纪大的人，哪有到处旅游的。”蔡大利说：“我住在这里，也心满意足了。虽然社保是低保，只有 1300 多一个月，但每个月都有，生病也可以用医保，买点药也可以用医保，这样就够了。”

四、股份制经济合作社

2005 年，实行股份经济合作制改造后，村民每年多了一笔股金分红。

吴纪芳说：“2005 年开始，建立村级股份制。搞村级股份制改造，是为了增加农民收入、提高农民生活质量。到目前为止，将近十几年了，每年增长 10% 到 15%，到 2018 年为止，藕池村每人可以分红六千左右。这方面，老百姓也是有目共睹。”

2005 年初，藕池村完成了农村经济合作社股份制改造，合作社 1098 位村民领到了股权证，平均每人拥有股金 3.5 万元。吴纪芳说：“农民贷款缺少担保对象，房子一般也不能用来抵押，贷款难已成为鄞州农民创业致富路上的绊脚石。在藕池村，约有 20% 的村民有创业的愿望，大部分因为贷不到款而未能实施。”与社员们多次商量后，吴纪芳想出了股权质押的贷款办法。鄞州农村合作银行接受了这个建议，允许最高贷款额度达到原始股金的 90%。股权质押给银行后，农民社员仍能享受村股份经济合作社每年的分红。股权质押贷款解了农民创业的燃眉之急，村民郭成科用家里的村股份经济合作社股权证作抵押，从银行贷到了 16 万元创业资金。他的小运输公司一下子添了两辆车，生意都做到杭州、上海去了。吴纪芳说：“通过几年努力，老百姓也看到了，藕池村目前村级存款有将近 1 亿。2016 年下半年，将八千万固定存起来，用大额储存来增加村的经济收入。现在利息比原来翻了将近一倍。原来基准利率一年是 2 厘，我们跟宁波银行、鄞州银行谈好是 3.975 厘，增加了 1.975 厘，八千万，就多了将近 160 万，可以提升村里各方面的福利和老百姓的待遇。这些福利一定要持续，如果不持续，老百姓就不愿意了。一定要对得起党心，对得起良心，更要对得起老百姓。”

五、多项奖励

吴纪芳说："村里经济发展也不能忘记老百姓，村富民富。藕池村现在分红，去年人人都有六千块，特别是老年人都很感谢党、感谢政府，这些以前藕池村人做梦也没有想到过。一是失土农民养劳保险，一个月有千把元好拿。二是老年人有额外补助，比如重阳节每人补助 500 元，80 岁以上 1000 元，90 岁以上 2000 元，100 岁以上奖励 10000 元，提倡尊老爱幼。过年，村里对老年人也比较关心，除了 500 元的红包，还有其他福利，包括水果、食品。"吴升月说："村里对老年人待遇也很好，春节、老年节、中秋、三八妇女节，都有东西发。"三是村里对大学生的扶持力度大，考上本科的学生每人奖励 3000 块，现在家家户户都有大学生。四是对不同党龄老党员和担任过队长以上老干部实行工作贡献补贴制度。藕池村有今天，他们功不可没。村里好了，更不能忘记他们。1998 年，吴纪芳在党员村民代表会议上提出这一建议，得到了大家的一致赞成。村民代表马善祥说，他们以前奔在前头，拿拿零头，群众都看在眼里。当年，女年满 55 周岁、男年满 60 周岁的老功臣拿到了第一笔补贴。2013 年，村里第二次提高了补贴标准：党龄补贴 5 元，生产队长 7 元，支委 9 元，村支书 11 元，重合的就高发放。按此，当年领取补贴最高的达 4750 元，18 位老功臣共领取了 6 万多元。吴纪芳说："村里记得他们，他们也非常理解、支持我们的工作。开展社会主义新农村建设，拆旧村建新村，这些'功臣'敢说真话、公道话，给了村里很大的支持。"这是稳定农村基层的一种有效做法。

六、产业的调整

吴纪芳说："为调整农业产业结构，发展种养业，建大棚 41 亩，养殖园 69 亩，农业基本设施已建路渠沟等配套设施。藕池单纯从事种植、养殖的人，现在没有了。农民搞种植业、养殖业，缺技术、缺信息、缺资金，发展也比较难。当时其中有一户吴文龙，养殖兔子，当时是 1995 年，他养了 3000 多只，结果畜牧中心药配错了，一个星期，全部都死了，看着心真的是很痛的。农民在养殖业、种植业方面现在还是和以前一样，一部分靠政府补助，农民钱是不好赚的。藕池原来开出租车的很多，现在出租车生意也不好做，老爸做出租车生意，儿子肯定不做，因为太苦了。另外有安全问题，出租车经常被抢劫。藕池原来杀猪的人很多，现在讲环保不允许集中屠宰了，再做杀猪的生意，利润就很少了。现在土地没有了，藕池人就做一点小生意。现在很多年轻人出来，自主创业也比较多，不像过去做一产二产，现在都从事三产。很多大学生自己搞代销店、网店，包括到轻纺城开店。还有一部分人是靠村里养着的。2015年，当时给五千一个人。原来一亩田有两千块的纯收入就不错了，十亩就是两万块，不过要种、要摘、要管。村里合作社的股份分红，也是每年都可以拿的。

“当然，也不能全靠村里给，村里给的只是一点，关键还是靠你自己去努力，像习近平总书记讲的，要奋斗，自己不奋斗的话，天上不会掉馅饼呀。现在是百花齐放，各显神通，年轻人都在想办法赚钱。大学生能力也强了，各种产业都知识化、信息化、网络化了。一部分大学生，如果老爸是开公司或者是开厂的，很多都回来接班。藕池很多村民子女大学毕业以后，都子承父业了。我算了一下，将近有二十家企业，都是由第二代来经营了。另外，也可以到外面公司打工。”

七、土地的征用

藕池土地的征用，始于机场路建设。当然，数量不大。杭甬高速公路建造时，又征用了部分土地。最大的土地征用是姜苏村地块，因为机场高架路要建新的收费口，时间在2014年左右。

郭成祐说：“不同时期，土地征用价格是不一样的。当时土地很便宜，我们好像是卖8000还是10000块钱一亩。造高速公路、机场路时，是15000元一亩。我们藕池村当时的土地，有大占田，还有自留地呢，那时候我们有将近1500亩田。后来通达公司开发了房地产，还有高速公路、机场路开发了，我们一半的土地被他们拿走了。当初不管你12万一亩也好，9万一亩也好，15万一亩也好，到我们村里面只有两三万的。这个钱区里面要扣，镇里面要留，等到我们村里面，能有三分之一就不错了。土地上基本上都是有农作物的，如果早一点通知还好，农作物可以不要种了。如果临时突然要的话，还要赔偿农作物，所以村里这个3万其实也不到。最后到农户头上，也没什么钱的。

“后来姜苏自然村的土地拍卖，9万一亩，一共193亩田，还有里面的农作物，赔3万一亩。两者相加，近2300万。再加在姜苏自然村老房子9000多平方米，也得到了赔偿。当初村里的规划是想开发一个楼盘，弄个高档大酒店，出租给人家。姜苏被征用后，村合作社就有钱了。这大概是2014年的事。目前，板桥还有近150亩田。”

李小平说：“当时村里规划也做过了，分了三个区域，当时藕池定的是居民住宅区，藕池这个自然村做居民住宅区；板桥自然村拆了以后做工业区，姜苏这个自然村拆了以后是农业示范区，当时规划部门给我们村里做了三个区域，就是工业、农业、住宅区。现在改掉了，没有多长时间，姜苏自然村被他们拿过去做机场高架收费口了，这里就被征用掉了。板桥原来规划是做工业的，现在也不允许了，海曙区要把它做成公园。藕池成了海曙区的门户、宁波城市的门户，所以不能搞成工业区。这样一来，又要损失了，本来可以收租金的。”

八、经济纠纷

吴纪芳说：“经济上纠纷还是有的。个别企业主搬出去时有心机，把设备晚上偷偷拉出去，欠村里几十万租金不交，这怎么向老百姓交代呢？就导致了纠纷。土地纠纷也有，原来我们村好心，为了发展规模企业，土地一定要 5 亩以上才给。2007 年、2008 年的时候，土地从原来几十万涨到几百万了，企业主认为到这个土地是他的，要过河拆桥了，把土地占为已有了，这不可能呀，村里怎么办呢？就打官司，一直打到省里。当时我们也比较担心，土地被他拿去，我村损失几百万钱呢！不过，法律还是坚持实事求是原则的。法院人员来调查，我们明确说明，当时也是好心，看他钱拿不出，我们村里给他提供土地，以后有钱了再说。最后，当然是他输了。从村里来看，还是要依法行事，不依法行事，没有经过民主公开程序，肯定不行。在市场经济中，出纠纷是正常的事情。”

第四节 / 环境的治理

在环境的治理工作中，涉及工业区环境治理与生活区环境治理两大方面。吴纪芳说：“作为村支部书记，我自己也在想，原来就是田种好，国家的粮食任务完成好，老百姓口粮留足。现在环境、卫生、乱停车，都要管。”

吴纪芳说：“总体规划中，老工业区、板桥新工业区都要严格控制，污染严重的、噪声比较大的企业，这些我们不引进。到目前为止，藕池村企业中有一定规模的，有塑料制品、不锈钢、服装、食品、缝纫机行业，应该说各类企业都比较多。从 20 世纪 90 年代初的老工业区到目前为止，一共使用了 52 亩土地，大部分企业都是老厂房，这次党委和政府也比较重视，积极改造。原来档次比较低，土地利用率比较低，村级回报也比较低。现在进行老工业区进行改造，目的是改变藕池村面貌，同时也增加村级集体经济收入。藕池村按照总体规划分步实施，新农村建设完成了，办公区也建立了，老工业区也打算改造，总体规划分步实施，一步一个脚印。

“重污染企业、重噪声企业现在基本上没有了。前几年重污染、重噪声企业一方面是用小锅炉，会‘嗡嗡’响；还有提炼的时候会有污染。现在只有污水问题，对空气基

本上没有影响了。政府要求小锅炉2015年前要全部拆光，政府拿钱来拆。噪声污染方面，如果有，老百姓会举报。现在关键是污水问题，特别是不锈钢厂的污水问题比较严重，因为在割钢过程中，一部分机油会通过下水道出来。我们也比较重视，等鄞西污水处理厂弄好，基本上都要统一处理了。缝纫机生产厂有的污水，流过来以后，通过药化剂处理，有一部分要渗出来，当时截污纳管没有做好，但去年已经接好了。现在执法部门、专业部门都是科技执法，用'电子狗'，哪里渗透，一查就知道。如果没有这么先进的科学技术，企业也不服的，你说是他渗的，他说隔壁修理厂也有污水的，怎么就是我渗出来的。现在可以拿数据出来说话。

"之前搞'五水共治'，通过几年努力，确实河水也清了，天也蓝了，一部分污水纳管了，一部分也被禁止掉了，重污染的漂染厂、印刷厂都关了。绿水青山就是金山银山。再说，万一被群众举报，工厂都开不下去了，所以企业法人这方面的意识强了。政府监督力度也大，确实投入力度也大，光建鄞西污水处理厂就要花20个亿。"

李小平说："2016年我们老书记就走了，然后我接任书记。书记走了以后，有很多事情要我们处理。村里到目前为止，发展空间比较少了，就是在制度上做一些完善。我想发展，可是大拆大建、新农村建设，这些都已经完成了，我就决定将老厂房进行改造。藕池有两个工业区，一个是老工业区，在藕池；另一个就是板桥工业区，是新的。板桥工业区相对好一点，藕池工业区主要是低小散的老企业，污染严重。旧厂房改造任务也很重，压力很大。要把他们搬出来，最麻烦了，但没有办法。为什么要改造呢？这个厂房最早是吴安光书记时造的，当时也很便宜，80元一平方米、100元一平方米，差不多30年了，随时随地会发生安全事故。镇里提出改造，在我们藕池试点，要把老厂房里的企业搬出来，从去年开始已经在做了。镇里叫荣安房产来开发，我们出土地给他，他们把厂房拆掉以后，造起来，再租给别人。跟村里是这样算的，我们工业区原来一年上交大概70万，房地产公司租期15年，每五年提升20%的租金，第六年等于能收84万，10年翻一番，15年再翻一番。15年以后，这些财产（投资大概有6000万）归村里所有。这样做主要解决什么问题？第一，安全问题。如果房子坍塌了，里面有人的话就会被压死压伤。第二，整理了一批小的企业。因为那边企业都很小，五六个人家庭工厂很多，环境污染也很严重，这次都整理掉了。第三是环境卫生问题。这个问题之前没有考虑，原来污水管也没有规划过，环境一塌糊涂。这次全部要做起来，大概要规划30亩土地。农村的工作，一点点事情全部都是村里做。"

吴升月说："李书记生活方面很低调，我生活在村里，平常听大家说起，都说李小平各方面比较节约，自己也比较低调，不像一些领导大搞铺排。作为领导，各方面都要做带头人。有些领导工作不太会做，有事情要跟他商量，也推得远远。我碰到几个事情，让他去上面问问看，他总是推，办实事比较少。”

近二十年发展下来，藕池村硬件基本上完成了，剩下就是软件怎么样提升的问题，农民怎么样市民化，这是一个艰难的任务。李小平说：“这个问题是今后发展的重点。现在有几件事，比如说卫生习惯，我们好好的房子分下去，但老百姓卫生习惯相当差，乱丢垃圾、乱堆放。党员会、村民代表大会三番五次提出来，环境卫生要共同管理、共同参与，村里干部也费了很多精力，都没有用，老百姓不理解。一定要他们把这些东西拿掉，他也会拿掉，有些人会说我要用来赚钱的，不肯拿。前面几年，藕池样样都改好了，就是卫生这块，老百姓不理解。要有制度，没有制度不行。去年镇党委提出来‘环境洁美我带头’活动，要求党员村民代表参加，我们选择了 25 个人，戴个红袖套，到各村里去，在包干范围内查环境卫生。有些老百姓不理解，特别是年纪大的人，早两年门口摆得一塌糊涂，家里也摆得一塌糊涂，跟原来住老房的时候一样，这是思想观念问题。我原来的小学老师，他老太婆没有了，前年我问他，卫生间七八个水桶做什么，他说是不舍得用抽水马桶，嫌浪费水，还是用水桶冲节省。人家丢的垃圾，他都捡过来放在家里。他在门口放衣服，我就跟他说：你别弄得一塌糊涂，买一个洗衣机过来。他说：第一，洗衣机我不会用。第二，这用电很厉害的。”

郭成祐说：“以前还是鄞州区，上面拨下来钱，给藕池居委会外墙和下面下水道全部修理过。如果拆掉的话，根本拆不动。因为造那个房子的时候，是哪个地方有空就建在哪个地方，是以挣钱为目的的，没有好好地规划。后来就没有办法改造，如果改造的话，土地就不够了，只能重新搞一下。现在相对漂亮一点了，外墙刷过了，下水道重做过了。以前还要差，经常臭气熏天的。当时有通达、天地、恒江三个房地产公司来开发，协调工作也比较难。”

第五节 / 市场与礼堂

吴纪芳说：“农村文化礼堂建设花了将近一千万。红事，藕池村在礼堂里搞得比较早，白事家家户户都在自己家里办，因为农村房子比较大。红事原来是在老年活动室搞，地方比较小。农贸市场（老百姓习惯到老新村买菜，路也很远）现在有 3 万多人，农村来说，一般有 8 千人就是规模市场了，我们下面弄市场，上面弄一个文化礼堂。文化礼堂我们都给它规划好了，里面是村史馆，做成像农村博物馆一样的，目的也是为了老百姓。在文化礼堂办婚礼，派头不会比在酒店里差。农村结婚，起码吃三顿，一定要有场

图 5-8 藕池村文化礼堂外观

图 5-9 2019 年文化礼堂落成演出

地。我走之前规划全部都做好了，图纸也设计好了，领导也比较重视。浙江省对文化礼堂、乡村振兴比较重视。到国外去，农村像城市，城市像农村。现在来看，弄得好的村确实好，像城市一样，多清爽呀。”

2019 年 1 月 18 日，文化礼堂正式落成。

第六节 / 日常的管理

吴纪芳说：“做农村的支部书记工作，我认为关键是三个事情：一是建立机制，二是帮助村民富裕，三是提高村里的收入。”

村主任徐建波说：“我 2000 年刚进村碰上了 1999 年计划开始的旧村改造，刚开始是造房子，先从空地造房子，造一些整改一些。2000 年开始做农业社长，就是现在的村长。农业社长是管田的，刚开始不适应。来村里之后，人已经改变很多。那时 30 岁出头，到村里第一年，也会与人发生争吵，对领导角色还不适应。当时藕池村有 1000 多亩粮田，还要上交公粮，相当于国税。等我社长当了 2 年之后，就是 2002 年，公粮就免掉了。公粮免了之后，我压力就轻些了。因为交公粮必须在规定的时期内完成，有些村民不想交，我们也要去做工作，有些人很可怜，每亩田种的不多，连公粮也交不出。在社长里面，我也算年纪大的了，工龄 20 多年。公粮不交，事情也不小，95% 的人都很自觉，

图 5-10 徐建波

会上缴，大家都有缴纳的意识，很少人会赖的。只偶尔有的困难户缴不出，这种情况比较少。我当社长，拖拉机、农田等都归我管，至今我还当着社长，就是职权越当越小。

“我刚来的时候，土地有 1000 多亩，到现在只有 100 亩的土地。变化的过程非常复杂，有些造房子要拆迁，要做工程，土地被征用，要赔偿，都要去处理好。以前都没有赔偿标准，我就要去谈判，百姓希望多赔偿点，我希望少点。之后，村里出了一套标准，在拆迁时，树、菜、棚等都要赔偿，这些工作都是由我来协调。

“建设工程质量，我也要管，水电、闭路电视等建设，我要先与别人联系好。当时我们村里的电工装电线，由于专业安全意识薄弱，全村都从一根电线接入，一断电就会全村都停电。后来供电局有新的标准及规划，要求分线接入，要不然不能装电表，电工与供电局沟通不好。为了配套设施建设好，我就去再让供电局做规划，这是个大工程。这是 2002 年、2003 年的事情，大概花了 400 万，配套也算做好了。

“任何事情都要管，要检查各项工作，这就是村长的责任。现在主要民生这块最重要，比如百姓残疾、生病补助。村长也要积极参与慈善一日捐这个活动，专门补助困难户，我们古林每年都要发放补助 700 多万。从 2018 年开始，又出了新的政策，凡是有农保的农户去医院看病，住院花费 5000 元以上，村里可以报销 10%，1 万元以上报销 15%，2 万元以上报销 20%，最高可达 30%，最高额度补助 2 万元。慈善一日捐我们有存基金 100 万，利息 6 万元，利息均补助困难户。

“现在，我当村长一年还不到。以前做社长事情比较多，旧村改造、土地赔偿、造房子、搞配套，什么事情要管，旧村改造完毕之后的二三年是比较空的。后来当了村长，事情又多了，现在要管安全、环保、卫生等，不过现在计生不用管了。说事情样样都有，还是安全最重要，最近我们也在查安全问题，任务已经分配下去了。在村里工作习惯了也还好，最烦的是老百姓不理解，心情会很郁闷。

“以前鄞州区政府在江东，没有直达的公交车，我们去要花一个多小时骑自行车，很不方便，后来有汽车就好点了。现在已经基本不用去了，因为已经没有什么事情，基本建设都已弄完。海曙区是城市化的，鄞州区则有点农村的感觉，海曙区任何事都很仔细，做过的事情都要存档，开会的频率也有所增加。像我这种在农村干出来的，现在搞城市化与社会化，感觉有点脱节了，电脑技能等方面跟不上了，但是工作经验还是丰富的。”

图 5-11 郭成祜

文书郭成祜说："现在日常管理，看起来似乎是简单了，只要管人了，其实，仍是复杂的。村委会的话，经济上还是要管理，和居委会不一样的，村里还有一个合作社。居委会的话主要对接物业公司，管行政方面的东西，经济事务的话都是物业公司出面负责，比如修东西等。村里的话，全部要管的，上面的众多部门，农办、清洁办、计生办，到我们村里就一个办了。除了计生工作由妇女主任管外，其余的东西就都需要我和书记那里承担。鄞州区刚刚合并到海曙区的时候，那边的部门是专门管居委会的，对农村根本不了解，所以当时这些基础资料都要交上去。我们现在有一些报表，都是网上传的。

"村委会就是为老百姓服务的。以前是命令型的，现在是服务型的，村委会大厅那么多人就是服务村民的。服务是难做的。人家会说在村里上班好，其实在村里上班，还不如在企业上班单纯。百姓百姓，就是有百条心，一个人一种说话方式，你必须要了解他们。平时说话聊天，也要掌握他们的心理，说不好的话，他们就要骂你了。他们认为你们村里面应该就是为我们服务的。实际上，我们也是为他们服务的，有些人不会理解的。在村里上班跟在单位上班不一样。村民吵架，我们都要劝。在 2005 年以前，打架打到住院什么的，我们也都要管。现在，人的思想也慢慢转变，素质也提高了，打架少了。”

这十多年，村里的变化和职业的变化反映了从农民市民化的一个过程。徐建波说："农民这个概念是没有变化过的，农民家里都有农具，因为以前他们种田种惯了。村里最大的变化就是村民、领导的素质提高很多，生活水平提高了，基础设施都有了很大的改善。村里也有很多福利，比如大龄青年都是有补助的，老百姓都得到了很大的实惠。”

张杏芳说："我们每个月什么事情都要汇报，要有党员的样子，要争先进的。我们老党员认为，对新党员应该要稍微严格一点，不要有无所谓的样子。现在党员也没有什么工作好做，支部应该考虑给老党员一点活干干，不要让我们脱离群众。”

回顾藕池村近四十年的变迁始末及其内在逻辑，可以发现，有几大因素产生了重要影响。一是道路的修筑，交通的逐渐便利，使之城区化。二是人才的引入，使村子抓住了工业化机遇。三是人才引进，使村子抓住了城市化的机遇。农业、农村消失的过程，就是工业化与城市化成功的过程。原来的郊区农村，通过城市化，彻底解决了三农问题，实现了乡村现代化建设。经商出身的外村人布政乡书记张世生、藕池村书记吴纪芳，抓住了这发展机遇。这就是外来人才的眼光、决策的优势所在。

新村成为全新的城市社区。现在看来，新村改造以两层楼为主不是太成功。如果是直接建高楼，土地使用率会更高，村的经济实力也会更强。不过，高楼不太容易为中国人接受，住惯了一楼或两楼，突然要村民住高楼，他们也不太适应。后期的大龄青年婚房的建设，也走了高层路线。最终，藕池村靠姜苏收费站建设的机遇，赢得了股份合作社雄厚的积累资金。

未来，它不再可能有大的发展。板桥工业区要成为花园区，只能进一步改造藕池老工业区，维持现状，进一步城市化而已。除非进入另一个改建时代，全部改成高楼区。藕池小学建设似没有跟上新村居民教育需求的提升步伐。村民观念也没有完全跟上城市化步伐，这一代老农民消失以后，也许会有较大的变化。

图 5–12 藕池小学

图 5–13 藕池幼儿园

图 5-14 金顶公寓

集体时期的经济生活

1953 年以后，藕池村逐步走上了集体化之路。1958 年至 1961 年，进行了大公社的探索。1962 年至 1982 年，实行了 20 年左右的小公社。在公社、大队的管理下，以生产队的方式工作着。在那个年代，农业是根本，工业是 20 世纪 70 年代以后的事，其他副业一直相辅而行。

第一节 / 农业生产

一、生产方式

姜岳祥说："土地改革后，田分好了，生产队也很小心的，公粮都要交的。"

从图 6–1 来看，当时的集体化农业生产，内部分工是十分详细的，有植保员、种子员、肥水管理员、田间观察记录员、畜牧负责人、会计员、现金保管员、粮食（实物）保管员、绿萍专管员、粪便管理员。

葛小其说："那个时候女人也要去种田。男人在生产队干好活，再去自留地拔拔草。女的回家还要洗衣服、做饭、管孩子、补衣服，女人比男人更苦。男人 4 点去拔秧，7 点回来吃饭，女人已经把所有东西准备好了。男人来吃完饭了，女人开始去种田了。生产队的话要做一个月，割早稻、种晚稻。个人种的话，十几天就够了。分田到户了，种的东西卖的钱都是自己的。生产队就是大锅饭，所以大家都不怎么肯做。女人平时还要做凉帽，像我们这个时代生的女人都是会做凉帽的。

"一个生产队一年总产量是比如 1000 斤，除去国家公粮、社员口粮及化肥、农药、

图 6–1　1975 年五个生产队的技术分工

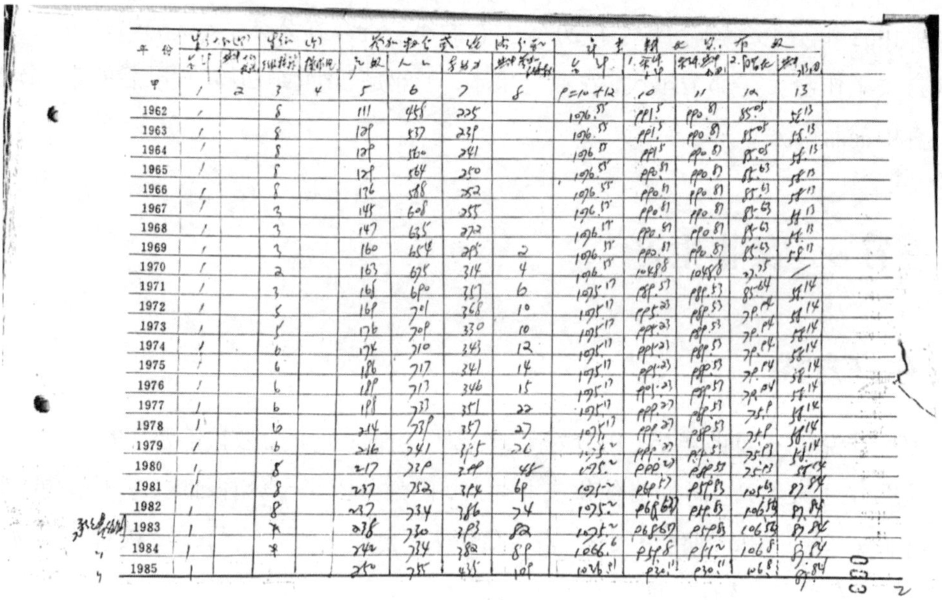

图 6–2 1962—1985 年大队基本状况表

牛，能节余 200 斤左右。一般 100 亩田，要分到组、分到人，除去生产成本，一个生产队一年还有几万块结余，要如何分呢？这个是按劳动力来分的，一般要按四个季来分，春季、早稻下、晚稻上、年终，春季少一点，早稻下了稍微多点。”

二、生产工具

姜岳祥说："打稻机，大概是1961年开始有的，藕池一个点，板桥一个点，一个点买一部。田的话还是藕池多，板桥五百多亩田，藕池一千多亩田。藕池的两个队合着买了一部。那时候板桥买了一部，本来是要分给藕池的，板桥就找了农办副主任张忠林，他说：有是有，但现在别来买，让别人知道了不好，大家都要的话，我们也拿不出来，因为没有几部。我们说那什么时候好拿呢？他说等晚一点。就在晚上偷偷摸摸去，还是走小路，走大路难为情，也怕别人争，就这样买了一部打稻机。最早一个大队只有一部，过了三年，就很多了，随便什么人都可以买了，一个生产队一部。有电动打稻机比较迟了，是七八十年代的事。作为队长，也种地，忙了要帮，开早工也要去，工作每天都要安排好。那时候是分任务的，你完成得早可以回去。后来分自留地了，你可以弄自留地去。"

三、拖拉机与农用船

1960年12月，藕池大队向邻近的建庄大队购买了一部机船，共2000元，当时只付了300元。其余款项约定1961年早稻期时分批还上，结果到了1963年5月仍没有还上，于是被建庄大队告上法庭。后来经过调解，藕池村同意分两批还上，才了了此事。由此也可见当时藕池大队经济之拮据。戚明华说："那个时候都是船，每个生产队有2只船和2只牛，拖拉机有的时候是1976年左右了，1000多亩田靠一辆拖拉机。以前也没有石子路，要用船运着拖拉机到板桥，再搬到岸上使用。"

四、挑坟滩

徐繁荣说："在生产队，我们挑坟滩、挑河泥，那时候最苦了。挑坟滩是分田到户前一两年，大概是1979年，那时候我们还小，挑得背都弯了，挑坟滩最苦了。区域都给你分好的，运气好一点的话，石块少一点，运气差一点的话，石块比较多，翻都翻不动。我们算苦了，但比起上辈人，我们至少有得吃了，但是劳力还是要出的。爸爸当了村里一个小领导，家里的事情就我们自己做了。做皎口水库的时候，我刚好要发育，一个小后生挑得背都弯了。"

五、进城积肥

姜岳祥说："那时候很困难，那就动脑筋。要种菜籽、大麦和水稻，但是没有肥料，所以稻子种起来都小小的，只能扩大面积。一个生产队，105 亩田，20% 要种大麦，10% 是菜籽。种点菜籽，肥料也没有的，这里离城里很近，就连夜去城里偷点大粪回来当肥料。那时候肥料还是要控制的，都是收集了后再卖给农民，我们生产队买来，还得分配的。以前就是给个条子写明几点走，撑着船过去等。最早船也是没有的，都是从地主那没收来的船。我们队以前就是用河泥当肥料，现在这样的河泥，以前碰都碰不到，有的话真的高兴死了。现在都填掉了，也不用积肥了。以前的粮站，也是一点点搞起来的。我们生产队有两只船，早晚饭吃好就去积肥了。粮食种得好了，我们也能富裕点。那时候都是晚上干这活，晚饭吃一点就去了。积过肥的河泥用来浇菜、浇麦、浇田，浇过了，产量是有点不一样的。"吴升月说："那时候要积肥，就到宁波给别人倒马桶然后挑回来，积肥多产量也高，第 6 生产队，副队长就是徐定良，正队长是吴祝庆。副队长抓生产，他非常会做，积肥时，每天早上就出去到宁波倒马桶。人家肥积不来，我们是每天都有。积肥多，产量高，分红也多。"

姜冲德说："以前化肥不怎么用的，因为是要花钱的，以前浇点氨水，尿素稍微放一点，这已经算是很好了，其他是没有的。一般都要到宁波城里去积肥，就是倒马桶的，以前都没有什么化肥的，都靠这些粪水的。"姜冲德又说："我们经常晚上饭吃好去，半夜去弄肥。如果被抓，还要到大队里去打证明，要去讲好话的。以前从九中挑出来，走城隍庙过来，这么远的路。"

六、打水

水利是农业的命脉，打水是农业生产中的关键行业。当时，有专门的人负责打水。江根星、叶金康、张昌浩、洪根庆等人，均打过水。姜岳祥说："买第一台打水机的是板桥，那时候我 28 岁，当兵已经回来了，是 1963 年。那时候干旱，稻谷都晒死了，一点收成都没有。方家耷的张忠林是农办的，他说：打水机你们要吗？那时候都买不起，村里没有钱。板桥把口粮卖掉，才买了这个打水机，这是第一部。但是效果很好，粮食丰收。打水机的管子（口）是 10 寸的，可以机动的，藕池要用，可以借给藕池，这里打好，再去那边。此前的 1959 年，姚江大闸造好了，水拦起来，就可以灌溉了。慈溪、江北都要拿水，很多机器排着，你也打，我也要打。我们的水是从青林渡放过来的。"周利英说：

“以前一直要打水的，从 3 月份开始打，一直打到田没有了为止。他们是大队打水员。”

七、抢收抢种

徐建波说：“我 1982 年开始也分到田了，我们第 7 生产队人少地多，地分到了 17 亩。我爷爷自己种不过来，又给了我们 3 亩，总共 20 亩。那个时候田都是靠人力种的，我爸还在铁厂上班，分田到户时，我才 16 岁，20 亩田我一个人管不过来，真的很苦。我爸爸基本上早上 5 点起床，早工开好之后，再去上班。我做到 18 岁，也去铁厂上班了。我们家一共 4 个人，还有我妈和妹妹。当时妹妹小，已经读初中了，妹妹基本都是在家里烧饭，活基本上都是我们三个人做。‘双抢’也是很苦，基本都是凌晨二三点起床，做到晚上 11 点，一直做了六七年。后来，外地人来了，拿点田出来给人家种，才轻松一点了。”李小平说：“生产队时，我是第一生产队的，队长是张昌浩，我们叫他‘老板’。张昌浩人是很好的，那时候田多人少。在规定时间，一定要种，要开夜工，要拔秧、开早工。当时还年轻，凌晨一两点起床拔秧田，两个人拼在一起干，一人一半。拔好以后，挑到地里，让妇女插秧。有一次，我和洪根庆拼的，他说你怎么拔不上来了呀，实际上我在打瞌睡了，睡着了。”徐仁定说：“像现在怎么可能想得到，那时候田种得都怕了。那时候天下雨，稻没有割，天晴了，共青团员 3 点钟就要去割，干到天亮。3 亩田上午打好，下午就好种了。”周利英说：“以前当干部都是实干的，是要带头做的，且要比人家多做，如果比人家做得少，人家不服的。天亮后，以 12 点为界，分两个班，半天轮到一班。轮到你，就算是 12 点钟的时候，天最热，你也要去干的，下雨也要去，打雷也要去的。”

八、收入不高

周利英说：“那时候记工分，没有现钱，哪有现钱买菜啊。如果就男人，女人不做，工分容易超支。我们两个人都干，超支倒是没有。”史幼芳说：“我们农民有句话，田沿三尺高，跳出田沿就好。头想高烟囱，城市的烟囱高高的，都想到城市去。我小时候什么东西都要凭票买的，粮票还分地方粮票，有宁波粮票、浙江粮票、全国粮票。我们到上海去，要拿全国粮票的，浙江粮票都没有用的，饭都不能吃。宁波城市里的工人，带鱼都可以领大一点的，我们农村里分到的带鱼都是小小的。我记得我 25 岁时，有的东西还要用票买的。国家贫穷，老百姓也就这样了。农民每天背朝天种田，下雨也要淋，真的很辛苦。现在国家对农民也重视，国家也富强了，总归是好起来了，农民翻身出头了。”

九、种席草

杨国平说：“当年种席草时，收上后要晒好，在太阳底下，要三朝、四朝地晒，还要摇着船去宁波去晒呢。俗话说‘小暑割草，大暑割稻’，差不多是最热的时候割席草。后来是种日本席草，做榻榻米的，从田里割来，用泥粉弄过，再晒过，要晒过几天。这个草细，本地草比较粗。日本席草种植始于20世纪80年代，不过本地席草种也种的，但是比较少了。个人分田到户以后，大家都种日本席草了，因为种这个收入高”。姜芬琴说：“还有草帽和我们睡的席子，也是我们自己种的草做的。自己种的席草，晒干以后，一捆一捆给它捆好，然后用两根稻草做的绳子给它捆起来的。这个捆的技术也是很难的，因为席草晒干以后很滑的，如果捆不好的话，一拿就散掉了。我老爸捆的席草，又干净又好，从来不会散掉。”徐森林说：“天亮起来，大家饿着肚子去割席草，饭也没得吃。那时候有种黄桃的，有时候买点黄桃来当饭。席草还要把它晒干，还要去卖，那时候真的很苦的。等我们卖完了回来，人家早就在吃饭了。我们回到家里，还要放夜潮，那时候很苦的。”

此外，还有稻草。姜芬琴说：“我老爸（姜阿利）种出来的东西很精细的，泥土弄得像米粉一样精细。我们早稻割下来以后，稻草干了，拿回来要储存。那时候就靠烧稻草当燃料用的。稻草都是储存在屋子外面的，要给搭成一个很大很大的草堆。一般的农民都搭不好，搭到一定大小就要塌掉了。我老爸的草堆，可以搭到最大最高，像房子一样盖起来，不管多大的雨，里面都淋不进去的。要用的时候，不是从上面一捆捆拿的，而是在中间抽的。这么大的一个草堆，它是一捆捆都叠好的。如果草堆没有搭好的话，抽出来后，这个草堆就要塌下来了。我老爸搭的草堆，你去抽好了，它不会塌下来的，很厉害的，这也是一种技术，一种手艺。20世纪80年代，我们村里集体经济就是靠农田做出来的，可以维持我们的日常生活了，村里也没有很穷的人家。”

第二节 ／ 内河捕鱼

姚国华说：“父亲（姚信芳）也是捕鱼的。在藕池，捕鱼的有两户，一个是叶家（叶根财），一户是姚家。叶家是四兄弟，姚家也是四兄弟。以前我父亲也是很辛苦的，在河塘里捕鱼。我父亲有4个儿子2个女儿，以前人多，赚不到钱。我家捕鱼是从爷爷开始的。我父亲三个兄弟，都是捕鱼的，嫂子也是捕鱼的。那时候捕鱼的人，多数是住在船上的。房子也是有的，如果不去外面捕鱼了，就回家里来住。以前就一条船，小小的手摇船，在旁边的江河里捕鱼。开出去以后的话，可能要 20 天、半个月才能回来，一般要背两袋米去。捕了鱼还要去卖掉，这个也要看行情的，经常卖不掉，臭了倒掉也是经常的。过去捕到好的螃蟹，我父亲就卖给藕池的老板，换一点米。现在我也不会捕鱼了。现在好的东西都很值钱，大的河鲫鱼要 40 块、50 块一斤。

“父亲三兄弟里，大伯伯早就到沈家门修皮鞋去了，后来又回来捕鱼。捕鱼的人是苦的，钱又赚不到。我们家 6 个兄弟姐妹，你知道要吃多少饭吗？那时候男孩子最起码有 3 碗可以吃，那四个兄弟就 12 碗了。米是跟人家买的，我们家以前一个大大的米缸，要煮一锅的，不然不够吃。我们四兄弟原来也捕鱼，现在有一个在开五金厂。现在，最大的阿哥（姚昌华）还在捕鱼，还有一个阿弟（姚宝华）也是。老大天冷不捕了，天热就捕一捕鱼，因为他 79 岁了。老四是一直在捕鱼的。

“我们是在布政的，布政渔业队早就有了。我们户口在藕池，工作单位在布政。渔业队在板桥，有 100 多个人。以前老的渔业队在厂里干活，现在大家也都退休了。中华人民共和国成立以后，捕鱼的人合在一起，变成渔业大队了。我们分房子没有享受到的，因为分属不同的经济合作社。这也有道理，因为农民是有土地资源的，靠土地生活的。你们渔业是靠水资源，也可以去自己开发。我十多岁开始捕鱼的时候，这边水很多的，但是后来被拦起来了。我是 1973 年结婚的。结婚了以后，我还在捕鱼，老婆开始在五金厂上班，后来厂被个人承包去了，也出来一起去卖鱼。

“1983 年到 2011 年，我一直当渔业社社长。渔业社是不分组的，我是属于‘半工半渔’的，上午到村里办事，下午出去捕鱼。一般来说，我能解决的我自己去做，我不能解决的就找村书记。那时候河塘是渔业社的主要经济来源，收入也是蛮可观的，承包河道，多少长度多少钱一年。在古林镇范围我管理不了，石碶街道也有。石碶也有渔业社的，但河塘是属于我们的。后来塘西造敬老院，把河塘填了。这事当时是石碶街道办的，河的面积是属于我们渔业队的，所以要到石碶街道去要点适当的赔偿，当时的价格也是比较低的，双方是共同协商的。我就讲了，多少总归要赔偿一点的，不赔偿是不可能的。”

陈利菊补充说：“那时候捕鱼，用丝网和小船作业。这个就是典型的内河捕鱼。捕鱼的行业不是很好做，只能养家糊口，跟农民种田一样，也没有什么花头的，也很苦的，晚上只能睡两三个小时。当时为了两个孩子读书，想让儿子和女儿生活能好一点，也要咬牙干。这个苦和种田的苦是不同，农民的苦是有季节的，我们是一年四季的。我们不怕下雨，但是怕响雷。”

第三节 / 村办企业

在大队时期，农业为主，工业为辅，是一条基本原则。两者之间，多少有一些矛盾。当时村中领导，往往将杨家路头工业区称为“梁山巢”。因为他们赚了钱，只会私分，上交村里的财政很少。

乡里有乡办企业，大队有队办企业。1971 年可能是个高峰期，办厂都是 1971 年开始的。

一、藕池铁厂

铁厂，也被村人叫作锻压厂。1969 年，永康商人来 1 队办铁厂加工。1971 年，大队接手，独立办厂。徐信定当厂长，成员有张明芳、龚财良、李忠尧、陈再明、戚明亮、张小康等人。藕池为了办打铁厂，领导与技工曾去上海参与培训。

图 6-3 张小康

张小康说：“我那时候 28 岁（1969），有一个永康人到我们第一生产队来问：你们有会打铁的吗？我们给你办厂，你们生产队的人去工作，给生产队 60 元一个月。我们队长一听挺好的，就同意了。厂子是以打农具为主的。我当时在畜牧场，他们打铁厂有所发展了，炉灶开得多了，要叫更多的人去。生产队的人打铁毕竟是外行，不想打了，就来叫我来了。我想想打铁是吃技术饭的，就同意了。我在生产队里就是打铁，做了两年。两年下来，已经有点学会了。因为我做事非常勤快，永康人很喜欢我。结果，生产队里矛盾很大，说厂里这么早下班，农民早上 4 点钟还要下田。结果，这个厂开不下去了，就关掉了。

图 6-4 后排左起：龚财良、李忠尧、陈再明、戚明亮
前排左起：徐信定、张明芳

“大队书记江根星听说后就讲，大队去开，这个厂就给了大队。大队就开社员大会，社员全部报名想去。因为我的成分不好，是富农子女，就没有去报

名。结果大队干部说，你为什么昨天没报名？我说报跟不报也是一样，到时候也要被淘汰下来的。他说，这个不用管的。过了八个月，永康那个老板说：张小康人很勤劳，这个人很好。结果，我又被他叫去了。我那时候29岁（1970）。我们藕池前一代，基本上个个都打过铁，但都没干长久，只有我一个人做得长。

“厂给了大队以后，大队人去厂里做工的人多了，工资就付不起了。我们村里书记说，从农业收入里调过去。还有一家米厂，去轧米，给4毛5分一天。这个时候塑料厂刚开始有，这个利润也蛮好，赚了一些钱。我们藕池铁厂没有设备，想来想去，都觉得做不下去。为什么呢？一天的时间，两个人只能打一段铁，三天打下来，没多少好做，所以很烦。买铁要到耐火厂去买的，买了以后，用船拖回来。耐火厂那边回来，要路过三江口的，因为太重，船有时候会翻，人没有淹死，算运气好了。我是一直打铁的，打到1986年实行厂长责任制，厂被承包了为止。我打铁18年，这样风风雨雨过来，我是从一无所有开始，是从农民起家的。”

吴升月说：“1971年已经办打铁厂了，这是村里第一个厂，在藕池村庙里办，是机器打的。厂办了很多年，我老头1975年去了。这是藕池村第一个工厂，规模比较大，有二十几个职工，产品的销售也很好，那时候劳动力不紧张，生产队劳动不紧张，办厂能给村里增加收入。我老头那时候34岁了，下面的人都是18、19岁的小青年。厂一直到很晚才关。主要是做模具坯子，这个要用铁打出来，相当于做铸模的坯子，然后把这个坯子拿到模具厂去开模，他们不会开模，就只能打坯子。那时候是书记江根星、大队长姜岳海和我老头讨论出来要办这样一个厂，然后叫我老头去负责，他就从生产队走出来去办厂了。厂里都是拿工分，没有补贴的。”

1974年1月到1976年12月，徐信华回村铁厂工作，担任厂长。由此可知，徐信定走前，村中已经将徐信华安排为厂长了。

1978年，由李安明当厂长。李安明说：“1973年，村里叫我开拖拉机。到1977年，布政乡镇府把我叫去培养。1978年，藕池的锻压厂叫我去当厂长。①当时我妈是支委，大队开夜会说有个队办企业，非常不容易，这个厂的厂长没有人当。我妈就跟江书记说：这个厂长还是让我儿子去当。我妈夜会开回来跟我说：江书记同意让你去做这个厂的厂长。我答应了。我们有两班，一班是做钣金工，一班是做锻带，到宁波海洋有限公司造船的。我们电焊工去上班，4.8元一天，一班是我们村里的锻压厂打铁的。这个矛盾很大，他们4.8元一天，骑着自行车回来了。我们还在打铁，打完铁，还要造围墙。我跟江

① 据李安民的党员档案修订和回忆，他1970年开拖拉机，1973年到布政乡，1974年或1977年进锻件厂。所谓“我包了两个厂，一个是砖瓦厂，一是手套厂”，实际上是“参加乡基本路线工作组，到针织厂”。

书记说，矛盾太大了。这个时候杨家路头还是坟滩，企业尚在起步阶段。江书记问我有何意见，我说还是以打铁为主，4.8元一天我也不赚了，并在一起。我们锻带以前两班，工作量很大，来不及。江书记说好的，就并在一起了。在海洋公司的那些人，平时空惯了，他们不会干活。我上白班，晚上我就去盯着。上夜班，我白天就去盯着，都是睡在厂里的。谁有不对的地方，我会指出来，如果真的不行，只能开除。有一个职工，每周有三四天总要提前走，招呼也不打一声。我告诉他，只允许每周有一天可以提早走。结果他屡教不改，我就让他不要来上班了。如果他写保证书愿意改过，那就再考虑一下。

“1985年至1988年，企业多了，有铁厂、保温材料厂、轧钢厂、翻砂厂、镊子厂。1986年，我当时到村里去了，做副书记，管全村的企业，人称‘工业社长’。铁厂培养史幼芳做厂长，我跑业务，慈溪、奉化到处走。当时，我阿姨的儿子吴安光做村书记。我做的时候不长，才一年多。

图6-5 李安明在接受章叶挺采访

“到1994年，小型企业转制了，我和小兄弟就开始自己打铁了。上午做点活，下午送送货。我们当时有两个跑业务的人，我定了规则，跑的业务越多，奖励越多。当时奖励3%，跑业务的人是叔侄俩，叔叔业务能力、交际能力比较强，所以业务很多。弄到2002年左右，我们这个房子拆迁了，村里吴书记叫我不要弄了，去村里管拆迁。等房子造好之后，我就开始管物业了，比如房子漏了要修这些。我对工业这方面比较内行。企业要做大，就要有实力。”

葛小其说：“锻压厂在现在造庙的位置，是以前大庙拆光了后造的。八几年，那时还未开放，政策有点放松，就相继办了很多厂。我在厂里做了三年，1987、1988年左右，我开始管村里的事了，管管养猪等杂事。八几年，生产队已经分成组了，生产队长就空了，我就负责了村里的一些杂事。那时候新学堂是村办公室。”姜芬琴说：“锻造厂在藕池，工厂做在学校里的。我们村里的村办企业也算办得早了，其他村是没有的。人是不多的，只有十来个人。以前的厂，规模不大的。我一个三姐夫李忠尧就是在锻造厂，他的活干得很好。”

徐建波说：“我爸（徐月定）一直在铁厂上班，一直干到厂关闭为止。这个铁厂是1971年左右开始办的，这个时候厂里只有六七个人，一开始手工敲，后来用皮带榔头敲。我们徐家人都很实在，包括我在内，都是实话实说的人，我的家族都是实实在在的人。我爸一生也是为了企业，当时打铁工作是很辛苦的，一开始都是用手工打铁的，他是当时厂里的副厂长，是不可缺少的。我爸在铁厂做的时间是最久的一个。我爸这个人不怎么讲话，他很苦的，一直在做，他是师傅，就一直在打模板。以前模板都是一块块打出来的，才能开模子做产品，以前不像现在开模子，都可以用机器，以前是用很大的皮带榔头敲打的。我在铁厂也做过了，我做的时候，已经用空气锥了。我 20 岁到铁厂上班，做了 4 年。以前很难进去的，因为我爸爸在里面，照顾我，才让我去那里上班。具体干的活是给人家加工打毛坯。以前铁也很缺少的，材料也不能浪费。以前的皮带榔头都有几百斤的，要拉上去然后放下来。之后用空气锥了，自动化了。做铁厂真的很苦很热，也很危险，每个人都会烫伤。当榔头打下来，火花就会飞溅起来，就算戴着手套也会溅进去。一定要等那几下敲完，才能去脱手套。严重的时候，一层皮连带手套一起被脱了。我身上的疤就是工作时候留下的，这个是高风险工作。一开始厂里说打锄头铁把，后来给别人加工。”徐月定，1958 年前在塘西益智小学读书，1959 年在石碶中学读书，1961 年务农，1964 年加入共青团，1971 年起在铁厂上班，1980 年入党，后担任生产厂长。

图 6–6 徐月定

铁厂迁移到杨家路头，是 1974 年的事。这与机耕路铺好有关。史幼芳说：“我是 1971 年下半年到大队企业的。我是第二批，当时大概 4 个人。此前，第一批大概五六个人。原来在庙里，后来机耕路铺好了，这条车路通了，大概 1974 年搬过去的。杨家路头的发展也蛮好，厂有十多间房子，后来有了资金，就造了一排楼房。我们本来是锻压厂，专门打机械零件、打塑料模板的，塑料模子要开的话，就需要这个模板的，等于是给大的国有企业做材料加工。

“那时候办厂困难有的，集体企业那时候也没有什么技术性的，在庙里的大树上把架子搭起来，用皮带拖榔头上去，然后掉下来。打铁，那是以前的土方法，没有什么技术性，也没有什么科学性。以前一开始是靠手工敲的，用八角榔头，农村钱也难赚。1987 年，买了空气锤。空气锤买了以后，跟以前就不一样了，设备先进了，打铁就好打了。

“一开始是拿工分的，1971年进去，18块一月，后来大概是25块，然后再加一点，30块一个月。生产队有些人就有怨言了，队办企业有30块一个月，我们每天种田，一个月只有几块。我们1971年、1972年，毛30块一月。1980年，工资有60块了，很高了。特别是如果到外面去做钣金，那工资就更高了。1986年，就自己承包厂了，营业执照上法人代表是我，厂的名字是藕池锻压厂。自己承包了，资金可以自己安排。买点东西，要村里支部书记批，等于自主权还在村里。”

图6-7 史幼芳

“1994年，转制了，自己办厂，改为新星不锈钢厂。改革开放之后，政策就两样了，最多时带过20多个人。我们做那种不锈钢，人家用锭子炼出来，打好，钢带就做不锈钢杯子，不锈钢什么东西都可以做。我们是第一道工序，就是先把锭子加热。后来厂区就用来造房子了，造商品房，后来就转到现在这里来，把地给他们了。生产不锈钢，因为是烧煤的，灰尘比较大，环保不达标，后来就关掉了，大概是2001年关掉的。”

据吴安光的说法，铁厂（锻压厂）是藕池第一家企业，也是最好的企业，当时村人以能进铁厂为荣。铁厂的职工也十分牛，觉得村里的钱都是靠他们赚来的。有时，旁边的小厂想在休息时间用一下他们的设备，让他们来开门，他们都是十分不耐烦的。

二、藕池水平仪厂

姜芬琴说：“办企业，我们这个村的思想倒是蛮进步的，很早的时候就办了两个厂，一个是锻造厂，一个是水平仪厂。水平仪厂是怎么办起来的呢？我老爸有一点文化，村里书记叫我老爸去做知青工作，有一个女知青是苏州来的，叫胡克荣，她有做水平仪的技术。我也不知道她原来的经历，反正她有这个技术，包括这个知青的妹妹也会做的。那时候厂也是很小的，用的是玻璃钢管，差不多2—3厘米粗的玻璃钢管，这是原材料，还有酒精灯，上面有酒精。酒精灯的火没有烟的，把玻璃钢管加热。有一个机器，用脚可以踩的，踩一会儿这个火可以调节大小。看起来操作简单，但里面包含了一定技术，控制不好就做不好的。水平仪起到什么作用呢？如我们做泥工，这个墙直不直，把这个一放就可以知道了。如果不直的话，水平仪就不在中间了，就斜到一边去了。”姜爱珍说:“这个厂是一个知青厂,职工大多是知青。”这印证了姜芬琴的话,水平仪厂是由苏州来的知青为首办起来的。蔡菊英说:“父亲 1969 年过世后,我们家里日子也比较难过。1971 年,我到皎口水库去。没有做多久,就回来了。没有多久,藕池头开厂了,开的是水表厂(水平仪厂),就是在火车轨道里面,一根水平尺滑来滑去的。吴老师的老公徐信定做厂长。这些厂的人住在我家里,我的胆子也锻炼大了。15、16 岁时,我在厂里干活。后来,厂也关掉了。”从有关情况来看,徐信定为厂长是对的。蔡菊英是当事人,所以话更有权威性。吴升月也明确说,是她老公办的厂。当时有女工 20 多人。姜芬琴说:“后来村里不办了,拿到公社去办过,这边会做的人也跟过去了,像我大姐,还有我隔壁的徐爱珠,这些人都去这个厂做过了。”这个厂称为布政公社机械仪器厂。徐爱珠说:“我进厂时,十七八岁(1970 年左右)。这家厂是苏州来的知青胡克荣、庄惠珠等人办起来了。胡克荣妹妹是苏州水平仪厂的,她会做。一段时间后,她妹妹也来帮忙。厂办在张昌浩家中。玻璃比较危险,掉到地上,脚容易伤着。1973 年,胡克荣、庄惠珠到皎口水库去做了,厂也就停了。1975 年,公社拿去办了。胡克荣与姜素琴作为师傅,也到布政工作。职工有二三十人。我做了 15 年,直到工厂关门。”也就是说,1989 年关门。按徐爱珠的说法,水平仪厂在做皎口水库前,地点在张昌浩家。而蔡菊英的说法是,在做皎口水库后,地点在他家中。

三、藕池塑料厂

姜岳海当厂长,1974 年创办。轧机是靠人掰的。姜岳祥说:“有三台轧机,分三班。多时有七八人。有生意做一下,无生意时停了。也就存在四五年时间。”陈惠信老婆张吉英也做过。陈惠信说:“当时很难进,他老婆是因为丈人张文良被牛踩死,出于照顾一下而进厂的。”此事发生于 1978 年,张文良被吴家大队的牛踩死的。

吴祝庆老婆王月娥也在此厂中做过。徐定良说:“姜岳海后来搞工业了,就跟农业不大接触了。工业也搞得不太好。”

四、藕池镊子厂

洪根庆当厂长,1975—1976 年间创办。张杏芳说:“原来在藕池办企业,办得很好。他到上海也去过的,做钣金。以前有的厂要用桶的,是用铁做的,用电焊焊住,那个很苦的,用手敲的。”龚财良说:“我 18 岁时候打铁,一两年以后,再做钣金。当时要抓阄，有些人去打铁，我抓着钣金，就去做钣金了。我做钣金也做了五六年。到宁波那把洪根庆的业务接过来，再去做（宁波海洋渔业公司）。那时候还是记工分的。我们是社会工厂，到宁波，今天给这家做，明天给另外的做，这家厂活干好了，再到别的厂去，不是固定的，我们自己没有厂的。”龚财良 1949 年生，18 岁时当为 1966 年。二年后，当为 1968 年。洪根庆做钣金时，接来做镊子的生意，就办了这个厂，大队包给他，做钣金、镊子。他管理两家厂，镊子厂大概 15 个人在做。洪桂棠、张方平等人做过。1982 年，徐仁定接手。

五、藕池翻砂厂

第一任厂长是吴安光，第二任是林振华，第三任是龚财良，第四任是俞云华，第五任是周厚裕，第六任是徐仁定。

图 6-8 后排左起：林振华、俞明根
前排：史幼芳

翻砂厂是 1981 年成立的。吴安光说：“1982 年，分田到户了。田里的收入，一直没有提高上去。那时候，大队里的翻砂厂关门了，人家办不起来。当时是集体承包，超额完成任务就按比例分成。我就跟（江）书记提出来，是不是田可以不要分，但这个厂由我来承包。当时他说：田没有人种不行，你要去办厂就去办好了，但田也要分去的，田不分去，我叫谁种呢？所以，我田也分到了。翻砂厂就由我承包下来了，叫来林振华等人。当时上交大队里是 3000 块一年，这个账目是要公开的。超出部分，按比例分成，三成可以归厂里职工分配，七成归企业集体。当时我承包的时候，老书记（江根星）说：你刚刚从田里上来的，包翻砂厂，你做得了吗？我说这个就不用你管了，反正 3000 块钱一年给你，有分成的话就拿一点。就这样承包来了。我当时经营翻砂厂的策略是，把主要的人员组织好，供销也弄好，自己亲自管理生产。那当时翻砂厂还是做得很好的。”

李和平说：“我是 17 岁（1982）进村翻砂厂的，翻砂是最土的一种铸造方法。那时候有二十多个人，厂长是林振华。我在厂里做了三年。藕池翻砂厂没有变样，我师父是

图 6-9 林振华

老思想，不知道到外面去开发，收一点废铁来当原料，那产品当然做不好。三年后（1985），我从翻砂厂走出来了，到维多利厂上班。那时候厂里好一点业务会放到外面，让别人做，简单一点的拿回来，给厂里做。厂又瘫了。然后分开了，给俞云华承包了。后来鄞江铸造厂的周厚裕来藕池村承包，他能力有，弄得还可以，但毕竟是外地人，有些人老是整他，产品老是故意做报废，就又瘫了。然后就是徐仁定了，他是村里的党员，被派下来当厂长，他运气好，那时候好买断，钞票赚了一点。”

俞云华说：“25 岁时，我也包过厂的，藕池村翻砂厂是我包来的。在全公社，工资我最高了。我是最早做承包的，时间在 1985 年。一年都不到，时间挺短的。那时候什么人可以来包呢，村里有领导背景的人。我们没有什么文化，我吃亏也吃亏在这。承包过去没关系，但是人事权没有的，就是人招进来或者开除出去的权力没有的。我这边来不及，他也不给你通融。人家有靠山，我没有靠山。我业务接过来，人家时间都讲好的。我这个人是讲信用的，人家说货一个礼拜要拿的，我们开炉子，开了以后，铁水要倒进去。工人不给你做，就这样坐着。我被逼得没路了，我等于失信了，我给人家好话讲尽。拿来业务，一个礼拜后要交活的。那个时候也不是国有企业，村办企业都这个样子的。现在的老板如果看你做得不对，可以把你辞退掉。你承包了，工人不肯给你干，因为都是他们村里自己人压着的价钱，我去了以后，价钱抬高了，原来的是上交 2000，我那时候抬高到 6000 块。他们看到我就难看了。”

其后，徐仁定接任。徐仁定说：“1985 年左右，我去翻砂厂了。我的娘舅都在宁波，所以到翻砂厂去跑业务。在段塘的钢锯厂，我也做了五六个月。然后村里就把我叫去，把我放在厂里。之后调到翻砂厂，让我做了副厂长，在翻砂厂好几年。翻砂厂是村里办的，是集体的，我们村里的总收入只有几万。”

图 6-10 徐仁定

六、布政轨钢厂

1983—1985年，葛小其任村金属提炼厂厂长。金属提炼厂，也被称为拉丝厂。

1989—1990年，在杨家路头，洪康华任轧钢厂厂长。张龙才说："老洪叔叔（洪康华）年纪也大了，让我承包试试看。当时村里要求上交3万一年。当时3万块也算比较多了，还有工人工资和水电费用也要付，我就硬着头皮试试看。我的压力也很大，晚上睡觉的时候都在想这个事情。我老婆也算村里的干部，我第一年上交的还比较多一点，多了几千块。以前卖东西要到慈溪、象山、宁海去兜兜转转，当时坐公交车去慈溪等地，早早出去，晚晚回来，像赚什么大钱似的。生产效率也有一些，工人也不喜欢半个月在做，半个月在休息，最好天天干活，来不及就加班，业务也比较多。我当时跟生产厂长说：你辛苦一点，如果做得好，下半年多分一点钱，别人年底发二百、三百，我发五百。办厂也办了四五年，慢慢转制，卖给个人，大概是1994年。我们转制应该很早，那时住在新房子。转制过来，厂房是问村里买的，村里没有上心造，厂房砖头都是用乱七八糟的烂泥弄弄的，可以算危房。后来面积不够大，我们就弄个棚，慢慢把规模弄起来。当时买厂房花了20万，我向我大舅子去借钱。我大舅子做生意，有钱的，也没有收我利息。收购的材料，都是大钢厂、小钢厂淘汰的东西，都是没有人要的。"

七、藕池羽毛厂

林德庆、吴安光先后担任过羽毛厂厂长。于春玲说："我是1979年正月初六结婚的。1982年，村里开了一家羽毛厂，有广州人来给我们做指导老师。这个厂是老江书记一手策划的，做的是鸡毛掸子，地点在新学堂，办公室下面就是羽毛厂。这个时候村里没有钱的，就是招收年轻的员工。羽毛厂有100位女员工，给大家二两鸡毛，让我们挑，看谁能挑得快且好，我是第一名，张兰芳是第二名。因为我在羽毛厂出手快的，且是团员，广州人开会经常与我照面，所以就注意到我了。广州人是讲普通话的，我能讲几句话，跟广州人沟通起来方便些。于是我被广州人认可，给厂里跑跑业务、当当翻译。我原先家里大人是团支部书记，开会要去参加，他们看我档案，觉得还行，就让我去厂里做车间主任。后来，那个女的广州师傅生病了，这个厂就注销了。厂就存在一年多，1983年左右就关门了。"徐贤君是当时的出纳。吴安光说："当时鸡毛厂（羽毛厂）经济效益差，那时我是生产队长，书记把我叫过去说：'这个厂怎么弄？要么你去弄看看？'那我也去弄了，搞了一年两年，一边当生产队长，一边还要让我去管理鸡毛厂。当时条件十分窘迫。有一次，广州客人从杭州来宁波，我到南站接他。从永宁桥乘 6 路公交车到段塘，要 2 角钱，5 分一站。如果从永宁桥头到段塘，二人乘车的话，身上的钱不够。当时南站可以走出来，我们就步行到恒丰纱厂，再乘 6 路公交车到段塘下，钱刚刚好。等我接手一年之后，我看看不对。我跟老书记说，这家厂不要去弄了，弄不好了，后来就关掉了。”

八、窑厂

窑厂在保温厂里办，分了两间屋子。张杏芳说：“窑厂是通达公司办的厂，那时候搞稳产，泥土都挑不完，我们生产队，挑了很多，像我们两个生产队，田有 30 亩。砖头厂（窑厂）办在通达那个位置，办了五六年吧，大约在 1979 年到 1983 年这段时间。别人的砖头做得好，它做的砖头松松的，人家砌墙不喜欢用这样的。后来田分到户了，砖头厂也就不弄了，被人家买走了。”张吉峰说：“厂是李自强弄的，是村里的，就是做砖。1985 年，是村里办好，承包给别人的，承包的是是集仕港人。”

九、藕池保温厂

1983 年左右，开保温材料厂，厂开在杨家路头，厂长是张杏芳。1980 年起，张杏芳到铁厂当厂长。1985 年 1 月起，陈惠信跑外勤。此前，1982—1984 年，他担任村合作社副社长。1984 年入党。张杏芳当了五六年厂长，后给陈惠信当了。陈惠信的说法是，他与张杏芳分了两个组，他做玻璃珠，张杏芳做保温材料。1991 年起，他承包了三年。1994 年，转制给他个人，杨家路头工业区关掉，迁入新办的藕池工业区中，他老婆（张吉英）管车间。1999 年，老婆病死，工厂也关门了。

此外，藕池小学也办过校办厂，时间在 20 世纪 80 年代，板桥村人俞国忠承包，徐亚晨兼会计。1990 年，徐亚晨第二次到藕池小学代课，兼校办厂会计。俞国忠 1979—1983 年当过兵。

藕池绝缘材料厂，1985—1986 年，徐仁定任厂长，赵宏海任书记。

此外，有食品厂与海绵厂，是外来人办的。

20 世纪 70、80、90 年代的乡镇企业，由于人才、技术、资金不足，普遍做不大。在转制过程中，内外间、集体与个体间的矛盾加剧。集体观念强的村人，不愿意为个体承包人服务，更不愿意为外乡老板服务，成心怠工，导致企业效率十分低。政企不分，导

致企业机制不灵活。于是，出现转制风，直接将村办集体企业出售给个人。1994年，农业部颁布文件《关于乡镇企业建立现代企业制度的意见》，要求将乡镇企业转制。到了1994年，藕池村也实行转制，村办企业出售给个人，乡村不再直接办厂，而改为服务企业，通过投资工业区，引进外来企业，收取租金，获得红利。藕池一直没有出现大型企业，只有一些小企业。村办工业区模式，只能出现小企业，不可能出现大企业。

第四节 ／ 诸多副业

一、织草帽

织凉帽是藕池女人的一个特色手工行业，从中华人民共和国成立到现在都在织凉帽。姜芬琴说："草席是自产自销的，打草帽，有打得好的，也有打得不好的。大多数像我这个年龄段的人，都会打。我们打草帽，基本上都聚在一起打的，我有三个姐姐，一起干活有个伴，老是到生产队长、大队长徐定良家里打，坐了满满的一房间，大家说说笑话、说说事情，也很有趣的，这是一种氛围。到了晚上，我们还要打，打好差不多要10点钟了。一般晚上聚在一起的比较少，因为晚上没有电灯的，只有煤油灯，太暗。到了冬天，打草帽是比较痛苦的，因为打草帽是要用水的，特别是西风一吹，草干了，打一会儿，就要用水浸一浸。草浸了水以后，就很冷，我们的手就要生冻疮。第二个是天冷，草比较容易断掉，要接上去。最好就是5月初这个时候打草帽，草很软的，冬天就比较痛苦。

"第二个痛苦就是晚上打，晚上打草帽老是要打瞌睡，因为很累的，我们这个地方跟其他村里打草帽方法又不一样，其他村里打草帽有三根芯、四根芯，我们打草帽就是两根芯，中间隔了两条，很细的，三根芯、四根芯，绳子很粗，五根芯、六根芯打出来，边很宽的，一条一条的，一顶草帽没几条就打完了。我们草帽打得很细的，一个顶要打10多圈，边沿要打20多圈，平的这里要打10多圈，这样打下来，最起码要30、40圈。晚上6点钟晚饭吃好，要打到10点钟。这样，可以卖到2毛钱。如果打3根芯、4根芯的话，只卖6分钱。这是比较精细的。还有更精细的，用最好的草去打，可以卖到3毛钱或者3毛8分钱，这个是大帽子，打得慢的人要五六个小时，做得快的人也要三四个小时。像我的亲家母，前几天跟我说，他们一天能打4顶。我们这个时候最多一天打3顶，上午一顶，下午一顶，晚上一顶，这样3顶。我们一般情况下就只有打2顶、3顶。我

图 6-11 金丝草帽

们一开始，打的时候，特别是冬天，又比较冷，冬天又没有衣服穿的，穿着破棉袄，就容易打瞌睡。这不是速度慢下来了吗？没有打好睡不了，一定要打好，才能去睡，有时候打到 11 点，才去睡。冬天老是要打瞌睡，夏天晚上就是蚊子多，也打不快，又很热，容易出汗。反正打帽子，是挺痛苦。当时我就想，我一生什么时候不用打草帽了就好了。这是一个阶段。

“第二个阶段，我们又改进了材料，席草不打了，打皮斯克，那个很软的，也不脏。以前打席子草帽是很脏的，草是地上种的，怎么洗过都没用，打过以后，手、衣服都很脏的。我家的三姐，帽子质量打得最好，人家自己戴的帽子，都叫她打，她帽子打得很好。草帽戴在头上，下雨天，水不会滴进来。还有扇子，她也打得非常好。

“后来是用打纸草。好像慈溪还要早，他们中华人民共和国成立后就有纸草了，我们还是比较晚的。那是 20 世纪 80 年代初，一开始是草帽，工厂里会收，多少分量的草可以打几顶，数字给你写好，否则你乱打也不行的。后来是打纸草，纸草是硬的。反正就是打各种各样的花色出来，这个就贵了，5 块钱一顶，要打好几天。它有点艺术感，有点花纹的，不像以前初级的东西，比较秀气了。我姐姐现在还在打，其实打这个，对我们身体有好处的，十个手指一直在动，对预防老年痴呆症也是有好处的，他们八十几岁的老人也有在打的。

“打草帽也是我们主要的收入来源。这是有现金收入的。我们这个地方的风气是，女同志只在割稻的时候帮助男同志干一下，其他的时间都是男同志去干活，女同志不去的，全部都是打草帽的。以前是大家集中起来打，很开心的，我们有时候打凉帽，也唱戏，以前唱样板戏、唱京剧，尤其喜欢《红灯记》《沙家浜》《智取威虎山》这三个。我们村里有高音喇叭的，广播好了以后就放京剧了，这些京剧，每一段台词我们都能背下来，都会唱。以前的东西少，每天都是听这些，就听得滚瓜烂熟了。”

李小平说：“赵宏海跟老婆两个人都在做，他们做得非常快。”有一天，笔者到赵宏海家中采访，确实看见他与老婆两人一起打凉帽。赵宏海说，他不喜欢搓麻将之类的活动，有空就打打凉帽。李小平又说：“我也会做凉帽。那时候家里条件都很差，记得凉帽是两三角一顶。那时候放学回来要割猪草，给猪吃好。然后要给草帽收边，草帽的底就是头，一般是大人先做好，藕池男孩子实际上这种活都会做。因为家里苦，大人把草帽打好，边圈的话，都要我们去做，底（头）开始到中部这个活我们做不了，男的就是收边，做旁边那一点，收边大多数男的都会做。会做的人做得很快，像我姐姐，她一天能编一顶多，现在好像是 40 块一顶，一个礼拜可以收入 300 多块。那时候没有地方可以赚钱，也没有地方打工，就是靠打草帽。唯一赚钱的路子就是打草帽。我记得我妈妈那时候是妇女主任，村里老百姓草帽做好，然后由她每周挑到西门工艺品厂去卖。卖了以后，把钱分给他们，算账是叫阿伟姐算。那时候没有自行车，就是挑着走过去。工艺品厂在西门口。那时候家庭手工艺就是打草帽，属于家庭手工业，原材料进来，成品出去。”

图 6-12 包亚君姐妹在织帽

姜芬琴说：“我们一些女同志，都是从五六岁、七八岁开始打草帽的，很会打的。一些男孩子也会打。我们的隔壁邻居，他们跟我们家相反，他们有五个男孩子，我们有四个女孩子，他们家男孩子都会打草帽，都打得很好的。大家用打草帽赚来的钱来补贴生活费，日子也是过得蛮好的。我们有四姐妹，都会打草帽，还有我妈妈也打，五个人打草帽。这个钱是一个星期收入一次，一顶草帽 2 毛钱。这个草是农民自己种的，是生产队负责分的，材料也是要钱的，成本 5 分钱，卖掉是 2 毛钱，还赚 1 毛 5 分钱。我们家的生活可以说也不是很贫穷，还可以，蛮好的。我们村里的老百姓都是很勤劳、很会干活的，去要饭或者没饭吃的现象，在我的记忆里是没有的。”

二、畜牧业与兽医

在生产队时期，除了种田，也重视畜牧业，譬如养猪、养鸭、养鸡之类。当时，大队有牲畜场。生产队也会养鸭、养鸡。李安法说：“布政公社提倡一户一猪，当时有这样的政策，养猪，猪卖掉，钱拿来，可以在生产队领 200 斤谷子。当初在布政全公社是 484 头牛。那时候生产队也有的，农村里每户人家都有猪的。人家养猪不一定只有一只，人家家里人多，吃饭口粮也需要得多，养得多的也有可能的。如果你不养，村里的饲料都被别人拿光了。一只肉猪卖掉，生产队里可以拿 200 斤的饲料粮，就是 200 斤的谷子。生产队里这个没有限制的，票子拿来就可以拿谷子的。”周利英说：“还要养鸡，他（叶金康）是 10 级劳力，人家就说了：你 10 级劳力，不养鸡，难道叫我们 9 级、8 级弄啊？

他就养了。”既然养了鸭鸡，又得上市出售。包泉德说：“地主富农经常吃亏，人家有的我们没有，生产队的鸭可以卖了，生产队长派人来了，说你装两袋鸭，四五只一篓。我还觉得是好事。一共有 4 个人去，鸭装好挑去，加起来有 60 斤，那时候我还挑得动。挑到兴宁桥，人很多，他们叫我负责打秤，我这个本事也好的，算账很快。其他的人，在家里很厉害，到外面没花头了，人家给一块不知道找多少钱。鸭卖掉了，卖得很快，到家里去太早了，人家会气不过，觉得你们钱这么好赚呀。队长说：我们去逛逛吧，‘茶罗面’（阳春面）去吃一碗。他们三个嘻嘻哈哈还在吃时，我又动脑筋了，走这么远的路，空篓我不挑了。最后找一个上厕所的借口，篓子最后由他人挑回来了。”

因为畜牧业，也带来了相关的畜牧兽医。杨国富、张加洋、李安法、李小平等做过兽医。李小平说：“六年级毕业以后读中学，是在礼嘉桥。我中学没有毕业，就参加工作了。先做兽医，大概是 1976 年、1977 年，做了三年。那时候村里哪里有培训，原来有个兽医，就是我堂阿哥李安法，他原来是藕池村的兽医。那时候农村要发展就养猪，每个村都有兽医。后来布政乡把他叫去了，村里就没有兽医了，就我来做了。阿哥跟我讲，一般量量体温，发热时青霉素打打，药配一点。兽医做了三四年。后来年纪大了，要找对象了，兽医说出去不太好听，我就不做了。”

三、泥水匠

孙定根说：“我小阿姐的老公是做泥水匠的，他教过我怎么做，怎么打灶头。后来我做泥水匠，给人家造房子。那时候是给人家做，拿点工分，然后吃点饭，可以拿几个馒头回家给小孩子吃。我在村里帮人家造房子也造了很多的，很多人都来叫我，我就一直在做泥水匠。藕池有很多人要造房子，都是我造的。生产队忙的时候就做生产队的活，生产队空的时候帮人家造房子。

图 6–13 孙定根

“我的打灶技术很高。当时是烧稻草的，不是现在这样烧煤气的。打灶的话，我在板桥做的，板桥有一个（俞）元根也做泥水匠的。那时候在大队做的话，仅拿一些工分的，他也在做的。后来他找到别的活了，有泥水活也来叫我。宋严王村那边叫我去打灶头，我说你也给我带过去。后来板桥有一户人家打灶，打好了，用的时候熄火了。那户主人家问我，我们家这个小灶，稻草点着火以后，灶洞都没有塞进去就灭了，这是什么原因，你知道吗？我说我给你去看看。我一看，灶头倒是打得蛮好的。我说，你拆是不要拆掉了，我给你改一下。就给它稍微拆了，改了一下，给它打好、排好，他说你真是有本事。然后这个名气就越做越大了，大家都叫我打灶。以前方家人碰到了会说：老孙，走，给我打灶去。从此以后，其他泥水活没有做了，专门打灶了。

“这个是要有经验的，没有经验没有用，打灶也是这样的。过去有一个盆子，烧柴火的，塞进去，很快的。后面不一样了，这里很宽，柴火塞进去，锅边就可以烧起来了。就是这样的造型，就是上面一点点收起来，锅圈拿过来划好，用水泥刀斩好，一块一块都

图 6-14 大灶

放好。它下面位置很大的，锅边这样烧上去，烧得很快的。以前一个灶头两个灶洞，两个灶洞的当中有一个汤锅的，以前汤锅非常好用的，你一烧火，汤锅要热的，这个汤锅不放好，你烧火的时候，汤锅冰凉的有什么用呢？所以汤锅放好，这两个位置看好，火一烧，汤锅就热得快了，这个都要经验的，以前汤锅很流行的。灶头打在这里就不大动了，如果灶洞的小缝大了一点，就要修灶了，其他的基本上不动的，用的年数多了，有可能会裂掉。

“后来村里有一个新学堂，还有两个小房间在，要打地灶，我就去打了。地灶是做年糕的灶，我们还要打砻糠灶，米轧出来，做年糕用。它那个铁板是一块一块的，走进去，砻糠掉下去，这个东西会错开的，砻糠当柴火烧的。地灶，别的砻糠用不来的，你扔进去火就灭了。我问过姐夫，他说打地灶的话，烟囱打好以后，用稻草点火看看，如果塞进去火很大，就可以用了，如果没有火，那就不能用的。点起来以后火会走，灶屋弄好，火塞进去以后会变很大的。

“我老婆生下儿子（孙民冲）以后，我做泥水匠，他也做泥水匠，他很听话。后来我给人家去砌墙，他也去，人家说这个小孩真的好乖，墙砌得整整齐齐的。方益民家的最开始是我带着我儿子去做的，方益民后来另外造房子时，是我儿子带班的。方益民后来对我儿子非常客气的，房子起几间，包括其他一些设计，都是我儿子弄好的。一开始，藕池的人都在夸，你儿子厉害。后来积了一些钱，他就不干活了。

“板桥的梁苗反，是我把他带起来的，我做泥水他都跟着去。以前工资比较低的，最多 2 块一日，他就 1 块多一点。规矩我给他立好，你给人家干活，吃的东西要当心。他是经常喝酒。我就跟他说，你到外面去，第一，酒不要多喝，第二，饭菜不要乱吃。比方大黄鱼、小黄鱼放着，不要吃，有些菜是不能动的，一般的菜，一些菜羹什么的，你可以吃的。什么时候可以放开吃呢，上梁那一天，他把亲戚叫过来办酒席，这个时候你可以吃，你不吃的话，也要被人家吃光的。村里谁要造房子了，我也给他做点工，拿一点工资。我做到 2002 年左右，60 多岁了，就不做了。”

四、轧米

轧米，普通话称碾米。这是农村大米加工行业。当时，藕池有两个轧米厂，一是藕池，一是板桥。杨裕祥称：“碾米厂老早就有了，我读书的时候碾米机就已经有了，厂大概是 1958 年开始的。最早碾米的人姜全财（姜小云）、张昌浩，我是第三个人。整个藕池有两个人轧米（碾米），从早上一直碾到夜。”又有徐正章，也是轧米员。

孙定根说："轧米那会儿，我快 40 岁（1975）了。等于老的米厂在的，我在板桥干活，（徐）定良认识了。轧米这个行业本来是轮不到我的，原来是（励）康财在轧的，后来龚武良轧，再后来龚武良也不做了，轧米的人没有了。我也没出去做泥水匠了，我说，我来给你们轧米。他同意了，我就去轧米了。轧米轧到改革开放为止。我轧米的时候，已经不做泥水匠了。我轧米轧得非常好，我良心也好的，后来轧米不用付钱的，就是米糠不让人家拿走，人家养牛养鸡的，就到我这里来买，有了就卖给他。后来改革开放了，新的机器来了，老的机器没有用了。后来吴纪芳在了，那年去轧米，下半年去算账，算下来以后，七扣八扣，等于我没有钱拿了。当时吴纪芳拿新的机器来，我还用着老机器。他轧了以后可以拿很多钱，我没有钱拿。吴纪芳也很好，他说：这是不行的，同样是轧米，一个拿这么多，一个没有钱拿。吴纪芳就说，结 200 块给我。他一句话，我拿 100 块也好，心里舒服了。后来我也用新机器了，又快又省力。后来改革开放，我就不轧米了。"

开放时代职业的多元化

葛小其说："大锅饭时期，大家都差不多的。从生产队分田到户之后，开始有区分了。脑子灵活的，一边在外面打工，一边在家里种田。懒惰的，田就不种了，承包给外地人。"姜冲德说："一直到分田到户，生产队这个就结束了，就是看各人喜欢了，你赚什么钱，他赚什么钱，就都不一样了。"

第一节 / 办厂能人

一、洪根庆

洪根庆，1934年生。从小放牛。1948年，到上海当过学徒。1949年回村里，做过小工，每天只有一升米。1956年2月，进机械厂。不久，在上海当兵。1960年，由部队转业到长广煤矿公司。1962年7月，从长广煤矿精简回村。洪根庆人比较活络，早在20世纪70年代初，就进入企业。70年代中叶，他经常在外面跑业务，接来钣金生意。张方平说："他一直是做钣金业务的，在宁波一个厂里做的。1980年，他自己开了个厂，那时候自己办厂的人是很少的。厂在在商品房藕池新村那边，厂里有四五个人。他自己厂房也有的，大概是4间楼房，有300多平方米。那边有一个围墙的，那边种田是个人种的，后来开发房地产，就被拿去了，自己不弄了。他开过镊子厂，算村里的，厂长都是他一手干下来的。说起来也算是个能人了，等于说他管理两

图7–1 洪根庆

家厂。镊子厂大概 15 个人在干活。我在镊子厂也做过，在钣金厂也做过。那时候村里当老板的基本上没有，布政乡里也是比较少的。80 年代，老板是不多的。1990 年，开发房地产了，他不做了。因为他与我父亲关系好，我从 1980 年开始，在他那里做。我到洪根庆厂里做了四五年，当过出纳，厂里活也要做的。厂都是小小的，都做出纳的话，也没有这么多的活。”

二、薛金裕

薛金裕说：“我先在布政塑料公司跑业务，做了三四年了。中间到布政罐头厂，也做了三四年。后到布政福利厂（后改华丽电器塑料厂）跑业务，在福利厂我当经营厂长，管业务进出的事情。在福利厂，我入了党。那时候是用黑白电视机，我们的业务是电视机、录音机配件。1988—1989 年时，我包了一个车间，一年有上千万产值的生意。那时，一个企业有 30 万的产值已经算是非常好了，一个人做千万的产值不得了。在布政乡里，我算是个能人了。

图 7-2 薛金裕

“我本来就已经住在藕池新村了。原来在布政乡造了一套房子，我自己买了一套。那时候布政乡一些大的厂长、领导，可以分配房子的。1990 年，机场路造好了，鄞县大道也造好了，传说藕池要划给宁波市了，别人劝我把户口迁过来，我也迁过来了。

“进入 90 年代，彩色电视机逐步替代黑白电视机，原来的业务已经不怎么好了，生意清淡了，那边的客户老板也跑掉了。那时候，藕池还没有什么企业。1996 年，吴纪芳招商引资，叫我过来开厂，我就出来的。我来的时候，带了好几个人过来。村里没有什么资助的，就是人过来，大队买了几部塑料机。厂是集体出面办的，实际上盈亏是算个人的，村里就是赚一点免税费用。那时候新办企业可以免税，免税部分给村里。

“我继续从事塑料行业，我本身就懂塑料行业的，我也是个实在的人。那时候刚刚开始办厂，买塑料机器，去贷款。以前，要到布政信用社贷的，自己去贷款是不能贷的，去办厂的话，可以贷，那是人家相信你。买塑料机要 30 万，加上其他的，要贷 50 万。后来钱贷来了。

“不久，企业就转制了，签了合同，机器卖给我，变成私人企业了。那时候藕池工业区没有几家厂，都是小小的，都是村里造房子租过来的，我现在也是租的村里的房子。员工都是附近的人。村里人不多的，职工以张家潭人居多，都是老职工了。大概有靠十个人，都是靠塑料机，人不用多的。

“1996 年以后，我一直在藕池工业区内。2016 年开始，村里准备改造藕池工业区。去年（2017）1 月开始，村里就通知我们全部搬出去，不管外地人还是本村人，那边都不给租了。我本身是藕池村村民，就选择去板桥工业区。我是去年 6 月过来的。现在在新的工业区里的企业，有几家大一点，有几家小一点。

“企业一直也不怎么好，干了活要不来钱，一个产品做出来，钱收不回来。亏本也没有亏本，每天混混日子，扣除工资、水费、电费，也没有赚到什么钱。现在就两三个职工，以前机器多，人多一点。现在人多也没有用，工资待遇都高了，产品价钱又没有高上去。现在要是忙的话，临时招工帮一下，都做正式职工的话，费用太高。总归办到不会动了为止，否则的话也没有什么事情。现在，我也拿劳保了。”

三、包康乐与包湖光

包康乐说：“1979 年开始，我开始到外面企业了。此前，我还是在做农民，人在田当中，心望高烟囱。我的本性是想要赚钱，一心一意赚钱。在集体时代，思想上还是在集体的。后来政策放宽了，我就一心想要到外面去赚钱了。那时候农民每天只有 8 毛到 1 块，到外面去的话，8 块 1 天都很好赚的。我找到在石碶当书记的老同学费祥富，我说要到他们那儿。当时到处要人才，初中生到一般单位里去，可以得到重用的。他同意了，说你可以来，但要为单位里上交一点钱。我同意了，就租了一个小小的车间，做蛋糕，面粉进去，蛋糕出来。我有一点钣金基础，蛋糕炉也是铁皮做的。这样一弄两弄，食品厂做了二三年，感觉这个钱很好赚的。宁波药行街改造，自来水管道要改造，我就到一个村里，开了一家自来水公司联营厂，我个人可以赚钱，他们集体经济也有了，农民个人也赚到了钱。那边的支部书记也很好，给

图 7-3 包康乐

我加入中国共产党。后来我开自来水公司联营厂，任厂长，也蛮好。

图 7-4 包湖光

“那时候我儿子也大了，从宁波大学毕业了，我也有点钱了，就让他到国外留学。回来后，我自来水公司联营厂不做了，集体所有制转制了。那时候江泽民当总书记，继续改革开放，我胆子大了。1999 年，自己开了光大不锈钢厂，在雅戈尔大道 188 号，厂是向林福康厂租的。此行业刚开始，不锈钢厂很好赚钱，所以赚了一些钱。2010 年，我儿子从国外留学回来，看到我一直这么苦，不锈钢厂黑乎乎的，噪音又大，人又辛苦，还 24 小时生产。我儿子说，一定要自营，不要租人家。他叫我不要做了，他说现在有一个新项目，以后发展一定要有自己的店、自己的厂，你现在这样是做不下去的，还是要自己想办法。我儿子做国际贸易。十几年以前，国际贸易是很吃香的。当时我儿子也看到了，以后肯定要讲实业的。后来，我不锈钢厂不开了，去买土地，当时思想上有顾虑，认为不可以有土地的，有了土地要被‘改革’的，还要害了子女。后来自己还是买了十多亩土地，买在奉化方桥。当时买来以后，造了一万平方的房子，这是用了一生的积蓄，把房子租掉，就退休了。现在收收房租，给我儿子帮帮忙。总体一句话说，我是通过改革开放一步一步过上好生活的。再加上村里也紧跟形势，村里的面目变得全新了，那很好。”

说及包湖光，包康乐说：“现在我儿子在外面做得蛮好的，主要做儿童安全座椅。儿子是 1978 年生的，宁波大学商学院国际外贸专业毕业的。小学在藕池，初中在宁波二十中，高中是姜山中学。他大学也当班长，后来去留学，也当班长。他在加拿大留学四年，毕业的时候外国商人直接把他录取，让他回中国成立一个门市部，就是类似于办事处的部门。2010 年，他读到 27 岁回来的。回来后，先到宁波中基公司学习，宁波中基是做出口外贸的，他学习了一年，外国老板就聘请他做办事处主任了。原来他还是江北区带班干事，还是政协委员。一开始是给人家做的，拿工资的，还有提成的。2014 年开始，自己创业，一直到现在，在做儿童安全座椅。他现在是有实业的，既有贸易，又有实业。贸易公司叫宁波瑞童进出口有限公司，厂是宁波永怡儿童安全用品有限公司。他有出口权的。他现在实业做出来了，就自己出口了，没有通过别人了。如果通过别人的话，还是有一些利润被人家拿去的。儿童安全座椅是放汽车里的，每一辆汽车都要的。

现在国外已经普及了，我们中国也马上要普及了，北京已经在这样做了，以后全国都要用安全座椅。我儿子做这个项目非常好。我儿子也很喜欢做贸易，也实事求是的。

“这个还是要靠教育的，大人如果干活不好好干，小孩子也不会学好。我们不会多拿别人一分，小时候我儿子在田头捡到一块钱硬币，他一定要查到是谁丢的，后来查不到人，他就放在那。那我也是表扬他，这个孩子是好的。我以前是抽烟的，抽完烟往往随手一扔。但是国外是不能这样乱扔的，中国人这样做，第一，丢中国的脸，第二，自己本人也没有素质。我去国外的时候不小心这样做了，我儿子就会把汽车停在旁边，走下汽车把这个烟头捡起来了。从那时候开始，我就不抽烟了。儿子这样做，比罚款还厉害啊，我也不吐痰，也不抽烟了。那我们也是更加要感谢共产党了，让我们生活好了。”

四、张龙才与于春玲

张龙才说：“我后来开塑料厂了，我那个时候是外行，我跟我舅老合伙，他让我一起过去做，算个人合股好了，他人很好。我就跟他合作开塑料厂。我不认识塑料，我舅老也教我，告诉我这个气味是什么料，那个气味是什么料，那个烤烤是什么料，这个是ABS，那个是丙烯等，我也要花工夫学。后来生意慢慢起来了。一开始办的是布政轧钢厂，后来是华鑫工贸有限公司。后来叫龙迪塑料厂，再后来叫海曙高桥吉帆塑料厂。现在高桥去得比较少，厂房租给别人了。”

图 7-5 于春玲与张龙才

于春玲说：“1995 年始，自己也办厂了，因为我哥哥、弟弟都是办厂的，我觉得自己也有这个能力。出来以后，借了钱，在村里买了一栋房子。张书记思维很超前，村里的厂房造好，卖给有能力的人。后来转制了，都转给了个人。我老公原先也是在外面跑运输做生意的，轧钢厂要上交村里 3 万一年。吴纪芳书记一直给我做工作，叫我老公去厂里，上缴 3 万一年。随后，我老公去了，一边帮村里，一边帮企业。领导对我们也是支持的，所以每年 3 万也可以顺利上交，村里可以补进 3 万，情况好了很多。轧钢厂要转给个人了，于是我们买下来了。买下来之后，在村里买了一排厂房。

“后来村里不弄了，我 2002、2003 年在高桥买了 10 亩田，花了 400 多万。当时经营的项目都是塑料，因为我哥哥、弟弟全部做塑料行业，所以都往这方面发展。因为自己有基础，当初我在村里弄时，我老公已经进入了，进货我哥哥、弟弟都是懂的，销路是自己找几户人家，之后我们环保证书也都做出了。后来搬迁至慈溪龙山工业区，原来这里全部租掉了。我儿子从政的，所以规模也无须扩大。”

五、牟纪法与徐贤君

图 7-6 徐贤君

徐贤君说：“我学历是高中毕业，中学是在布政，后来到集仕港中学去，集仕港比较好一点，当初布政我读了一年，还当学生会主席，我读书比较可以的，是‘三好学生’、班长。我是 1980 年毕业的。高中毕业做村办企业会计，那是一个新办厂，称为鸡毛厂，就是把鸡毛取出来，做现在鸡毛掸子这样的工具。后来，乡里招工，我交了三百块投资，到服装厂上班，学了一个月的裁缝。后来去缝纫厂，是自己带着缝纫机去的。去了之后大致做了半年。半年之后，乡政府里面招财务，我去做了出纳。后来我财务考试考了一个第一名，就调到藕池村边的企业飞虎客车制造厂做会计。这个厂是专门修汽车。当初开厂没有钱，乡政府这边要开厂，要发展，但是没有钱，从哪里去借呢？以前到葑水港村里去借，村里书记不肯，后来那里有一个乡政府的塑料厂。张世生书记花了很长的时间做工作，我当初在他办公室坐了半个月。最终这个厂卖掉了，倒闭了。卖掉以后，朋友介绍我到段塘冷库当会计。当时我们属于鄞州区，段塘那边属于海曙区。朋友推荐我到冷库那边去做会计，做了好几年。后来看看发展势头好像不好。

“我老公（牟纪法）原来是在一家乡办企业的塑料厂里面开模具的。当初的工资只有三四十块一个月，他想自己出来，那个时候大家胆子小，我们也不是很支持他。有一个礼嘉桥的老头子，经常叫他开模具的。段塘冷库几年以后生意不好了，我就出来做了。

图 7-7 牟纪法

那年我 28 岁左右。我老公出来，那个老头子就叫他开模具，欠他几千块钱，一直拿不来，就把他一个注塑机抵给他。这台注塑机是坏的，我老公原来在厂里有点学过的，有点懂，拿过来之后，他慢慢琢磨，慢慢修，就修好了。修好了之后，可以开工了。后来通过朋友关系，在栎社那边接了一个无线电里面的配件的业务。村里面原来有一个榔头厂，后来厂关门了，厂房就给了我们。我们搞了一年多，搞得一塌糊涂。到 1994 年，成立宁波市鄞州光达电器塑料配件厂。我们塑料厂后来又接了一个生意，做彩电的遥控机壳子，生意比较好，做了一年多，我们就挣了一点钱。接到这个业务是因为原来的人做不好，因为彩电遥控器，这个面板其实要求很高的，这个孔不能卡住的，要按下去很顺畅的才好。那个老板看我们做得很顺利，就怕我们控制他的产业，第二个呢，他想价格便宜，就跑去慈溪做了。后来，我们又做了无线电配件，就是收音机的配件。再后来，对方这个厂关门了。我们没得做了，就做电热管，做了好长时间。电热管就是以前的‘热得快’，有一部分出口，有一部分卖给国内，做了好长时间。后来国家政策越来越紧，说我们这个是伪劣产品，没有达到国家的要求。我们做的都是两只插头，后来要求三只插头。起码做了五六年，就做到 2000 年。饮水机出来以后，这个产业就被淘汰了。

“后来我们看到人家做不锈钢，生意很好，我跟我老公商量说，你金工技术也懂，我们要不要做做不锈钢？他说要么试试看，后来请来师傅，慢慢搞起来，就做了不锈钢。2000 年，成立宁波市鄞州光达不锈钢有限公司。我们不锈钢其实没有产品的，就是原材料冷轧，人家胚料拿过来，我们就做成胶带，就是轧钢。开始，弯路走了很多。我们开始做不锈钢的一年，刚好是生意最好的一年，但是等我们拿到设备，这个生意一落千丈，每一吨跌了三千块，一下子跌下去亏了很多，真的怕，怕死了。

“后来为了开不锈钢厂，我们在那边购了四亩田的厂，当初开塑料厂，要卖田，我老爸说不能卖，后面给我卖掉了。后来这边搞不锈钢厂，搞了四亩田，花了很多很多的精力。从做塑料转到做不锈钢，请了好多师傅都搞不好，钢带做出来歪的，亏都亏死了。后来我跟我老公说，我不投了，家里可能还有二十万，我要养老了，万一以后周转不来，怕了。

“我老公说，你不来我也要投。当初，他信心很足。他说我外面去借些来，其实借也没借得多少，就是刚好有一个客户过来，他有一批特别薄的料，人家做不出来，后来我们慢慢做出来了，通过自己的努力，做得比别人好，那正好这个客户稳定下来，后来慢慢客户做多了，都有名气了。这样经过大约一年半到两年努力以后，我们生意就很好了。小的轧机增加到十五六台。我们算多了，小轧机产量能达到 1000 吨左右，当初薄料 1000 吨左右不得了了，我们名气也很大，名气也慢慢响了。

“其实做不锈钢的基地是在余姚河姆渡。我们就这样慢慢做起来，以后呢，就买土地，刚好村里面那时候卖土地，竞争也是很激烈的，后来我又跟那个吴纪芳书记去说，就买过来这里的一块土地。后来他说这块的土地证做不来，要做你自己去做，最后我老公自己去做，跟对面一个老板一起去做，这里的土地证，其他人家都没有，就我们两家有。因为不锈钢行业设备更新比较快，我们原来的轧机后来淘汰了。原来是单向轧机，现在都是克力士轧机，就是双向轧机。比如轧到这一边，第二遍就再轧过来，以前单向轧机是这边轧过去，那边下下来，调过来，再轧过去，一定要从这一边开头的，那我们就买了两台轧机，就是 550 轧机。550 的轧机工作管大约是 150 万，全部搞好投资大概四五百万，厂房投资有将近 1000 万。当初，你说没有钱也好像有钱，贷了一千多万，搞了这个工厂，搞起来了。后来小的轧机全部卖掉，全部变新的，就是这一个翻新。之后，把原来一百多个工人减到后来五十几个工人。我们两台轧机，就能做一千多吨，工人减一半，产量又增加，后来生意就很好，又加了一台 650 轧机。650 轧机生意很好，又加了一台 750 轧机，后来这个地方放不下了，就到此为止。这个变压器也一次次装了好几次，就这样子慢慢慢慢走过来的，这个企业越做越大了。做企业很麻烦，大前年生意不好，不锈钢不想做了，上面对我们这个行业也不支持，属高能耗企业，每个月的电费就要一百多万。

“我有两个女儿，因为原来我做塑料、跑外贸的生意，我心里就立志一定要把女儿送出国留学，一定要做外贸，就是这个志向。后来我大的女儿读大学，我把她送到英国去了，读了 6 年。一年左右是英语的培训，叫预科，4 年本科，一年半研究生。毕业以后到鄞州银行，最后我还是想她回到自己的公司，总归自己做过生意，才知道生意难做。

最后我还有一个想法，就是希望我女儿到国外学的东西有用。其实她外贸公司去过，去过几个月，人家都不要她，说她文凭太高了，水平太高了，因为她读的学校比较可以，是英国前 15 名的学校。我小女儿后来去了美国，去了将近 5 年，是双学士学位毕业的，我大女儿也有两个学位。就是小女儿研究生没有读，我叫她不要读了。2016 年回来了。

“现在就是以她们姐妹的名义，弄了个厂。2015 年，成立宁波姐妹宝贝儿童用品科技有限公司。两年时间发展下来，不够大了，厂房还是很挤。现在呢，就是想慢慢淘汰不锈钢企业，转型了。现在工人也慢慢在减少，每年少四五个，都在减少。现在别人都越做越大，行业都做细了，自己大的公司都一体化出来的。质量什么的我们做不过人家。我们从前设备都是先进的，现在不是了。他们都做大型的设备，比如五台轧机并起来轧。比如说我们一个产品本来轧下去有五道，他一下子就轧出来，一条龙了。像我们这边投入的话，一个是变压器投资大，一个是电也不够了。变压器不行了，变压器最起码要有 6000kV 以上。我们只有 3000kV 左右的话，不行的。最后还是不锈钢要淘汰。现在就两个姐妹在做，我再过三年就退休。

“儿童安全座椅好像是一个新的发展方向。现在国内，因为有意识的人也不太多，所以买的人也不是很多。儿童座椅是个好行业，但现在不好做。我们宁波是四大儿童安全座椅生产基地之一，做的人家很多。真正做的好的也没有几家，有的是刚起步的。我们以前开发五个款式，每个款式最起码两百多万，现在有两个还在开发。明年达到七个款式。外国人做生意，不像我们中国人做生意，一拍即合，他是要慢慢考察你的公司的。我们是通过展会拉客户，他们现场看过产品，照片拍了以后就要报价，把不同的厂进行比较之后，再做生意。我感觉很不好做。但是相对来讲呢，我们还是在发展的。

“我们做了将近三十年了，感觉有点累。赚也没有赚到多少钱，一个是要投入，一个是我们做生意太实在，不会骗人。做生意，一个是靠机遇，一个是靠胆子，我们胆子又小，没有大的投入。在藕池村看起来，我们已经很好了，其实只有自己知道，每天忙忙碌碌很烦。”

吴纪芳说：“像牟纪法有两个女儿，一个在英国，一个在美国，现在都回来了，牟纪法的光达不锈钢公司，现在生产汽车里面的儿童座椅，就是他小女儿在做，生产好以后，一部分都是小女儿弄去出口，在外面价格卖得高，国内只能卖几百块，出口可以卖到一千多块，他小女儿在做新产品开发。如果叫他老爸、老妈搞，老人英语也不懂，电脑也不熟，怎么跟外国人交流呢？所以，很多事情确实能力跟不上。现在很多企业主都是让自己的子女继承自己的企业，收入也不错。”

六、李和平与张馨月

图 7-8 李和平、张馨月在接受采访

李和平与张馨月创办宁波驰达机械配件厂。

李和平说："我读了一年多点书，家里比较穷，较早就出来工作了。11 岁开始做草凉帽，做了 2 年。13 岁参加地里劳动，种了一年多地。然后，到宁波砖瓦一厂做事，做了 3 年，挑烂泥半年。20 岁（1985），砖瓦厂倒闭了，窑头也敲掉了。那年，爸爸没了，我工资只有 30 多块一个月，生活过不下去了。我妈妈虽做过妇女主任，但也就平时做点草凉帽过过日子。这样，我就进了翻砂厂，做了 3 年。后来厂里让我管生产，管了一年。我想这日子过不下去，那时候 54 元一个月。邓小平说，让一部分人先富起来。我想，我一定要自己开厂。就这样一步一步开始了。那时候技术不够，我已经找对象了，就把我老婆叫来了，这样就开始做配套。当时只有四个人，除了我们夫妻，就是姜小云、戚明华。老婆拜明华阿哥师傅学习，就这样开始了。那时候开厂，汽车也没有，送货都是自行车。两千块起，交通工具是三轮车。"

张馨月说："1987 年，我们自己办厂。1985、1986 年土地被征用，就去维多利厂做了。这个厂是乡办企业，后来做不下去了，就分车间了。我们分了个有色车间，弄一块地方。开了没有多少日子，闹矛盾了，车间这间屋被人家拿去了。那时候藕池周厚裕跟他大哥（李安明）说，让你阿弟到我这地方来好了。他有一个偏间，那是 1987 年。于是我们借来了，把门卫后面一个小小的仓库做材料间，一个偏间做车间。他借了我 2000 元作为启动资金，我干了 10 个月，做钢锯厂的铜涡轮。开始铜也做，铝也做。我走进来又做了几年，发现铜太笨重，且铜的材质受人工控制。那时候市场没有开放，只能到宁波回收公司去把废铁废铜收来，一车只有两三百斤。现在材料都是五十吨的进，宁波地区铝不是很好，都是从青岛来。后来我们就转型，铜取消掉了，专攻做铝合金开发。"李和平说："此后一直是做铝合金，我们专业做这个，做铝合金的产品。图纸是人家拿来的，我们帮着弄模具。"

李和平说："如果做不好，饭就没得吃。我们一开始就是给日本企业做配套生产。

我有一个朋友在宁波江东一个军工企业（科泰），做出来的产品不对，跟日本配套不上。他来跟我讲，这个东西价格很好，我们做不好。如果你做好，就可以赚钱了。那我一定要做，否则生存不下去。我拿来以后就开模具，我们厂只有两三间小屋，因为钱没有，地也买不起。日本人提出来了，凭什么与他们合作？我把图纸寄给他，说我们给你开发。如果好，给我们做，不好的话算了。他看我们也很有诚意，就同意了。我们运气很好，试了好几个月，我们成功了。拿到日本那边，他们测试全部合格，拿去三十个，都是好的，就同意让我们做了。这个的价格到现在也很好。这样一年一年做下来，后来就开始买地了。我去年到日本去，日本同行说，你这个行业你已经最厉害了。十年前，他要我们跟他合资，我老婆不同意。老婆说如果他买去了，以后就只做日本的生意了，国内生意不可以做了。后来谈不下来，我们还是自己做。我们给航天部做配套有十多年了。如果给日本人卖去，那航天部的生意就不能做了。

李和平说："现在我们底气有了，说明我们有能力做好。五年前，中车动车的一个配件是空白，全部是德国人做。德国人很牛，价格很高的。一个朋友介绍我们去做，说之前好几个厂开发，都没有成功。但是接这个生意，国家要考察五年，因为动车安全关系到乘客生命。五年里面，我们没有出过问题。前年，开始小批量供货了，去年供货量多了。去年七月，出了一个事情，说装配时，产品断了，电话打来，我吓死了。我老婆去处理，靠数据说话，到北京中科院测试，德国人的产品拿出来，我们的产品拿出来，德国货测出来是 196，我们测出来 320，大大超过德国的水平。专家拉开一看，说，这产品绝对不会出问题，装配肯定出问题了。"张馨月说："我跟他们科长说，这个生意不做，要退出。他说你退不出，考核期五到七年，这个过程让你退出，那就要去德国买了。以前中车都是德系，现在 85% 全部是国内生产。"李和平说："去年九月，中车专家到我们这里来。我老婆说，你们单位我们得罪不起，我们这么小的单位。他说：我们才是开罪不起你哦，你有这样的技术实力。"

李和平说："近三年来，我没有接外面的业务，因为地方就这么大，也发展不起来了，职工也装不下。像高发汽车董事长到我这里，好话说了半天，我也没有给同意。汽车配件，对我们来讲档次太低了，那是大众化，我们不做。去年，我们提出来不给他做了，他当时也同意。他说，你多给我供三个月货。三个月以后，他分部做出来的产品达不到要求，他又来了，说货没有了。我们想三个月时间到了，就不供了。他说，无论如何你都要帮帮忙，我说没有厂房呀。他说，你一定要给我做，你不做我就完了。我给他做配套，从来没有出现车挡断的现象。他们之前又来说，要开发一套产品，说我们的产品做得好，榔头敲都敲不断。昨天又来找我说，阿弟，你无论如何给我开发。我说不做，

档次太低了。他说，一定要做。因为他知道下面业务部长来没有用，他只好自己来讲。亨特汽车零部件厂电话打来，让我做一个活，我说这种活不做，三年里不接业务，接不了。除非你要紧的东西，像国防需要，我们给你开发，这不是为了赚钱。”张馨月说：“江北万达刚刚起步的那一年（2011），日本人要偷中国人技术，他们的铸造工艺跟我们铸造工艺是两回事，他们是冷定型砂模铸造，我们是钢模铸造，原理不一样，表面是他们清爽。日本人要偷技术，他们就先请你去参观他的厂，后来到宁波江北万达吃好饭，希望参观我们的厂。我们没有同意，仅陪他去奉化看看。”李和平说：“你有实力的话，日本人对你相当客气。他去年、前年也提出来，再跟我们做一点生意。我们就说不做了，没有空。”张馨月说：“成本方面，他就比不过我们。我跟日本人说，一模一样的产品，他的成本要 60 元，我 45 元都有利润。产量也比不上我，我们三个人可以做 45 到 50 个，他一条流水线才 20 个。东西是我们好，我们的产品承受压力可以达到 21.5 公斤。他们非常认可我们的产品，从来没有出过事情。”张馨月说：“韩国人那边断掉了，出问题了，就先查源头，我们产品材料是怎么样，日本人派专家到我们这里来查，先查图纸，先查产品的解剖，是不是达到图纸的要求，工艺是不是改掉了，模具是不是有改掉，查下来，我们一点问题都没有。然后他就查韩国，结果发现是韩国操作不当。现在他们都非常相信我们，因为一系列考察都说明我们铸造是没有问题的。”

李和平说：“我们业务很好的。每天都在厂里，去年一年，一部汽车只开 2600 公里，也不用去外面接业务。”张馨月说：“我们是做高端、技术要求高的活。一般要求低的活不做，美国波音公司都有我们的产品。”李和平说：“前两年德国林肯公司，他说把中国人做的产品拿来。我们做好，去跟德国林肯比，结果证明是我们好。然后他们给我们放单一万套，我们不做，没有空。美国福特老早就在我们这里开发产品了，质量是我们最好，单子很多，但做来不及，我们就不做。这个行业太辛苦了，这一生精力都放在这些产品上了。”

李和平说：“平时我们没有机会去外面走，每天在厂里，产品出毛病了就坐下来开始记录，是什么地方引起的，找原因，总结。基本上就是过年出去一趟，平时都在厂里。过年一定要走出去，随便价格怎么贵一定要走。人家开厂是为了赚钱，我们是为了事业。晚上要七点才能回家。如果要享受的话，做也不用做了，总有点钱赚下来了。技术的东西就是这样，你不坚持，放弃了，什么都没有了。如果你坚持下去，就会成功，我们就是相信这一点，日夜就是弄这门技术。全世界里面，有一样氢气的问题解决不了，我们现在基本上好控制了，但完全解决的话还解决不了。有工程师申办，就可以拿专利了。我们没有这个精力，我们把技术用到实际问题上去。技术这块也是靠逐步积累，如果有废品，要总结找原因。产品出毛病，退下来的东西，要一只一只研究是什么原因引起的，然后把总结写好，这样下次就不会出毛病了。虽然可能是加工或者什么地方出毛病，但对你来讲就是没有控制牢产品质量。有多种原因，有些细节的东西，是人想不到的。坏在什么地方呢，我们这个行业好是非常好的，就是接手人没有，因为这是重工业，虽然不是很苦，但现在书读出来的人都不愿意做，再过多少年，有些工艺就要失传了，我们三十多年积累的技术，到头来都没有了。”张馨月说：“太可惜了。像氢气这个东西，两年前我要亏 60 多万，要研发呀，解决氢气这个问题要一年多，自己精力就不用说了，放弃了很可惜。”

张馨月说：“我文化程度很低的，只有小学毕业，都是靠自己琢磨和自己研究。我喜欢听，特别是同行和老一辈讲事情。他师傅（戚明华）是做球模出身的，铝铸的工艺跟铁模非常接近。他讲，我们就认真听，这个工艺怎么样弄。靠自己钻研，不容易。后来运气也很好，三维公司介绍了一个哈工大老师，理论上我有缺的地方他来给补补，铸造的书基本上都是他买来的，教材都是他送给我的，理论上他对我有很多启发。自己弄了快三十年了。”李和平说：“这东西你不自己做的话，教是教不会的，一定要自己做，否则的话，你没有根据，比如说铝水浇进去到什么位置。要有悟性。在我这里工作十年以下的人，都觉得这多简单，倒倒就知道了。年数越多，越觉得铸造这个东西很难。”张馨月说：“这个行业是辛苦，不过做起来以后让我很有兴趣，因为别人做不出的东西我可以做出来，很有成就感。动车那个泵很奇怪，2009 年快过年的时候，当时我不知道是动车泵，李和平不在，电话我接的。我说 45 块一公斤，我给你做做看。我看上去这个产品很先进，所以我就接下来了。谈好以后，他就走了。那时候这个东西是黄坛开发的，原来那个老总又跟客户谈了，意思说你业务给我拿走我要死了。后来客户一年没有来过，这一年，我这里就没有任何消息，他 2009 年底来的，我想这个人去外面做业务了，以后来了我们也不接待他了。过了一年，他又来了。我的个性太强，也不睬他。后来他们陈总来了，坐到 11 点，跟我们总经理说，你老婆手艺很强，业务不做没有关系，让我们见一见。他就来车间叫我，说陈总要见你。见了以后，他说我们来了，饭给我们吃一餐。我说好，生意不做没有关系，情义总要到，在阿峰饭店吃一餐饭。吃好以后，他也没有说要做业务。陈总是浙江大学毕业的，五十多岁了，水平非常好。吃好饭，他们走了。一个礼拜以后，我们在做活，他打电话给我老公。他说：阿峰饭店菜点好了，你来吃饭。我吓死了，知道肯定是有事情求我，我说不行。他说：人家这么远过来，而且还拿了很大一盘青蟹。那天礼拜六，我女儿也去了。吃好饭，我跟师弟讲，这死了，饭吃好了，这要做产品了。他就开始谈了，他说无论如何帮帮忙，他说这个很重要。我说：要做没有关系，

价格45元不会做了，要50元。他说没有关系。这只泵要承受十多公斤的压力，只有我们做得出来。他们要求非常高，去年，他说材料都要达到国标。我说没有关系，要求高，相对我成本增加一点。他说价格你讲好了，我女儿给他提60元一公斤。去年6月4日，我跟陈总出差到株洲、长沙去了一趟，我当时说要求实在太高了，这活比较难做，要么推掉算了。姓夏的一个部长坐在旁边，他说，这只泵你在做，我们另外的部件你有诚意的话可以拿去。我说不做，因为普通的活，我也不想浪费自己的时间。要求高的活，我情愿多付出一点。”

李和平说：“这个产品是波音飞机里面的，连上面的齿都要浇出来，这个活非常精细。现在我们有定价权，我要多少就是多少，这个产品不还价的。前年做125元，今年173元。这个产品要求非常高，厂里只有我一个人会做。这个油缸，国内也是独家，这是海底沙泥做的。沙泥做好，里面装进，模具合拢，这么浇出来，都是空心的。”张馨月说：“挖掘机、叉车工作，都是要靠这个档位来控制。我没有机会，如果能去德国学习一下，那眼光又不一样了，像我们在个人企业，出国机会不多。我跟日本的一个部长说过，要么我到你单位来。他说：你来好了，我们聘请，给你跟部长一样的级别。”李和平说：“日本一个部长到我们这里来做一只用在切肉机上的产品，一共500万产值，让我们做。他特意来找我们做，我们不做。因为简单的东西我们不做，我们要做难一点的东西。要求很低的生意，一般都是凭面子来的，比如说以前的老关系，要求稍微低一点也会做。要求低的等于是浪费时间了。高发老总说，我自己的资产都有30多亿了，我30多亿的人还要来跟你说好话，你帮我做。现在一步一步走到目前为止，饭有得吃了，国内随便什么产品到我们这里没有做不出的。”张馨月说：“山东、烟台我都没有去接业务，他们都是自己找上来的，都是开订货会，他们看见了，问这个产品哪里做的？别人说宁波藕池，他们都自己找过来的。像烟台高弘液压，国内非常有名气，老总姓刘，他从烟台找到我们这里来，叫我们做。我从来不去找别人说你业务给我做做，我从来不去。”

李和平说：“现在样样没有问题，就是接手的人没有。这技术活，自己心里要有感情，要喜欢，要有悟性。”张馨月说：“我女儿人小小的，心很大。我一生的经历，全部用手抄本写出来，比如说产品的质量控制、研究过程都写出来，产品的报废总结、操作一步一步写下来。到时候用几个产品巩固一下，她按照抄写本去做，出问题解决方案我也写好了。我每天都在写解决方案。这本东西交给她，老产品她就可以巩固了，可是新产品比较难研发。”

七、许冲良

图 7-9 许冲良在公司办公室

许冲良说："我是从 1992 年 8 月 25 日开始创业的，当时 25 岁。当时，买了一台 60 克注塑机，开了几副模具。刚开始是合资企业，一开始产值十多万元。以后客户的数量越来越大，发展到国外如美国去了。到了 1994 年到 1996 年，帮人家做了四年的配件。1996 年后，这个产品到美国去的销量下降了，我开始改做文具了。文具刚刚起步，也很困难，也是一步一步做起来，开始也是帮人家做加工，后来自己慢慢地开发产品，这样也做了二三年时间，到 1998 年、1999 年，自己去全国各地发展这个产品，慢慢产值也上来了，做到了 200 万元左右。2010 年，布政有一个客户要做游泳池，他的所有游泳池产品就由我来加工，这个产值就一下子上来了，一年增加了几百万，将近 500 万元。到现在为止，产值大概在 800 万到 1000 万元。现在就是保持这个水平，没有什么新的东西增加。接下来想看一下有没有好的产品可以开发，等一下机会，看看市场。现在主要是依靠游泳池，做游泳池里的一些配件。文具现在竞争太大了，做的人太多了，宁海那边家家户户都是做文具的。现在都是出口的产品，我们没有内销的。工人的话，多也多，2001 年 2002 年最多，大概 100 来个。现在各方面的工资也高，再加上机械化程度变高，工人就减少了，大概差不多只有原来的三分之二，大概十七八个人。以前我们 6 台注塑机，就有 12 个部门，现在我们用到 3 个部门，都是靠人工智能来操作。我们做的东西都是低端的东西，又不是高端的东西，所以利润比较低，全都是劳动密集型产业。读书的话，我是小学读了 7 年，所以说话也很慢的。16 岁读完书，到布政，跟我姐夫修自行车，补汽车轮胎。后来学车子，到布政一个工厂里去开了 6 个月车子。然后，开出租车，那时候我生意也比较好，人脉也比较广，很多朋友都叫我的。后来碰到一个客户，他要去慈溪那边拿塑料件。我一看到这个东西，我也可以做，就动起了这个脑筋，然后我把出租车卖了，就开始买注塑机，开始开厂。90 年代宁波的注塑机是有点多的。这东西学起来比较快，也比较简单。开个厂，必须老板自己去动脑筋的。艰难的状况也有遇到过，最艰难的就是我给那个合资企业做配件，那个时候货款不好收，外面欠了 100 多万，钱又拿不进来，每个月给你的就只有几万块钱，那时候真的是最困难，大概是 1997、1998 年。1999 年，因为钱不好拿，我就不做了。2001 年，转行做游泳池产品，到现在做了 18 年。我们刚开始工厂是向村里租的，2003 年，村里也比较支持，卖土地给我们，我们弄了一点土地，自己造房子。2007 年开始动工，2008 年造好，到现在也有 10 年了。以前我们是按照村里的合同，10 万块就一亩，但房产证手续没办出来。因为这里我们没土地证，就不能贷款。2008 年房子造好以后，银行不能贷款，村里又不会给你担保，只能靠民间融资。每年还个几十万，然后慢慢把它还掉。我开厂的，到现在为止没有一分钱借下来，把所有的钱就投到这个厂房上。我每年在设备上面投资，最起码有几十万。买了很小的一个打螺丝机，自动打螺丝。以前是人工的，现在产品放上去，它会自动打。像这种设备，你看起来很小一台，买的话就要七八万的。像这个瓶子外面的贴标，以前我们都要用人工贴的，速度很慢，而且价格高。现在用自动化贴标设备，就直接把瓶子放进去，就马上贴好。没有自动化的话，你都没办法跟人家竞争。我们毕竟 20 来个人，做到 800 万也不容易，又不是很高科技的产品，就是这个比较便宜的东西。我们工厂现在也不大，就这几年发展下来，我也比较保守。机会也少了，现在都凭实力了，你有什么样的能力就能做得怎么样。要有责任感，对社会有责任，对自己家庭也有责任。自己喜欢做的事情和自己懂得的事，就由自己去做，做得好也有成就感。人一定要坚强，不要因为一点点事情就趴下了。困难总是这么多的，总会过去的。办法总是比困难多。你要是这个也怕，那个也怕，那就什么都不用搞了。”

八、张富华

张富华说：“我是 1965 年生的。读书读到初三毕业。小学是在藕池小学，中学是在布政中学读的。我们以前读书都是走去学校的，带着饭盒的，装着饭菜去蒸的。毕业是 1980 年。毕业以后，先是做小工，在宁波段塘的马铁厂，那时候做小工是 1 块 4 毛 4 分一天，做了三个月还是四个月，我就没有做了。后来我哥去当兵了，我没有种过田，进了电子塑料厂，那时候我 20 岁，后来干开模具，后来并到玻璃厂。那时候男的只有 20 块钱一个月，女的 18 块。我是 25 岁结婚的，后来到玻璃厂，

图 7-10 张富华

在玻璃厂做了三年，后来出来了，自己做了。先两人合伙，自己去开模具，做塑料模具。后来就自己开厂了。一开始是华阳五金厂，好像是 2001 年。到 2007 年，是森阳电器塑料厂。一开始开模具厂，有 20 多个人，一直到现在。厂是在藕池的，在 503 终点站，有十多年了。

“一开始进厂的时候，那时候厂里初中生少，厂里安排我去宁波电视机厂学习，学习了三个月回来，做机床加工。因为我们塑料厂要开模具，厂里叫了一个师傅在工厂里开模具，我们就跟着他学模具。大概学了五六年，这个师傅走了，就叫厂里我们四个人弄，开始开模具。后来从厂里出来以后就到这里来办厂，就是四岔路口的第一家那里，我们两个人合伙，做了四五年。我们有很多种模具的，洗衣机盖子，还有录音机的壳子，都是塑料模具，反正人家需要开什么模具，我们就给他们开。开模要用机床的。我们还有注塑机，也是做塑料的，后来我自己不开了，叫人家开，开好拿过来。现在我们是做淋浴器产品，主要是太阳能热水器，出口到澳洲去。老外一般用在游泳池里，游泳以后冲一下。五金厂也是有塑料的，我主要是做五金，就是给人家做缝纫机上的零件加工，这里有好几家缝纫机工厂，很大，他们拿业务过来，我就加工一点，这个钱不好赚，发完了工资，就没有钱了，所以后来改行了，开了森阳电器塑料厂，做外贸产品了。贸易公司下单，我们加工，他们再卖出去，也做了 11 年。这个产品还可以做，以前量不大，价钱高，现在量大了一点，价钱很便宜了。现在用的人多了，以前量很少的时候，只有 1 万多根、2 万多根，现在要做到 4 万根左右。我们跟外贸公司是人民币结算，外贸公司他们是美金结算，美金结算不好，今年美金的价钱不好，汇率之前是 6.6，现在只有 6.3 了，差 0.3 也是差蛮大的。现在外贸生意不好做了，不像去年夏天，如果汇率从 6.3 涨到了 6.8，那他们就赚钱了。做生意开厂，维持日常花销是没问题的，但是要存钱很难，因为厂发展是要投资的。像我们一样的，一开始一台注塑机，后来不够了，增加到 2 台，后来又不够了，增加到 3 台、4 台。要有设备才行，靠人工是做不好的。实业是难办的，它的投入很大。有点钱了，就要买车子了，以前买十来万的车，现在要 30 万、40 万。办实业是无底洞。大的企业好很好，如果不好的话，连工资都发不出来。后来开始做外贸了，就还可以。外贸的钱结算得快，一般情况下一个月就到账了。现在还可以，二十几个人做 1500 万左右的产值，小企业这样做做也可以了。

“现在企业不好办，太麻烦了。现在集装箱进来就是一个麻烦事，有的路不能开，有的小区门口开不进来，大车不能进来。工人也很麻烦，现在工人也不好弄，有的工人很调皮。我们的厂小，我过年叫他们回去休息，工资都是付给他们的。

“也遇到过麻烦，我曾经亏损过一百多万。江苏那边有一家很小的企业，叫我给他做五金，是关系很好的人介绍的，后来这个人喝了酒，开摩托车撞了头，死掉了，这样一分钱都收不回来了。后来也没有办法，介绍人就说，我厂里的塑料给你做，价钱稍微高一点，算补一点给你。但是我没有要。后来我没什么钱了，越是没钱越是什么活都干，有的利润太低，慢慢就亏下去了，亏了很多了，从银行又借了40多万，每年付付利息都要好多。

“后来开始做管子，慢慢好起来了。2006年开始做的，做这个也很吃力，叫人家做，人家切割的厂账目累积到几万块钱，就来找你要钱了，前面的钱先结算好，后面再去拿货。不过现在就算欠了100万，他也不会打电话了，因为我现在每年到6月，一年的账全部结清，一分钱都不欠他的。这样生意就好做了，都愿意跟我做生意。

“我不想开厂了，我哥（张利华）说，这个还有几年可以做，再做一段时间，反正你也不用管，我会帮你管。阿哥到上海当过四年海军，回来后到村里。现在在我这里，我们两兄弟一起干的。我现在身体不大好，主要是他在负责。

“现在我儿子也在厂里上班。他从杭州电子科技大学毕业五年了，现在29岁，他本来是学自动化专业的，但是他自动化专业不想干，后来我叫他到江苏那边一家造塑化剂的厂去上班，做了半年，他们老板说还可以。过了一段时间，就叫他回来上班了。一开始到厂里，他什么都不做的。小孩子一定要让他吃点苦，不吃苦不知道做生意辛苦。现在他主要负责打外贸单子。企业太小了，也不好搞。企业要么很小，要么很大，不上不下最不好了，小的就是自己做，大的就找人管。现在雇人也雇不起，好的管理人员一年工资最起码十几万，工人工资一年最起码也要六七万。”

第二节 ／ 开办公司

一、姜国城

姜国城说：“我一个学生的父亲是宁波天工工具老总，他让我过去干活。他们也是外向型的，也有搞销售的，在土耳其、伊斯坦布尔也有办事处，所以叫我去。那是个创业的年代，无论是打工也好，创业也好，都是非常好的一个年代。本人有想法和诉求，碰上好的时代的潮流和环境，我们这一代人还是运气蛮好的。

“我是1992年9月27号离开的，一年半不到。我上班的天工工具外贸部在彩虹南路，挂靠在鄞县外贸下面的十一部。有时候骑自行车去，有时候天工有汽车顺路带我过去。过来一段时间后，我已经在宁波英烈街买了一个21平方米的房子。人家都说，姜国城

图 7-11 姜国城

人是蛮聪明的，胆子蛮大的。1992 年是下海潮，教育系统也是刚刚开始有第一批。当时想，我也不比人家笨，懂英语，我的性格脾气也算是蛮外向的，喜欢跟人打交道，走得出去的，还是蛮自信的。

“自己离开学校去打工，这条路走下去了，是没有回头路的，要么就不干，要干就要干好，每个人都需要成就感，需要面子，一条路肯定是一直走下去的。

“后来我到宁波中蔺集团，做了 5 年。在 1999 年年底，中蔺集团改制，可以个人承包，一大块的业务可以自己设立一个分公司承包，那个时候我离开了，去做个体外贸。那个时候成立宁波保税区，所以注册了一家宁波保税区飞驹国际贸易公司。到 2001 年年底，那时候外贸这一块也有了一定的稳定客户，就自己动脑筋，想把包装仓库这一块建立起来。2001 年，我就在自己老家藕池那边租了一个仓库，做物流跟包装这一块。同时我在我们方家耷那边买了 8 亩田，2003 年 5 月，新厂房造好，就搬进去了。从此，有自己像模像样的地盘。之前做个体外贸也好，租仓库也好，是比较松散型的。现在建立起来的产业，是气动工具，是从 2003 年 5 月开始的。那个时候做外贸，气动工具这一块竞争还是蛮少的，所以发展也蛮快的。在 2005 年，就开始跟一个美国的第二大工具商娄斯做，一直工作了 9 年。到 2014 年，这个八九年当中，公司发展是很快的，公司发展主要是看经营场地扩大没有，还有产值、一年销售额的提升数。在这个过程当中，厂房也翻新了，一层变成五层。后来空间不够，还向旁边去租了人家一些私人的厂房，又向村里面租了 10 亩田，那时候总共加起来使用面积有 20 亩左右。到 2014 年，虽然场地是在扩大，但是客户量也是同步发展，我指的客户一般是中大型的。我们在 2013 年、2014 年这两年当中，也发展了加拿大和美国的另外几家中大型的客户。那个时候觉得自己场地空间还可以，但是新的客户争取过来以后发现，空间是不够大的。镇里面的领导、村里面的领导，都很关心这件事，都帮我一起去看。最后经人介绍看了瞻岐，那个地方虽然路远一点，但是那块地还是蛮可以的，一见钟情，那边是 50 亩田。

“2014 年 8 月，我们就从老厂方家耷那边搬到瞻岐镇城东村，称为宁波飞驹工具有限公司。实际上，中间还有一个插曲，我刚才说公司发展很快是在 2005 年到 2014 年 9 月当中，实际上空间慢慢变得不够，是在 2012 年、2013 年开始的，所以瞻岐那块土地我是在2012年年底去看，2013年年初开始造的，造跟装修用了一年半，2014年8月中旬，就从老厂搬到新厂瞻歧去了，目前瞻歧的厂房占地面积有50亩，建筑面积有42000多平方米，投入也蛮多的。公司的硬件如厂房、机械设备，包括安全、环保等等都蛮好的，都符合国家要求的，对客户来讲也蛮有吸引力的。因为对国外客户来讲，只要地方好他们也不在乎再多跑大半个小时、一个小时到新厂的。新厂房开始运营以后，到目前的2018年8月，整整4年了，这4年新厂房的反馈蛮好的，起了一个很正面的积极的作用。目前公司所面临的问题，我想也是其他办企业的人共同面临的问题，就是劳动力和行业竞争问题。总之，我还是蛮有信心的。为什么有信心呢？因为客户群体一直都很稳固的，而且新的客户也在发展。新的客户发展跟原来公司的客户资源也有关系，比如我们公司跟一家大客户在合作，那么其他的客户也会信任你，对产品的性价比、交期，还有服务、售后服务等等，都蛮放心的，这也是一种无形的企业资产。目前虽然形势，国内也好，国外也好，或者公司管理上也好，都蛮严峻的，但是我还是很有信心，主要因为客户资源这一块，我们在同行业当中是处于领先的地位的，是不用去担心的。我本人学英语专业毕业的，去打工也是从做业务员开始的，所以客户迎来送往，也是占了一个很大的优势的。同行业里，有些老板是搞技术出身的，就在技术上更有优势，这个每个人是不一样的。但是做企业出身的，是英语专业毕业的，能直接跟客户去面对的，在我的同行业当中还没有见到过。我觉得自己个人能力不比别人差，我蛮自信的。后来企业慢慢大了，觉得对社会也有了一种责任。这不是说虚话，有的人说，说你思想这么好，你办企业不是为了自己赚钱吗？实际上越来越多的人都看得很清楚，现在办企业，要办得好，企业里都要继续投资，工人的保险、厂区的环境、生产安全条件等都要跟上，要符合国家的要求。再说我们是外向型企业，大客户每年都要来一次，来验查质量体系、社会责任、反恐三大块内容。社会责任就是涉及一家公司对员工如何，工资是不是按时发，加班情况怎么样，工作环境怎么样，包括很多方面的。工人觉得，我是来打工的，我付出多少，你付我多少工资，这是名正言顺的事情。但是工人打工这里也可以打，那里也可以打，每一家企业的情况不一样，有些老板蛮抠的，有些老板心胸是蛮好的，对员工管理比较人性化，企业也有一些福利，虽然也不多，但是都有。所以我认为做企业，一个是自我价值的实现，另外一个是对社会责任的承担。如果大家都不去办企业，我想我们中国就没有实体的经济了。

“目前厂里的员工数字是在230到250这么一个区间里。支撑我做下来的一个是我自己的信念，觉得现在做企业不单单为自己做了，也是为社会承担一些东西，虽然有些东西是隐性的，我们也不会说出来，我办企业是为社会承担多少责任这种事情是绝对不会挂在嘴上的。

"离开中学到天工，也不是为了一定要赚多少钱，而是我懂英语，想尝试这个方向的职业，走这个方向的路。这一步很要紧的，是转折点。家里面父母当然有想法，最终自己事情要自己决定。外贸的信息还是蛮重要的。那个时候国家的外贸是红红火火的，那时候去广交会，现场就可以接下订单来。

"我们的气动工具，是自己生产的，现在是工贸一体，关键的东西自己做，主要是几个系列的工具，所以要有精工车间，有组装车间，有注塑车间，有装配车间，有包装车间，这是一个工厂，有血有肉，否则的话就是外贸公司。工贸一体，对客人来讲，是提供一个综合的服务。我们是一站式的，一站式服务也是我这么多年经营下来的一个策略，也区别于同行业，我们同行业当中做得精、做得专、做得大的也有，这也是一个出路，我们一站式服务也是一条出路。办企业也是要有能力的，我也有我的长处，也有我的短处，比如说在我那个年代，人是比较实惠的。现在就不一样了，大家套路比较多。我们目前，一个要保证自己的优良的素质，另外一方面也要跟上时代，管理方法也好，或者网络技术也好，或者其他的国内外形势也好，都要同步跟上。

"之前的同事和同学说起我去办厂，都说这个是万万没有想到的。我给他们的感觉就是一个文艺男青年，从小学开始，老师就一直很喜欢我，让我当文娱委员，到大学了改叫军体委员，我喜欢唱唱跳跳，做做老师好像还可以，一下子下海去办企业，这不是去找死吗？但是我内心里面，办企业跟文艺并没有冲突，文艺才能对做企业反而是有帮助的，比如说跟人打交道也不会怕难为情。"

二、姜国矩与蓝天清洗服务公司

姜锡岳说自己的儿子很能干："我儿子现在企业办得还好。他也比较独立的，公司刚刚办起来的时候也很辛苦。大约是 80 年代吧，他初中毕业回来，给清洗公司打工，虽然在劳动，但是也不怎么赚钱的。两年以后，就自己办公司了。一开始也是给人家跑业务，后来自己弄了一个清洗公司。这个行业也是有社会需求的新兴行业，儿子抓住了机会。1996 年，成立宁波市鄞州蓝天清洗服务有限公司。2001 年 12 月 28 日，成立宁波市江东蓝天清洗服务有限公司。2007 年 1 月，成立宁波经济技术开发区普佳物业管理有限公司。我儿子现在开清洗公司，也是为人民服务的，也很受客户的信任。"2016 年，又成立宁波梅山保税港区蓝辛物业服务有限公司。

三、章冲华与浙江杰佳实业投资有限公司

章冲华是鄞州区古林薛家村人，1994 年迁入藕池村。1993 年，成立宁波杰佳金属材料有限公司，在宁波市鄞州区钟公庙街道铜盆浦村。1996 年，在藕池工业区成立宁波杰佳不锈钢实业有限公司，从事不锈钢热轧。随着不锈钢地方企业逐渐衰退，不锈钢的热轧加工量亦日趋减少。2002 年，成立浙江杰佳不锈钢有限公司，企业迁移至江北区工业产业园区经十路 1 号。2004 年，不锈钢被列入限制发展类产业后，章冲华看到了危机。他说："我们做不锈钢热轧，虽然不像上游的熔炼企业一样实行差别电价，但毕竟没有什么技术含量，准入门槛又低。"2005 年，在宁波市镇海区注册成立宁波大地化工环保有限公司，地点在宁波化学工业区（蟹浦）。公司专业从事工业危险废弃物的收集、处置和综合利用，是宁波石化经济技术开发区配套的基础设施。公司立足于固体废物综合利用和无害化处置。2010 年，成立浙江杰佳毛纺织有限公司，地点在宁波慈城古镇妙山，是一家专业的地毯纱生产厂家，主要生产"杰佳"品牌的地毯纱。公司拥有现代化标准厂房 6000 多平方米，员工 200 多名，其中工程师 10 名，技术骨干 20 多名。2012 年，江北高新技术产业园升级为省级开发区，江北区将其产业重点调整为发展高新技术产业，章冲华意识到，传统不锈钢行业的转型已经势在必行。7 月，慈城镇有关负责人带来一条信息：一个由省"千人计划"人才、海归博士张美超参与的创业团队有意落户宁波，这个团队从事特殊功能薄膜研发已经两年，与江北高新技术产业园刚刚投产的长阳科技项目也有供应链关系。在接下来的三个月里，章冲华对这个团队在杭州的研发中心和在昆山的外包生产基地进行了实地考察，11 月签订了协议。章冲华出资 2500 万元，不参与具体经营管理，对方技术入股并控股，新厂房则租赁使用。2013 年初，章冲华把公司的仓库腾了腾，加上边上的绿化带，一个 5000 平方米的新厂房开始打桩，而一个高科技的光学薄膜项目——宁波惠之星新材料有限公司也顺利落户江北，从而转型升级进入高端光学薄膜领域。①2015 年，浙江杰佳不锈钢有限公司更名为浙江杰佳实业投资有限公司，从事金融投资。有 300 多名工人，一年 1 亿元产值。

第三节 ／ 四处经商

藕池村位于宁波城郊，靠近宁波轻纺城，所以村民发展三产、发展经济的思路也比较清晰。

① 朱宇：《盘活五千平方米仓库引来海归博士筑巢，江北杰佳不锈钢公司进军高端光学薄膜产业》，2013 年 6 月 7 日。

一、杀猪卖肉

在板桥村，从俞云华开始，到庄朋海、徐林祥、徐繁荣、杜加田等人，均从事杀猪卖肉行业。俞云华又是受邻村城横楼陈光荣的影响。此人最早到大世界卖肉，当时连宰肉的工具都没有，拿了一把小斧头宰肉，人称“小斧头”。庄朋海是俞云华的妹夫，徐繁荣老婆叫俞云华母亲阿姨。如此，他们形成了一个小小的卖肉群体。

1. 俞云华

俞云华说：“杀猪，我从 25 岁（1985）开始干，最开始在大世界做生意。在家里杀好，拉过去，放到肉摊去卖，卖了十五六年。我当时用的是摩托车，在板桥有摩托车我是最早了，我开着摩托车到处联系生意。我老婆是奉化方桥人，不会种田，我有 9 亩多的田，又要杀肉猪，多辛苦。因为我家里穷，我结婚也没有什么东西的，只有母亲留给我的一间老房子，也很破旧的，门板都破的，我买了纸，调好糨糊糊上了。人家娶了老婆不珍惜，我是很珍惜的。我们家困难，没有父亲的，还有两个妹妹。当初刚结婚的时候很困难，9 亩多田在种，要交公粮，肉每天拉去大世界卖，赚一点也好。那时候卖肉有 10 多块、20 块可以赚。那时候的工资才毛 20 块一个月，我一天可以抵人家一个月工资。

“辛苦是辛苦，赚倒是蛮好赚的。以前农村是石子路，桥头都是石阶，要把自行车推过去。我家离那个桥二三百米路，我老婆胆子很小，怕小孩子滑下去，所以一般我要陪她到家里，我再骑车回去。当时的路真的很差，后来好了。我的脚上开了两刀，我也还是每天去赚钱，因为背债了。开刀了以后，我也没有休息，卖肉的时候在旁边摆一个凳子，把脚搁在上面，回到家还要种田，一定要把钱还出来。我 10 个月就把债都还清了。那时候村里个体商户不多，我算是早的了。做生意时，我们体检，做健康证，领执照。那时候大世界的生意好，红白事都是要来大世界买菜的。那时候真的很苦，天气热，肉要臭掉的，一只猪大概卖六七十块钱，两只一百多块钱了，一家人的家产都在这里了，就怕肉臭掉。有时候自行车轮胎没气了，钢丝断了，就只能推过去，因为太早没有修车摊。我天还没亮就去市场，一般卖到 9 点钟肉就卖光了。天亮一般 5 点多，天热时就 4 点多，因为路远，骑车要骑一个多小时，我 3 点钟就要起来杀猪，弄好了以后，到大世界去卖。卖完以后，回来种田。最早的一次六七点钟肉卖光了。我的 9 亩多的田，要放水什么的，只有一个劳力干活那是很辛苦的了。我一般就是跟客户讲好要多少，然后客户直接过来买，或者我送到饭店去。种完田，我还要去收猪，要先去买下，然后用手拉车去拉回来。有一次放电影，我老婆一直等我不回来，我就是去收猪了，借了手拉车去拉，两只猪可以赚 40 块，结果却丢了 50 块，当时真的肉痛死了，两只猪都白卖了。我拉到桥头，桥头有石阶，我拉不动，就叫我老婆过来，一起抬到家里，才能吃两口饭。手拉车是借人家的，要还掉的，然后再骑自行车回来，这时候电影刚刚散场了。那时候看一场电影多难得啊，偶尔才放一场电影，这个讲起来现在还觉得鼻头酸酸的。

“那时候农村 60 块一年，100 斤谷子是 10 块，讲起来我在藕池头也算是孝子了。口粮，男的一年是 700 斤谷，女的是 600 斤，我会种大人的那份。家里姐妹多，所以我要多赚钱。我后来就把母亲给的房子还给了母亲，我自已造了房子，为了这个，还背了 6000 块债务。”

2. 庄朋海

庄朋海是 20 世纪 70 年代从水库移民出来的，住在板桥村，初在布政布厂工作。在俞云华卖肉成功以后几个月，21 岁（1985）的庄朋海，嫌工资低，也走出来，加入杀猪卖肉的行业，然后到宁波大世界卖肉。屠宰行业比较辛苦，他也做了近十年。

3. 徐繁荣

徐繁荣说：“我读了 6 年书，后来看牛，牛看了两年，然后到牧场养猪。十七八岁时，也当过畜牧主任。后来，牧场解散了。29 岁（1987）时，开始做卖肉生意，做了 17 年。后来到村里工作了，也有 18 年了。

图 7-12 徐繁荣

“在老的大世界，我做了 17 年生意。每天晚上 12 点钟要起来，卖肉到傍晚再回来，再去收猪。那没得睡的，每天都要收猪去的。总有五六年的时间，每天半夜起来，天亮杀猪，卖得完就可以回来睡觉，卖不回来就没得睡了，因为要挨家挨户去收猪，第二天要杀的。后来生意做大了，轻松了，可以休息一天，开着车到各个村庄去收。后来生意越发做大了，就到下应这边去收，也收了五六年。猪卖点给人家，自已也杀点。后来这种生意不好做了，就到镇海的一个食品公司去收，他们的肉猪是从外面调拨来的，几个人合伙，量比较大。自己杀的时候，晚上 12 点多就要起来杀。原来是在自己家里杀的，后来要到屠宰场去杀。后来我脚也不大好，就不卖了。我大概是 45 岁（2003）上不做生意了，就到村里来了。实际上做生意也苦，田头活也苦，一点都没有休息的时间，仅是养家糊口而已。老婆要烧水，我要杀猪。她那时候要照顾孩子，小孩还小。

“肉的价钱，在凭票时代是 6 毛 6 分。进入自由交易时代，最早是 7 毛多一斤，后来是 1 块多。我卖肉是从 9 毛多一斤开始卖起的。我第一次收猪是收了一只黑肉猪，60 多块钱。小小的，一百多斤，那时候肉只卖 9 毛钱一斤，后来一两块，再是 3 块多，后面就是 6 块多了。卖到 7 块多一斤时，我不干了。

“那时候卖肉，一天一只肉猪基本上卖光，卖不光的话，便宜一点也要都卖掉的，特别是天热的时候。那时候猪就是吃稀糠什么的，是很瘦的。有一次在宁波火葬场那里，从一户人家我买了十多只。那时候天气非常热，肉卖不掉。那一次亏本亏惨了，到了下午，肉已经有馊味了。那个地方有个小饭店，我只能把 40 斤的肉都卖给他了。那时候我们三个人，一共十多只猪，都亏本了。做生意的话，还是自由一些，钱也好赚一点，家里条件好一点，吃的方面，如果稍微剩点肉，也可以自己吃。人家没钱的时候没有肉吃，我们总归有肉吃的。当时我的志向是做到 1 万块，就不做生意了。那时候也没有休息时间的，没有星期天的。我们现在日子好过了，钱也用不了这么多。我退休以后，我也不会去做门卫的。

“我卖肉卖了 17 年，非常难卖的时候，我也找过我阿叔（徐信定），到宁波师范也去销过，他们是一整只猪都拿去的。那时候是中考，一次卖过以后，第二次他就支支吾吾的了。其实他也是有道理的，我做生意是天天要做的，卖不掉了，难道天天都卖给他吗？有困难偶尔求他一次还可以，但每天肯定不行。

“那时候骑着自行车去收猪，一百一二十斤的肉猪，我一个人抓住它，用绳子捆起来。那时候没有帮忙的人的，只能是自己抓，捆绑好，用自行车载回来。肉猪是活的，路上有汽车开过的话，肉猪要挣扎，我的车龙头就把不住了，有一次把他人给压着了。那时候做生意，40 块一天、30 块一天，开心是开心的，肉也比别人吃得多。那时候别人的工资才 30 多块钱一日，我们卖肉收入也算是比较好了。

“走上杀猪卖肉之路，缘于亲戚。过了半年，想想在厂里做做也就这么回事，也有做点生意的意思。他们就讲，杀肉猪也蛮好，叫我也去杀肉猪。我说我不会杀，他们说他们给我杀的，我也就是帮忙。他们人结实，我也会杀一点。那时候我已经结婚了，我老婆也陪着去，跟人家老婆婆讲好。摊位的位置也要抢的，肯定要早的，不早的话，没有地方摆摊的。想想有点钱赚，也是高兴的。我做生意，其实也是做得最差的了，人家做生意能力好的都有窍门。我做到后面是给饭店送，不过也有风险。一次，一个老板欠了一万两千多，最后饭店倒闭了，我的钱也没地方拿，真的气死了。他店还没关门的时候，有一次说开现金支票，让我到银行去拿钱，结果是空头支票。一万多块没有拿到，也是有点难过，老房子都可以买一套了。这是 1998 年左右的事。

“那时候没有汽车，猪载到段塘机耕路，我再拉进来，然后从我们这里卖出去。那时候黄鱼车拉过来五车，家里这样一个房间，都是杀好的猪，大都是腿，前腿后腿，也去卖。那时候用三卡拉去，再用黄鱼车拖去，到大世界去卖。卖光了，那天生意是很好，大概卖了4000多斤肉，下午要把它卖光。上午老婆先过来，10点多，我不在，我老婆过秤，我回来以后再拉出去卖。那时候好像有BP机的。后来回来，人真的很累。这么多的肉，过年到了要卖的，那时候生意是好，自己也没有剩下什么，就一点骨头了。因为天气也冷，卖就卖一点，剩就剩一点，也是利润。

"做生意的话，说实话，人虽然吃力，但是有钱赚，也有动力，那时候体力好，睡一觉就恢复了。斩了这么多的肉，有时候刀都握不住了，五六斤的肉，一天劈到晚，也是很吃力的。第二天还是要做，没办法，还是靠赚钱这个想法支撑着。那时候零售不卖的，基本上都是整腿卖的，以前的腿没有像现在这么大，一只腿就10多斤、20来斤。以前跟三门人做生意，会轻松一点。三门这边的肉猪多，活猪也有的，他们肉猪很大，也很要吃肥肉。

"和外洋（远洋）人做生意最好玩。过去外洋人在过年会来买肉，轮船很大的，他们来做生意，船开出去要半年，就买点肉带回去。原来在白沙买的，白沙的价钱比较高，后来到大世界，大世界有点批发市场性质，东西便宜一些，种类又多。他们有四只船，两只船一队，到海上去捕鱼，需要半年，蔬菜全部都要准备好，猪是一只船要两三只。跟他们做生意最好了，一天能收入三四千块。他们把猪肉带走以后，用冰冰好，或者用盐腌好。后来钱少了一点，但是也有几千块。这个都是现钱拿进来的，老婆看见也是高兴。

"生意有好做也有不好做的，亏本也有，肉卖不掉就臭了，会亏本。一开始做生意的时候，一只肉猪，前腿、后腿、中间，分六大块，都是在家里斩好了再去卖。那时候也没有冰箱，有冰箱也塞不进去的，斩开了卖不掉，就只能放在屋顶上晾着。臭掉也有，亏本也有，不过总是少，一只肉猪卖了还剩下一只腿没有卖掉，就自己吃，如果臭掉，就得扔掉了。

"做生意是挺苦的，赚也赚了几块，当初还是可以的，一开始用自行车，后来买摩托车。我在板桥卖肉的人当中算是比较早了。我人小，买小一点的摩托车，江陵牌。他们人高大一点的，就买五羊、本田。

"我现在感觉，做生意，不管赚多少钱一天，都是辛苦。我们这个生意比别的还要苦，做水果、蔬菜生意是苦的，他们是贩卖来的，拿来就放在这里，我们还要给猪弄干净，还要挨家挨户去收。

"收购肉猪，必须自己动手，不敢相信别人。别人收来的不一定是好的，有好的有坏的。自己眼睛看过以后，万一蚀本，也是心甘情愿，不怨别人。如果别人收来的，蚀本了，心里肯定不舒服。做生意，实际上是靠经济支撑着，你去上班就没做生意这么费心思。

以前做生意的人经常会想，上班就好了，还有双休日，晚上也可以乘凉，那时候乘凉的时间都没有，一直都要做生意。那时候做生意，一有空就睡觉，真的很吃力。”

4. 杜加田

杜加田说：“开始种田，也是很苦的。我们的田都是日日夜夜自己在种，我和老婆两个人种。后来，自己盖了两间空心板房子，前后门也没有的，窗也没有的，就住进去了。后面有了一点钱，就搞一下，一点点盖起了房子。有三四年时间，我一边种田，一边在外面做生意。我开始在大世界卖肉，后来因为没有执照，不给我卖了。我回来种田，社长就跟我说，让我养母猪。上面有任务分给我们村里，他说我看别人也不行，就给我弄。于是，我开始养母猪，一开始捉来五六只，养了一年多。后来便宜了，又把母猪卖掉，不养了。村里有一只船，我就去撑船了。一直弄到 1992 年以后，村里车路、机耕路都做通了，没有人乘船了。我就去办了执照，又到市场去卖肉了。一直卖到 58 岁（2007）不做了为止。开始在大世界市场卖，后到尹江岸市场，做到钟公庙市场、南苑市场，在南苑市场卖到了不卖为止。”

吴纪芳说：“这是顺其自然的，土地没有了之后，藕池人都做一点小生意。现在很多年轻人毕业以后，搞自主创业，不是像过去做一产二产，现在都从事三产。很多大学生自己搞代销店、网店，包括到轻纺城开店。藕池原来出租车很多，现在出租车生意也不好做，老爸做出租车生意，儿子肯定不做，因为太苦了，另外还有安全问题。藕池原来杀猪的人很多，现在环保不允许，都集中屠宰了，再做杀猪的生意，利润就很少了。现在藕池人基本上都从事三产，一部分人是靠村里养着。2015 年，当时一个人一年发 5000。我跟村民说，你家里三个人，种植也好，养殖也好，每一亩土地达到 2000 块收入，原来种 6 亩土地，一年只有 1.2 万收入，到 2015 年村里给你 1.5 万，因为你有 3 个人，年纪大了会再增加一点，家里闭路电视、网络电视钱都是村里付。原来一亩田，只有 2000 块的纯收入，就不错了，而且要种，要摘，晚上要管。村里的话，钱每年都可以拿的，而且好几个兄弟村比我们还要高。这样看来，不能靠村里给，村里给的只是一点，关键还是靠你自己去奋斗，像习近平总书记讲，要奋斗。自己不奋斗的话，天上不会掉馅饼呀。要百花齐放，各显神通，千方百计，特别是年轻人都要想办法赚钱。”

二、轻纺城经商

位于石碶的宁波轻纺城，始建于 1992 年，1993 年开业，1994 年趋冷，后引来 6 路公交，多业经营，只要是允许在市场卖的，都可以来轻纺城内销售，市场逐步红火起来。

藕池村近宁波轻纺城，于是很多村民也走上了到宁波轻纺城经商之路，如庄朋海夫妇、俞云华夫妇。

图 7-13 俞云华

1994 年，庄朋海首先到宁波轻纺城经营，做外贸服装批发生意。2010 年，成立宁波市鄞州古林新龙针织制衣厂。2016 年，在轻纺城包市场，开发海塘商贸中心。2017 年招商。2018 年 12 月 16 日开业。吴纪芳说："他们两夫妻比较勤劳，通过不断发展，做得很好，一步一个脚印发展得很好。"

庄朋海夫妇经商的成功，也影响了大哥俞云华。俞云华说："我妹妹的老公（庄朋海）在做生意，当初问我借钱造房子，后来钱很快还给我，家里还装修了，说明钱好赚的，于是我也去做这个生意了。"这样，俞云华也参与进来了。此前的 1999 年，他在卖摩托车。结果，因为 1999 年上半年始，宁波市区禁止摩托车上路，他的店亏掉了。俞云华说："2001 年，我到轻纺城做外贸生意，在轻纺城租了摊位，做了十六七年。我们那时候从厂里拿产品过来，做外贸批发生意。我进货，我老婆卖，收入还行，比厂里的工资多一点。

"做生意这个东西也要看诚信的，也有做得下去和做不下去。我们做生意是靠信用的，那时候也不用写什么，只要说出了，怎么样就是怎么样，亏本也没关系。我在轻纺城做生意，我们讲的话比山还可靠。说出的话就跟写上去一样的，我还是很要面子的。我们做生意的人，宗旨就一个，尊重人家，服务人家。生意没有做，也有人情在。以前在轻纺城做生意，经常有各种饭局，很多生意都是喝酒的时候谈成的。我老婆有时候有意见，但是在同样的店中，我生意做得最好了。做生意总归要讲诚信的，不诚信的话，老客户也要走掉。我最忙的时候，打包从天亮 8 点钟打到下午 2 点多，生意是真的好。我生意也做得多，胆魄也大，没有文化的人胆子大。

"有些人做生意很精明的，经验不会跟你讲的。别人不肯说，那我就自己琢磨。我卖了 20 天，算下来还赚了 1 万多块。本来可以赚 5 万块钱，但因为事先讲好了，我没有赚这个钱。后面人家觉得我爽快，进价也都给我便宜点。我这个人不怎么去进货的，跟厂里老板聊聊天、喝喝酒，他会给你介绍业务的。做生意就是双赢，你也赚一点，他也赚一点，大家都赚一点，不是一个人独吞的。

"我去进货，也没有带钱的，拿约 20 万、30 多万货，对方说，你东西先拿去。我说没有带钱，他说你拿去好了，也不用写欠条的。我想总归要写张欠条的。他也不用我写，就叫我全部装走，五六天卖掉，3 万多件衣服，毛 30 万。我拿了一个包，装去了。我说你点一点，他说不用点，缺几张也没关系，你老俞不会这样做的。我们做人都是这样的，绝对不会乱弄。钱这个东西，都不用点的。你再赚得多，欺诈的话也没意思的。

"我在村庄里讲起来条件还算可以的，我也没有开厂，就做点个体，各方面也没有去烦过人家，也没有话说。有的人年纪大了还要做，去卖劳力，我是吃不消了。有些人不要面子，要吵要闹。我的钱都是自己赚来的，一分一厘自己赚，用着放心。有困难自己想办法解决，自己去赚钱，自力更生，小孩子觉得爸爸这么辛苦赚钱，用钱也节省一点。"

三、村中开小店

图 7-14 陈高华

陈高华说："我妹夫（徐繁荣）开着小店，没有什么生意，就去养肉猪了。我就想，我来开，赚点钱也好。第一天，晚上我算了下账，赚了 3 块 7 毛钱，我真的开心死了。种田才能赚多少钱啊，从早到晚，哪有 3 块钱好赚啊。从孙子出生（1993）那年，我开始开店，到孙子结婚，我还在开，20 多年了。此前，我是做木匠的。我店里主要是一些香烟、酒、酱油、米醋，就是一些日用品。我开店也就是顺便，我承包的田有 13 亩，很忙，开店就是晚上开开。我开店就在自己家里，卖点香烟，打点老酒，别的没有什么花头的。以前小店比较少，板桥只有崔述芳一家小店，他的小店算是供销社，有点商品供应，我们跟供销社不搭界的，就是自己开的。他配货配不过我，我那时候年纪轻，自行车、黄鱼车都会骑。现在小店没有生意，就随便做做。"

四、村中养殖业

马善祥说："我是六年级毕业开始工作的，那时候家里比较困难，养牛、猪，晒谷，都要干。我看牛看了两年，然后去生产队干活，一直做到分田到户。27 岁下半年结婚，

28岁到宁波大世界去配过一点水果卖，卖了两年。水果生意倒是很好的。那时候年轻，上半天做好，下半天偷懒，因为那时候钱值钱，赚50块钱，我就高兴死了。后来我母亲不让我做了，我之后到翻砂厂做了六七年，那时候厂是周厚裕承包的。

图7-15 马善祥

“厂倒闭后，我也捕过鱼，做了两年。我捕鱼是用电板的，捕了一年。那时候鱼也多，上江捕了一年，第二年到下江去也捕了一年。那时候鱼非常多，卖也不值钱，一斤几毛钱而已。我赚了点钱，就去养鸭了，差不多养了9年，1999年下半年结束。第一年养了七八百只鸭，也有点怕怕的。两三年弄下来，规模又大了点，最多的时候鸭子养到五千多只。这一批鸭差不多生完蛋了，新的鸭子就接上来，老鸭子就卖掉。第一批就是养小鸭，买小鸭在春天，正月左右。小鸭买来，温度要调整好，200瓦的灯光安装好，小鸭子需要的地方小，热度要调好。一般鸭子生蛋，最多生10个月。10个月以后，你再让它生，要给它吃得好，这样的话成本就大了。所以一般情况下，10个月养好以后，就处理掉了。这时候新鸭选好了，就顶上来了。就是这样一季一季地翻的。我是以卖鸭蛋为主的，早上起来手工捡蛋，几千只鸭，有时候来不及，就再叫人帮忙一下。一只手三只蛋，两只手就是六个，一筐蛋一百只。发现今天的蛋少了一点，表明鸭子身体不太好了，就要弄点东西给它们吃吃。第二天，马上蛋就会多起来。鸭子要生病的，一只两只鸭子是不会生病的，但是养多了有细菌，要感染的。我们把小鸭子买来之后，打好预防针，针打好以后，不会有瘟病了，抵抗力强了。鸭子要感染、感冒，你看得出的，会流鼻水什么的，就要马上去配药。这也是要有经验的，没有经验的话，鸭子养不好的。我们养鸭有一个思想的，‘逢三逢八’，养鸭的人都到市场上去，买药的买药，买饲料的买饲料，这个饲料是要用汽车装的。三天之后开汽车去装，运到哪里去，价钱也都讲好。我们需要的少就到市场上买点，需要的多就到余姚去配，一年要去好几次的。

“2000年，鸭棚拆掉，旧村改造了。我和书记、村长说：鸭棚拆了，我这个人也比较爽快，这个你们赔给我，不要少我的，我也不会来敲你们竹杠。我第二趟就签了字，村长和书记就觉得我比较爽快，工作好做。我跟书记提要求了，我一时三刻工作也安排不了，小孩也有了，老婆也在，你帮我找个工作做做。书记这一点也比较好，他看我爽快，他也很爽快，他就说，一些老房子给你拆，我说好的。后来确定是7块一平方米，我问村里买拆下来的这些材料，我再卖掉。那时候的材料有人要的。后来填塘渣时，也没有什么人要做，书记就问我了，你会做吗？这个事情给你做。我说我做做看，我就和安徽人合作接了这个活。人家要写协议，我不用写，我和书记这样说，要赖的人，协议写一百张也要赖的，我不会赖你的。我没有写协议的，讲好是怎么样就是怎么样，活要干好，就算我钱少赚点也没事。就这样，这些活给我干，到 2006 年，我们旧村改造，房子也拆光了，填塘渣的活也没有了。后来剩下一点绿化工作，就给我做了。做做这些，赚点工钱是有的，多的也没有的。到 2007 年，书记问我，要不要包村里的环境卫生。我就一直做到 2015 年。现在我是管藕池居委会、藕池村、礼嘉桥村、薛家村四个村的活。”

五、黄大林种植业

图 7-16 黄大林

黄大林，黄岩人，1985 年迁居村中。此前，在黄岩开环保食品厂 18 年。2012 年起，到云南租了 30 多亩田，种植提子。

六、拉车开车

马志祥与王翠芳夫妇开货运、出租车。王翠芳说：“我来的时候这边都是机耕路、十字路。我是 1987 年与马志祥结婚的。我是栎社人，嫁到这儿来的。以前这边穷，走路的时候，一脚踩下去，下过雨的话，水都会溅起来。小孩生病了，以前要坐三卡去看病，后来条件好了有夏利车，人家夏利车不肯开进来的，嫌我们这边脏。我想，人要富，就要先把交通搞起来。后来我去学开车，上班也不上了。我 1990 年去学的，1991 年拿到了驾驶证。那时候是要学一年的，不像现在才几个月时间。我学会开车，然后借了 26000 块钱，买了一部大卡车，开始跑运输，前后跑了靠 10 年。跑了以后，觉得太苦了，2000 年左右，改开夏利车，开了六七年，因为发生了夏利车被抢劫事件，就把车卖掉了。后来进宁波宇达驾校，做教练。都是自己拿出车子挂靠这样的。我们教学，好的学生还好，坏的学生也真是没道理可讲的。头两年还可以。以前驾校还是正规的，新学生也都是靠老学生介绍的。我们给人家一次性考试，包考出就是收 5500 块，什么补考费都不

图 7-17 王翠芳

收的。现在的话，收2800到3000块，有的费用国家交。现在我已经不做了，我老公还在做。”

林惠成说：“生产队分田之后，我买了一辆黄鱼车（三轮车）做生意，拉黄鱼车钱好赚一点，但拉黄鱼车十分苦，毛1000斤的分量要给人家拉去，上桥时要推上去。还要给人家背上去，毛100斤的水泥，要给人家背到楼上去。做了两年。后来，我开摩托车，也开了一年多，摩托车轻松一些，好赚钱，风险大。一年多以后，摩托车就被禁掉了。现在我在上班，两千块一个月，养老保险也没有。”

图7-18 林惠成

包文华是做运输的，1984年左右开始，骑了将近20年的三轮车。

七、不锈钢加工

徐建波说：“从铁厂辞职后，我22岁左右，就自己去外面创业了，开个铁厂，后来嫌太脏，转行做不锈钢，去学技术。二十八九岁时，刚改革开放，我又开始做个体，做不锈钢，给人家做防盗窗，可以说宁波市里面算早的。以前刚开始做的时候，400多元一平方，当时钱蛮好赚的，利润有30%至40%。后来，又做了铝合金。”

八、公共电话亭服务

包泉德说：“1982年以后，我分到了10亩田，自己种。那时候自由了，改革开放了，说‘不管黑猫白猫，能抓住老鼠就是好猫’，只要地不荒，公粮交上就可以了。种田之余，我收凉帽，然后卖到宁波土产公司。当时路非常差，都是机耕路，马路也是石子路，一顶凉帽赚2分钱，做了三四年。1997、1998年的时候，我办电话亭，搞公用电话，前后做了近20年。藕池村公用电话，我是比较早开的。最早宁波电话是7字打头，鄞州电话是8字打头，7字打头的电话到乡下比较难办，宁波电话打宁波电话是3毛一分钟，鄞州电话打宁波电话就要1.05元。那时候宁波电话生意非常好。2000年时，我75岁了，老太婆死了，我就停了。”

九、个体裁缝

徐惠英说："我是 1983 年下半年生的女儿，然后就开始学裁缝了。我觉得在藕池学这个行业蛮好的。我 26 岁那年进过服装厂，那时候师傅教我们，我非常喜欢学裁缝、做衣服的，在服装厂做过两三年时间。后来我个人拜师傅学裁缝专业，裁缝学出来以后，就一直在藕池村庄里做裁缝。专门做服装加工，人家把布拿过来，我来加工，量身定做。我结婚以前是做凉帽的，各种各样的凉帽都会做。我学了三个月裁缝，就自已开店了，在自已家里做做裁缝，带带孩子。后来村里改造，房子拆了，就到轻纺城做裁缝，做了一二年。现在服装买的人多了，做的人少了，以前是做便宜，现在是买便宜。以前各种各样的都可以做，流行什么就做什么。那时候技术好，看看款式心里就有数了，我做裁缝的，布料也懂。那时候时装已经很流行了，穿起来好看，而且做比买合身。服装这个东西是跟时代的，什么时代流行什么款式。以前男的比较流行中山装，我就做中山装，流行西装就做西装，时装也做过。最好的时候我家还没有拆迁，生意比较好，一件衣服要排一二个月才能做完。我就是每天做衣服，家里带带孩子，我没有去过厂里，就是自已开裁缝店，种一点口粮田。我就在家里做裁缝，我老公到村办企业上班，也做了很多年。那时候做衣服的，一般都是本村里的人，性格、生活习惯也都熟悉的。那时候工钱也很便宜的，做一条裤子就是 3 块到 3.5 块。现在我多多少少还是在做的，但量不是很大，量身定制有也有的，但是比较少了。有的外来户在这里租房子，也有做裁缝的。不过，他们不固定的，租在这里了就在这里做，租到别的地方了就走了。"

第四节 / 任职村务

一、村委会任职

郭成祐说："我 1993 年 12 月退伍，村里要安排工作。1994 年 2 月，我就跑到镇里，镇里民政部门给我们安排工作，当时给我安排在布政活塞厂。大概做了 12 天半，不做了。为什么呢？因为我当时是预备党员，厂长找我谈话，说你要么把组织关系拿过来，我没有拿过去。人家说学徒 3 个月没工资的，但因为我当兵说是有工龄的，所以第二天我就开始有工资了。那时候是多劳多得，我这么一算，一天就六七块钱，我吃饭都要 2 块钱，所以我做了 12 天半不做了。那时候还骑自行车，从藕池新村骑到布政，起码要

20分钟，早上一趟，晚上一趟，还有点距离的。路也不好，不是现在这个路，以前是那个石子路。后来藕池村刚好有一个企业会计不做了，村委会考虑到我在部队里学过会计函授，有结业证书，就让我接手，那天是4月16日，就这样我到村里来当会计了。那时候我就是企业会计，一个人负责两家企业或者三家企业。这4个会计在村里上班的，拿村里的工资，企业的工资给村里，村里的钱再给到我们，是统一管理的。这样做到1996年12月。1997年，我当了村里的出纳，兼团支部书记、民兵连长、治保主任。1999年12月底，老会计退休了。2000年1月始，我当藕池村会计。”

司机张方平说：“我在布政乡厂里开了10年汽车，这个厂不怎么好了。藕池村吴纪芳书记就跟我父亲讲，方平在那个厂也不怎么好，快倒闭了。我们村里原来有一个开汽车的是女的，女的不怎么方便，让方平到村里来开车。我是这样来的。我好像1998年就来这边了，到现在20年了。”他是老会计张吉安的儿子。

1999年，村级人员（包括企业、后勤人员）做了调整，新增陈惠信、余忠芬、李志鸿为拆迁办人员，史娜、包可峰为企业会计，李红为出纳，葛红波为食堂厨师。2003年，又增加徐繁荣。近年增加周科。包可峰说：“我参加工作的时候是做企业会计的，因为当时企业都比较小，不可能一家企业请一个会计，成本会比较高，所以都是兼职的。我当时接了四五家企业，为他们理理账。我们工资问村里拿，村里问他们企业收。后来我负责藕池村企业安全生产，也对企业进行检查，企业慢慢都在改变，向好的方向发展。”

二、协警

李和芳说：“2003年外地人口全部到宁波打工，派出所民警不够，招聘协警，我通过考试进去了，至今一直做了15年。我的工作是巡逻，人家吵架了去调解一下。晚上三个人一班，属于我们管辖的范围，我们会巡逻一下，看到鬼鬼祟祟的人去盘问一下。2004、2005年外地人口最多，我们有时候会去检查一下，看他们是否有偷东西。晚上一般在下半夜，从凌晨1点至6点。十多年中，治安变化很大。以前相当乱，现在出来的人素质都很高。我现在在藕池警务室，晚上去查暂住房，他们都会配合，把身份证拿出来。我们检查的时候，把身份证号码输入系统，如果是逃犯，手机上马上会显示出来，我们就要把他稳住，跟上级汇报，把他带回去。上次我们碰到一个逃犯，马上把他抓回去了。以前他是办厂的，向亲戚、邻居借了很多钱。后来办厂亏了，他就跑路了，然后在这里的厂里隐姓埋名工作，有一次人口普查被我们发现了，后来移交给原籍公安分局。类似这种事件很多，现在我们归到海曙公安分局了，案子也少了，很多人家门口都装了监控，治安也好了。”

第五节 / 企业上班

吴升月老师的两个儿子徐国良、徐孝良在宁波星箭航天机械有限公司，这是一家从事火箭配件生产的企业。吴升月说：“鄞州教育局在藕池村对面搞了一个宁波科教机械厂，我两个儿子通过招工进去了。1996 年，宁波科教机械厂转制，改为股份制。我两个儿子都在这个厂里，大儿子在销售科，小儿子在办事处。现在两个孙子徐靖、徐鸣也在这个厂里。两个孙子是宁波大学本科毕业的，在这个厂的销售科。”

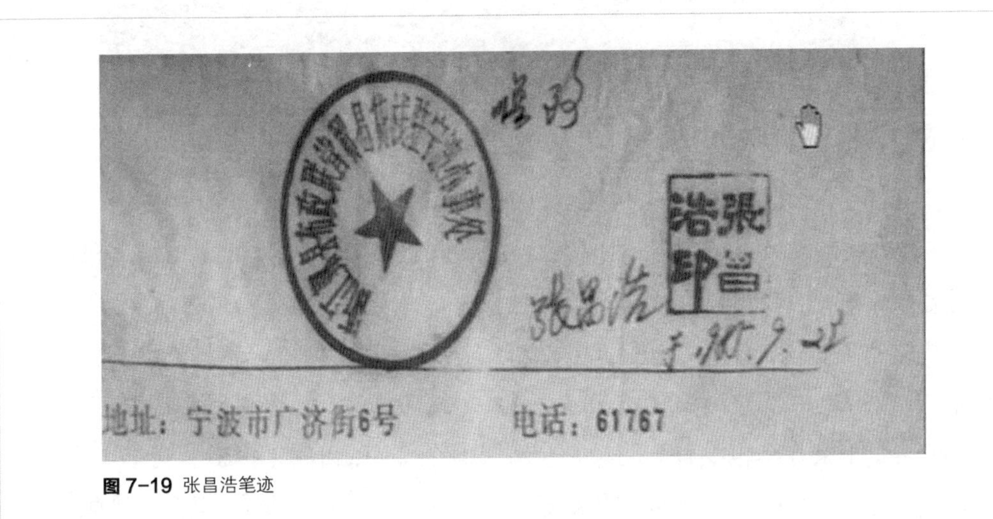

图 7-19 张昌浩笔迹

张昌浩，1971 年至 1974 年，担任生产队长。1975 年至 1982 年，担任藕池铁厂供销员。1982 年至 1983 年，在布政日用电器厂跑供销。1983 年至 1984 年，在布政提炼五金厂。1984 年 10 月至 1985 年 10 月，在宁波广济街 6 号布政联营贸易货栈驻宁波办事处工作。1985 年 11 月至 1986 年 6 月，在天台平镇物资产品站工作。1986 年以后，在宁波江东区农工商联合公司工作。

杨爱琴说：“我老公（吴国芳）是做木工和装潢的，以前是在城隍庙那里给人家做装修，也没赚多少，35 块钱一个月，也是做一天混一天，也没别的办法，以前条件也比较差。”

包康利说：“我是 1983 年初中毕业的，毕业后我就去打工了，在段塘的宁波砖瓦厂（现在宁波白纸板厂）打工，当时很多的村民都是在那里打工的，因为没有其他地方做

鄞州区户籍人口劳动力资源调查汇总表

填报单位（盖章）：藕池村

单位：人

项目	劳动力总数	女性	劳动力素质														劳动力从业情况										其他人员	
			文化程度						技能				健康状况				三次产业从业情况						未就业人员					
			高中及以上	女	初中	女	小学及以下	女	有	女	无	女	有劳动能力	女	部分劳动能力	女	从事第一产业	女	从事第二产业	女	从事第三产业	女	小计	女	其中，无就业意愿的人数	女	小计	女
甲	1	2	3	4	5	6	7	8	9	10	11	12	13	14	15	16	17	18	19	20	21	22	23	24	25	26	27	28
女：16-40周岁 男：16-50周岁	489	200	56	12	354	152	79	36	116	48	373	152	483	197	6	3	3	0	302	80	180	120	4	0	0	0	—	—
女：40-50周岁 男：50-60周岁	209	128	9	7	72	54	128	67	45	21	164	107	188	116	21	12	12	2	57	34	135	92	5	0	0		—	—
50-55周岁女性干部	0																										—	—
合计	698	328	65	19	426	206	207	103	161	69	537	259	671	313	27	15	15	2	359	114	315	212	9	0	0	0	113	79

注：1.栏目关系：1=3+5+7=9+11=13+15=17+19+21+23；2=4+6+8=10+12=14+16=18+20+22+24。
2.以2009年10月20日为时点。
3.劳动年龄内在读学生、服兵役、收监等人员以及女性50—55周岁被征地人员等直接填写在其他人员合计栏内。
4.其他人员栏目人数不纳入劳动力总数统计范畴。

单位负责人签章：吴纪芳　填报人签章：[illegible]　联系电话：87426226　填表日期：2009年9月28日

图 7-20 2009 年藕池村户籍人口劳动力资源调查汇总表

苦力活，我们只能在这个车间里切切砖。在砖瓦厂里做了几年，打打零工。后来，砖瓦厂的效益也不好了，我改到宁波洗衣机厂打工。90 年代初，和人合伙开了一家小公司，叫华东机械有限公司，专门卖印刷机械，从厂方买过来，再把机器卖给人家。大概做了五六年，经营得也一般般，只能混混日子。1999 年，我退出了，到村里来工作了。”

2007 年，不会开车也没有车的马善祥买了一个车库，目的是投资。当年买进是 7.6 万元，现在市价已涨到近 20 万元，租金每个月也有 500 元。在藕池，租金早已成为农民普遍的收入来源。吴纪芳说：“全村 886 套房子，有一半是出租的。按每套每月 1500 元计算，每年户均收入就有 1.8 万元。”

2009 年调查得知，全村 698 人，从事一产 15 人，二产 359 人，三产 215 人。

村民生活方式的嬗变

百年藕池的村民，经历了物资匮乏的计划经济时代。20 世纪 80 年代以后，经济逐步走向市场化，进入物资丰盛的时代。

第一节 / 计划时代生活

一、一切要票证

张杏芳说："以前买东西都是用票的。那时候有布票、粮票，还有香烟票。布票一个人一年大概一丈五，棉花几斤。粮票是在生产队里，要粮票，就拿米去换，或者用钱买也可以的。有的人手里粮票有多的，也可以买一点来。那时候是有供销社的。"李小平说："粮票、布票，我那时候有还是有的，我做出纳，村里有国家供应户（非农业户），粮票、布票每年马丽萍、洪康华的老婆有，普通农民是没有的。"

陈高华说："以前都是凭票的，最多的是肉食票、粮票、钞票。只有一两种票还不能吃饭。比如说去吃碗馄饨，粮食加钱 1 毛 3 分，另外还要一张肉食票，没有就不能吃的。这个没有用多长时间，是特殊情况。一般是只要有粮票、钞票就可以了。那时候米也要凭票的，酒也要凭票的。买肥皂，每个户头一块，横着切开来的。那时候就是这样过日子的。到了逢年过节，只有一点东西，几两花生、几两肉。我们逢年过节，供销社分配东西，是半斤左右的粉，2 斤多重的塘鱼一条，小一点 1 斤多的是两条，可能 5 斤肉票。过年倒是过得蛮好的，自己有时候养了鸡，过年也吃得蛮热闹的，反而现在吃得少了，不过现在吃得好了，我们现在过年吃没几顿，一条鱼最多吃一顿了。那时候我们亲戚也多，一天吃五顿六顿也有的，上半天在他家，下半天在你家。最多是吃四天，因为初四下半天要开工的。那时候饭基本上有吃了。我家敖忠出生才 2 岁左右的时候，粮食还是很紧张的。”

图 8-1 崔述芳夫妇

陈高华又说：“板桥只有两家小店，属供销社。供销社时代，也没有别的地方可以买东西的。买蔬菜也要到礼嘉桥。后来有点自由了，可以到外面买点菜。以前在生产队，我们动一点脑筋，一个供销社去挑来，然后分开。李志蕃，这个活他会弄的，他喜欢弄。他干活比不过人家，他就弄这个活。这也有好处，没有他的话，我们 13 户人家也没有东西吃的。他挑过来，分成 13 份，我们拿一份回家，这是 70 年代的事。” 50 岁（1981）时，崔述芳因白内障，眼力不好。他找大队帮忙，先被安排在窑厂。次年，有一个供销社代理店的机会，大队让其开小店。当时，公社供销社给了 30 元一月，大队补 10 元，共 40 元。当时是计划经济时代，凭票供应物资。他一直开到 62 岁（1993），生意不好，年纪也大了，店就停开了。

图 8-2 张嘉康

于春玲说：“我公公（张嘉康）原先是大户人家出生的，有社交关系，比方说村里哪一户人家要买砖头、瓦片，我公公会去帮忙，所以大家都尊重他的。” 张龙才说：“我爸爸宁波有个亲戚，我叫他舅公，在宁波造纸厂当领导的，村里专门叫我爸爸去买些砖瓦片等。那个时候有宁波屠宰场，猪重量不及格，他出面通关，说拖拖进去算了。”

二、用

徐亚晨说：“现在人见多识广，以前连电视都没有。那时候生活条件很差，我小时候天天盼过年，因为过年可以吃肉、可以穿新衣服了。平时没有肉吃，也没有新衣服穿。我上面有两个姐姐，姐姐穿下来的旧衣服拿来给我穿就很好了，正月里可以做一套新的。平时也没有肉吃，正月里有肉吃。那时候我阿爸做肉丸做得好，从初一到十五，一直都有这道菜，上一拨客人没有吃完再热热。正月里客人都来完了，才可以给小孩吃肉丸。这个时候吃，已经硬得像石头一样了。现在好像天天过春节，吃的太多了。小时候比较困难，有一年，我们家是大灶，没有米饭，就用草籽和细糠煮煮吃。我有时候搬个小凳子去偷点来吃，看到米有一点开花了就叫。那时候农村很苦，吃了那种饭以后大便都拉不出来了。那应该是困难时期。我 10 岁读书，天气热，放假了，夏天要去种田，凌晨四点爬起来，跟妈妈去拔秧，一边拔一边还要打瞌睡，赚点工分。我 1982 年结婚，说好不好，说坏不坏。我婆婆给我一间老屋，在板桥自然村。我在板桥，婆婆在俞家（小地名）。酒水办了六七桌。新房间，纸头平顶拉拉，铅丝一根根拉好，然后白纸糊起来的，看上去白白的，交关赞（非常漂亮）。结婚证有的，那时候结婚证是到布政乡领的。”

张杏芳说及以往艰难生活时说：“我们是困难人家，下雨天就是穿破鞋。好的人家有穿解放鞋，也比较少的。天冷，年纪轻不穿鞋也没事，抵抗力强，不会冻病的。现在是不行了。天气热了就用扇子，晚上睡在外面。像我妈妈去做佣人，住在别人家里的，家里又没有什么东西的。隔壁邻居看我，也是蛮同情的。土地改革的时候，我还小，才 10 岁不到。到庙里住，分到了一间老房子，后来自己老屋翻新屋。以前因为年纪太小，东西都分不到。”张加昌说：“我以前 7 岁上学，没有拖鞋，拿根草绳绑一下，就上学去了。到生产队以后，可以到上海买雨衣穿了，生活水平在逐步改善。以前买双拖鞋，去人家家做客，到人家家里，洗个脚再穿拖鞋，这么冷的天，就赤脚走过去，怕把拖鞋走坏，脚冻得很红。当时没有钱，很节省，工业也不发达，买双拖鞋很不容易。买双高筒拖鞋，也要十几块，以前东西太贵了。买自行车是 70 年代，当时也是凭票买的，杭州牌的，134 元一辆车。以前买辆凤凰牌的自行车真的是稀罕事。缝纫机是我女儿快结婚时买的，手表是上海牌的，120 元一块，是托上海的亲戚买的。买一个手表，在生产队要做半年。”现在的生活发生了翻天覆地的变化。

三、食

姜芬琴说：“我们家都是女孩子，口粮吃不完，还可以支援我的阿姨。阿姨家里有 7 个儿子，他们老是口粮不够吃。在我小时候的记忆里，村里每户人家都很勤劳，很会干活。隔壁邻居之间都很和睦的，哪一户人家有什么事情了，大家都会去帮助。哪一户人家有什么喜事了，还会分蛋、面条。

“我们还会做年糕，小时候每一户人家在快过年、晚稻割了以后，12 月或者 1 月，都要做年糕了。做年糕，有时候两户人家拼在一起做，有时候一户人家做。我的姐姐们都是嫁在同一个村的，嫁出去的姐姐跟我老妈家里一起做。做年糕很开心的，早晨三四点之前，我老爸用很大的缸把米浸泡下去，浸两天，第三天开始磨，一袋一袋装好，压成粉。这个压，我老爸是农民当中最厉害的。我们每一户人家做年糕，还要用咸菜做馅儿包进去。还有黄豆馅儿，黄豆也是自己种的，大家东西都会相互分。大概有半个月的时间，每一家都在做，晚上都可以吃这个东西。今天某一户人家做了，做好了以后，滚烫的年糕就来分了，邻里关系非常和谐，很好的。

"家里有人生病没有人帮忙，我们邻居会来帮忙的，一起把病人送到医院去什么的，邻里关系很好，没有闹不愉快不团结的。每一户家庭的教育也是比较传统的，教育出来的人也是比较诚实的。有一户人家，他家里的老妈比较急躁，老是要打小孩子的。我们家里长大的这么多人，我老爸老妈从来不打我们的，关系都是很融洽的。女孩子不太会被打，女孩子比较听话一点，男孩子皮一点。

"我的记忆当中，我们村里是很干净的。我当时已经到乡政府参加工作了，乡干部联村联到这里了，有一次党委书记联村到村里，就是我所在这个自然村，走过了，他说：'姜芬琴，你们村里是怎么回事，打扫过了？这么干净。'我说，我们这个自然村就这样的，每天都是这样的，没有特别去打扫。他说：'我下次要在这里开现场会，让全公社的人到我们这个地方来开清洁卫生现场会。'过了几天，果然召开了一个村干部会议，把每个村的支部书记、村长、组长叫到我们村里来开现场会，这就说明了我们这个村弄得很干净。这个自然村，大路、小路、房前屋后，都很干净的。我家一个对门是生产队的队长（吴祝庆）家，这户人家是我们这个自然村最干净的了。到现在为止，我们住商品房，有的人家地上也不如他家那时候干净。那时候是农民家庭，农具都要拿进来的。他的家里是每天用刷子刷得很干净，毛巾都可以擦地板的。现在的平顶房是不会有灰的，那时候没有平顶的，是用柱子架起来的，如果一年不去打扫，灰尘肯定很多的。我们家里过年就要打扫了，把这些灰给弄掉。他们是每一个月或者半个月，就把这些灰尘用毛巾擦掉，家里弄得干干净净的，一只苍蝇蚊子都留不下的，最干净不过了。这种现象对周边邻居也是一种影响。我们的村民，家里都是弄得比较干净的，有些农民家里走进去很脏的，鸡、鸭、鹅，到处是屎什么的。我们家里基本上也是很干净的。鸡养的，鸭是不养的，养着就很难弄干净了。养鸡的话，有一个专门的鸡笼，白天放出去，鸡拉了屎，我们会去扫掉。那时候又没有物业，又没有请清洁卫生工人，我们自己会去打扫的，这个氛围很好的。我从小到大，我们自然村地方就很干净。但是藕池这边的自然村就没有这么干净了。"

包康乐说："现在的形势比以前好，一年比一年好。以前没有现在这么富裕，这是肯定的，也不像现在这么自由。以前生产队，你起得晚一点就要扣工分了，你活干得糙了一点，有可能记零工分了。有人说现在和以前的钱差百倍，我说万倍都不止了。那时候社会上很困难，东西都不能买的，还要凭票的，各种各样的票。我还记得到石碶商店去吃饭，等我们排到队，已经没有了，说明天再来，你说气不气！那时候用钱买都买不到东西的，没有的。等到改革开放了，只要你勤劳，会动脑，就能赚到钱。像习总书记说的，中国梦，要有梦总归会实现的，如果没有梦，走路也没有方向。我今年要怎么样，明年要怎么样，都有计划的。我厂房造好，儿子跑跑业务，我也帮帮忙，日子就很好了。辛苦了一辈子，现在可以过过舒服日子。

“白手起家，幸福是干出来的。习近平总书记不是说了，都是苦出来、干出来的。你想不苦，还要成功，是没有的，只有付出才有回报。以前没有钱，我老婆那边是种棉花的，不下水田的，脚上每天可以穿鞋子袜子。到了这边来，要下水田了，怎么苦呢，这个蚂蟥都不知道怎么抓，真的苦。我说那不要做了，晒谷子。结果，晒谷子后，她的脚上都晒出了泡。到这里来，她想起来这么苦的日子，就不想回来，一直在厂里，让我儿子再开个厂，业务很多的。以前说 1 块 2 毛钱拿不出来，我儿子从慈溪过来，到解放桥，解放桥那时候可以坐 6 路车，6 路下来是段塘，从段塘下车再到藕池。哪有像现在这样，地铁就到家里了。那时候车子坐过来要 4 分一张票，2 张票，两个人。我老婆跟我儿子，要 8 分。一根白糖棒冰要 4 分，从北站走到解放桥的桥头，这段路要走的。以前卖棒冰是用木块敲的，小孩子听到这个，耳朵很亮的，就走过去了，意思是想买根棒冰吃。那时候我老婆也不明白儿子的意思，既然儿子往那走，就跟着走了，结果儿子走到卖棒冰的地方不肯走了。你说怎么弄？ 1 毛钱，如果买了棒冰，就剩下 6 分了，就回不了家了，到家要 8 分。我老婆没有办法，就打儿子，打到他不想买棒冰为止。这是 80 年代初的事，儿子为了 2 分钱被打哭了，说起来眼泪都出来了。现在这个钱，我儿子也不浪费的。我家全是不赌博的，也不打麻将的，不赌不嫖，儿子也不抽烟也不喝酒。大人有点钱，总归是给孩子的。现在说起来，过去的事是要回忆回忆，回忆过就会珍惜时间、珍惜今天、珍惜生命了。那时候是不怕死的，刀山火海都得去，人家不肯去的你要去，人家不跳的地方你要跳；脚生疮了，开刀了，还去挑谷。那时候的路不像现在的路这么好走，都是铁厂的煤渣铺在上面的，硌着多痛啊。赤脚挑，还要比别人挑得快；如果你挑得慢，说你吊儿郎当的。”

周利英说：“现在年纪都大了，也不会赚钱了。我们以前都苦过来的，吃也是这样，现在不会生病了，以前我老是生病的。生什么病呢，就是没有力气，这可能是饭没有好好吃的缘故。以前种田的时候，泥鳅很多的，就在脚下钻，一下子抓出来，卷在裤脚里，用草绑起来，回到家，杀了以后，在饭锅里煮熟。现在没有田鸡了，以前种田老是在叫的，一手抓下去，这么大的田鸡就抓上来了，回到家里剥了皮煮起来吃，我喜欢吃这些东西。他们要说我的，你这个人这么厉害，看起来人瘦瘦的。这些东西要是动动脑筋还是有的，只是没有时间去弄。

“这个钱就这么一点，要造房子，要买材料，哪有钱买吃的。以前生产队种荸荠，种了去卖，自己没得吃。干活，你也做我也做，是运动，是政策，不像现在这样的，哪像现在这么好啊。我婆婆说，我活到100岁了，这么好的时代没有遇到的。

“像我老头也是很苦的，跟他父亲去捕鱼，新鲜的鱼卖掉，准备买米，结果没有米了，人家卖光了，都收摊了。捕鱼的人每天要吃饭的，可是米缸里没有米，每天鱼卖光，去买现米。如果当天没有米卖的话，这一天就没有饭吃了。布政市集，开米店的人有四五家，一看有两家米卖光了，他不卖鱼了，先把米买回。如果等鱼卖光了再去买，就没得买了，要饿肚子了。有时候稍微空一点，到岸上剥点菜叶，煮点细糠。他们船停在桥下的，上面人家走过，人家说，这么小的小孩真是可怜，只能吃这种东西。有的人很好的，扔点年糕给小孩吃。你扔给他两根年糕，我也扔两根年糕，那有四根了，四根年糕，再加一点菜，就有得吃了。小孩子不懂，问父亲，还有年糕吗？你说就这么点东西，哪还有啊，就只能吃细糠什么的。

“有一次鱼卖掉，又没有米了，那他就买了点毛笋当饭。孩子们不知道，说：今天怎么这么好，买了这么多毛笋。他父亲说：你快吃吧。第一顿毛笋味道真的很好，结果第二顿也是这个，第三顿也是这个，哪有三顿可以连着吃的，第一顿是好吃的，后面吃就不好吃了。我是宁波城里人，我母亲就我们两姐弟，我们平时吃得比较细巧，所以没有什么力气。我现在吃得好了，但我不大生病了。我老头好坏都要吃的。现在没有大碗橱了，以前有大碗橱，没有倒掉的东西，都放在里面等下顿吃的。我有些东西不吃，他到现在像汤团、精团，都喜欢吃。人家感到奇怪，这么大年纪了，还吃这些。他母亲100岁的人了，也要吃汤团的。她说我们捕鱼人家没有什么东西吃的，后来可以种田了，开心死了，就让儿子种田去了。像我们到这里，总想着捕鱼的人家最有钱了，他们却说种田人好。我们觉得捕鱼的人一天把鱼卖掉就有现钱了，我们每天都没有现钱。但是她说，你们有年糕块吃，我们连年糕块也没得吃。像阿娘（婆婆）很喜欢吃年糕块的，他们以前没有怎么吃，看见人家吃年糕块、汤团，就十分羡慕。100岁的人了，还可以吃10个汤团。像我老头也是这样的，饭倒是不怎么想吃，汤团是很喜欢的。”

傅阿英说：“以前钱赚来就起一点房，刚开始是一间很小的房子。以前菜是不买的，每天都是吃咸菜的。以前有一个人，她对我们很好的，她知道我不买，有一天，她说：你去买菜，大人不吃，小孩子还是要吃的。然后，就拿出5元，让我去买。我拿了她的钱，就去买了。凉帽卖出之后，把钱还给她。她说：不用还的，去用好了。那个奶奶最好了。她知道我没有买菜，会买给我们吃，每次都是这样子。以前有船开过来，卖小黄鱼、大乌贼，很好吃，很便宜，只有 1 角多一斤。但是，我没去买，她每次来，都把钱借给我，让我去买。我生了两个小孩，都是自己打理的，也没人帮忙。我这个大女儿最苦了，苦的没人知道。嫁到这边，也很苦。但是现在好了。当时住在板桥，知道田可以被征收用来造路了，我老头还有点担心，说田没有了，以后靠什么生活，但是后来就不担心了。”

龚财良说：“生活总归是一天比一天好。以前买菜也没什么好买的，自己也种了芋艿，都是吃这些东西，鱼、螺蛳自己也会去抓的，就用这些当菜的。那时候大多数还是吃自己的东西，自己种自己吃，有多了去卖一点。新村改造以后，改变比较大了。现在劳保是有了，以前是没有的，以前都是低劳保。很多日子也是平平凡凡地过去了，没有特别去记了。”徐仁定说：“政策变化了，农民生活是一年一年在变好的。我一边是有村办企业，一边要种田，田是按照家里有几个人分的，还要上交公粮，一年交几百斤。养猪也是养的，养了好多只。以前凭票，肉 7 毛一斤。分田到户以后，一年比一年好了，东西也有得吃了。”张龙才说：“那个时候不知道日子是怎么过的，的确很苦的，没有好好吃顿饭。因为家里兄弟多，都是小小的，都是多少一个人定量的，想吃点稻谷，还要去黑市买的，5 分一斤，100 斤 5 块够了。早上粥煮也煮得非常薄，到中午早就饿了。偷点家里的番薯吃吃，还要被家里大人说。有时候就水多喝点，把肚子喝饱。以前这么辛苦，现在生活这么好，真的没想到。”李和芳说：“我们家人口多，有四个兄弟，一个姐姐，我爸没有劳力的，全靠我妈一个人把我们养大。以前大集体，每户人家一年到了分多少口粮定的，像我们家四兄弟，十级劳力，粮食根本不够吃的。过年了，粮食不够了，要问人家借。这种日子，我没碰到过。等我出生，已经不需要饿肚子了。在家里，我们就买酱油、盐，番薯、青菜、芋头都有种的，肉是过年才有的。大年夜，我爸妈炒碗倭豆、炒瓜子、煮肉，每个人分一块压岁钱。新年了，每人可以有新鞋、新袜、新衣裤。等过完年了，又要收回去藏好，一套新衣服要穿两年，这个是我七八岁时候留下的印象。大哥穿下的衣服、鞋子没有破的话，就给弟弟穿。”戚明华说：“那时没有钱的，小孩子也很苦。读书读到 14 岁就种田了，当时我放了 3 头牛，一年算 17 个工分，类似于现在的 20 几块，一年到头放 8 个月的牛，刮风下雨都要去放。我们兄弟比较多，这些定粮拿来，8 个月就吃完了，要向生产队借稻谷了，借来的稻谷，都是质量不好的，去还，都是质量好的稻谷，所以越借越穷。我家 5 个兄弟，一个大姐，男人比较多的家庭，会越吃越不够。到 1976、1978 年，按劳分粮，情况才有所好转。当时规定妇女最高 600 斤，18 岁以上男子 700 斤。”葛小其说：“改革开放以后，村里的变化大的。首先厂办起来了，不然旧村改造等都没有资金弄的。”

普通村民造房、婚嫁时，物资也不多。姜宝根说：“那时候也没有什么嫁妆的，就几件衣服、一个箱子、一条棉被。我结婚，给了我一间稍微大一点的老屋。我就后面打灶，前面做房。我老婆和丈母娘的意思是说，能否买一个手表，要 80 块钱一只的上海牌手表。我也跟老婆和丈母娘说，等我有钱了再买。那当时就有点工分，一年到头，年底也就分红 15、16 块。当时一年‘三支一结’，5 月 20 号拿一回，7 月拿一回，9 月拿一回，再到年底结算一下。总共 300 多块钱的收入，到年底也只发个 10、20 块，80 块钱的表怎么买得起。年底总结算，有 80、90 块，最好的时候 100 多块。以前人没有空闲时间，快过年了，供销社会送货下乡的，船开过来了，喇叭就喊大家来买东西。但是没有钱，就去问保管员支 10 块、支 5 元，然后买点菜。一会儿借 5 元，一会儿借 10 元、20 元，到年底，统一算账的时候就没有钱了。我和父亲分家后，我也赡养他的，每年 20 块钱。20 块看似不多，但那时 20 块都拿不出的。有的坏的儿子，不赡养的也有的。钱的话，我也不会用钱，也没有钱用的。有的人嘴巴馋了，会买点吃的，如一毛钱 7 粒的梭草。我这点钱也不会用的，都会带回家的。以前饭也就是这样，带点咸菜，河里舀点水，砖头搭起来烧火，饭后在凉亭里休息一下。

图 8–3 姜宝根

“我读书的时候也没有钱。后来读五六年级，算高小了。到邻村小学读书，要带饭去，天亮（早上）根本没有吃饱的，家里稍微有一点冷饭装了带过去。但是肚子很饿，半路都给它吃掉了。中午，人家吃饭，我们就是东走走西走走，没得吃。饿到晚上吃晚饭，那时候肚子饿得咕咕叫了。晚上睡着，肚子又饿了。我就想，什么时候能让我吃饱饭。

“那时候，我父亲有 8 个小孩，4 个儿子，4 个女儿。4 个女儿嫁出去，4 个儿子娶媳妇进来，房子就是一个大问题。我家老屋好一点的一个房间给我了，旁边有个弄堂，再搭一下，也不算屋，乱糟糟的。我结婚以后，我父亲就把这些老屋都拆了，又拼了 3 间。我父亲会做木匠的，人是聪明的，做出来的东西也挺像的。房子柱子自己立起来，都是自己弄的。我还有娘舅也是土木匠，也会弄的，舅舅也帮帮忙。以前挑坟滩，有石头，就挑点石头来搭一搭，又搭了 3 间。我下面 3 个阿弟，一人一间，小虽然小，也是楼房了。3 间都是楼房，是一上一下的，3 个儿子 3 间。我父亲住在小儿子的地方。连我的是 4 间，我那间宽敞一点，我阿弟的房子小一点。我楼上是自己翻新的。

“第二个阿弟结婚的时候说要起房子了，我们拦住了。你起的话，把下面的阿弟的位置给起掉了，母亲也没地方住了。我阿姐还在的，阿姐跟我商量了，说老小这么小，阿姐作主，给他起一间。后来就是兄弟姐妹帮忙，又起了两间，我母亲就住在小间了，小阿弟一间。老二后来到外面起了一间，是结婚了以后，他自己攒钱自己起的。以前有养肉猪的，后来肉猪不养了，就在那位置起一间。

“我们家人口多，吃饭就是大大的一桌，也是没有饭菜吃的，就靠自己种点菜。想想都不可思议的，10 个人一桌。我们 4 个兄弟也是很能吃的，也没东西吃。过年到了，那有点肉吃。我六年级，成绩也很好的，考了布政初中，那时候食堂要带米，我米也拿不出来。”

四、用水的变迁

张吉峰说：“我们用上自来水可能是我在读小学五六年级的时候，以前是用水缸的。当时家里是用灶的。厕所是河边一个粪缸，以前每个家庭一人一个马桶，每天早上都要去那边倒掉。后来才有公共厕所，也没什么人打扫。厕所的变化是最大的。”杨裕祥说：“有一个电工和一个自来水工，两个人，做了大概十多年。后来老厂拆了，自来水也拆掉，新的又装上了。自来水的话，包家是想接宁波水厂，但是接不过去。那时候都愿意装自来水的，不要装的是少数。要装的话，村里钱交好，就装了。那时候自来水的水质很差，管子也经常堵塞。有的地方装得不对，结冰了，也没办法处理。像我屋后面那一片地方，管子很冷的，去装管子，感觉像没穿衣服一样的。那时候村庄很分散，没有新村改造之前，有的地方的管子会冻掉，现在基本上不会冻掉。露天的管子，里面会生锈，容易坏。那时候我不单单负责管子，村里水费、电费也要我收。收费的话，日子规定好，每个月 10 号到村来收，等于这十天时间，我不能离开，一直要在村里。”

第二节 / 住行舒心

一、住房

那时候的生活真的是很艰难。包康乐说：“结婚，住父亲的老房子。我们两间房子，一间他们住，一间我们住。结婚时乡下有闹房习俗的，我们这样不能吵的，楼上要塌下来的。以前你不能造房子的，造好了也给你推掉的。那怎么办呢，就用那个竹竿子弄弄。

家里也没有什么东西的，人家10级劳力，我爸只有8级，他一直在生肺病，挑不动、做不大动，只能给8级。我爸喜欢喝酒，后来我生病了，也没有钱看医生买阿司匹林。我妈将我爸喝酒的饮具卖了一块钱，给我看医生去。如果不看医生，我当时都没有命了。真的是要珍惜现在，比起来不知道好多少倍了。像现在这样高楼大厦，水泥柏油路，真的没有想过。”

周利英说：“讲起买房子也是挺罪过的，把孙家那间房子买过来，以前就100多块钱。上海人来了，三天工夫就要回去。当时借100多块钱没地方借，我老头问他妹妹去借，去了三个晚上。他妹妹家里人多，没有钱。口粮也是可以换钱的，把米卖了也是钱。我老头就说，你跟妹夫商量一下，借一袋谷子给我，三天工夫钱就要拿去的。她就去问她婆婆，她婆婆说：借米好借，讨米难讨。我老头坐了两个晚上下来，对方也没有来回一声，只好把我做媳妇时候稍微好一点的两件衣服去卖掉。上海人来了，他叫我把猪卖给他。后来这样拼拼凑凑，才买下来。以前买一个房子要160块。大概是二十七八岁买的，也即1971年、1972年。

“以前借住在孙家，是国民的母亲，是他们外婆的上代，是许信法的房子卖掉，是他们家的亲戚。那个时候还是姜岳海当书记。那个房子才八尺，一张床放进去，人就得挤进挤出的。我们有三个人，怎么住呢？我老头白天干活，晚上挑砖，叫了两个姑丈来搭搭，用草巾泥土糊糊，住在里面，不下雨就好了。地上也没有水泥地，最多是石板。当时没有房子，都住在人家家的。我们造房子不是同一个时间造的，今年造一间，明天有点钱了，再弄一间。这样一间一间搭起来。我们自己造房子，挑砖头，抬石头，以前没有劳力的，他抬大一点的，我抬小一点的。以前是苦的，也没有地方买东西，也没有赚到什么钱的。房子在造，砖头、水泥横条，这些要花钱去买的，半夜三更的去买，很辛苦的。”

王翠芳说：“我想是天地之别，我们是拍了照片的，以前的照片拍过，现在新房子分好了再拍一下，两个样子真的天地之差。一靠党的政策好，二靠老书记吴纪芳和村里的领导班子。藕池村如果没有改造，藕池村的小孩想买房子娶老婆是很困难的。现在被老书记一弄，现在娶老婆也可以了，卖掉房子有几十万，也可以做老板

图8-4 周利英

了。以前出租车不肯来，现在藕池谁不知道。老底子东门口还是我们藕池热闹，晚上的夜市多好，那条马路，503 路公交车都不想来了，太难开了。我跑运输，东门口哪有这么热闹，马路哪有这么大。生活习惯方面，现在老百姓的素质好了，以前都是垃圾乱扔的，现在都放到垃圾桶去了。虽然我们藕池村垃圾分类还没有开始，但是总有意识了。像‘五水共治’，现在老百姓意识也很好了。”

包康乐说：“小时候村里的面貌，印象当中，就是一楼二楼的老房子，弄堂里转来转去的，看不出来的，很挤，我们小孩子跑来跑去的。这和其他村里的老房子结构是一样的。最有印象的就是上学，那个学校叫新学堂，有两层，我们在这里读书，是 80 年代以后的房子，条件稍微好一点。改革开放以来，生活水平好了以后，搭建的就多了，给村里付一个 10 块钱、20 块钱的土地费，一般情况下，是儿子要结婚了，大人们拼拼凑凑造一两间房子。如果没有结婚的话，这种现象不多的。因为我们从拆迁情况看得出来，毕竟是老房子多，新房子少。”

二、出行

张加昌说：“到礼嘉桥、板桥、布政，都是可以去的，到石碶、段塘都是石板路，更差的是黄泥路。走前面这条河，撑船可以到石碶去的。以前有五个河埠头，洪家、包家、张家、孙家、庙口。当时船也很少的，土改的时候，我才五六岁，就包家一条大船。”张龙才说：“我小时候，杨家路头就是坟滩。这里的路弯来弯去，生意做不来，不像现在正正方方。坟滩挑掉以后，这里种水稻了。后来路也做起来了，虽然很小。边上的屋子也是七歪八倒的。头一排房子，是我阿舅（虞迪厚）买过的地方，在杨家路头菜场后面。从那个时候开始好起来了，藕池新村开发，土地是我们的，造是他们造的，19000 元一套，70 平方。那个时候，1 万块都拿不出来。”姜宝根说：“交通也不行，有点石板路已经很好了，石板路就算大路了，一般都是泥路的。到板桥就是走石板路，用石头铺出来的。过了一条河，对面就是詹家耷了。要走石桥到万井桥，之后路就多了。有一条近路，是一个木桥（树桥），木头搭起来的桥，危险是危险的。”赵宏海说：“那时候我们去开会，车钱都没有报销，几分钱都是自己出。那时候汽车很少的，大多数都是靠自己腿走，也没有车乘的。去布政开会，也是走。甚至，我们去天童开会，都要走过去。”张吉峰说：“当时没有菜场，都是吃自己家里种的菜，买肉都要去段塘，都是骑车去段塘的。最早的（藕池）小菜场，就是空心板搭起来了几个摊位，然后变得越来越大了。”

1976 年，筑机耕路。赵宏海说：“那时候都是石板路，我们开会到布政，晚上石板路

走过去。现在外面那条马路很热闹，这条马路还是我当大队长的时候造的。别看现在客运中心、地铁这么热闹，以前都很冷清，没有人的。那时候去段塘，要走杨家路头，就是现在地铁的地方。那时候杨家路头只有二三户人家，是个小村，都姓杨，很小的。那时候石料装来，一袋一袋都是人挑来的。当时是布政公社组织的，因为没有通向城市的路，所以要造大路。一段一段地分开，每个大队分多少，是这样做出来的。现在都是国家做了，那时候没有路的。这条机耕路是1975—1976年间造的。造新家塘要造个桥，两边石头铺铺，上面石块铺铺，当桥板用。那时候水泥板有是有，但村里没有钱，买不起。"张富昌说："我37岁（1976）去机电站的，那时候段塘到古林的路已经通了。造路大概是在1976年，我参与了筑路活动。那时候装石头，一车石头有几吨，我管着的，发票也要我开的。后来，村里一定要叫我回来，那时候去外面有补贴的，每天补贴一个工分。那时候我在生产队做电工，说电动机开不起来了，江根星也打电话来调过，但是公社不允许我去，他们说张富昌修路是公社革委会决定的。"结合赵、张两人的说法，初步可判断路是1976年完成的。

1994年，筑君运路。吴安光说："以前村里走进走出的交通不方便，都是泥路，买菜要到段塘去买。那时候平时也不太会去买菜，田里种的弄点吃吃。如果有亲戚来了，偶尔到段塘去买点菜，那要走三里路了，都是坑坑洼洼的泥路，要靠两条腿走的。我当书记时，有一条机耕路，也是一脚高一脚低的。到环城西路，有两三里路。这条君运路，一半是段塘吴家村的，一半是藕池的。我跟张世生书记、吴家村周书记商量，划一点地给他们，他把块角落地给我一点，就这样弄成的。这条南北向君运路打通以后，跟前面这条启运路接上了，藕池村出行的交通也方便了。"

第三节 / 生老病死

一、婚姻

包康乐说："我是一个身无分文的人。我结婚时，父亲和母亲算是很好了，分给我一张凳子，只能坐一个人，我们两夫妻吃饭，你坐，我就不坐。我不坐，给我老婆坐。我丈人说，他没有看错我。你看我们现在日子多舒服，很早就开了厂。我是1976年结婚的，喜糖是通过我上海的娘舅买的，那时候糖还买不到，我娘舅是在上海市政府工作的，他帮我买了糖。"

图 8-5 后排左起：周祝英、张月娥
前排左起：何信娥、常玲娣、周利英

子女结婚很艰难。杨国平说："我有很多兄弟，兄弟胃口都很好，都很会吃的，粮食很容易出现断档现象，有时候早稻季节还没有到，有些人要问生产队借粮。我们家安排得好，基本上不用借的。我老娘当家当得好，基本上能接得上的。春来一袋谷，人家有了就胡乱吃喝，老早没有了。那时候生产队又没有什么钱的，我们只有二三百块一年。扣除谷子什么的，剩下没有多少了。二三百块一年，那时候在生产队还算是比较好的了。后来板桥村徐亚晨阿哥（徐定良）当生产队长，他有八九百块一年，这是最高了。生产队是板桥村弄得好。家里有几块钱积攒下来了，又有儿子要结婚了。结婚基本上是平房，后来自己有点钱了再造上去。"

不同时代结婚习俗有变化。周利英说："我儿子的话，本来是小房子的，慢慢搭起来的。儿子要上班去了，20 岁了，小房子翻成楼房了。房子以前 13000 块买来，弄了两间楼房，自己再弄一个灶间。比我们那时候好，他结婚的时候摆了 7 桌，那个地方也大的。我儿子 24 岁结婚的，现在我孙子也 30 多了。那时候结婚，新娘子来了，用船接新娘，衣服也是一般就穿自己的，我们没有像人家这么大手笔。儿子是 1963 年生的，1987 年 24 岁结婚。儿子结婚比我们那时候的情况好。我们结婚时，连晚饭都没吃，就到母亲那吃一点，晚上再随便吃一点。第二天，就没有什么饭菜了。结婚，老头买只鸭，带过去了。我母亲说不要，两人扔来扔去的，两只内脏掉下来了，老头带回来了，第二天早上，正好两只内脏当饭。本来应该是买鹅的，鹅没有买到，换成了鸭。等到孙子孙女结婚，那条件很好了。我有两个女儿一个儿子，儿子算是独子了。我大女儿 14 岁开始干活，她中学不愿意读了，就去干活了。我就说了，你做凉帽，钱自己放着。我大女儿也很勤快，十多岁，就到外面去干活赚钱。我只拿给她 200 块，其他都是她自己赚钱存的。两姐妹读书读好以后，给人家做凉帽。后来一人买了一只手表，这都是做凉帽赚出来的。现在的人读书读得多，以前没有那么抓紧。以前在学堂，还要做凉帽的。我自己家里没有什么东西，结婚就用借来的东西招待。以前他爸爸就和媳妇娘家讲，说东西都有的，其实都是借来的东西。后来媳妇娶进门以后，火熜也被人家拿回去了，棉被也没有。那时候

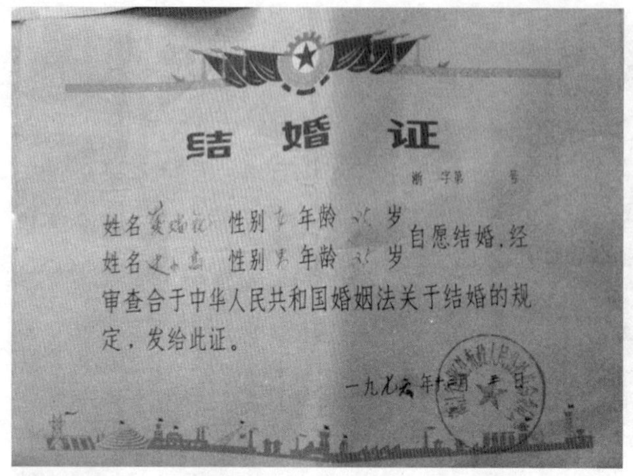

结婚证

浙 字第 号

姓名 性别 年龄 岁
姓名 性别 年龄 岁 自愿结婚，经
审查合于中华人民共和国婚姻法关于结婚的规定，发给此证。

一九七六年

图 8-6 史幼高、龚瑞花结婚证

捕鱼人家钱是有点，我们是要记工分。他们捕鱼人，鱼卖掉，就会有现金。有什么东西没有，只好两边家人拼着买。那时候样样都要借的，钱也是现借的。我母亲那边要好的还没有来，要早点算账，就怕人提前走了。这么多的儿子，也没有办法的，赚来的钱都用掉了。女儿结婚，我只拿出200块钱，其余的都是她自己赚的，我大女儿会干活，但是人也有不一样，我小女儿就不爱干活了，东西也不要，你给她东西，也说不要。结婚仪式，大家差不多的。一开始是在堂沿，介绍人说一说，堂上坐着父母，夫妻对拜什么的，跟戏文里一样的，别的也没有什么。不像现在这样在台上发言，以前都没有的。”

史幼高说：“我们是1976年结婚的，结婚证就是一张纸，红色的。就写一个名字，上面没有照片的。”

吴纪芳说：“现在年轻化，科技太发达，手机、网络都有了。结婚以后，双方经济条件都比较好的话，女方对男方也不买账，觉得我不用依靠你，男方也说，我不会依靠你的，双方自尊心都很强的。我们本地人还是喜欢找本地人的。两个年轻人，主要是自尊心太强了，你也不体谅我，我也不体谅你，这样的人现在很多。

“现在信息太发达了，社会变化太大。我跟儿子说，你找对象，只要你们喜欢，我们大人不反对，不然今后离婚就不合算了。现在形势变化也是不可想象的，今天我说儿子和媳妇关系好，明天起冲突了，也很难讲。不仅说年轻人，现在年纪大的人离婚也很多。2014年鄞州区离婚率有40%，这个数字实在比较高。现在为了经济条件离婚的很少，特别是现在很多人在农村或者城市都是有房子的。藕池村50%是自己谈恋爱，自己找对象。有些本身是大学生，找外地人比较多。一部分双农双女户、双农独女户的人家条件也不坏，真正要找本地同等的人，本地男的外面活络一点的都被找光了。有一部分农家女，本地男人被找光了，找外地男的还是很多。一般来讲，要么是自己找的。没有找的话，大人老早就介绍了。虽然女婿赚钱也不是很会赚，人好一点就可以了。”

二、生育政策的变化

蔡菊英说："很早的时候说，农民人家一定要儿子，没有儿子就没有劳动力。我家因为没有兄弟，我父亲多苦啊。分田到户后，我们家分到了 7 分田，7 分田的稻草你说有多少，我 8 点钟还在结稻草，绑起来，晒干。我那时候人矮矮的，跟挑担工具一样高的。那时候一个人，也没有兄弟帮忙的，这么多的稻草，我一个人去结，人家都有阿哥会结的。农民就是这样，没有儿子，没有兄弟，没有父亲，就没有劳力。我以前总想着做工人，农民做得要吓死。"俞阿秀说："妇女主任是李阿风，我是副主任，给她帮帮忙，李阿凤从中华人民共和国成立开始做，做到自己不会做为止。"李安明说："那个时候，最困难的就是计划生育这个事，这个工作量很大。"李和芳说："我 1994 年结婚，25 岁。分田到户之后，我们田种不过来，让临海、三门人来这里种。我老婆是临海牛头山水库那边的，水库被征用了，国家叫她们移民到板桥，板桥自然村土地多。我老婆有两个姐姐、一个弟弟，我老婆十四五岁来种田，后来经过村里人介绍，1994 年和我结婚。我女儿现在 25 岁了，那个时候要等 9 年才可以生二胎，妇女主任来说可以生了，后来又生了一个儿子，现在 16 岁。以前开出租车、办企业都不能生二胎的。我在我大哥个人厂里上班，营业执照领的是集体企业。后来他这个厂拆迁了，不开了，我就自己找工作了，在家休息了一年。报上去批，说都是农民，才准许生的。"

徐亚晨说："1995 年，村里有 640 户左右村民，妇女、儿童、未婚青年等都要登记入册，我从头开始登记。还有流动人口中的育龄妇女，也要登记入册。村里妇女工作先登记，那时候一胎多少人，二胎多少人，全部要列出来分开，工作蛮难的。好在我娘家也在藕池，夫家也在藕池，知根知底，工作做起来很顺利。开始做，先走村入户，多接近群众，联络感情，村民也很信任我。1995 年开始，妇女主任要参加村委会，所以村委员也连续当了几届。

"妇女工作当初最难弄的是外地人，外地人到我们这里来打工，那时候政策很严，不像现在二胎放开了。有的地方人，不生儿子不罢休的，在老家二胎生好了，就到外地来生儿子，生第三胎。那时候旧村还没有改造，姜苏、板桥、藕池三个自然村，外地人有一万多。每天晚上夜防队、村治保队、后勤人员，分两组、三组查夜。每个月总有二三次查。那时候工作最艰苦，苦中总有甜，老百姓也蛮拥护。

"本地问题不大。本村人那时候二胎政策是这样的，凡是农村户口的人，第一胎生女儿的人，间隔六年可以生第二胎，就是忙这些工作。生第一胎，你要上门去问第二胎要不要生。不生的人，表格不用填，要生的人，表格要填。一级级上报上去，区里批了以后，镇里打个电话，就算批下来了。申请表格拿来以后，再拿二胎准生证。本村村民育龄妇女就是忙这些事。

图 8-7 徐亚晨

“现在人想得开，让他生，他也不生，生了两个女儿的家庭，让他第三胎生儿子的绝对没有。以前是查夜最艰苦。我们挨家挨户查，做暂住证，出示流动人口婚育证明，人家外地人不理，我们怎么办？镇里派出所领导很关心，给我们村主要查夜人员算成镇里夜保队成员，专门做一个挂牌，查房时牌拿出去。村里妇女与计生工作，我每年都能评先进，镇里领导、计生领导也对我很客气。我主要做到确保没有计划外生育，然后按时报新生儿数字的报表，计生人口普查要跟我的数字合得上。

“郭世党的外婆，我去菜场买菜碰到了，她说你是老妇女主任吧？我说是呀。她说：哎呀，大恩人。她说，我外孙全靠你保下来的，没有你的话，我外孙命都没有了。我回忆起来了，那是 2000 年，梅克瑞、卢利琴夫妇房子买在藕池，是老屋板桥的房子，后来旧村改造分房子，那时候她女儿大肚皮，因为户口在台州临海东塍，流动人口要婚育证明，没有这个证明的话，就不给你做暂住证，这个证很重要的。因为她老早就出来了，村里不给她打证明，证明她这个人是未婚。后来她结婚怀孕了，出生证要在户口所在地打的，她匆匆忙忙去打，因为多年没有去了，快去快来的，匆匆忙忙的，身份证号写错了。后来要生，她到妇儿医院待产，医生看出生证和身份证号码不一样，电话就打到我们村里了，说你村有计划外人在妇儿医院，你不来的话，我们就不能给他接生。这怎么办呢？我们赶快去妇儿医院，一看这种情况，与户口所在地联系，电话接不通。后来没办法，只好到户口所在地重新核实，否则她没几天就要生了。没有当地政府打证明来，医生没办法让她生下来，因为这是属于计划外。电话打不通，我们只好套了车，跑到临海去，山里面，人非常难找，东问西问，运气算好，她们妇女主任最后被我们找到了。一看，是弄错了，又把证明打过来。这样，就可以生了。当初的情况，流动人口一万多人，育龄妇女也有很多，总共有几千人，难就难在一定要做流动人口婚育证明。我们浙江人先进，特别是宁波地区，流动人口婚育证明很超前，老早就做了。有的地区还没有这么超前，流动人口婚育证明没有的，那就非常困难了。我们就查她户口在什么地方，打长途电话联系，问这个人到底有没有。搞计划生育，流动人口是最难的。有些人的证明打不来的，有些外地人是非婚先孕。有一次，一个安徽人大肚皮了，我们查夜去了，她自己心虚，一看要登记，就逃走了。第二天我们又去，房屋里没有，后来发现在房间后面的草间藏着的。”

三、丧葬习俗的变迁

周利英说：“白事，以前和现在也差不多。以前简单，现在派头大了。我婆婆没有了以后，用了差不多快 10 万。以前年轻，这看你家里的情况的，条件好的就弄得好一点，条件差的弄得差一点。好的就热闹一点，如果没有钱的话，腰鼓也不打的，做做羹饭就算了。如果这户人家来叫你去打腰鼓，那这家人条件还好一点的。我们读书的时候，人家会来叫我们打腰鼓，有一桌饭给我们的，也有酒。吃饭，饭票要拿去。差一点的话，也没有的。说到死人，别人我不知道，就说我母亲好了。我母亲没有了，那时候我也没有钱的，我母亲只有 200 块钱，买一个坟基地。我母亲埋在芝山，我阿爷（公公）死了有 20 多年了，也在芝山。我弟弟也算是独养儿子，那时候他也困难的，我母亲死时，我和我弟弟拿出钱，一共是 1000 块钱办后事。我阿爷生病的时候，把阿爷的坟买好了，买在宝幢。买好了以后，阿爷的病好了，结果小阿叔先走了，小阿叔只有 33 岁。大人就想，这个坟不吉利，不去了。这 200 块是四兄弟一起拿出来的，50 块一家，结果他说不去了。阿爷第二次生病的时候，坟买到芝山，也是 200 块，所以坟买了两次。现在阿爷也走了有 20 年了，他活到了 112 岁，那年我阿娘（婆婆）刚刚 100 岁。公公死，酒水也没有几桌，自己家里也没有几个人，有的女儿嫁人了，有的女儿还没有出嫁，就三桌饭。棺材是把板买来，让棺材师傅做的。我阿爷的棺材是用以前老大床的板做的。

“我阿娘（婆婆）派头就大了，福气是阿娘好。阿爷那时候没有什么东西吃，生病了也没有东西吃。阿娘的排场还是有的。8 年时间，天亮不吃饭的，麦片、饼干吃了 8 年。中午和晚上的饭，我们送过去的，轮到谁了，谁送过去。上次拿出麦片，我女儿就说了，妈妈你不吃麦片，这包麦片过期三年了。我说要么是分东西分来的。阿娘这边还没有吃完，那边又送过来了，箱子里都放着。后来她死了，这些东西就拿出来，几户分掉了，可能我就分到这包了。我女儿说，这个麦片怎么不吃呢？我说老头子也不怎么喜欢吃。她看看说，过期三年了，我说那总归是阿娘了。阿娘是吃得好，阿爷是没有东西吃。就和我母亲一样的，我母亲也没有什么东西吃，我自已也没东西吃的，只是把孩子养养大。阿娘五代同堂，才去年下半年死的。

“人死了要经过多道程序。人死当天晚上，花钱也很厉害，我们是三户人家凑起来，当然现在钱还能拿得出，不像以前这样拿不出，钱总归要万把块。堂会也要弄好的，一般三天，有些人家五天。我们也得陪着，都得自己经手的，年轻人又不会去弄的。老人生病也是我们照顾，钱也是我们拿的，有的人家还要做什么八人抬大轿，我们就没有这些，抬抬出去就好了。三天里，第二天送出去火葬，第三天再吃一天。阿娘刚好晚上10点钟走，所以晚上算一天，白天就只有两天了。佛事就是念经，一直念到头七为止，念两回，是当天晚上10点钟连夜去叫来的，是念佛的老太太，然后念到天亮。第二天念一天，晚上的话，念佛的老太太不念了，就是和尚来。弄完以后，到第二天天亮，一晚上不能睡的。要是弄五天，人都要倒了。天亮送出去之前，就是一晚上敲好弄好。天亮了，就抬到门口，前面就是马路了，现在的人会这样弄的，到天亮就抬到芝山去了，先火葬，再去做坟。

"本来阿娘要抬棺材的，棺材放好，一层层衣服放好。衣服是两套，然后棉被一层一层盖好。骨灰盒是在棉被中间放着。那个棺材非常大的，不是那种小棺材，是大棺材。之前我没有看到过的，我母亲去世，也没有什么东西，简单弄一下就好了。他父亲也是大棺材，那时候还可以做棺材，还没有火葬场。"

四、健康维护的变迁

吴祝庆说："我阿姆（竺信翠）作为烈属，藕池乡给予照顾，培养她为接生婆。她是经过专业培训的。"周利英说："我是1962年结婚的，结婚以后，我村里户口迁过来，知道我在张家潭做过医生，大队就叫我做保健医生。结婚后，我学了接生，做了好几年接生婆。后来，村里要让吴德利的老婆周利菊做，书是她读得多，所以就给她当了。周利菊做的时间很短，就是吴德利在当队长的时候她做了一段时间。以前做保健医生，就是做发药之类的工作。有时候手指割开了，包扎一下。有的小孩病了，就去送药。有时候有什么医生过来讲课了，那就去开会。以前还有个独臂的病人，当过兵，一只手没有了，经常到大队里来的。讲起来我打针是没有打过，一般去学习开会什么的，学习怎么接生，这个我自己学过的。"

龚瑞花说："我是1952年出生的，做医生是18岁①。原来是吴德利的老婆做医生，后来他生病了，我就接班了。那时候我还是小孩，因为没有人，现在的书记阿姆（李阿凤）叫我来做的，那时候书记母亲是妇女主任。后面去古林培训了一下。那时候也很简单，就是配点止痛的药。头痛医头，脚痛医脚。后来到石碶、古林卫生院培训，培训了一年

① 原话是14岁。这么小当医生，这是不可能的。考1976年做了七年后离开，应是1969年。

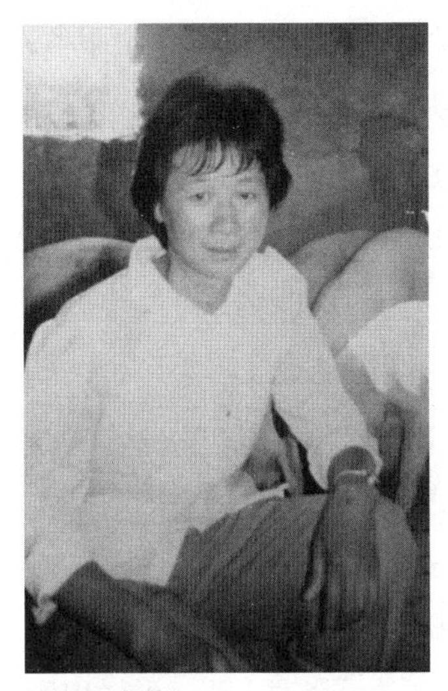

图 8-8 龚瑞花

多，那时候估计 18 岁左右，我接生也学过的。开会那时候，是周利红先生、李医生、董医生上课，都是老一辈。那时候做医生，白天到村里去，到田间去，晚上七八点还在村里。不像现在坐在诊室里，等病人来。那时候我们要到外面去，半夜别人来叫，我们马上就要去。当时我比较小，半夜不敢去。有个人小偷小摸，手被人割开了，半夜我过去帮他缝。那时候我胆子非常小，吓死了，总是被自己的影子吓到。1974 年了，藕池学校迁到到新学堂了，半夜出去要经过坟滩，我很害怕的。我妈总是提着一个灯来外面找我，她知道我胆子小，就来陪我。我在村里做医生做了七年，一边做医生，一边熟悉妇女工作，然后做团的工作。我 1976 年结婚，结婚后到段塘卫生院去做了三到四年。因为我是村里培养的，我到段塘去，我嬷嬷不肯，硬是叫我回到村里。石碶也去过，什么地方缺医生我就去。我在石碶卫生院跟段塘卫生院之间来来去去流动的，这样做了两年。两年以后到幸福工作队，那时候还在布政。"据档案，龚瑞花 1960 年至 1964 年在方加耷小学读书，任班长。1965 年至 1968 年，任妇女队长。1969 年至 1972 年 8 月，当赤脚医生。1972 年 9 月至 1973 年 12 月，进公社农业学大寨幸福工作组。1974 年至 1979 年，担任藕池大队女代会副主任。1980 年至 1985 年，到鄞县布厂工作，任副主任。1986 年以后，从事个体裁缝业。

张忠年说："那时候，区里办了医生培训班，是 1969 年左右在集士港办的。以后，村合作医疗站成立了，我当了医生。那时候好像蛮红的，就在村里干，干到 1975 年左右，断断续续的，前后 6 年。皎口水库我也去过一年。这 6 年时间，除了这一年以外，其他时间都基本上在藕池村。当时我们有三个自然村，当时做赤脚医生要背个保健箱，在三个自然村走动。当时，藕池头弄了一个房子，作为合作医疗站。一个印象深刻的事情，小平的阿娘当时受伤，全部是血，我帮她扎了血管，直接送医院。第二个事情是，一个外地人，掉到河里了，人的神志快没有了。当时的处理办法也没有，只好送去鄞县人民医院，从这里送到鄞县人民医院，也不是很方便的。就是这两件事情有点印象，其他的也蛮平平淡淡的。当赤脚医生，三个自然村我基本上挨家挨户地服务，也没有什么大的成绩。1969 年我当医生，我刚刚 16 岁，当时去培训，布政乡里，我是年龄最小的医生。"

张国章说："李小平书记刚刚上任以后，为村里老年人办了一个实事，就是身体健康问题，家庭医生签约，每人要 50 块，都是村里支付的，也是村里领导关怀，为村里老年人健康着想。上面也有这个精神，但是没有强制，都是村里对村民关心。家庭医生服务，藕池村已经第二年了。那时候我们村里服务站、社区服务站以自愿为基础，招家庭医生，需要签约。有的人对家庭医生的想法是，打个电话，医生就上门服务。但现在的家庭医生不是这么一回事，家庭医生签约了以后，你的身体问题，比如说高血压、糖尿病、冠心病要及早发现。一个社区，本身只有两个医生，要随时上门为村民服务，可能也做不到。我们跟美国的家庭医生是不一样的，它是一对一服务，我们这个是面向整个社区服务。美国家庭医生是这样的，比如说一个医生签约了五个人，我只对这五个人服务，家庭医生上门的话，一般根据医生的级别来收费，但是有限制，家庭医生一个月内收费不能超过几次以上。藕池村是这样，60 岁以上老年人，村里付 50 块，60 岁以下在工作的，都是自己付 50 块。现在对家庭医生，老百姓的意识和概念也有了，大部分人交钱，也是为了自己的健康。我们两个医生，每个月 20 日到村里去查血压，一个月一天，到村里的中心点，比如说老年协会、文化中心。如果一户一户人家上门的话，一个医生看不了几个人的病。藕池社区两个医生，也比较艰苦的，一天多的话，门诊量七八十个，最多时候有一百多个，四五十个是最少的。我早上上班，稍微迟了一点，最起码有十多个人等着了。”

第四节 ／ 四时八节

关于四时八节习俗，前人的相关研究，多是简单地抄通用的四时八节介绍，本节想通过一些个案叙述来呈现。

一、过年

周利英说：“以前过年，一只鸡，这边的母亲半只，这边他出嫁的大的妹妹来了也半只，自己就没有吃了，剩下的东西吃一点。也没有请菩萨，讲起来也是交关（挺）罪过的。大年三十夜，还要挑地菜，卖掉了，再买过年的东西。老头子也是很苦的，做是会做的。要造房子，要买空心板、水泥横条，都没钱了。到过年了，只有两户亲戚来，就是我阿弟与母亲，那边还有大的阿妹，过年就杀一只鸡，半只给我母亲吃。过年，不像现在冰箱里都是菜，以前没有的。人家说大年三十晚上黑得快，那时候还没有电灯的，我儿子还小小的，在家里。他说：怎么那么黑，漆黑的。老头把地菜挑回来，就在家里炒点冷饭吃。第二天一早去把菜卖掉，买点吃的回来，这时候他阿妹就来了。有时候人家来了，家里菜还没有买回来。”

二、清明节和七月半

周利英说：“清明节，那时候大人还在的，还没有去世，不用上坟的，也不用做羹饭的。农民清明时候最苦了，要种田，越苦越没得赚。清明没有东西吃，有时候一人一个鸡蛋。大人死了，才要上坟的，人家有时候上山去上坟，我们不用上坟，我们大人都是活得很长寿了才死的。

“那时候吃人家的都很少的，没有钱的，都是干活的。有人家拿到钱了，可以买点东西吃。我们家是不买东西的，比如说有西瓜上市了，我们也基本上不能尝鲜。

“七月半没有的，人家也有做羹饭的，清明上坟的也有人家做羹饭。”

三、立夏

周利英说：“立夏就吃蛋，鸡蛋都不用买，家里养着鸡的，弄回两个蛋吃吃。

“那时候还在生产队干活，有趣倒是有趣的，比方快立夏了，队里会提供糖糕、精团，还有牛舌头、猪舌头，扁扁的，这样的话，真的开心死了。如果不在生产队里干活，自己家里是没得吃的，也不会去买的。以前种田要吃团，撒点松花。有时候干完活，买点糖糕。平常，自己是不会去买的，就是生产队出面去买的，买了给下地的人吃，那我们就喜欢去下地了，不做就没得吃了，是劳力才有得分，没有劳力没得分。我们这样在外面干活，分来了，就带回去给孩子吃。不像现在，小孩这个不要吃，那个不要吃。以前有点小鱼干吃，就已经很好了，又没得买的。”

四、中秋节

周利英说：“八月半吃月饼。小时候都没有东西的，没有买月饼、吃东西的，儿子、女儿在厂里做，有时候逢年过节分到西瓜什么的，那高兴死了。”

五、冬至

周利英说：冬至，年糕总归有的，冬至汤果，吃了又大了一年了。那时候我很小的，我母亲也是会做冬至汤果的，我下代的儿子女儿也弄的。汤果不弄的话，就放点年糕，放点糖，放点番薯，种地人家，番薯总是有的。

第五节 / 异姓通婚

藕池村是一个杂姓村，三个自然村不同姓氏间的通婚现象十分常见。

藕池村不同姓间通婚

	男	出生	自然村	女	出生	自然村
1	张阿芳	1901	板桥	姜阿多	1910	姜苏
2	水德寅	1902	板桥	张菊花	1927	板桥
3	张如生	1907	板桥	俞翠娥	1916	板桥
5	张嘉康	1930	藕池头	包月娥	1933	藕池头
6	张小康	1942	藕池头	姜信利	1944	薛家安漕
7	葛小其	1953	藕池头	杨亚明	1952	藕池头
8	马善祥	1962	藕池头	张慧萍	1964	藕池头
9	林阿冲	1922	藕池头	张金菊	1932	藕池头
10	张昌海	1934	藕池头	俞秀芳	1943	古林俞家
11	张富昌	1941	藕池头	姜凤银	1945	姜苏
12	李和平	1966	藕池头	张馨月	1971	藕池头
13	梁阿反	1945	板桥	张菊娣	1950	板桥
14	姜金良	1931	板桥	张杏利	1934	石碶鲍家
15	姜阿利	1926	板桥	张杏菊	1932	板桥
16	张杏芳	1942	板桥	戚明菊	1948	板桥
17	戚明康	1951	板桥	张信娥	1956	板桥
18	戚明华	1956	板桥	张菊英	1959	板桥
19	戚康华	1964	板桥	姜亚娣	1964	礼嘉桥
20	陈高华	1946	板桥	张信花	1949	板桥
21	俞明昌	1953	板桥	张秀娣	1957	板桥
22	徐惠康	1939	板桥	张菊英	1944	板桥
23	李和芳	1969	藕池头	杜仙芳	1969	藕池头

续表

	男	出生	自然村	女	出生	自然村
24	李忠尧	1954	板桥	姜纪琴	1956	板桥
25	李国尧	1957	板桥	张信翠	1958	板桥
26	徐月定	1946	板桥	李菊花	1949	板桥
27	徐定良	1937	板桥	姜爱珍	1943	板桥
28	史幼芳	1955	板桥	徐亚芬	1955	板桥
29	张国章	1956	板桥	徐亚晨	1959	板桥
30	徐森林	1952	板桥	姜明娣	1956	姜苏
31	杨国平	1962	藕池头	徐亚琴	1962	板桥
32	张阿芳	1934	板桥	徐定香	1937	板桥
33	徐金章	1943	板桥	赵宏娣	1950	板桥
34	徐信华	1931	板桥	俞阿秀	1934	板桥
35	赵宏海	1948	板桥	徐爱珠	1953	板桥
36	姜岳再	1950	姜苏	姜亚琴	1954	姜苏
37	姜全法	1942	姜苏	水廼娟	1946	板桥
38	姜宝根	1948	姜苏	杨亚春	1950	藕池头
39	杨国成	1949	藕池头	姜爱娣	1952	姜苏
40	姜宝富	1958	姜苏	林惠芬	1961	藕池头
41	姜岳祥	1932	板桥	俞银菊	1943	板桥
42	俞元根	1947	板桥	陈冲娣	1952	藕池头
43	庄朋海	1965	板桥	俞玉美	1964	板桥
44	张信良	1947	板桥	俞云美	1949	板桥
45	俞惠浩	1948	板桥	姜素琴	1952	板桥
46	史幼才	1958	板桥	杨亚萍	1955	藕池头
47	徐惠良	1958	板桥	杨丽芬	1962	礼嘉桥
48	林伟伦	1966	藕池头	包文妃	1966	藕池头
49	林振华	1953	藕池头	许冲利	1953	藕池头
50	励康惠	1953	藕池头	许银莉	1957	藕池头
51	史幼高	1952	板桥	龚瑞花	1952	藕池头
52	徐繁荣	1959	板桥	史春美	1962	板桥
53	包华定	1968	藕池头	陈建芬	1970	板桥

续表

	男	出生	自然村	女	出生	自然村
54	俞国忠	1966	板桥	吴桂利	1968	藕池头
55	吴安光	1955	藕池头	姜琴利	1956	板桥
56	杨余法	1958	藕池头	姜惠庆	1964	姜苏
57	李安明	1955	藕池头	张凤珍	1957	板桥
58	张伟达	1970	藕池头	杜芳连	1974	板桥

《藕池村百姓联谱》的编纂，披露出藕池村内部复杂的婚姻关系。中间的关系，可以说是千丝万缕的。两个人结婚，就是两个家族的联姻，中间会引出大量的姻亲关系。当然，这是小家族间关系，不是大家族。亲戚关系是二代亲，同宗关系是千代亲，前者浓，后者淡。这是穷人婚姻，或普通百姓婚姻。小家族婚姻，主要是亲戚关系，没有太多政治意味。

几大姓间通婚很多，甚至有互换亲的。有因为找当地女儿而落户者，有做上门女婿者。有同一个自然村间通婚，有三个自然村间通婚的。从时间上说，是两头少，中间多。即生产队前少，生产队后少，只是生产队时期多。内部通婚，正是封闭时代的产物。改革开放以后，就复杂了，以和外面通婚为主了。就近找对象，彼此想法比较接近。吴纪芳说："村里已经毕业的年轻人结婚的对象，按比例算算呢，自已找有 50%，都是同学。30% 是父母介绍，20% 通过媒人。多数是自已找，特别是本地人小伙子、小姑娘早在大学就找好了，很多都是自已找的。不像过去，一定要人介绍。"

第六节 / 业余生活

史幼芳说："以前老江书记在的时候，有 9 个生产队，集体企业有点钱了，每个生产队就买一个 9 寸黑白电视机，主要就靠我们这家厂赚钱买的，集体到仓库里看电视。这大概是 1979 年还是 1980 年吧。那时候看的人很多，女的织着草帽，男的在旁边，整个房间都是人。晚上吃好饭，大家就在外面等，那时候还要拉天线的。"

张吉峰说："小时候还是有几块晒场在那边的，那边还有个河漕咀，我们小时候都是去那边游泳的，而且旁边的稻田也是挺多的。现在进到村里面去就已经没有原来农村的那种感觉了。现在完全是社区化了。以前小，大家都相互串门，在吃晚饭的时候，拿着碗在家里走来走去，在边上几户人家家里走来走去，现在都没有了。现在你说住在这种商品房里面，楼上楼下对门住的是谁都不清楚，以前四周邻里都是认识的，以前村里还有在晒场上放电影、唱唱戏，现在这种感觉都没有了。以前小孩子都在田里跑。当时放电影，就是在晒场上，草地上幕布一支，就开始放了。放电影是整个乡里在轮的，轮到你这边放几天，那边再放几天。放电影的就是我们村里的杨国平，因为他当过兵。

“我家电话大概是 1994 年装的，因为我当时是读初中。开始号码是 314623，后来是 7314623，后来是 87314623。开始是 6 位数，后来是 7 位数，后来是 8 位数。那个时候装电话还要初装费。

“赵国海是我家邻居，他当时在我家门口开录像厅，门口放两张台球桌。那个时候没有文化生活，旁边都是工地，厂房也没有，外来的务工人员很多，晚上没事就去他那边，他那边门口会放一个电视，放录像带。然后里面一张张椅子放好，要买票进去看。有几个在外面打打台球，偶尔有几个游戏厅，里面是那种大型的游戏机，给小孩子玩的。再到后面，发展到外面有溜冰场，有唱歌的地方，有跳舞的地方，但是这些都是要到宁波去才有的。到后来，慢慢地有了网吧什么的。以前的文化生活就是这些，一到晚上，漆黑一片的，大家就是在家里看看电视。我们小时候还没电视。葛红波家最早有电视，我们小时候到他家去看。那个时候经常停电，经常到下午六点钟，动画片要开始了，这边停电了，然后骑着自行车去葛红波家里，他那边是有电的。看完动画片，然后再骑自行车回来，这个动画片是不能错过的，那个时候叫《恐龙特级号》。特别是到了‘双抢’，都要让电给农民，民房就要停电了。

“看戏，藕池做戏文不多，板桥做戏文挺多的，我们是骑车去板桥看的，有的是手电筒拿着，走路走去的。戏文旁边有卖炒瓜子，还有卖烤番薯，还有卖大饼的。戏台子搭好以后，每次唱的时间都很长的，搭台子很复杂，所以每一场都很长。大人们老早就把

图 8-9 庙前看戏的村民

椅子放在那边抢位置了，小孩子在舞台下钻来钻去，唱戏是最热闹的了。有的人过大寿会请人过来唱戏。连演员在化妆都有人去看热闹。这都是在我们读小学三四年级时的事，应是在20世纪90年代中叶。那个时候没有几户人家家里有自行车的，现在汽车每个人家都有了。”

图8-10 俞圣君庙匾

张凌说：“那时候是河边一个操场上，有一个大的空地上，就是放电影那个地方，我们童年的时候经常在那边玩，别的玩的地方也没有的。前面藕池新村，中间一排房子，那个地方可以打台球，以前还有录像厅。”

1971年，俞圣君庙拆掉，1992年又重新建了。那时候因为风俗关系，说不可以拆，拆了以后要建好。2003年，又重建了。目前所见，为2010年所建，位置移到老庙的南边。

吴纪芳说：“藕池村村民的宗教信仰，佛教居多，基督教比较少。藕池村老年人一般是打打小麻将，老婆婆就是拜拜小菩萨。藕池村有一个俞圣君庙，不太大，占地三亩。老人要活动场地，我当时考虑最好可以唱戏，舞台我也造好了。后面有一个庙，前面是老年活动室。村里来讲，庙是不能投资的，只能在原来基础上扶持一点。原来庙是小小的，后来考虑到老百姓也需要，就做成了五间，二楼，下面给他们看电视，上面可以打打麻将。后面是五间庙，各种菩萨很多。再有一个很大的戏台，平时可以唱戏，目的就是让老百姓自娱自乐。现在也非常忙，尤其是每月初一，香火也很旺，老百姓也比较需要。”

龚财良说：“我在庙里20多年，都是义务劳动的，这些帮忙的人都没有工资的。庙里，是我老太婆管着，后来她吃不消了，我去帮忙。当

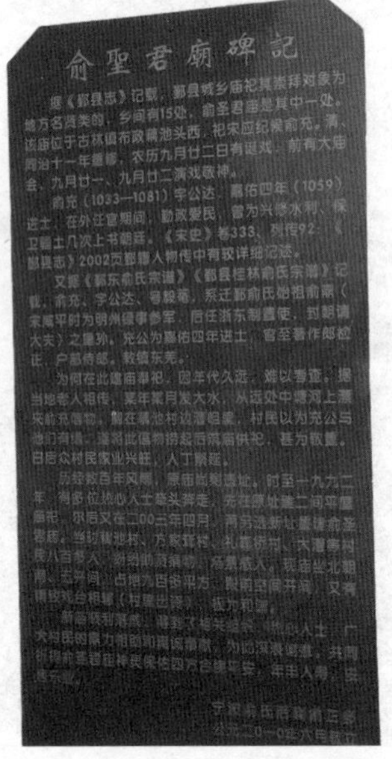

图8-11 俞圣君庙碑记

图 8-12 诸令娣、翁夏娣、马德仁在老年活动室

时李安明还是谁，说工资要拿点给我们。我们两夫妻商量，工资干脆别拿了。从庙造起来开始，就是我们管着的，如果今天拿了 1 分，明天就会拿 2 分了，人就发昏了。当时也觉得是做好事了，现在志愿者也很多的。”

包康利说：“搬进去新房子以后，一开始大家感觉都不适应，人居太密集，不如老房子空间大，感觉很拘束，也不能烧炉子了，也不能喂鸡鸭，年纪大了喜欢运动，门口蔬菜也不能种了。所以我们村里就搞了一个老年活动室，搞一些棋牌，里面放放电影、电视，包括有时候搭台唱戏，让年纪大的人有一点业余生活。我们把新型的文化引进以后，年纪大的人可以去听听书，看看电视，包括有时候打打麻将，娱乐一下。村里建了一个老年活动室以后，文化气氛不一样了，慢慢大家都习惯了。我们随时随地到老年活动室去，都有十几个老年人在那打麻将、聊聊天，这也是他们的一种生活了。”杨裕祥说：“我管老年活动室也有十年多了。大家在一起看看电视、打打麻将，有时候搞活动了，我也要去服务一下。经常来活动的，大概三四十人，上午人多一些。”

第七节 / 互助民风

在中国文化里有一种很重要的民风，叫互助责任。这在生产队时期，表现更为明显。

一、生产队时期的互助民风

姜国城说：“互助当然有，我也能说出几个例子。一个是发生在我自己家里面的，发生在我自己家里的就是我妈的事。我这个人的气质形象像我爸，人格良心像我妈，我妈很多年一直在另外一个村委会工作，走过去大概要 20 分钟吧，那边一个家庭，我们家一直在帮助他。我们也不算太富裕的，但是如果他家里面饭没有了，我们就借给他。有时候春节到了，小孩子去买一件衣服、买点布的钱没有了，我妈妈就借给他 5 块、2 块的。

这个实际上来说是潜移默化告诉我，要帮助别人。

“另外一件事情，是邻居之间的，我们隔壁有一家，有一个儿子一个女儿，一个儿子被他大人打了，冬天了，把他扔到河里面去，那时候他才八九岁。孩子会游泳的，自己爬上来了。冬天都是零下1度、2度，他上来以后，冻得瑟瑟发抖，他自己的爸爸都不理他。我妈赶紧把他领到我们家里，把他衣服换掉，给他洗热水澡，喝一些暖和的东西。最后给他的爸爸去讲，你不能这样做。按照现在说起来，有点太极端了，小孩子不听话，你可以骂几句打几下，但是扔到河里去是太极端了。虽然说事情也是很小，但是老百姓的生活也是点点滴滴微小的事情组成的。

图8-13 左一张菊英，左三俞云梅，左五张月娥，左六张信花

“还有很多要饭的到我家里面来，我妈肯定是给一碗热饭，或者把家里面我们不能穿的，但是对他们来说可以穿的衣服，送给他们一些。其他家庭发生的类似事情，肯定多多少少也有的。

“我们板桥村在整个藕池大队里面，村风、民风是最好的，好就好在安分守己、善良。有的村庄里面出来的小孩就是会打架的，但是我们村庄小孩子跟隔壁去打架是打不过他们的。这个是环境的熏陶，是潜移默化的。当时哪一户人家做一些帮助人的事，也是发自于内心，就认为是很自然的，有这份良心在，能帮就帮。

“我小时候待在家里面是蛮多的，农忙的双抢时节，每个家庭不一样，男劳力比较多的，活就干得比较快一点，有的家里男劳力比较少的，就去帮帮忙，对方家里会出钱，或者之后送点东西，反正大家都相互尊重。那个时候，这些都很普遍，比如借牛也经常有。我小时候也放过牛，那个时候黄牛、水牛都有的，有六七头，会给1毛钱或者5分钱，相当于赚点外快。人对牛的感情也蛮深，杀牛，牛会流泪的，有的牛已经到了年纪，干不动农活了，生产队就把牛杀了。生产队队员除了分牛肉以外，还分骨头什么的。生产队也有一个养牛的仓库，大家围在一起分牛肉，这是最开心最热闹的。

“以前田里每年三四月份，种早稻之前种了秧苗，秧苗拔了以后，这个地也是很光滑的，我们小孩子就把这个农田有水的地方当成游泳池去游泳了。还有村庄里面河沟里面游泳，我们农村里面的小孩子，五六岁就会游泳了。板桥边上以前有很大的河，现在河很小了。原来的板桥是一座石桥，年代很久了，是拱形的石桥，很漂亮，皎口水库水有时候会放下来，我们那个板桥的泄洪量还是蛮大的。

“小时候好玩的东西实在太多了，还有生产队那个船，我们有一个孩子王带头，跳到河沟里面，张牙舞爪地玩水。那时候水里鱼多，塘鱼会跳起来的，有的鱼一不小心会跳到船里，我们就在船上抓鱼，一个小孩子，跳下去，水花弄得很大，鱼就会跳上来。我小时候负面的东西是没有的，村庄里面，最多就是偶然谁跟谁吵架，吵架哪里没有，很极端的违反中国人的道德的东西，没有的。还有一些村民对我都蛮好的，有以我为某种骄傲的样子，我能感觉到。

“藕池村给我的一个印象，就是农村里面最纯朴的这种感情还存在。我们板桥村的邻里关系是最和谐的，村的风气也蛮好的，正直、善良。我们的村风更加淳朴一点，村民都安分守己的。对我自己来讲，村里面的小孩子的童年都是很幸福的，那时候都是蓝天，干净的天、干净的空气、干净的水，大家都是农民的儿子，平常上学、放假，帮自己家里面去干活，到生产队去干活。那时候还有生产队的，都是很好的。那个时候，人总体上不胖不瘦，我认为除了爸妈娘胎里面的遗传，一部分还是来自小时候的锻炼。小时候村里面的自然环境，包括人的思想、意识形态，都挺好的。所以，村里面的村风，快乐的童年，还有当时的社会的环境，几个因素就潜移默化地对我自己有一些影响。所以，我无论考大学也好，参加工作也好，打工也好，自己办厂做老板也好，实际上内心里面也是很有一种理想存在的。总之，我们是蛮忠厚老实的村民，也不会像其他人那样。我对出生的地方还是非常认同的，也非常念旧的。”

图 8-14 第一排左起　李作飞、诸令娣、傅阿英、王荷叶，左五为外村人，左六起为鲍友娣、黄园珍
第二排左起　吴桂利、冯竹花、王月娥、徐森林，左五为外村人，左六起为李雪莲、杨国裕、姜敏娣、金光美、洪孝康，左十一为外村人，左十二为包文华

二、照顾阿珠婆婆

张阿珠（1901—？），新昌人，马裕棠家娘姨，人称阿珠婆婆。中华人民共和国成立以后，搬出来住了，后来住在洪家，离李阿凤家近。晚年，李阿凤经常照顾她。李桂花说：

图 8–15 李阿凤（2018 年 5 月摄）

“以前地主不要保姆了，那个老婆婆，人家都叫她老太婆，在三滑（马善祥）家做娘姨，没人管事，挺可怜的，后来就是我妈妈去管她。后来年纪大了，大小便失禁，都是我妈妈去给她打理的。我妈妈一直是去做好事的。现在我二弟也开始做好事了，有一个人死了，他也每年去拜的。有些事，我妈妈不经常跟我们说的，她总是教育我们，如果你有什么事，一定要做好。没有小孩的人，是很可怜的，你要去照顾。现在，我也很会照顾别人。以前我刚做媳妇的时候，我妈妈说，你跟你婆婆一起住，不要对婆婆坏，一定要对婆婆好。我一直对我婆婆很好，我婆婆大便拉出什么的，都是我来清理的。我现在跟我弟弟说，当了书记，一定要敬重年纪大的人，他们生病了，你一定要多去看看，你不能看不起别人。我以前被别人看不起，我现在对人家好，人家看到我也不会说我。”李阿凤说：“我当妇女主任，是国家委托我，所以很多事是我本来就应该要做的。对张阿珠，我盛饭给她吃，米多多少少拿一点去的。她在这边做娘姨，人是新昌人。我说你心里没坏过，我拿过来给你吃一点，跟你的子女一样的。然后她说：阿凤，你态度这么好。我说，自己家里家庭这么苦，已经过去了。现在你还这么苦，我应该帮你的。”

李桂花说：“人家小孩手脱臼了，是我妈帮他弄好的。”李阿凤说：“这个是应该的，人家要把钱给我，我都不要的。但是人家送东西给我，我也没办法。这个做人要想明白，我们是全心全意为人民服务，国家这么好，待我那么好，我也应该对国家好。”

三、照顾五保户詹月香、鲍启扣

徐亚晨说：“板桥村原来有一个叫詹月香的五保户，人称阿姆婆婆，住在我家附近，住着十多平方米的小屋，一个人生活。我奶奶与我母亲很有爱心，凡当季蔬菜种上来，总会让我送她一份。她搞不动家里卫生，我母亲会给她去搞。到她不会动了，洗衣服、吃饭等，也是我母亲帮的。我母亲家里活忙不过来，就叫我去给老人家洗衣服。又有一个叫鲍启扣的五保户，有点手艺，会补鞋，有时候挑着担子到外面赚几块钱，自己当生活费。2002 年 3 月病危，住在礼嘉桥的侄子侄女过来，准备后事，希望在祖关山做坟。我与村长李小平一起去他家，对他说：你是五保户，后事的费用由我们村里出，得由村里决定。祖关山，村里不熟悉。村里老人的坟墓，多做在芝山，方便后人扫墓。老人答应了，就做在芝山。从那时起，我们每年都会在清明节去给他上坟，烧点纸钱，纪念老人。”

四、救助梁阿反

张国章说：“ 1976 年农历十二月二十八日左右，快过年了，那天晚上和亲朋喝了一点酒，晚上十点多的时候，梁国平的阿姆来敲门，她一边哭一边叫。那时候路是石板路，正在下雪，西北风呼呼响，我赶快爬起来，只穿了一条棉毛裤，外面穿了一件大衣，提着箱子就去了。奔到他家里以后，发现梁国平阿爸是心肌梗死，人已经不会动了。我走到的时候，旁边几个村民已经到了。我说你快点拿一个毛巾，把他嘴巴盖着，做人工呼吸。他做人工呼吸，我做心脏按压。同时要他们快点打 120。120 的车没有来，只好自己去医院。那怎么去医院呢？板桥旁有一个渔业队，渔业队有一条抓鱼用的机动船。那天晚上非常冷，机动船是锁着的，我们把它敲掉，把人抬到机动船上。那次板桥后生基本上都出动了，那时候村民跟村民非常团结，相互帮助，隔壁邻里有什么事情都非常关心。到三孔溪，机动船熄火了，多少危险呀。熄火以后，再要开起来，就用绳子拉，拼命地拉，用尽全身力气地拉，刚刚要卷进去，拉响了。机动船不像别的机动车，已经有点要翻的样子，它慢慢慢慢又恢复了。如果翻下去，那我们就全军覆没了。然后开到宁波浩河头停了，我们真正没有力气了。那时候还有李安民，他一边奔，一边打电话，宁波第一医院的电话一直打不通。离第一医院还有一段路，那时候就一人一只手这样抬着奔去。奔到第一医院，进急诊室了，医生一看，赶快打了一针强心针，几秒钟后，医生说，没办法了，这人已经去了。这事大概是 1977 年。回来以后，他老婆哭哭啼啼，特别悲伤。他年纪很轻，只有 33 岁，就这样过世了，对这一家人打击很大。梁国平的外公和外婆在他阿姆的地方住着，外公（张良惠）在女婿走了以后，心里受打击比较大，不到两年的时间（1978），也生病走了。外公本来是生意人，身体非常好。”

五、好媳妇陈利菊

陈利菊说：“照顾老人，也是理所应当的，要尽到做子女的责任，要做到尊重老人。我婆婆是 81 岁去世的，79 岁脑梗，生活不能自理了。有一次她感冒了，我过去，她说人有点伤风感冒了，躺着也没有吃饭。每次有点生病，我会问她，要不要来我家里。她愿意来，我就把她叫来，在家里住下。一开始，就是天亮了给她穿衣服，吃饭了给她盛饭，后来四五个月后，她就爬不起来了，她要吃饭或者喝水，我就拿给她吃，她自己也不会说话了，要吃什么也说不了了。我想水总归要喝一点，就给她倒点水。喝了水以后，更加要上厕所了。那就帮助她上厕所，她每次会示意的，我要经常过去看看，她掀开被子，就说明要上厕所了。有一次上好厕所，我抱她到床上去，她又掀开了，我以为又要上了，实际上是要大便了。”

图 8-16 姚国华、陈利菊

丈夫姚国华说：“一般常人是做不到她这样的。我经常在报纸上看到、电视上看到，什么婆媳关系，我们家都是没有的。她对大人很好，给我母亲擦身，把脚趾什么的都擦得干干净净的。我母亲是非常爱干净的一个人，她说儿女都是乱洗的，说媳妇细心一点。后来耳朵不怎么好了，刚刚动好手术，我们叫阿妹来照顾几天，刚好住院没有住进去，母亲午饭都不肯吃，她话也讲不清楚了，人是认得的。后来看见媳妇手里拿着热水瓶、脸盆回去，她又开心了，就愿意吃饭了。一般人想不到的东西，她都做得出来。我跟你说，我觉得我老婆，像宁波市、浙江省好媳妇都可以评上，一辈子都对老人这么好，很多人都是做不到的。好好地在吃饭，一下子呕出来，真的是很恶心的，但是她会用手去捧，要是人家的话，早就跑了。她就用手去接，拿毛巾，打水过来擦，这不是一次两次，而是经常性这样做的。母亲是心脑血管毛病，吃心脑血管的药又很贵的，今天花几百块，过几天又花几百块，一般人真的不愿意。凭良心说，我老婆真的是好。我母亲就说了，媳妇天晴下雨都对我一样的。

“在医院，医生说，你母亲看病的钱已经用光了，明天要付钱了。我马上打电话打到家里，她吃好午饭，马上就把钱送过来了。第二天医生问我：你钱付进来了吗？我说付进来了。他还不相信呢，后来一看真的付了。我说：我们大钱没有，小钱有的，你放心好了。医生给我母亲看病很主动的，医生也很负责的。这两年工夫，母亲也吃了很多苦的。两年以前，还没有生病之前，她自己一个人住的，我们对她也是照顾的，给她送饭菜，鱼啊肉啊，总把好的送过去。买了小黄鱼，就把最大的干净的挑出来，洗好了给母亲送去。还会进一步，问她要红烧还是清炖。这些都是日常要做的，不是生病了才对她好，她对我母亲就像是对自己的父亲母亲一样好的。当时她和村长李小平也熟悉的，是隔壁邻居，村长的母亲也说：这么好的媳妇，真的跟女儿一样的。每天都会去看一看她，真的很好，一般人都做不到。后来布政乡发了一张通知，精神文明之类的，有好几个人参评婆媳关系，她评上了，我们也没有想到。人家也说我福气好。我母亲死也要死在我家的，我四个兄弟，我是老三，本来应该是死在大儿子家里的。她住在我家里以后，她说喜欢住在这里。母亲从第一医院回来以后在我家住了两年，我老婆就照顾了两年，她说我很喜欢在这儿的。阿妹在，母亲就白着眼睛瞪着，等我老婆到了就好了。”

最后，陈利菊说：“一人一世，很好也做不到，恶人也做不来，就是平平凡凡的，性格是天生的。”

六、慈善老人姜善庭

“谢谢您，谢谢，您是我们身边无私奉献的楷模。”2018 年 8 月 27 日上午，宁波海曙区慈善总会工作人员紧紧握住姜善庭的手，感谢他将自己拾荒以及平时省吃俭用积攒下来的 5 万元捐至慈善总会，用于资助困难家庭。在老人的再三要求下，捐赠证书上留下了“爱心老人”四个字，并没有用其真实姓名。海曙区古林镇藕池村附近的人们都知道，这里住着一位老人姜善庭，但却不知他是一位不求回报、默默奉献的好心人。10 多年来，这位 88 岁的老人只要身体条件允许，每天骑着一辆小小的旧三轮出门，捡废品卖钱，再将这换来的钱资助困难家庭。每天上午起床后，姜善庭都会骑着三轮车在家附近的社区、街道上“溜达”，找寻“目标”，到了饭点再回家。“硬纸板的回收价格高一些，饮料瓶不值钱嘞。”姜善庭笑着说，当小三轮装满废品后，他便会一车车推到家，积累了一个月后，再统一卖给废品回收站。“有时候，一星期捡下来的废品还卖不到 10 块钱。”老人坚持拾荒的原因不是自己生计困难，而是想帮助更多的贫困家庭，给予他们生活下去的勇气和信心。这样一个心存善心的老人，并不是大富大贵之人，退休后，姜善庭每月有退休金 1200 余元，他省吃俭用从牙缝里抠钱，菜都不舍得买，电都不

捐赠证书

兹由爱心老人
为弘扬中华民族扶贫济困的传统美德，积极参与共创和谐社会活动，向本会捐赠人民币壹万元整 元。
特发此证，以资纪念。

宁波市海曙区慈善总会
2018年11月27日

图 8-17 宁波海曙区慈善总会给姜善庭的捐赠证书

图 8-18 海曙区宣传部张宁辉部长看望姜善庭老人

舍得用，女儿心疼父亲经常送菜过来。“我长期吃素，有时候一个面包就可以抵一餐了，除了每个月吃药看病以及买点蔬菜50元左右，剩下的都积攒起来。”姜善庭说，自己平均每月攒800元，加上卖废品的钱，每年有1万元左右。姜善庭的家里经常堆满了各种捡来的瓶子，很多人都不能理解，周围的邻居多次劝他退休金完全可以维持生活了，就不要再去捡废品了。可是谁知道他从牙缝里抠钱，不是为了自己，而是为了资助那些更需要帮助的人。这些事老人从来不和任何人说起，后来一次偶然的机会，他的女儿们知道了他做的事，纷纷劝他不要出去捡废品了，钱不够子女们可以给。但姜善庭却说：国家给他的退休金是给他好好生活养老的，自己既然想帮助别人，就应该拿真心去帮助，用自己的劳动赚钱帮助他人。关于老人这些年到底资助了多少人，捐了多少钱，他自己也已经模糊了。姜善庭喜欢看报纸，有一年通过报纸看到横溪镇有个困难家庭，孩子因贫困读不起书，需要帮助。“这个事情对我启发很大，感触很深。”姜善庭想到还有读书困难的学生，就觉得自己应该做些事情帮助他们上学。于是，姜善庭来到藕池村村委会，向村党支部书记李小平了解这位资助对象。“姜师傅问起我去横溪的路线，我们才知道他已经做热心公益这么多年了。”李小平感慨。随后，姜善庭不顾自己年事已高，就坐着公交车，怀揣着4000元爱心款，专程赶到横溪一所小学，将善款交给资助对象的老师手里，还买了生活用品送到学生家中。“孩子的成绩非常好，但读不起书，我很心疼，就想帮帮她。”姜善庭说。还有一年冬天，集士港镇山下庄村一个村民的女儿得了白血病。老人知道后，又将自己省下的3000元钱送到这户家庭，献完爱心就离开了，没有留下姓名和住址。虽然每次献爱心的钱不多，但是却需要老人节省好几个月的费用，捡数不清的废品换来。目前老人的左腿因故残疾，日常出行不便，时常还会出现腰酸背痛的状况。由此，他才将自己的心愿告诉村书记李小平，想一次性捐赠5万元给需要帮助的人。“我都一把年纪了，钱对我来说已经不重要了，子女有手有脚，能够靠自己养活自己，我现在能帮在困难中的人，就是我最大的心愿和乐趣。”[①]

图8-19 姜善庭在看书

① 陈朝霞：《10多年捐助了近8万元，宁波海曙88岁爱心老人拾荒助困》，《宁波日报》2018年8月29日。

姜善庭自幼家境贫寒，14 岁时，小学还差一年，没有读完，就辍学到宁波布厂当学徒，打工赚钱。在一个老板家时，他随其孩子旁听。1952 年时，在慈溪的广货店工作。20 世纪 50 年代，曾在慈溪的小学当过十几年代课老师。后来又在工厂做过一段时间。他一生喜欢读书，尤其是喜欢读文艺类图书。而且有一个习惯，书读过以后就出售了，不再保存，是一个典型的消费型读书者。据其女儿说，父亲回家，就是捧一本书，一生未太劳累过。家务诸事，都是母亲操心的。笔者与老先生交谈过，除了耳聋外，大脑思维清楚，声音响亮。89 岁的老人，仍在楼梯下的小书房读书。如此喜欢读书，在藕池村中也是少见。只是，他属自我消费型的读书，装进大脑，只读不写。而且他所学到的知识，一生中也没有机会服务于他人、服务于社会，可称为独善其身。因为读书多，思想境界高，让老人产生了要做善事的念头。“再不能让孩子们因为没钱辍学！”这是姜老伯捐款时最朴素的初衷。

七、勇救落水儿童

2009 年 8 月 22 日早上七点四十分左右，藕池村村民王翠芳在河边洗衣服，突然听见有人喊“救命”，她看了看，发现河里有一个 3 岁左右的孩子浮了上来，王翠芳毫不犹豫地跳入河中，救起孩子，并在第一时间进行了人工呼吸，使原本已没有意识的孩子苏醒过来，王翠芳这才松了一口气。孩子得以脱离危险，随后被送往医院进一步观察。王翠芳不愧为新时代的巾帼英雄。

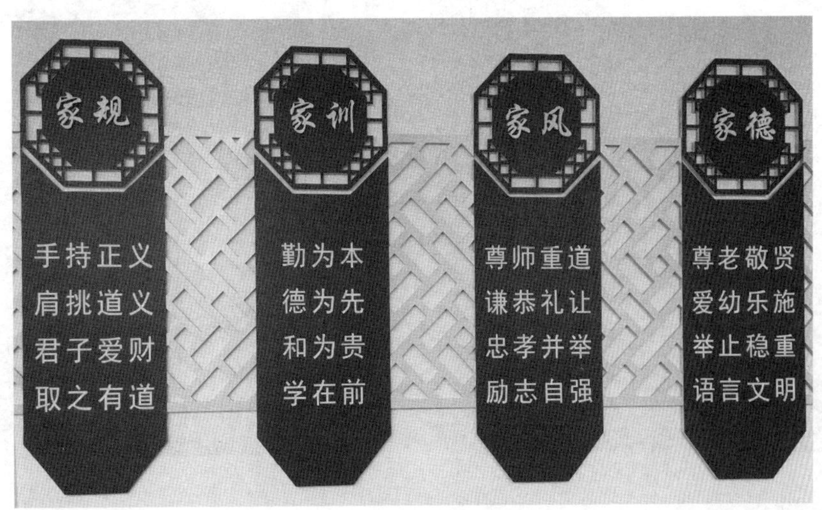

图 8-20 村家风榜

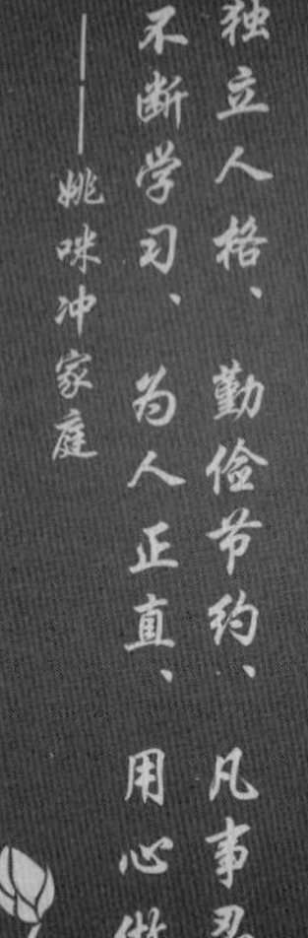

尊老携幼、和谐相处、
夫妻贵相从、邻里贵宽容。
——林小成家庭
处事要公心，办事凭良心，
待人讲爱心，对己要宽心。
——金元勇家庭
子孝父严，母慈媳敬，兄友弟尊，
妇温夫爱，睦邻亲友，家道始兴。
——林振江家庭
团结邻里，与人为善，
举止稳重，言语文明。
——张康定家庭
独立人格、勤俭节约、凡事忍耐、
不断学习、为人正直、用心做事。
——姚咪冲家庭
有道才有德，无道便无德，
有德才有福，无德便无福。
——庄朋峰家庭
宣扬家风，赞叹祖德，
教育子孙懂得知恩、感恩、报恩。
——叶振龙家庭
手拉手、心连心，
环境美化进家庭，从我做起。
——孙志军家庭
严于利己，宽以待人，
勤于习作，乐于奉献。
——俞国成家庭
家有老千般好，好儿女多行孝
家有孝是希望，精心栽培生长旺
——张纯波家庭

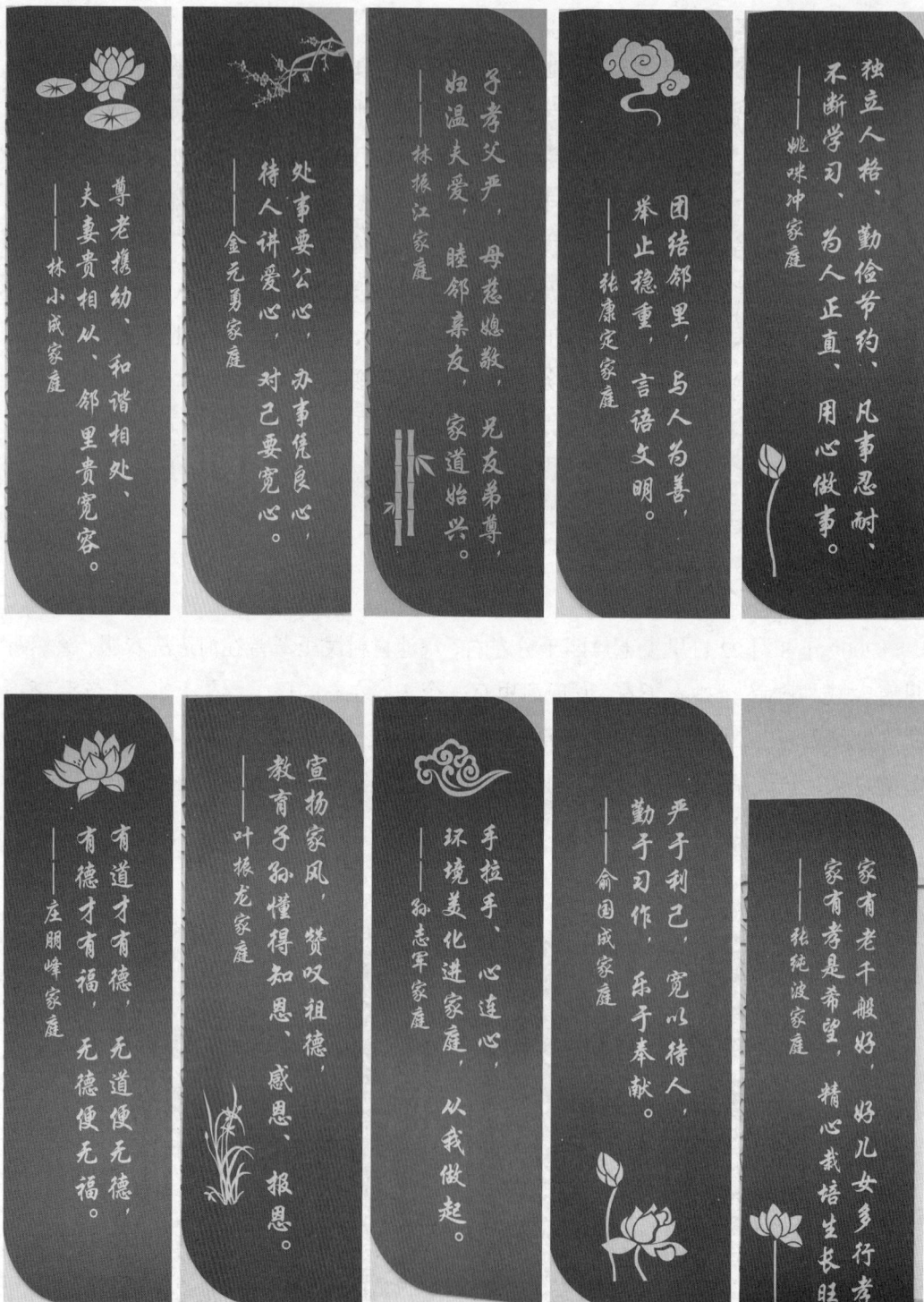

图 8-21 村家风榜

专题人物往事

人物史，有一些是可以按编年来写的，有一些是不能的，必须按专题来写。公众社区史，重要的是不同类型人物故事的呈现。个体是群体意义上的个体。群体史的观察，须通过个体来呈现，个体史是解开群体史的钥匙。大学生名录、退役军人名录的意义即是如此，可以将村产大学生及分布于全国各地的人才，集中起来，成为一个整体。

第一节 / 人口变迁

1986 年时，当时鄞县曾要求做过各类数据统计。下面是张吉安会计做的 1962—1985 年藕池村人口统计，因为数据清楚，我们就将图片放在下面了。

手工汇总过录参考表（一） 043

地址：鄞 县 布政 公社 藕池 生产大队 生产队 第 页

户序号或户主姓名	本户人数：总人数	男	女	常住本地户口在本地：小计	男	女	常住本地一年以上、户口在外地：小计	男	女	人住本地不满一年，离开户口登记地一年以上：小计	男	女	人住本户口待定：小计	男	女		现在工作或学习：男	女	文化程度：大学毕业	大学肄业或在校	高中	初中	小学	不识字或识字很少：合计	其中：12周岁以上	零至三岁人数	外出一年以上人数：小计	男	女	1981年人口变动：出生：小计	男	女	死亡：小计	男
甲	1	2	3	4	5	6	7	8	9	10	11	12	13	14	15	16	17	18	19	20	21	22	23	24	25	26	27	28	29	30	31	32	33	34
合计	753	376	379	753	374	379															18	82	443	[illegible]	[illegible]	67	7	3	4	10	6	4	3	3
队	94	48	46	94	48	46															1	11	64	16	14	6	1		1	1		1	1	1
队	97	52	45	97	52	45															3	8	61	13	12	12				1	1		2	2
队	106	48	58	106	48	58															2	12	60	26	[illegible]	8				2	1	1		
队	100	53	47	100	53	47																10	60	18	17	12	4	2	2	1	1			
队	84	43	41	84	43	41															4	7	49	17	16	7	1		1					
队	72	35	37	72	35	37															6	8	37	14	12	8				1		1		
队	66	28	38	66	28	38															1	12	35	13	13	5				1		1		
队	66	35	31	66	35	31																5	44	13	13	4	1	1		1	1			
队	68	32	36	68	32	36															1	9	35	15	15	5				2	2			

图 9-1 1982 年藕池大队及生产队人员状况

年份	总户数 合计	其中[illegible]	总人口 合计	[illegible]	出生 合计	出生率%	死亡 合计	死亡率%	自然增长 合计	增长率%	迁出	迁入	[illegible]	
甲	1	2	3	4	5	6=5÷3	7	8=7÷3	9=5-7	10=9÷3	11	12		
1962	129	18	496	38	15	3	2	.06	13	2.6	3	4	1	
1963	132	3	548	12	18	3.3	3	.05	15	2.8	1	78	38	
1964	132	3	558	13	22	5.6	8	1.6	23	4	6	3		3
1965	132	3	555	15	24	4	8	1.4	16	2.6	5	5		
1966	135	2	608	14	34	5.6	8	1.5	25	4.1	12	11		1
1967	147	2	622	14	18	3.1	3	.05	16	2.6	5	2		3
1968	148	2	651	16	21	4.8	4	.06	27	4.2	12	10		2
1969	162	2	668	14	17	2.6	4	.06	13	2	6	10	4	
1970	165	2	658	14	26	3.8	5	.08	21	3	5	5		
1971	170	2	704	14	15	2.1	4	.06	11	1.5	7	11	4	
1972	172	3	716	15	10	1.4	5	.07	5	.07	6	13	7	
1973	178	2	724	15	4	.06	3	.05	1	.01	1	8	7	
1974	178	4	726	16	8	1.1	3	.04	5	.07	5	2		3
1975	180	4	730	14	7	1	3	.04	4	.06	6	6		
1976	184	4	725	15	8	1.23	8	1.1	1	.021	10	7		3
1977	201	3	747	14	10	1.3	2	.027	8	1.03	3	14	11	
1978	220	6	752	13	12	1.6	4	.053	8	1.07	8	5		3
1979	222	1	754	13	15	1.77	1	.011	14	1.56	24	12		12
1980	226	8	755	15	11	1.47	3	.04	8	1.07	16	8		7
1981	251	8	772	18	12	1.56	3	.038	9	1.17	3	4	8	
1982	254	17	757	25	5	.066	8	1.02	※3	※.04	15	5		10
1983	255	17	755	25	5	.067	4	.052	1	.013	8	3	3[illegible]	5
1984	259 ~~242~~	17	758 ~~734~~	24	5	.066	5	.066			8	12		
1985	265	15	787	22	5	.063	7	.09	※2	※.026	[illegible]	41	31	

图 9-2 1962—1985 年藕池村人口统计表

从以上表格可知，户数由 129 至 265 户，总人口由 496 至 787 人，总的趋势是不断增长，增长了近一倍。

第二节 / 教育升学

一、幼儿园

张志娣说：“我大概是 1958 年办幼儿班的，二三个老婆婆弄饭，我算是老师了，教教他们写字、唱歌。一开始有好多小孩，最多的时候有 40 个，有的读了一段时间就不来了。幼儿班是全托的，大人比较担心，有的小孩容易生病。因为村子大，一个村会有老婆婆。那时候就是在一个庙里，我们也办了很长时间。后来在孙家堂沿了，那地方是新的楼房，比较干净。那时候只有十多个人了，不到 20 人。实际上就办了一年多一点，我从 17 岁做到 18 岁，下半年就结婚了。”可见，这是 1958 年“大跃进”期间的产物。

此后，在相当长的时间内，藕池村是没有幼儿园的。藕池小学，有一个学前班，承担了部分学前教育功能。直到 1995 年藕池新村建设时，才建起了藕池幼儿园。从此，藕池一带有了正规的幼儿园。

二、藕池小学

藕池的小学，民国期间就有了，当时是办在藕池庙里，如江根星就在此小学读书。1943—1946 年，徐名侠也在藕池小学读初小。那时候是俞福泰（1927- ？）当老师，1950 年档案称，他居住在藕池庙中。

1957 年时，与方家耷村合并成一个学校，称方家耷小学，因地点在沙塔庵中，也被称为沙塔庵小学，据张信良档案，1959—1961 年，他在沙塔庵小学读书。当时老师是俞福泰、范平、王维岚。

1965 年，村里不让范平教书，让他去姜苏村插队劳动了。这年 9 月，吴升月接任老师。吴升月说："我是 1965 年由藕池村党支部推荐到藕池小学做民办教师的，1965 年 9 月开始的。我老头家就是在藕池村，原来我们两个人都在外面工作，他在镇海中学做人事秘书，我在城关三小做代课教师，后来 1962 年响应国家号召回乡支农，他从镇海中学下来，我从城关三小回来，1962 年我们下乡参加藕池村板桥生产队，他务农，我做家务。我 1965 年进小学，原来与方家耷村一起的。"张国章说："我是 1965 年上小学的，那时候上学是在方家耷（聚福）庵里读小学，那时候还没有藕池小学。读了半年以后，就到藕池头庙里读书，那时候藕池小学开学了。"

1966 年 2 月，两个村小学分开了，藕池小学设在庙里。吴升月说："藕池小学只有我一个人，学生从一年级到四年级，复式班教育。最开始没有教室，就是藕池头庙的厢房做教室，一个教室，四个班级。学生有三十个左右，在同一个班里，一年级几个、二年级几个、三年级几个、四年级几个。那时候一节课是一个小时，上课前要备课，比如说这一节课重点是一年级的，那二、三、四年级我就先布置作业，让他们做作业，我先讲一年级的课，讲好了休息 15 分钟，一年级做作业，然后我讲二年级。他们上课是听两遍，一遍作业一遍讲课。有时候二年级的东西，一年级也听懂了，学得快的学生，他说老师这个你讲过，我懂的，但是学生进度都不一样。老师没有空，很辛苦，一节课四个年级都要讲课，不然的话，让学生整整做一个小时的作业学生也很烦，而且课程也讲不完。那时候上一天的课，一天到晚都要讲。还有活动课，老师可以轻松一下。语文、数学上完，第三节比如说画画，一二年级画这个，三四年级画那个，这个时候的老师是万金油，画画、唱歌、体育都是自己一个人教。主课就是语文、数学，没有英语，画画、唱歌、体育是有的。上午三节课，有两节课嘴巴不能停，一直讲，第三节可以放松一下，比如说画画，讲的地方就少了，活动课让他们自己去活动，唱歌课，那时候也没有风琴，就是用嘴巴唱唱歌，后来风琴买来了，自己也轻松一些，学生也爱听。那时候讲课是用宁波话讲，

图 9-3 1972 年毕业照

不用普通话。”这就是典型的乡村教师生活。

吴升月说：“1967 年‘文化大革命’对学校也有影响，经常要去开会。不过我们是小学，该上课还是上课，外面也不怎么走出去。那时候只有星期天休息，周一到周六都是上课的。后来半工半读，半天读书，半天做凉帽了，那时候学习抓得不怎么紧。当时是全日制，就是下午要弄一节劳动课，做凉帽，勤工俭学，不上课。后来，有两个老师了，就一二年级一个教室，三四年级一个课堂。1971 年，造了两层楼的房子做学校，这就是新学堂。这个学校是我老头画图纸，叫师傅来造的，有两层，是 1971 年村里出资造的，一直到 1995 年才搬到藕池新村的学校。

“1972 年时，方家耷小学又合并到藕池小学，有了三个班级，六个老师。两年后，方家耷小学又合并到礼嘉桥小学。藕池小学又独立办校了。其间，代课老师来了很多，最多时有三个老师。1980 年初，因为缺师资，又叫来了范平。80 年代后期，公立教师调过来一个，就是丁贻德。1965 至 1980 年，由村里发工资，每月只有 28 元。1988 年转正为国家老师的，工资加到 40 元。

“村里人基本上都在这里读的，有些住在外面，在外面读的也有，住在藕池的都在藕池读，大多数都是在藕池读。1962 年下放来，21 岁到藕池做民办教师，现在学生最大的有 63 岁了，我教了三代。”

根据档案，1983 年前后，姜善庭也做过藕池小学代课老师。

姜锡岳说：“我是 1968 年从部队回来的。当兵回来后也没有什么事，村里没有老师，就叫我去学校了。我说我当不来老师的，但是没有办法，村

图 9-4 1984 年毕业照

图 9-5 姜锡岳

里叫我去做，我就去做了。我对学校的事情不感兴趣，就是把学校的学生组织起来，给他们搞军训，像李小平也是我学生。当时有二十几个人。我搞军训是可以的，我是部队里出身的。但是教书这个活没有干过，不知道怎么做。我当了一年多，后来其他老师来了，我就不肯去做了。”

张国章说：“藕池学校那时候条件很差，只有一个老师，一年级、二年级、三年级、四年级，只有一个老师。那时候读书很艰苦，老师来不及讲课，就分配作业，一年级抄 30 遍课文，那时候读书生活比较困难。后来我到布政中学去了，藕池村只有我一个人到布政中学读书。我读书总体来讲还比较好，有的人是读不起，有些人是不会读，学习成绩跟不上。”

李小平说：“我们读书有好几个学校，我 1963 年出生，1970 年上学，1971 年新学校盖好了。我们读了一年，读书就在靠庙南面的底下，那时候读书的人比较少。1971 年拆了庙，重新建造新学校。那时候一年级学生分开了，藕池的人就在藕池读书，板桥的到板桥读书。那时候在农村的仓库里读书，我家门口有个洪家堂沿，生产队把里面的东西都收去了，这个地方就空了，就在这里读书了。当时是姜锡岳来教我们一年级。

“新学堂就是指 1971 年建的学校。有一个五角星，1971 年，写得很清楚，建得很漂亮的。新学堂长度是 24 米，楼上一间是医务室，隔壁是吴老师和丁老师的办公室，大通间有 8 米，后面还有一间，那时候三四年级一间，五六年级一间，有两个教室。下面一楼是一二年级。房子是 24 米乘 24 米，楼上楼下，阳台是木头阳台。下面一个是乒乓室。旁边还有一个大会堂，村里造的，用来开会的。

“到新学堂读书，就两个老师，一个是吴（升月）老师，还有一个丁（国昌）老师，是从（段塘）丁家来这里教书的。二年级，就流行讲普通话了，吴老师不会教，由一个上海的知青来教普通话。她叫胡容娣，在藕池有亲戚，我们叫她小胡老师。她落户在村里，村里给她一个小房子住。她是新学堂造好以后来代课的，代了四五年总有的。那时候就是她一个人教普通话，教了没几次，那时候刚刚开始学普通话，也算早的。后来，‘上山下乡’的人可以回城了，1978 年她就回去了。四五年级要到礼嘉桥小学读，我读了两年，就没有读了，回家种田了。”

张吉峰说：“我们那个时候没有幼儿园的，只有一个学前班。一二年级、学前班一个教室，楼上三四年级一个教室，老师上课先上一年级，下半节课上二年级，两个年级分别坐在一个教室的左边和右边，讲完之后，就做作业。村里的学校也只能这样子了。我们还算好了，有的地方学校都没有，还要去别的地方读。我们只有四个年级，五六年级要到礼嘉桥小学去了。办一个学校成本太高了，同龄的孩子就这么几个，一个年级就两排，才十几个人。我们那个时候小学有吴（升月）老师、丁（国昌）老师，只有两个老师。一开始是一个，后来二个，再后来是三个。从我们三年级开始就有三个老师了，老师也就一间办公室。那个时候是没有操场的，要跑步的话，就在机耕路上跑，从这头到那头，大概 50 米，是比较简陋的。”

图 9-6 后排左起：王明海、杨国安、丁贻德、范平
前排左起：俞敏芳、吴升月、王客华

吴升月说：“1993 年，藕池新村开发后，外地买房子的人多了，学生也多了。藕池村与房产公司出资造了二幢三层楼，作为新的藕池小学。1995 年，学校迁进新校区。村校变成完小，有六年级了。原来的藕池小学是初小，只有一到四年级。五年级、六年级要到礼嘉桥村。成为完小后，毕业生可以直接升到布政中学。师范生也来了，有 12 个老师，学生也有 200 多。上面让我脱产去学习了一年，教育局任命我为校长。师范生质量很高，工作都很努力，所以每次统考，我们成绩都很好。后来到鄞县中学考试，我们 6 个学生参加考试，成绩也很好，后来他们给我打电话说，有 5 个考到鄞县中学，他们喜欢我们学生到他们学校去。1997 年，我正式退休。退休后，又干了 2 年，1999 年才正式离岗。”

三、代课老师

徐亚晨说：“我 1959 年出生。家里兄弟姐妹多，我上学比较晚，10 岁才上学。那时候村里女孩读书很少。一个年级只有 11 个人。当时是复式班，一二三四年级在一起的，老师先教一年级，然后做作业，轮到给二年级上课，三年级一边做作业一边也听课了，老师讲课也讲不过来，也教不过来。我们二年级有 8 个人，那时候四个年级加起来只有三十多人，有些人读了一段时间就不读了，到生产队去做农民，年龄小，就安排放牛，人是越读越少。我们上午两节课，下午劳动课比较多，农忙时还要帮助农民拔秧、拾稻穗。放学回到家里要做凉帽，上午 11 点放学做凉帽，做到 12 点半再去上学，凉帽做来卖掉，

图 9-7 后排中为徐亚晨

可以交学费。那时候都在生产队里劳动，下半年分红，多的人有几十块好拿，没有的人还要找生产队借十块、二十块。那没有钱怎么办，只有自己做凉帽去交。那时候是浙江省统一教材，现在是全国统一。

“那时候布政中学刚初中升高中，名气还是古林中学大。初中，有十个名额可以到古林中学，老师也很客气，把我排进了。1978 年，高中毕业。我先在礼嘉桥小学代课，接着是藕池小学代课，在藕池小学代课是 1979 年或者是 1980 年，代了二三年。在藕池小学代课时，我们在整个布政二年级语文考第一名。”

姜芬琴说：“我们读小学的时候，学校就在藕池的周边，有时候也到那边去。老学堂也读过，老学堂是一个庙，我到新学堂已经是四年级了，这个新学堂也是我们亲手给它造起来的。造学堂的时候，那些砖头都是我们学生一块块递上去的。以前我们读书，不像现在任务这么重，经常一节课就学一句话，很简单的。我去上学已经很迟了，已经 10 岁了，我们村里读书的人很少，一个班级是 10 个女孩子，男孩子一个都没有的。小的 8 岁，大的 12 岁，多数是 10 岁、11 岁。这 10 个人是动员来的。如果你没有读书的话，晚上要读扫盲班的。我姐姐没有读过书，就是晚上读扫盲班的，晚上在仓库里读的。读到二三年级，上面一班有两个男的留级了，所以我们这个班 2 个男的 10 个女的。以前办了扫盲班，可能有的年纪会比较大，我们这个班后面的学生，年龄都正常了。读到小学毕业，十五六岁了，自己也懂事了，社会也发展了。我老爸倒是认识字的，在旧社会读了四年级，所以算是有文化的人了，看了很多书，小时候老是给我们讲

图 9-8 后排左起：范平、丁国昌、吴升月、徐亚晨

历史故事，什么薛仁贵之类的。我老妈不识字的，等小学毕业，我老妈说：你也不用读了，你前面的三个姐姐，一个没有读过，一个读一年，一个读两年，你也够了。这个时候，我已经懂事了，我说我要去读书。你读书，人家没有读书，草帽也是一天做两顶帽子。我说我去读书，我给你做一顶半，我可以晚上做。这个时候形势也发展了，老妈也没有怎么阻止我，我就去读初中。初中读好以后，社会更进一步，自己的思想也有了，就去读高中了。我们村里的人，我们这个班有两个人去读高中了，一个是我，一个是徐亚晨，还有一个读初中的姜丽菊，她可能高中没有去读，读初中的就我们三个人。那个年代，高中毕业是很不容易的。我们村里当领导的这些人，文化程度太低了。下面一届还有两个女的是高中生，一是大队长徐定良的女儿徐贤君，还有一个是徐亚芬。到现在为止，我们这一代的人，包括 60 年代的人，识字的人很少，有文化的人很少。”

四、升大专、本科

藕池村村民升大专、本科表

时间	毕业	学历	学校	入学	毕业时间	工作单位	父（母）
张忠年	男	中专	绍兴卫生学校	1975	1977	宁波第六医院	张阿毛
姜国城	男	大专	宁波师院	1982	1985	宁波飞炬工具公司	姜阿利
徐伟祥	男	本科	同济大学医学院	1986	1991	浙一医院城站院区（原杭州铁路医院）	徐正章
洪海微	女	大专	宁波高专	1988	1991	宁波某房产公司	严阿毛
洪小微	女	本科	厦门大学	1991	1995	鄞州区电视台	严阿毛
姚亚苏	女	本科	北京语言大学	1992	1996	迈世科技（副总裁）	姚国华
		硕士	清华大学	2005	2008		
张萍	女	本科	宁波大学	1996	2000	宁波市古林职业高级中学	张吉祥
张瑾	女	大专	浙江省水电高等专科学校	1996	1999	宁波市鄞州钦泽金属材料有限公司	张加海
梁冲耀	男	本科	宁波大学	1996	2000	鄞州区姜山镇实验中学	梁苗反
张凌	男	大专	浙江水电高专	1996	1999	鄞州钦泽金属材料厂	张加洋
张吉峰	男	大专	宁波警校	1998	2000	宁波公安局	张龙才
姜燕萍	女	本科	宁波大学	1998	2002	鄞州区姜山镇实验中学	姜岳再

续表

时间	毕业	学历	学校	入学	毕业时间	工作单位	父（母）
戚建军	男	本科	天津科技大学	1999	2003	常熟高泰助剂有限公司	戚明亮
包湖光	男	本科	宁波大学	1999	2001	宁波瑞童进出口有限公司	包康乐
			加拿大哥伦比亚大学	2001	2004		
姜忠波	男	本科	上海东华大学	2001	2005	宁波萌恒工贸有限公司	姜宝富
王伟峰	男	大专	武汉科技学院	2001	2004	上海鼎象装饰设计有限公司宁波分公司	陈美英
张微	女	本科	浙江工业大学	2002	2006	企业会计	张国章
吴晓燕	女	大专	宁波市幼儿师范学校	2002	2004	飞虹幼儿园	吴安芳
吴芳	女	大专	金华职业技术学院	2002	2004	婚庆公司	吴国龙
冯燕	女	硕士	浙江工业大学	2002	2009	嘉兴宝盈通复合材料有限公司	冯秉良
张笛	男	大专	宁波职业技术学校	2002	2004	北伦海天集团	张加定
冯虹	女	本科	武汉理工大学	2003	2007	宁波鄞州美兆综合门诊部有限公司	冯秉良
胡宰营	男	本科	杭州师范大学	2003	2007	宁波胡枫网络科技有限公司法人	胡冲卫
徐杰	男	本科	浙江科技学院	2003	2007	宁波杰利塑业有限公司	徐国祥
薛莉莉	女	大专	上海大学	2003	2006	欧文西点工坊	薛金裕
俞红	女	本科	中国地质大学	2004	2008	方力集团	俞荣华
郭巧灵	女	本科	杭州电子科技大学	2004	2008	宁波银行	郭先利
俞军	男	本科	浙江科技学院	2004	2008	宁波麦柯国际贸易有限公司	俞国忠
陈玉林	男	本科	浙江工业大学	2004	2008	浙江甬润科技有限公司	陈见昌
洪飞飞	女	本科	湖北师范学院求真学院	2005	2009	第一医院护士	洪冲国
马益红	女	大专	上海师范大学数理与信息学院	2005	2008	宁波金玺网络科技有限公司	马善良
林水晶	女	大专	上海师范大学数理与信息学院	2005	2008	苏宁电器（天一店）	林振明
金伟洋	男	本科	浙江科技学院	2005	2009	宁波永久磁业有限公司	金龙希
徐超男	男	大专	浙江科技学院求是应用技术学院	2005	2008	宁波市海曙永楠聚氨酯有限公司法人	徐国章

续表

时间	毕业	学历	学校	入学	毕业时间	工作单位	父（母）
周科	男	大专	浙江科技学院求是应用技术学院	2005	2008	宁波市海曙区古林镇藕池村委会	周国夫
冯虎	男	大专	浙江机电职业技术学院	2005	2008	奉化百琪达智能科技有限公司	冯秉良
史燕	女	大专	浙江工商职业技术学院	2005	2008		史幼芳
牟洁琼	女	硕士	英国东安格利亚大学	2006	2010	宁波姐妹宝贝儿童用品科技有限公司	牟纪法
李欣	女	大专	浙江工商职业技术学院	2005	2008		李小平
龚佳霁	女	本科	宁波大学教育学院	2005	2010	古林中心小学	虞霞芳
水儿	女	大专	浙江纺织服装技术学院	2005	2008	上海锐翔体育用品有限公司宁波分公司	水惠涛
张成斌	男	本科	浙江理工大学	2006	2010	自主创业	张吉定
张忠杰	男	本科	浙江科技学院	2006	2010	宁波自来水有限公司	张吉祥
张军波	男	本科	江西服装职业技术学院	2006	2010		张坚定
陆挺	男	本科	浙江师范大学职业技术学院	2007	2011	平安保险公司	陆幼才
史仁娜	女	本科	丽水师范学院	2007	2011	宁波市海曙区育成教育培训学校	史幼才
张吉东	男	本科	宁波大学	2008	2012	象山检察院	张飞龙
陈娜	女	本科	绍兴文理学院	2008	2012	宁波市公路管理局	陈志信
吴斌	男	本科	浙江师范大学数理信息工程学院	2008	2012	宁波市海曙区派出所	吴文龙
张瑞祥	男	本科	杭州电子科技大学	2008	2012	宁波市海曙森阳电器塑料厂	张富华
杨科	男	本科	大连水产学院	2008	2012	宁波方太厨具有限公司	杨存龙
吴金晶	女	本科	湖州师范大学	2008	2012	平安银行宁波分行	吴安定
徐磊	男	本科	浙江海洋学院东海科学技术学院	2008	2012	包商银行	徐利荣
马宁	女	本科	台州学院	2009	2013	首南小学	马志祥
张丽雯	女	本科	湖州师范大学求真学院	2009	2013	浙商银行	张龙根

续表

时间	毕业	学历	学校	入学	毕业时间	工作单位	父（母）
李节	女	本科	浙江财经学院东方学院	2009	2013	宁波海曙德诚会计咨询服务有限公司	李安明
俞朝	男	本科	浙江大学城市学院	2010	2014	宁波市特种设备研究院	俞惠国
吴巧雅	女	本科	宁波大学	2010	2014	宁波大学继续教育学院育成教育	吴兆芳
张未	女	本科	浙江警校	2010	2014	宁波市刑警支队	张金龙
黄盛	男	本科	浙江工业大学	2011	2015	宁波银行	黄大富
俞丹	女	本科	浙江大学理工学院	2011	2015	首南小学	俞荣华
张露	女	本科	浙江海洋学院	2011	2015	宁波宝鸿财富管理有限公司	张华平
包吉楠	女	本科	浙江农林大学	2011	2015	上海高信国际物流有限公司	包康平
俞柯杰	男	硕士	大连医科大学	2011	2019	硕士在读	俞国忠
洪微	女	本科	中国政法大学	2012	2016	宁波保税港区荣耀企业管理咨询有限公司	洪冲龙
蔡酉勇	男	研究生	江南大学	2012	2019	研究生在读	蔡文钟
赵斌	男	本科	浙江科技学院	2012	2016	新乐国际研发部	赵国海
林杰	男	本科	重庆理工大学	2012	2016	宁波伊马机械工业有限公司	林振江
姜茗曦	男	本科	山西农业大学	2012	2016	宁波凯雅暖通工程有限公司	许翰芬
林煌旭	男	研究生	宁波大学科技学院	2012	2019		包文妃
牟丹琼	女	本科	美国俄勒冈州立大学	2012	2016	宁波姐妹宝贝儿童用品科技有限公司	牟纪法
姜心怡	女	本科	绍兴文理学院	2013	2017	奉化江口小学	姜冲波
张磊	男	本科	温州大学城市学院	2013	2017	宁波马骑顿智慧信息科技有限公司	张康定
吴燕燕	女	本科	浙江越秀外国语学院	2013	2017	宁波拓普立特进出口有限公司	吴建国
周董	男	本科	浙江科技学院	2013	2017	奇邻文化创意有限公司	董贤军
龚佳杰	男	本科	浙江师范大学	2013	2017	宁波继峰科技有限公司	励红飞
吴添羽	男	本科	西安西京学院	2014	2018	宁波交大昂立教育机构	吴文其
徐露	女	本科	温州医科大学	2014	2019		徐惠良

续表

时间	毕业	学历	学校	入学	毕业时间	工作单位	父（母）
姜露露	女	本科	温州越秀外国语学院	2014	2018	宁波亚虎进出口有限公司	姜朝红
龚佳莹	女	本科	温州大学瓯江学院	2014	2018	宁波狮丹努有限公司	虞霞芳
包从莹	女	本科	嘉兴学院	2014	2018	杭州子予教育科技有限公司	包惠民
张宇婷	女	本科	浙江工商大学	2014	2018	盛威卓越安全设备有限公司	张纯波
戴军杰	男	本科	宁波工程学院	2015	2019		戴国能
包科金	男	本科	浙江宁波万里学院	2015	2019		包华定
叶挺	男	本科	丽水学院	2015	2019		叶振龙
孙怡	女	本科	泉州师范学院	2015	2019		孙国冲
梁方圆	女	本科	复旦大学	2016	2020		梁国平
李艺琪	女	本科	宁波财经学院	2016	2020		李济平
张高运	男	本科	陕西理工大学	2016	2020		张伟达
张鸿炜	男	本科	宁波工程学院	2016	2020		张建祥
蔡永满	男	本科	嘉兴理工大学	2016	2020		蔡大王
张宁	女	本科	海宁东方学院	2016	2020		张加江
俞鑫	男	本科	浙江水利水电学院	2016	2020		俞世红
林彬	男	本科	南京艺术学院	2017	2021		林明红
张晓	女	本科	温州医科大学	2018	2023		张兆年
季诗雨	女	本科	浙江师范大学	2018	2022		季立猛
姜菁菁	女	本科	浙江科技学院	2018	2021		姜恩光

说及藕池小学毕业后较为出色的学生，吴升月说："早期是姜芬琴。戚建军是藕池村90年代的大学生。张忠杰考进大学了，现在在外面工作。洪康华的两个女儿很乖，姐姐洪海微在房地产公司，妹妹洪小微是鄞州电视台的编辑。姚亚苏考到了北京语言大学，现在在北京工作。徐伟祥是杭州铁路局医院外科第一把刀，我们村里两个人找他动手术也动得非常好。我教育他说，外科医生这把刀要抓好，技术要高，给别人救命的，态度要好。"

姜芬琴说："我弟弟（姜国城）好像是村里第一个去读大学的。他当老师当了7年，后来下海了。最开始在望春中学做英语老师，班主任做得很好。那时候的望春中学算是比较好的中学了。当时他很年轻的，说老师不做了，下海去了，跟了一个学生的家长，到学生家长那边去打工了，扔了铁饭碗去经商了。那时候是 90 年代初。我们这个村，普遍的文化程度都比较低，后来冒出的人才也很少，比如说经商生意很大的，或者当领导很大的，这样的人才也是少的。”姜国城说：“我家里面最小，1972 年 7 岁上小学。小学读了五年半，1977 年 7 月，小学毕业。初中是在布政中学，1980 年毕业。高中是在古林中学，1982 年毕业。1982 年考上宁波师院英语系，1985 年毕业，分配到鄞县望春中学，现在的同济中学。1985 年到 1992 年，教了 7 年。我 1985 年宁波师范英语系毕业，分配到望春中学，刚刚去教书的第一第二年，我是非常非常投入的。我从初一开始是做英语课代表的，有时候英语老师叫我一起去批改作业，那时候改作业用红墨水的笔，如果有一点红墨水沾到了手指上，被同学看到了，好像还很光荣。那么小的一个事，对我自己内心是有触动的，好像做老师也蛮好的。后来考了大学，因为总的分数不高，是师范大学最后一批录取的，但是对我们农家孩子来讲，对我爸妈来讲，能够考上大学，从农民变成国家的人，也是一件很大的喜事。我在 1985 年、1986 年、1987 年这三年是全身心工作的。第二年，我是当高三文科班的班主任，高考成绩出来，是望春中学历史上最好的一届。以前都是没有人考进大学的。我这个文科班一共 42 个人，考进了 24 个。1987 年年底，学校里面评先进教师，我们文科班是 5 位老师，这 5 位老师，要么就是年终评上先进教师，要么就是在年终大会上有表扬，唯独我没有。那时候人单纯，才 21、22 岁，这件事情对我纯洁、朴素的情感打击是很大的，用现在的一个词语去表达，好像是我被忽悠了。从那个时候开始，我对学校的看法就有点转变了。接下去就对教书的热情也一般般了，没有像刚刚开始那么投入了。到了 23 岁，开始找对象了。我认为做老师这个行业不好玩，也没有我想要的东西。”

姚亚苏，女，1992—1996 年，北京语言大学英语语言文学学士。2005—2008 年，获得清华大学工商管理硕士。曾服务于中石化、爱立信、索尼爱立信、文思创新、联合能源集团等公司，在大型央企、大型外企和美国或香港上市企业均有就职经历，管理幅宽涉及人力资源、行政、IT、企业资讯及政府公共关系等领域。现任迈世科技副总裁，公司专注于人工智能在汽车、钢铁等行业的产业落地。同时担任清华大学 XLAB 创业导师、清华大学经济管理学院职业发展导师及 MBA 入试评委，国资委职业经理资质评价项目面试评委、北京中外企业人力资源协会委员、人力资源认证课程及职业提升软技能等课程讲师。热心公益，发起五米公益（中学生及家长公益群）与一步阳光。

牟洁琼说：“我小学在藕池小学，初中在实验学校。高中的话在五乡中学，然后又转到了鄞州中学。那时候就是觉得我爸妈对我挺严，我在六年级就学完了整个初中的课程。初三，就把高一的学完了。然后，我要去外面，也要自由一点，就到了英国。我喜欢设计，

图 9-9 游园惊梦（孙怡作）

是学设计出身的。我在武汉读了一个合作班，读完语言，就直接去了英国，在英国本地考一个大学。我研究生读的是传媒经济，还有一个专业是财政金融。其实，你要在国外找寻自己的一片事业天地是特别难的，最好的发展的地方就是中国。中国正在发展商业企业，市场最大，就回来了。”

张富华儿子张瑞翔，1997年，辰卿小学毕业。田莘耕中学初中毕业。高中在姜山中学读。2008年，考上杭州电子科技大学。

俞云华的两个女儿也是大学毕业。长女俞红，田莘耕中学初中毕业，在鄞县中学读高中。2008年，中国地质大学毕业。2009年，在华中科技大学读双学位。2009年，到英国约克大学读商务。目前在方力集团做国际销售。次女俞丹，田莘耕中学初中毕业，高中在同济中学。2011年，在浙大宁波理工学院读环境科技。2015年毕业，在首南小学当老师。

2019年毕业的大学生孙怡，绘制了《游园惊梦》。

第三节 / 参军退役

徐森林说：“那时候当兵要兄弟多一点的人去当的。我算是独养儿子了，当兵轮不到的。那时候去的人很多的，因为我们那个时候喜欢当兵的人多。”

藕池村退役军人表

序号	名字	性别	出生年月	入伍时间	退伍时间	退伍证件号	部队番号
1	姜岳祥	男	1933 年 10 月	1955 年 3 月	1959 年 3 月	(73)浙退 037458	9402
2	张富昌	男	1941 年 2 月	1959 年 12 月	1966 年 3 月	(66)浙退 14286	6365
3	姜全法	男	1942 年 12 月	1964 年 3 月	1968 年 3 月	(73)浙退 037422	6412
4	姜锡岳	男	1943 年 6 月	1964 年 3 月	1968 年 3 月	(73)浙退 037407	6412
5	叶明森	男	1945 年 3 月	1965 年 3 月	1969 年 3 月	(69)浙退 92559	6285
6	季贤兵	男	1950 年 11 月	1968 年 4 月	1973 年 1 月	(73)浙退 96330	6298
7	陈达江	男	1952 年 9 月	1969 年 12 月	1975 年 3 月	(75)皖退 156211	6486
8	俞明根	男	1950 年 1 月	1970 年 12 月	1976 年 3 月	(76)皖退 13475	83303
9	杜加田	男	1950 年 5 月	1971 年 1 月	1976 年 3 月	(76)苏退 110694	七五炮连 83056
10	张吉祥	男	1952 年 10 月	1972 年 12 月	1976 年 3 月	76(吉)退字第 42228 号	81125
11	张加洋	男	1953 年 4 月	1972 年 11 月	1976 年 3 月	76(吉)退字第 42519 号	81125
12	吴安方	男	1957 年 6 月	1976 年 2 月	1980 年 1 月	(80)广退 409478	
13	潘坤华	男	1955 年 11 月	1977 年 1 月	1981 年 1 月	(81)泰退 47228	00313
14	徐国璋	男	1958 年 4 月	1978 年 2 月	1983 年 1 月		83237
15	张国芳	男	1959 年 3 月	1978 年 4 月	1983 年 1 月	830224	83236
16	俞国忠	男	1959 年 3 月	1979 年 1 月	1983 年 1 月	武退 094415	34476
17	杨国平	男	1962 年 7 月	1980 年 12 月	1983 年 1 月	(建)退 01885	00012
18	张利华	男	1962 年 11 月	1980 年 11 月	1986 年 1 月	海退字第 28399 号	海军 37671
19	李济南	男	1964 年 2 月	1982 年 12 月	1985 年 12 月	兰退字第 86906	36153
20	孙国冲	男	1967 年 11 月	1987 年 1 月	1990 年 12 月	(南)退 020053	83223
21	杨利军	男	1970 年 1 月	1990 年 12 月	1993 年 12 月	(沪消)934098	上海武警消防总队
22	张伟达	男	1970 年 10 月	1990 年 3 月	1993 年 12 月	(南)退 08212	83117
23	郭成祜	男	1971 年 4 月	1990 年 3 月	1993 年 12 月	(空)退 68391	86223

续表

序号	名字	性别	出生年月	入伍时间	退伍时间	退伍证件号	部队番号
24	郭成科	男	1973 年 12 月	1991 年 12 月	1994 年 12 月	（南）退 0014098	83426
25	陈朝波	男	1974 年 10 月	1992 年 12 月	1995 年 12 月	（96）南退 023565	83258
26	叶君钦	男	1976 年 11 月	1994 年 12 月	1997 年 12 月	（97）兰退 07872	36106
27	俞济杰	男	1977 年 9 月	1996 年 12 月	2003 年 12 月	（南）退 220219	73085
28	杨伟见	男	1978 年 10 月	1996 年 12 月	1999 年 11 月	南（99）退 031215	83570
29	杜洵永	男	1979 年 10 月	1997 年 12 月	2000 年 12 月	（总）武退 8712254	武警 8711 部队 88 分队
30	李长青	男	1978 年 3 月	1998 年 12 月	2011 年 5 月	海退 027002	92889
31	竺小峰	男	1979 年 9 月	1999 年 12 月	2016 年 12 月	海退 027573	92858
32	杜晓明	男	1981 年 4 月	1999 年 12 月	2001 年 12 月	武（马消）退 0429	武警马鞍山市消防支队
33	潘天为	男	1982 年 1 月	2001 年 12 月	2003 年 12 月	兰（退）0056247	68310
34	杨忠天	男	1984 年 9 月	2002 年 12 月	2004 年 12 月	（广）退 0423888	广东肇庆军分区
35	张建丰	男	1985 年 11 月	2004 年 12 月	2009 年 12 月	海退 032132	92858
36	蔡永生	男	1985 年 10 月	2005 年 12 月	2007 年 12 月	武（川）退 071235	成都武警支队 17 中队
37	周波	男	1987 年 5 月	2005 年 12 月	2010 年 12 月	海退 023408	91774
38	戚科杰	男	1988 年 3 月	2007 年 12 月	2009 年 12 月	兰退字第 206446 号	68205
39	周科	男	1987 年 1 月	2008 年 12 月	2010 年 12 月	南退字 50043	73196
40	马幸荣	男	1990 年 1 月	2010 年 12 月	2012 年 12 月	武（川）退 121787	
41	汪永鑫	男	1990 年 12 月	2010 年 12 月	2012 年 12 月	武（苏）退字第 1315181	
42	包科彬	男	1989 年 9 月	2011 年 12 月	2013 年 12 月	海退字第 026919	91115

以上这份表格是不全的，至少可以补充志愿军徐信华、戚阿毛、洪志康，以及退役后在外地工作的徐树芳、崔国存。

一、志愿军

1951 年，徐信华、戚阿毛、洪志康参加志愿军。1952 年 5 月转业，徐信华、戚阿毛回村，从地主张阿存家各分得一间楼房。于是，徐信华一家从姜苏迁居板桥。竺信翠因为长子吴善良参加三五支队之功，也分配了一间楼房，与次子吴祝庆居住于此。俞阿秀说："老头叫徐信华，以前也是种田的，做铁路也去做过两年。以前做过生产队长对我没有什么影响，我自己也在外面跑，他不会阻止我，我也不会阻止他，老头在结婚前就去当过兵了，当兵回来了才结婚的。"

洪志康，1951 年至 1955 年参军。1956 年以后，在家务农。

二、姜岳祥

图 9–10 姜岳祥（前排右一）

姜岳祥说："因为我 1955 年 3 月当兵，1959 年回来，在部队待了五年。这段时间我不在村里，谁当村主任不知道。后来杨文林也来当过书记，来了两三年，这我也是听别人讲的。杨文林是 1958 年来的，1961 年 8 月走的，接下来就是老江书记。等我回来是 1959 年 7 月，本来 1959 年 3 月就可以回来了，但是因为新兵没有到，所以连队说不能走。等新兵进来训练好以后，我们才好回来。我在舟山当兵，是海军。当兵当了五个年头，有四个整年。我们当兵的就在一个山里，跟老百姓不搭界，跟其他军也不搭界，如果要出去买东西要走八里路。老百姓逢年过节进来慰问，首长接待一下，几个钟头就走了。我们很团结的，无论是外面还是里面都非常团结。"

三、徐树芳

徐树芳，学名徐名侠。1936 年 10 月。1943 年至 1946 年，在藕池小学读初小。1946 年至 1949 年，在石碶镇中心小学读高小。1949 年至 1950 年 8 月，在家务农。1950 年 9 月至 1954 年 6 月，在鄞县第一中学读初中。1954 年 7 月至 1955 年 10 月，在家务

图 9-11 徐树芳（入伍时）

图 9-12 徐树芳（担任领导时）

农。10 月 26 日，由姜岳海介绍入团。1955 年 11 月至 12 月，应征入伍。1956 年 1 月以后，在东海航队航标队当兵。1958 年起，为文书、班长。1958 年 12 月 22 日进入预备期，次年入党。1960 年起，为海测大队分队长、副队长、队长。1961 年结婚。1964 年 9 月至 1965 年 9 月，参加宁波航务局的四清工作组。1970 年起，为海军航海测绘中队副中队长、中队长。1982 年起，为镇海航标处筹办处副组长、副主任。1989 年至 1991 年，为副书记。1991 年 5 月起为调研员。夫人吴冲菊说："他人会做，思想好，不贪人家的东西，部队里的东西一点都不拿的，以前造房子什么的，他也不要，这点好。"

图 9-13 1963 年徐树芳（前排右一）

四、张富昌

1958 年，张富昌。张加昌说："我的二哥 1958 年 18 岁去舟山当兵了，当了 6 年，在 1965 年回来了，回来之后他在藕池做工。他是陆军，当警卫员，做到副排长。"张富昌说："我在部队做过的工作很多，最早做了一年炮兵，然后做了三年警卫员，最后去小食堂相当于干部食堂，做到退伍。我为什么当这么多年兵呢？我领导是想给我提干，但是成分有点问题。后来转业的时候，我属于干部转业。因为我在机关食堂，专门跟领导打交道。后来参谋长说没办法，委屈你了。国家规定义务兵三年，我当了六年，1966 年 3 月转业。"

五、姜锡岳等

1964 年，姜锡岳、姜全法。姜锡岳说："当兵是在舟山，我当了副班长。去时 22 岁，

图 9-14 姜锡岳

我当了 4 年零 6 个月的兵回来。我因为是侦察兵，也算是特种兵，要保护首长。”

姜全法，1964 年到定海参军。1968 年退伍。

杨国平说：“我 1979 年高中毕业，在藕池村种子队待了一年。1980 年，当兵去了，在辽宁益山，我是机械工程兵，建设鞍山钢铁厂。1982 年，国家裁军 100 万。1983 年 1 月，我就回来。”

图 9-15 姜全法

张利华，1969 年至 1975 年，在藕池小学读书。1975 年至 1977 年，在礼嘉桥小学读书。1977 年至 1979 年，在布政中学读初中。1980 年至 1985 年 10 月，在部队服役。1983 年 11 月 30 日，入党。1985 年 10 月起，在翻砂厂上班。

崔国存，崔述芳儿子，初中毕业以后曾在藕池小学代过课。19 岁（1978）到武汉当通信兵。因为得到连长的信任与帮忙，退役后被介绍到武汉国税局工作至今，担任领导职务。他是村中当兵退伍后在城市安排工作的二人之一。

张加洋，初中毕业以后，20 岁去哈尔滨当兵。回来后，去了布政第八布厂。1999 年，当了布政第八布厂厂长。

第四节 / 在外工作

一、姜芬琴

姜芬琴说：“我是乡政府 1983 年 12 月招聘的。我 1978 年高中毕业，毕业后当了两年村里的小学老师。在陈横楼，就是藕池隔壁的村。我的理想，就是当老师，但考大学时差了 13 分，没有考进。老师知道我成绩很好的，就推荐我到隔壁的村当编制内代课

图 9-16 姜芬琴

老师，教的是四年级、五年级。当时学校搞复式班，我教语文、音乐课，教了两年。我们年纪轻，家里也没有什么事，一心教育孩子，就在那住着的。有一位成绩很差的学生，他说话也说不清楚的，我看他很可怜，每天都很关心他。我们把学生成绩都搞上去了，统考的时候，全公社的年级段都考了第一，两年代课都考了第一名。支部书记认定我教书很好，叫我教下去。

“但等到第三年，师范毕业生要分配了，支部书记就去讲了，我们不要师范毕业的老师，我要这个人做老师。教育局说不行的，后来到了公社广播站、文化站工作。后来我协助妇联办了一个幼儿园，我就去了幼儿园，工作了两年左右。

“那时候乡政府办了一个鄞县床单厂，是鄞县经委办的，是大集体企业。其实也是乡镇企业。我到床单厂去了，做团总支书记兼人事工作，还兼任公社的团委副书记。1980 年来招干的，招干的人问我：你高中毕业后在做什么？我说去教书了，那人听了就走了。后来我才知道招干的硬条件是要参加生产队劳动的。其实招干的人已经在大队长、生产队长那里去问过了，他们都说我参加了两年劳动，因为我这两年生产队劳动期间还在读高中，就是放暑假时参加双夏工劳动，还评了 10 级（最高评级级别）。按照我们村妇女参加生产队劳动的习惯就是双夏劳动了，那应该可以算我参加两年劳动了，但我的回答不对，就错过了招干的机会。第二年又来招聘了，我已经到了床单厂，第一次是招干，直接提为国家干部了，这次是招聘的，户口是不转的。正好我那天不在，到东钱湖开人事工作会议，我的厂长把我留下了，他就说，这个人我们不放的，我们要培养她当副厂长，这样机会又溜了。等到 1983 年又来招聘了，终于被招进去了，是乡镇团委书记。那时候的团委书记做的工作，都是青年突击队、青年义务工，印象最深的就是我们做北仑铁路，那一条铁路全部是我们年轻人用翻斗车把土拉上去的。现在机械的工具多，不用那么辛苦了。到 1985 年，我当上了妇联主任了，那个时候已经叫乡政府了。妇联主任和团委书记感觉不一样，团委书记的工作就是要找点事情做做，妇联主任面向的是很多的工作平台，如五好家庭、美好家庭、幼儿教育等，本身这个载体是有的，你把政策落实好就是了。那个时候，村一级的妇女主任都是老同志，都是五十几岁、六十几岁的老同志，没有文化的。我这个时候还是很年轻的，二十几岁，他们老是讲，姜芬琴，你当妇女主任老是要我们做这么多的东西，要搞什么活动，我们搞不好的。以前的妇女主任，邻里有什么事情，去做做工作就好了，现在不一样了。后来我们的妇女工作，每年评上区里的先进，在县里也是先进。1985 年，我被评为浙江省三八红旗手、县十佳女干部，要到省里去做报告。1987 年我当乡组织委员，1988 年当乡副书记。组织委员和村书记的工作主要是抓村级及企业的班子建设。我印象最深的就是我们的每一个村的班子，跟每一个企业的班子，都建设得很强，支部书记和厂长，责任心很强，工作也很扎实，比如我们开会，有一个党日活动，每个月 20 号，所有村里的支部书记、企业的支部书记，都要参加。以前他们认为，党日活动是政治性学习，老是要迟到早退。我给他们举例子，如果我们每次党日活动，你把它当成我要乘飞机去，你还会迟到吗？你要是迟到了，你不就是坐不上飞机了吗？我说从今以后，每个月的党日活动，要是有特殊情况会通知更改日期，没有通知说明要按时执行党日活动，以后如果谁再随便请假迟到早退要支付 200 元工作经费，那以后这个党日活动坚持得很好。1991 年我当乡长时碰到了一次群众上访的事，包家村办了一个做地砖厂，烟有污染的，我们这个时候已经不种本地的席草了，种日本的蔺草，日本蔺草种好以后，做榻榻米，销售到日本去。当时 5、6 月份，蔺草已经长得很大了，那个有毒的烟冒上去以后，空气被污染，蔺草的头都焦掉了，一截没有了，席子也做不了了，因为太短了，那村民都要来上访了，这个事情从来没有碰到过。这个时候党委书记说，乡长你先去，你是管实际工作的，党委书记是管党务为主的，你先去跟他们说。我与上访的群众说，你们派几个代表，其他的请放心回家，等待消息。我们把农机站的专家也请来了，我说这个空气会不会影响蔺草是要分析明白的。分析下来，大气问题肯定是第一原因，那让他们厂里适当拿出来一些钱赔偿一下，这个问题就解决了。还有两个村的支部书记闹矛盾了，吵得不可开交，吵到乡政府来了，我给他们做工作，后来两个支部书记很要好了。其实当领导干部，也是要接近他们，了解他们，才能给他们解决问题，实事求是地给民众干好工作，不要回避他们，他越当你不关心他们，越是有敌视心理。我们原来住在乡政府的，老百姓跟我们很亲近的。那时候上班，不是可以每天回家的，我们党委书记规定，一个星期六天只能星期三回家一次，其他的时间都住在乡政府。以前我们办公都是这里，一个办公室，后面有一张床，很简单的，每天住在这里的。一到晚上，我们没有事了，附近老百姓都会来的，跟我们一起聊天。氛围很好，不像现在下班了就下班了，我们没有下班的，到这里就是回家，这就是我们的家了，是这种感觉。这也很多年了，后来到了撤扩并才有一点改变了，下班了以后大多数人就回家了。

“1992年12月，我调到文化广播电视局，党委书记调到区府办当主任，我到文化局当副局长，我比较爱好文艺这方面，就叫我到文化局去了。1992年到2000年，差不多有9年的时间，我也爱上了文化局。我们原来有8个直属的事业单位，摊子也很大的，我是常务副局长，分管文化市场与专业文化。刚刚是文化市场兴起来，文化局跟人家搭界的地方很多，参加全县开会的事情很多，每个星期有两三次开会。这个时候，卡拉OK厅、舞厅、溜冰场，这三个东西兴起很快。这个时候文化市场检查的任务很重，我们每天有空就去检查，后来又扩大到印刷企业，印刷企业也是我们管的，主要管的是许可证。1997年文广局分成了文化局和广电局，我留在文化局。1993年9月到1995年1月，我去杭大读书，县政府组织的30人，都是副局级以上的领导干部，我是班委，读了两年经济管理。2000年到2001年，调到体委工作。一年的体委工作，刚好遇上了宁波市第十二届运动会，我们体委共十位同志都做得非常努力，非常辛苦，也非常团结，结果获得了宁波市第十二届运动会金牌总数和总分双第二的成绩。

“2002年1月我被调到区政协任秘书长，到2010年的5月，退到二线，我也很热爱政协工作。秘书长是一个大管家，政协机关工作也要安排好，比如说一年要做的工作计划、每月主席会议主题和每季常委会主题以及政情交流会监督视察、调研等活动的安排策划等。另外为充分发挥委员的智慧和热情，我们给委组和委员一年工作也有一基本考核，有7大方面的内容，比如调研、社情民意、提案、视察学习等，委组和委员都有责任感和荣誉感，积极性高，考核先进的会在政协会上做表彰。

“从事行政干部算起来也有35年，其实我的工作经历还要长一些的，因1978年至1982年不算工龄。要说有什么感悟，当一般干部我的感悟是，勤奋工作，勤奋学习，有勤奋才有做出工作出成果。只有勤奋，没有创新，可能成果也要事倍功半了，在我当团委书记、当妇联主任、当组织委员、党群书记、党建工作，一系列的工作都做得比较先进，所以当时在区里、县里，都把我们当成榜样。曾经全区的组织会议、党群会议，都到我们这里来开现场会。

“走上领导岗位后我的感悟是，勤奋工作，勤奋学习还是必需的，同时要关心爱护培养你的下属，让你的下属成长成才，当你的下属工作做得不好不满意时，不能凶巴巴的，一定要用爱护他帮助他的心态去指导他，让他的智慧也发挥出来。没有积极性我想这个领导也没当好，古人说：千里马常有，而伯乐不常有。我们读书的时候老师经常讲这句话的，为什么伯乐不常有？我想伯乐也是常有的，但是伯乐的心态不好，就变成了伯乐不常有了。第三感悟是要与人民心贴心，当时我们做工作，和老百姓也是很接近的，很好沟通，很好说话的。我们的基层组织是村委会、村支部，村一级的班子也建设得比较好的，老百姓有什么事通过村、镇都可以解决好的。”

二、徐信定

吴升月说：“他 1936 年出生的，他妈妈一个人带大三兄弟。1944 年至 1950 年，石碶小学毕业。人很聪明，一笔字写得很好。石碶小学毕业以后，就跟阿哥种田。1954 年 10 月，到藕池乡信用社做会计了。同年入党。1955 年 20 岁，当信用社主任。1958 年 10 月，大办钢铁，调到鄞江桥钢铁厂去了。这年，我因阿哥参军，照顾家属，我也进了钢铁厂，让我做保健员。炼钢铁，有人烫伤了，帮助擦擦药。他是钢铁厂的团支部书记，就在我们隔壁的办公室，就这样认识了。1959 年 5 月，钢铁厂解散，他调到镇海中学任人事秘书，算国家干部了。我调到宁波市延安布厂（南门口）做工人，当车工。师傅非常好、非常严格，严师出高徒。半年后，我参加宁波市织布操作比赛，得了奖状。后来到宁波床单厂。出名的人领导认识得快，坏的人也认识得很快。师傅要求非常严格，我是家里最小的，大人比较宠爱，夏天下班以后，要给师傅打洗澡水，脚洗好，再把水倒掉，我真正不想做了。在延安布厂做了两年，因农村户口，又下放了。老头给我介绍到镇海清季小学代课。他 1959 年到镇海中学，1962 年 4 月下放，两个人到藕池村做农民来了。1964 年，布政公社让他担任公社卫生所所长。不久，担任综合社社长，管理不同的手工行业。1968 年时，回村担任革委会成员。1970 年，负责办水平仪厂。1971 年，负责办铁厂。1975 年，国家落实政策，下放的双精简人员有一个好安排上去。老头不怎么爱讲话，到外面办事情，统统都是我去。那时候要两个人的证明，钢铁厂是国有企业，两个双精简，要两个人在那里工作过的证明才可以办，材料都找不到的。我一级一级地办上去，最后办好了，他进了宁波师院后勤处工作。1997 年退休，当时退休工资只有 102 块，现在多了。” 2019 年 7 月，辞世。

图 9-17 徐信定

三、张吉峰

张吉峰说：“我是 1980 年 1 月出生的，小学是 1987 年（藕池小学），初中是 1993 年（姜山中学），然后 1995 年高中（姜山中学），1998 年高考，考到宁波警校，毕业后就参加工作。毕业以后就去鄞县公安局，在派出所工作。1999 年 9 月 2 日到那边，一直到2002年的4月，在中心派出所，现改名为中河派出所，从实习到分配，一直在那工作。2002年4月到2003年的11月，又去了咸祥派出所。从2003年11月一直到2012年10月在高桥派出所，整整10年。那工作量来讲，一个是村乡结合部，一个相对来说是路稍微偏远一点，都各有特点。”2007年，开始担任副所长。2008年四川汶川发生大地震，时任高桥派出所副所长的张吉峰第一时间主动报名成为赴川救援民警，并担任鄞州援川民警的临时负责人。抗震救灾期间，张吉峰冒着余震不断、危房随时倒塌的危险，积极抢救伤员，为群众排除各类险情，带领鄞州中队创造了整个宁波特警中收到锦旗（感谢信）最早和最多的纪录。他注意到灾区群众十分渴望通过电视实时了解全国支援灾区的情况，渴望倾听党和政府对灾区人民的深切慰问，但大多数家庭电视机都在地震中损毁，于是马上与办企业的父母联系，筹集了15万人民币，购买了100台25寸彩电，行程两千多公里，于7月5日运抵绵竹。灾区群众手捧着电视机，感动得热泪盈眶。通过收看救灾电视节目，当地群众渴望了解灾区重建整体情况的愿望得到了满足，原本焦虑不安的情绪平复下来，精神生活更加丰富，重建家园的信心更足了。回到宁波后，得知有四川地震灾区群众到宁波投亲上学的消息，张吉峰又组织派出所民警与四川学生结为助学对子，长期予以资助、关爱。他被公安部抗震救灾前线指挥部评为“灾区群众满意的公安特警”。[①]2009年，29岁的他出任高桥派出所所长。先后获得“宁波市优秀人民警察”、市级“青年岗位能手”、市级“优秀共青团员”、“宁波市鄞州区十大杰出青年”、鄞州区第三届“我身边的文明之星”等荣誉称号。任高桥派出所所长期间，在他的带领下，派出所多次获得至高荣誉。2009年8月，高桥派出所被中组部、中宣部、人力资源保障部、国家公务员局等单位授予“人民满意的公务员集体”荣誉称号。2010年3月16日，高桥派出所被公安部授予“全国公安机关爱民模范集体”的荣誉称号，受到宁波市公安局局长王惠敏注意。2012年4月，到市局办公室工作。2013年，王惠敏调任福建公安厅厅长，他一度作为秘书随行。福建省委书记开会，作为秘书都要去，接触的都是高层，得到的东西是金钱买不到的。回来后，任宁波市公安局交通警察局机动大队大队长。后到政治部等部门，现在在公共关系处当处长。公共关系处就是原来的宣传处，是2018年2月才刚刚重新更名。1998年穿上警服，1999年开始实习，至今已经20年了。于春

图9-18 张吉峰

① 李娜：《张吉峰：警察形象代言人》，《法制日报》2012年3月3日。

玲说："我儿子很优秀的，一级一级升上去，像乘着火箭一样的，都是靠他自己的，主要是领导看上他了。他个人形象也蛮好的。"

四、洪小康

洪小康说："我 10 岁上学，11 岁看牛。12 岁又上学了，到 16 岁小学毕业。小学毕业以后，我就到粮食局下的粮站挑谷子去了。过去收购站收稻谷，要抬到仓库里去，过去都是人工搬运的，就去做搬运工。16 岁的下半年，一直到 18 岁，我做木工，在粮食系统做木工。这 4 年当中，我做过粮草监察队，后来调到宁波市二支库。后来调到省粮食厅，在西湖边上，我工作蛮好的，有一个厅长对我的印象也很好，把我的户口都迁到杭州了。1962 年 20 岁，我家生活比较苦，我心里十分挂念，我又想到宁波来。因为农村里生活不习惯，工作做不来，我又出去了。通过关系，又到粮食系统。当初是亦工亦农的，钱赚来，交给生产队，否则你属于非法的。以前有一个粮食户口，一个政治户口。政治户口迁好，粮食户口迁不了，因为粮食户口带不下来，以前迁粮食户口相当困难。后来国家出了政策，迁下来了。迁下来后，我调到水利局，就在九眼碶、铜盆铺那个地方。水利局的气氛不好，我又调到教育局。在教育局的教仪厂做，后来教仪厂的木工厂倒掉了，给我调到了姜山中学。我一直做木工的，做了 15 年，2003 年退休。退休后，就住到老房子这里来了。"

图 9-19 洪小康

五、张忠年

张忠年说："我小学是在藕池小学读的，五六年级是在礼嘉桥小学读的。当时学校比较少，几个村并成一个小学。读到六年级，'文化大革命'开始了。那时候读书就断断续续了，有的学校还开着，有的学校关了。初中开始，进入布政中学，就一班。读了半年以后，

图 9-20 张忠年

第二年开学，学校开学也不是非常规律，断断续续的，开学非常晚。因为开学非常晚，我就到了生产队了。当时是推荐我上绍兴卫生学校，当时是中专。绍兴卫生学校，在省里讲起来还算可以的。当时培训班里的那些人，现在只有4个人了，其他都过世了。我22岁到绍兴，单位是现在的绍兴卫校，全省最大。在绍兴卫校读了两年书。1977年毕业后，分配到鄞县人民医院工作。我去鄞县人民医院，人民医院只有100多个人，当时都是老房子，地板咚咚响的。从1977年到2001年，我在那工作了20多年，当副主任医师。2001年，宁波第六医院筹建，我就调到那里去了，一直到现在。2003年到2005年，我随中国医疗队赴马里工作了两年。现在是退休又返聘。第六医院的工作量不比其他医院的工作量轻，因为第六医院的骨科是重点科，拍片的数量相当大，要做磁共振、CT，现在在宁波市医院的病人数甚至在浙江省都算多了，因为大多数的病人要到我们科室来的，不拍片的很少的。我一生当医生，从鄞县人民医院到六院，前后近40年。当时分配当医生，跟现在当医生就不一样了。当时在医院里，医生说出来的话还是比较权威的，现在医生难当了。这么多年当下来，也有一些毛病没有给人家看好的。大多数给人看好了，病人也来感谢你，这样的事情也蛮多。我当医生也不会乱弄。医学这个东西学无止境，随着社会的发展，医疗技术不断更新，老的一些技术逐步淘汰了。以前的技术仪器没有这么好，过去就是靠医生看、听，现在仪器多了，为什么现在查出来的毛病这么多，环境差了也是一个问题，还有是机器先进了，过去有的毛病不能诊断，现在都可以诊断了，医疗水平不断提高了。”

六、李安法

李安法说：“我从小读三年书，到13岁，以前学费2块钱也交不起，就没有读书了。在生产队看两头牛，看牛看到十五六岁，就在生产队参加劳动了。21岁那年到皎口水库去了，这是生产队抓阄轮流的。皎口水库做了一年，1972年回来。1973年1月3号，做大队兽医，一直做到1979年为止。我在藕池当兽医已经算是第四个了。第一个是知识青年，杨国富是第二个，第三个是姜忠杨。我是属于半脱产的，一半是参加生产队劳动，还有一半是看肉猪、打预防针等等的，收入一半是问大队里拿的。那时候是公社兽医来接诊的，大队兽医的活是配合公社兽医的，人家会问：你师傅什么时候

图9–21 李安法

来？师傅来，我们会配合，一起做。师傅看我人还好，还勤快的，就会教我。

“1979 年 4 月 29 号到公社去了。公社原来一个兽医身体有毛病，老是胃痛。布政公社党委决定再培养一个兽医，就把我选去了。到公社报到后，我到段塘的望春区畜牧兽医培训班，拜师傅学了一年，住也住在那，吃也在那。一年学出以后到了公社。到公社以后，我主要的活是医牛。原来是四个兽医，三个兽医是在布政公社里医猪、鸡、鸭子和打预防针。那时候很忙的，提倡一户一猪。原来藕池有这样的政策，养猪，猪卖掉，钱拿来，可以在生产队领 200 斤谷子。当初，布政全公社是 484 头牛。那时候生产队也有猪，农村里每户人家都有猪的。做到 1984 年 1 月 1 日，成立望春区畜牧业站，十个公社组成望春区畜牧业站，办公室在集士港镇。成立了以后，工资是问它拿的，我们的产值也要上交给它，每个月 15 号要到畜牧兽医站开会，账算好，工资发给你，吃个午饭回来。如果产值高了，促销人员奖 70%。如果产值达不到要求的话，赔 30%。那时候政策是定好的。这样弄了近 10 年，到 1993 年 7 月 31 号为止。因为是撤区并乡，兽医站也解散了，布政划到古林了。8 月 1 号后，属古林镇了，一直做到退休。我是 2011 年退休的。”

七、俞元根

俞元根，1976 年，30 岁，开始进入布政建设队，进入建筑行业。后来是古林建设公司，做泥水匠师傅。20 世纪 80 年代初，进入鄞县第二建设公司，历任班组长。后独立承包分公司。建造多处粮站。通达公司开发藕池村时，他负责了多幢房子的建设。60 岁退休后，仍偶尔帮人干点活，现在赋闲在家。前后从事 30 年建筑行业。在他的影响下，两个弟弟俞元芳、俞元通、小舅子陈志信也参与建筑行业，他们主要做一些小单位的建筑。藕池村文化礼堂就是陈志信承包建设的。可以说，他的带动促进形成了藕池村一大特色行业。

图 9-22 俞元根

第四节 / 专业人员

一、主办会计张吉安

吴安光说：“张会计是当时藕池村的当家人。我出生时，他已当会计。遇到他，就叫声张会计，也没有特别接触。后来我到村里以后，张会计就是正正经经的会计，把关把得相当好。我当了书记，我是不管账的，以前都是社长给我管。如果一把手签了字，社长不签字，他也不会报的。他是真正的当家人，村里的财务，一般人不会给你过目的。其实，张会计是真正的当家人，是有很大的功劳的，他的工作做得真的好。”

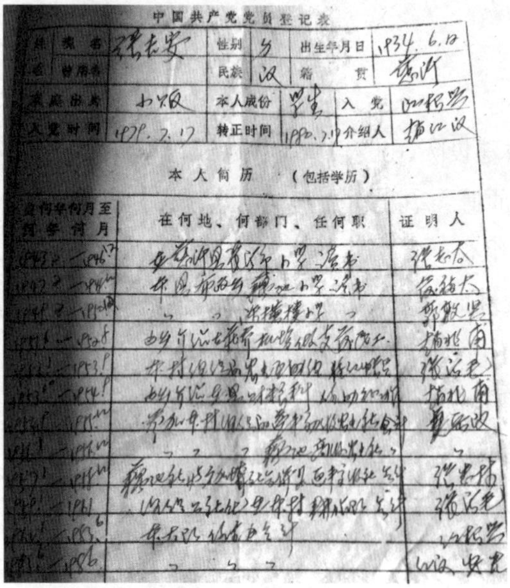

图 9-23 张吉安在村办公室工作

郭成祐说：“他做事情也是一个钉子一个眼的。我记得 1994、1995、1996 年，他经常抽宁波牌香烟，一支接一支地抽。抽烟，他就坐着一句话都不说，你问他，他就“唔唔”地应下。对初次碰面的人，他会很拘谨的。我与李小平跟他比较熟悉，可以说说话、开开玩笑。平时空了，我们也会玩玩梭哈什么的。有时来我家里，喝一点小酒，可以坐一个下午，会天南地北地聊天，说种田什么的，你看我们多苦。我本来打算是 1994 年 12 月不做了，我说村里不做了。他到我家里做工作，不行，你要做，我们年纪大了，你一定要做。”

图 9-24 张吉安字迹

笔者进村的第一天，说及口述史，李小平书记就说，如果张会计在就好了，他是最为熟悉藕池村历史的人。可惜，他去年刚过世了。他 1954 年就开始当会计，一直到 1999 年 12 月才退休。退休以后，也常来村中帮忙。乡村会计近于村的史官，是村级数据信息的文本整合者，负责村的集体文献记录。藕池村有完善的中华人民共和国成立后的档案，都是张会计精心保管的结果。我进村档案室查阅档案时，非常惊奇于档案之完整，完整到某些存根也保留着。可以这么说，他经手的每一张纸都保存着。如果他在世的话，不仅可以搜集到大量一手的历史记忆，更可以有效地开发村档案资料。

二、乡村放映员杨国平

图 9-25 杨国平

杨国平说："以前的生活是蛮单调的，听说哪里有戏，有电影，我们就会去看。60 年代、70 年代，也就 10 岁左右，隔壁村薛家礼堂有演戏的，我们经常跑到那儿去看。80 年代初，塘西村已经有 18 寸彩电了。那时候放《红楼梦》，看的人很多的。最早是县电影公司负责到我们这里来放，是开船来放的。后来乡里也有电影机了，布政最早放电影的人是薛家那个黑面孔，他也是退伍军人。开始是 16 毫米的，后来是 30 毫米的，宽了。我 1983 年初退伍后，到乡文化站工作。1986 年开始放电影，先在影剧院放，后到各单位里去放，后面又到影剧院放电影了。当时的电影放映模式，是流动放映加上剧院。剧场里片子都排好的，几号放什么，有空了到各个村去流动，组织去放。我们到望春、古林、布政三个乡流动去放，放映片都是基本路线教育之类政治活动。放电影，就到各村去组织票子，排班排好。80 年代露天电影倒是多的，一般是跟村长讲的，今天晚上到你们这里来放，机器去拉来。放电影时，我们和村里结算，一般都是 50 块一场。像我们那时候就是四五十块，早点就更便宜了，10 块、15 块，这是 70 年代的行情。我们算最晚了，现在也偶尔放。

"随着电视机的出现，电影生意也清淡了。我在上海买了一个双喇叭的电视机，当时还托人拿了票子，是 1984 年的时候，当时宁波电视台刚开台。1980 年末，家里都有彩色电视机了。我是 1987 年结婚的，到城隍庙买了一只 14 寸的彩色电视机，日本将军牌。后来，宁波本地也有天马电视机了，是宁波电视机厂生产的。这样，电影生意比较少了，村里也不放了。剧院里好一点的电影，有时候还有的，但是上座率不是很高了。1992 年，我有点不想放了，剧院里上座率也只有一点点。1993 年，我正式辞职了。"

三、乡村医生张国章

图 9-26 青年时的张国章

张国章说:“我是 1956 年 8 月出生的。当医生是从 1976 年 4 月开始。9 岁开始上学,读了 7 年书,在藕池小学、布政中学。布政中学读了两年,毕业后本要到高中,因为家庭条件限制,读不起了,就回到生产队参加工作。那时候工作都是一样的,都是割稻种田。刚读书回来,就是让你看牛,因为也不太会做其他工作。那时候我身体比较弱,不是很强壮。参加劳动就是看牛,看了大半年、一年左右。后参建皎口水库,工作做了一年多。从皎口水库回来以后,就做医生了。在我之前,还有一个医生叫张忠年,后来他去绍兴的学校进修了。这样,村里就想要物色一个人,那时候条件也比较差,好的人比较难找。那时候我刚刚初中毕业,村书记那时候是江根星,就和其他村支委讨论,让我去进修一段时间,然后到村里做赤脚医生。从 1976 年开始,我当了医生。

“那时候村里经济实在是比较艰苦,就只有一个破庙,学校读书也是在破庙,工作也是在破庙。那时候工作的主要是江根星书记和张吉安会计几个人,大队长那时候也有,主要是靠书记和会计,会计主内,书记主外,他们两个人比较实在。特别是江根星书记,善于动脑筋,为了村里的发展和解决村民的困难做了很多事情。那时候破庙里面只有一部电话,而且还要到总机转,然后才能接通。板桥要打电话的话,要走到藕池破庙里打。那时候信息比较闭塞,就是靠一支笔写信。后来逐步有一点改变了,江根星书记想把村里经济慢慢弄上去,那时候办了藕池村铁厂,就是打铁厂,也办在破庙里。一边办公,一边是学堂,一边是铁厂,噪音问题可想而知。后来在杨家路头建了平房,打铁厂搬过来了。

图 9-27 2018 年的张国章

“那时候学习回来当医生,就是背一个保健箱到地头送药。那时候当医生,半夜还有人来找,那你就要起来,不管是刮风还是下雨,都要去配药打针。那时候看病不像现在,那时候发高烧了,吃一颗安乃近片,基本上就会好,不像现在挂盐水三四日都不会好。就这样，我当了好几年医生。后来藕池村慢慢有点改变了，当时赵宏海当书记，藕池新村开始慢慢发展了，造了一些商品房。当医生，也没有什么大事。我当医生四十多年了，现在我 63 岁，为了生存，还在上班赚点工资。后来根据形势需要，所有社区乡村都要合并，统一到社区服务站工作，就这样工作到了现在。”

四、乡村出纳杨裕祥

图 9-28 杨裕祥

1946 年生。8 到 16 岁，读小学。读了初中一年级，没有毕业。1962 年 17 岁，参加生产队，杨裕祥说：“我书读好以后到生产队，然后到打铁厂打铁，那时候打铁厂是用手工敲，我是敲榔头的，敲了两三年。”后任生产队会计。1966 年 21 岁，到大队米厂任会计。1978 年 33 岁起，在大队与铁厂任出纳。一贯来账目清楚，注意节约，得到群众信任。杨裕祥说：“然后从铁厂走出来到村里碾米了。那时候村里‘四清’工作队进来了，那时候我做出纳账目做得很清爽。那时候生产队，整个大队就一个铁厂，铁厂收入是村里主要收入。铁厂出纳也是让我当，前面还好，后来村里业务也多了，后来（1983）让书记做出纳，村里出纳给李小平做了。那时候我们做草凉帽，人家做了多少要给多少钱，这边会计账算好，人家来收购，把钱给大队。隔多少日子他会来大队收一回。基本上每户人家都做凉帽，那时候做草凉帽，一顶三角已经算很好了，一个生产队一年只有三百多块，藕池少一点，三百多块，板桥好一点有四百多块，总共八百多块收入。一天可以做好几顶，苦是很苦。现在做凉帽的人没有了，做凉帽的技术也是非物质文化遗产了，要消失了。以前是草帽，用的是金丝草，细细的。现在是纸草，像纸头做的，又不一样了。那时候是本草，本草做凉帽、做席比较好。蔺草的芯子嫩嫩的，还是本草硬。那时候没有蔺草，用的是本草。蔺草 80 年代才有。后来铁厂关门了，我回到村里。铁厂那时候个人承包了，不打铁了，打模具，后来打不锈钢。”

五、乡村会计林德庆

林德庆，1947 年至 1950 年，在塘西小学读书。1951 年，在藕池小学读书。1954 年，加入高级社。1956 年至 1957 年，担任迎丰社生产队记工员。1963 年至 1966 年，担任生产队会计。1967年至1982年，担任生产队长。1973年入党。1982年左右，担任村羽毛厂厂长。1985年起，担任保温材料厂会计。后来，成为村工业会计。

图 9-29 林德庆

藕池村大事记

1949 年 鄞县布政乡人民政府成立，简称布政乡。工作队指导藕池村成立农会，林阿冲为农会主任，苏仁甫为副主任，蔡小囡为委员。李阿凤担任妇女主任。俞云孝、水德寅为文书。

1950 年 布政乡划分为布政、藕池 2 个乡，李阿凤担任藕池乡副乡长，张阿毛为乡委员。

藕池为鄞县古林区藕池乡第四村，共 10 闾。第一闾，官庄，21 户；第二闾，官庄，18 户；第三闾，15 户，看经寺 3 户、秦家桥 12 户；第四闾，藕池头，22 户；第五闾，藕池头，19 户；第六闾，藕池头，14 户；第七闾 15 户，板桥 9 户，西头畈 6 户；第八闾，14 户，板桥 5 户，田头树下 9 户；第十闾，姜苏，共 17 户。

朝鲜战争爆发。

土地改革运动开始，张氏、朱氏两人组成的土改工作组来村中主持土改工作。县里的王国华配合工作。

全国范围内开始镇压反革命。

1951 年 镇压 4 个反革命分子。

徐信华、戚阿毛、洪志康参加志愿军。

张阿毛为农会主任。赵大毛一度担任副主任。

1952 年 张阿毛仍为农会主任。

1953 年 姜岳海入党。互助组成立，张吉安为记账员。

宁波火车站移至南门，方便了藕池村人乘车。

1954 年 李阿凤、张阿毛被选为藕池乡人民代表。

江根星入党。

李阿凤、张阿毛入党。

藕池为益丰社，板桥是禾丰社，姜岳海与江根星分别为社主任。李阿凤为益丰社副主任，张阿毛为禾丰社副主任。张吉安为益丰社会计。

1955 年　藕池乡换届，张德庆为藕池乡乡长，李阿凤、张阿毛卸任。

1956 年　藕池成立高级社，张阿毛为藕池社副主任，张吉安为高级社会计。李阿凤为妇女主任。

布政乡与藕池乡合并，成立建设乡人民委员会。

吴祝庆入党。

1957 年　与方家耷合并为迎丰高级社，张忠林为社主任，江根星、张阿毛为副主任，张吉安为会计。

田头树下迁居板桥。

姜岳海被派庙中办酒精厂。

成立幸福大队，吃食堂饭。

江根星、洪康华、俞元昌到宁波农校读书。

藕池小学与方家耷小学合办，称为方家耷小学。俞福泰、范平为小学老师。

宁波公交总公司成立，6 路公交在这年开通，终点是段塘丁家。藕池离 6 路有二三里公路，这是当时离村人最近的公交线。

装上广播。

1958 年　古林（卫星）人民公社成立，建设乡划分为布政管理区、藕池管理区和汤西管理区。

张如芳入党。

迎丰高级社结束。

迎丰高级社改为第四大队，杨文林当书记，吴祝庆副书记，张如芳为大队长。

看经寺划归段塘吴家大队。

姜岳海被派到新安江水库做修建工作。

村中开始装电话机。

张阿毛担任大公社连长。

掏河。

开始碾米，姜全法担任轧米人。

1959 年　成立古林人民公社，藕池为四大队牛池生产队，也称藕池耕作队。下面分 4 个排，藕池头为第一二排（张如芳为排长），姜苏为第三排（徐定良为排长），板桥为第四排（吴祝庆为排长）。

藕池管理区改称礼嘉桥管理区。

拔白旗运动中受冲击，张阿毛到礼嘉桥担任农中校长。

1960 年 礼家桥管理区并入布政管理区。张如芳为大队长。
西田畈迁居板桥。
将机耕路改作石板路。
江根星、洪康华、俞元昌从宁波农校回村。

1961 年 布政管理区改称为布政人民公社。
杨文林回幸福。
姜岳海为书记，江根星为大队长，张吉安为会计。下面分九个生产队，叶金康、李孝康、张如芳、林阿冲、姜小云、吴祝庆、姜岳祥、徐为康分别为队长。
购打稻机。

1962 年 粮食歉收。
徐信华、张昌浩、徐信定、吴升月、洪根庆、张彩英精简回乡。
周利英为村保健员。

1963 年 没有粮食吃。
板桥买第一台打水机。

1964 年 徐信定为布政公社卫生所所长。

1965 年 吴升月为藕池村小学老师。

1966 年 龚瑞花为赤脚医生。

1967 年 小小队并为大小队。藕池 4 个队并为一个队。

1968 年 村革委会成立，成员有洪康华、姜全法、姜阿利、徐信定、江根星、吴德利、徐信华、李阿凤、俞名（明）福。洪康华为革委会主任。

1969 年 成立村级贫下中农协会，张阿毛担任贫协主席。
张忠年为大队赤脚医生。
藕池一队办铁厂，共 2 年。

1970 年 大队办水平仪厂，徐信定负责。

1971 年 江根星担任大队书记。
俞圣君庙部分拆除，新学堂建成。
村民参加皎口水库修建。

鄞县皎口水库移民，杨志忠、庄定根、崔述芳三户人家迁移到藕池大队。
装电灯。
藕池大队接手办铁厂。

1972 年 赵宏海参加工作队。
张杏芳入党。

1973 年 赵宏海为大队长。
铁厂迁至杨家路头。
创办塑料厂，姜岳海为厂长。
李安法做大队兽医。

1974 年 地区工作队来大队。

1975 年 张忠年到绍兴卫校读书，张国章接任赤脚医生。
徐信定调任宁波师院工作。
镊子厂创办，洪根庆为厂长。

1976 年 通往布政的机耕路修通。
俞元根进入布政工程队。

1977 年 县工作队前来。
李安明为铁厂厂长。
张忠年为鄞县人民医院医生。
村民救助梁阿反。

1978 年 江根星继续为书记，赵宏海与李阿凤为副书记。吴祝庆、吴安光、张杏芳、姜岳海分别担任组织、宣传、保卫、后勤委员。
杨裕祥担任大队出纳，兼铁厂出纳。

1979 年 中央发文，下令摘除地、富、反、坏四类分子的帽子。
9 个生产队合并为 6 个队。
每个生产队买一个 9 寸黑白电视机。
张吉安入党。
李安法到公社兽医站当兽医，李小平为村兽医。

1980 年 江根星、林德庆、吴祝庆、张吉安、林阿冲成为农保对象。

1981 年 改称布政人民公社管理委员会。

成立翻砂厂。

1982 年 分田到户。
成立羽毛厂。
成立窑厂。
崔述芳开小店，为供销社代理店。
老队长林阿冲故世。

1983 年 改名为布政乡人民政府。
江根星退职，赵宏海为书记，吴安光为村主任，徐定良为社长。
李阿凤退职，于春玲接任妇女主任。李小平为出纳。

1984 年 藕池村第一次做居民身份证。
临海牛头山水库移民杜加田迁移进村中。
俞云华承包藕池翻砂厂。

1985 年 吴安光为书记，徐定良为社长兼村主任。
在杨家路头种黄桃。
俞云华、庄朋海到大世界卖肉。

1986 年 临海牛头山水库移民郭梅兰等迁移进村中。
李安明为村副书记，主管工业。
史幼芳为铁厂厂长。
村中确立企业会计代理制。
杨国平担任公社电影放映员。
俞云华到大世界做卖肉生意。

1987 年 于春玲任村主任。

1988 年 装自来水。
姜芬琴为布政乡副书记。
洪康华为村副书记。
徐定良为村老龄工作委员会主任、李阿凤为副主任。
村中孙德云等 26 个老人享受养老保险，每月 60 元。
老大队长张如芳故世。

1989 年 办布政轧钢厂。

1990 年 机场路穿村而过，将藕池头与板桥、姜苏一分为二，全村分为路东与路西两部分。

在杨家路头建造一幢三层楼，作为办公室与工厂。

户口全面整顿，调查各住户基本情况。

进行第四次人口普查。

统计 60 岁以上老人有 94 人。

布政乡领导在藕池集资造房，即藕池新村。

王翠芳拿到货车驾驶证，开村民个体运输先河。

1991 年 由县府号召的开展村级财务全面清理整顿（清理村 1987—1991 年财务）。

藕池新村 1 号楼交付，开辟了藕池新村的建设。

1992 年 鄞县撤区扩镇并乡，布政乡撤销，并入古林镇人民政府。

杭甬高速公路建设征田，订立协议。

县乡二级换届选举，并进行了选民登记。

藕池新村建设重新启动，由俞元根承包建设。

1993 年 村委会换届选举，选民登记。选出成员 5 人，村主任为于春玲，委员为张加昌、俞明福、张志达。会计为李小平。

在现村委位置，建成三层办公大楼一幢，投入资金共计 39.7 万元左右。

1994 年 办公大楼前建造门楼车库等，办公楼后面建造一幢公共食堂，合计投资金额为 14.22 万左右。

农业部颁布《关于乡镇企业建立现代企业制度的意见》，要求将乡办、村办企业，转化成独资、合伙、股份制企业，这就是所谓的乡镇企业转制风。

藕池村轧钢厂、铁厂、翻砂厂、镊子厂转制。

郭成祐担任村工业会计。

1995 年 吴安光不再担任村书记，徐定良代理村书记。

藕池小学由村校变成完小，搬到藕池新村。

支部选举，吴纪芳为书记，李小平、徐定良为委员，徐定良为社长。

镇换届选举，李小平为代表，并进行选民登记。

薛金裕、张启文等因大企业转制拍卖设备，签订协议。

镇在我村搞了全国 1%人口抽样调查，分户汇总。

村为了工作等需要，添加桑塔纳轿车一辆，价值为 20.23 万。

村与通达房产公司合建新村教育楼幼儿园，村负担投入 25%计 38.1 万。

成立古林镇藕池新村居委会。

俞元根承建藕池大厦 2 号楼楼面建设。

1996 年 村委换届选举，选民登记。选出成员 3 人。主任为李小平，委员为俞明福、徐亚晨。

强村工程建设申报并批下。文明村授牌。

开展农民社会养劳保险。参加人数 512 人，支付保险金 61440 元。其中村补给每人 70%即 84 元，个人承担 30%即 36 元。

集中资产管理体制改革，全面进行清产核资。

为了解决停电对生产生活带来不便的问题，添置发电机两台，投入 15.9 万。

为了发展企业生产，引入宁波鹤峰厨具有限公司、宁波杰佳不锈钢有限公司两个大厂，投厂房及资金 440 万左右。

建藕池大道（第一次路）投资 13 万，建村门楼一座投 12 万。

杭甬高速公路开通，在村南端穿过，使藕池村成为一个城中村。

1997 年 由县府农纪委统一开展村收财务清理整顿（年限 1992—1996 年）。

因汽车电路故障，烧毁轿车报损。

因工作需要，经研究决定，新添豪华型桑塔纳轿车一辆，价值为 24.45 万。

县人大代表换届选举，选出吴纪芳同志为县人大代表。

对集体、个人建设用地，进行了全面核查核实。

为支持农业发展农业机械化，添置收割机两台，价值 6.96 万。

为农业机械化创造良好条件，在板桥建造高标准机耕路一条，投入 5.9 万元左右。

为广大村民服务，添置两台新型轧米机，价值 1.26 万。提升工作效率。

在以前安装自来水的基础上，水不够用，又从布政水厂破口，扩大用水范围，投入资金 30 万元。

包泉德办电话亭，搞公用电话，前后近二十年。

1998 年 藕池村拓宽延伸大道 2280 米，投入资金 21 万元左右。

村办公楼进行大装饰，投资 12 万。与通达公司合作建造学校教育楼一幢，各承担 50%，村里投 10.5 万。

为发展经济，搞活城乡流通，与市公交公司协商，开通 503 路公交车，总投资需 53 万，村投 17 万左右，公交公司投 36 万左右。

县在我村搞试点，开展第二轮土地承包工作，搞好合同签订等花去一个月时间（承包期为 1998 至 2030 年）。

县土管局镇城建办开展农村宅基地专项治理分户调查。

清产换资，并进行集体资产产权申报工作。

村支部换届选举，选出成员 3 名——吴纪芳、李小平、徐亚晨，由吴纪芳任书记。

镇人大换届选举，选民登记，选出镇代表李小平、周波。

村人员进行空编空岗，精简人员为张杏芳、江根星。原社长徐定良改任老年协会主任。

获评文明村，并授牌。

新建宁波三友机电有限公司厂房，总投资需520万左右，村投入175万左右（包括土地投资）。

各自然村新修水泥路5170平方，投入13.5万左右。

按上级规定1998年7月20日—1999年1月20日全面开展村务、财务公开日制度。

1999年 村支部被评为宁波市基层先进党组织，并授牌。

老村干部张阿毛故世。

关于村务、财务进行了全面公开，公布资料并报镇审查批准。

村委换届选举，选出李小平为主任，徐亚晨、俞明福为委员，选出村委代表35人。其中村民组长4人，藕池为张加昌，板桥为戚明华，姜苏为俞明福，藕池新村为吴安芳。

新引进宁波终端电器公司，征田14.965亩；宁波杰利模塑公司，征田6.189亩；宁波杰丽斯文具公司，征田5.875亩。另外，加油站征田3.0亩。

村经济合作社换届选举，经社员代表会议选举，吴纪芳为社长，徐建波、郭成祐为成员。

村级人员调整（包括企业后勤人员），原农业社长、主办会计退下并留用。企业林德庆、清卫工姜善庭辞退。新增陈惠信、余忠芬、李志鸿为拆迁办人员，史娜、包可峰为企业会计，葛红波为食堂厨师，李红为出纳。

包康乐办宁波光大不锈钢厂。

姜国城创办宁波保税区飞驹国际贸易公司。

马善祥开始养鸭。

2000年 按市县规定，对村务财务进行全面公开（公布材料：经财管审查报镇政府审批）。

村支部被评为县级先进基层党组织并授牌。

引进牟纪法的宁波光达不锈钢厂、应卫国的印花厂、张容的宁波三友机电有限公司。批准土地15.75亩，计10%回报。

我村被县府列入农业农村现代化试点村，建设三大园区。计划：第一，村民住宅园区第一期工程竣工，用地12.7亩，建新房33套，投资近300万元左右；第二，工业园区三家大企业用地32.28亩，厂房竣工，已投入生产；第三，为调整农业产业结构，发展种养业，建大棚41亩，养殖69亩，农业基本设施上已建路渠沟等配套设施。

村里装煤气管道。

徐建波为农业社社长。

俞云华到轻纺城做服装批发生意。

2001 年 引进 2 家企业，宁波兴驰塑料厂和宁波鑫潮工艺品厂。扩建 3 家企业，分别为宁波鄞县古林林峰模具厂、模具车间、宁波鄞州古林顺达文具用品厂。

扩建鄞县良宝文具厂厂房，顺利投产。

农业农村现代化居民住宅区第一批村民分房 26 户 33 套。

村经济合作社村账实行村账镇管代理制。

实行党代表换届选举，产生由吴纪芳、徐亚晨、陈利昌为本选区的党代表。

宁波客运中心通车，离藕池村一公里，使藕池的交通位置更为重要。

2002 年 藕池村村民第二批安置抽签议程。

引进宁波大榭开发区甬甬钢管厂、宁波鄞工缝机械厂、宁波文斌竹木制品厂 3 家企业。

建藕池大道，休闲亭子、石栏杆动工。

藕池村第三届村委会换届选举，选出村主任李小平，委员郭成祐、徐亚晨，村民代表 36 人。

藕池村经济合作社换届选举，产生社长吴纪芳，副社长徐建波，委员郭成祐。

文明家庭户创建，产生 43 户文明家庭户。

全村电线改造。

姜芬琴为鄞州区政协秘书长。

2003 年 藕池村举行人代会选举，产生代表吴纪芳、张振兴 2 人。

藕池村食堂、保健站承包。

藕池村进行第四批安置抽签共 19 户。

藕池村进行第五批安置抽签，共抽签产生 A 型 14 套，B 型 18 套，C 型 12 套。

藕池村进行第六批安置抽签，共 17 户。

对板桥蔡家进行第七批村民新房抽签，共安置 60 户。

召开支部大会，主要评议镇人大代表。

召开支委扩大会议，主要统一研究新村建设问题及其他事项。

支部大会及村民代表会议，通过新党员积极分子名单及村级经济发展情况。

2004 年 支委扩大会议共四大主题：解决农村医保；庙前总体规划；余房安排抽签；贫困结对情况。

鄞州区医保政策操作实施。

村支部扩大会议，统一板桥工业区征田安排。

召开支部扩大会议，传达镇工业会议精神，并确定本村 2004 年度工作指标。

党员及村民代表大会，通过创建交通安全示范村，明确重要性，并成立领导小组。

全村已安置新房 230 户，其中 A 型 103 套，B 型 140 套，C 型 28 套。

安装 6 台 630kW 变压器，由供电局管理。
村民合作医疗集资问题，交费时长为一年。
支部扩大会议通过送温暖照顾活动。
新村规划，旧村拆迁基本情况，板桥、姜苏抽签 126 套房子。
召开部分人员座谈会，统一安置费发放及进行具体政策解释。
召开支部扩大会议，安置费发放安排，并决定一系列政策问题。

2005 年 关于 2005 年度支部换届选举工作，学习镇 10 号文件精神，时间 2 月中旬—3 月中旬完成。
支部换届选举工作，进行支部总结、个人总结等。
换届进行投票选举结果，吴纪芳为书记，李小平、徐亚晨为支委。
第七届村委会换届选举工作安排，确定选举委员会成员：吴纪芳，徐建波、俞明福。
党员及村民代表会议，传达镇 15 号文件，进行村委选举工作、成立班子等。
第七届村委会选举结果：李小平为主任，徐亚晨为委员，郭成祐委员。
藕池村原屠宰场场地拍卖，拍卖得者最后为庄朋海。
老书记姜岳海故世。
关于加快板桥姜苏拆迁问题，尽快收回村民旧房。
关于支部扩大会议，决定板桥工业区道路建设事项等。
关于召开股份制有关具体安排，并成立领导班子。
讨论关于建立股份经济合作社安排，要点有六：生产换资；时间界定；股权设置；人员界定；股东代表产生；领导班子产生。

2006 年 藕池股份经济合作社第一届第一次暨成立大会召开。
召开关于 2005 年度支部工作总结及党员民主双评议会议。
召开党员及股东代表会议，修改村规民约征求意见。
召开股东及村民代表会议，为解决股权质押贷款等若干问题。
关于股权质押贷款，与银行签订协议，并举行了仪式。
原水库移民后期政策落实。
镇第十三次党代表选举，产生吕海庆、吴纪芳、徐亚晨为代表。
进行第二次农业普查。
绿藕苑新居民门牌号码登记。

2007 年 区镇二级人大换届选举，吴纪芳、吴幼芬为区人大代表，李小平为镇人大代表。
新建板桥五业区 1—7 号厂房。

2008 年 村 1、3、5 大龄婚房项目开工，总投资 3000 万。

第二次经济普查。

2009 年 村经济股份合作社分红。
吴纪芳被评为省级劳模。

2010 年 村第九届村民委员会换届选举，李小平为主任，郭成祐、史娜为委员。
俞圣君庙重修。

2011 年 1、3、5 大龄婚房分配。
古林镇第十四届党代表换届选举，戴华祥、李小平、史娜为代表。
镇第十五届人大代表换届选举，李小平、王剑芳为代表。
村综合大楼、办公大楼竣工。
宁波机场高架穿越村里。

2012 年 区第十七届人大代表选举，吴纪芳、梅财宝、韩春萍为代表。
七层新办公楼交付使用。
村北牌楼拆除，改成“藕池村”石碑。
村民黄大林闯荡到云南，租了三十多亩田，种植提子。

2013 年 村里第二次提高了老功臣补贴标准。

2014 年 村老年协会换届选举，会长为杨裕祥。
包湖光创办宁波瑞童进出口有限公司、宁波永怡儿童安全用品有限公司。

2015 年 徐亚晨正式退休，史娜为妇女主任。
地铁 2 号线藕池站开通，使个人交通出行更为便利。

2016 年 建立于姜苏村的杭甬高速宁波（新）收费站交付使用。
李小平担任书记，吴纪芳重新到古林镇工作。
镇第十五届党代表选举，李小平、史娜为代表。
板桥与布政渔业社交叉的桥梁修理。
宁波行政区划调整，古林镇改隶海曙区，藕池成为海曙区下的一个村。

2017 年 文化礼堂建设项目签订。
村委会换届选举，徐建波为村长。
老会计张吉安故世。

2018 年 决定修村史。

老书记江根星故世。

姜善庭将自己拾荒以及平时省吃俭用积攒下来的5万元捐至慈善总会，用于资助困难家庭，《宁波日报》加以报道。

老妇女主任曹阿凤故世。

村中进行退伍军人统计，每人拍了照片。

钱茂伟主著的《藕池村民口述史》《藕池村百姓联谱》成稿。

2019年 藕池村文化礼堂落成典礼。

钱茂伟主著的《藕池村史》修订成稿。

后记

这是我主修的第三部新村史，即公众社区史。

藕池村史的编纂，源于李小平书记的委托。古林镇拟在全镇推动村史编修，希望条件比较好的藕池村率先进行，于是委托此前编纂过《史家码村史》《江六村史》的我来负责。2018 年 3 月 9 日，双方商定了详细的村史编纂计划。然后，我亲自带领由研究生、本科生组成的团队，展开了为期近半年的村民口述史采访活动。二位速记小姐帮我完成了采访录音的文字转录工作。暑假中，编定了《藕池村民口述史》。又在徐森林老会计协助下，完成了《藕池村百姓联谱》的编纂工作。至今年 1 月，终完成了综合性的《藕池村史》编纂工作。一个村史项目，连带着完成了《藕池村百姓联谱》与《藕池村民口述史》，其效率是相当高的。

在采访过程中，感谢余忠芬的全力配合。李书记安排她担任村史联络员以后，就不断打电话，联系相关人员，带领我们团队人员上门采访，或在村办公室采访。有时，她就直接参与问话。老人听不懂时，她就当起翻译。稿子完成以后，她与徐森林会计参与了阅读校对工作。在图片征集过程中，在我提出问题以后，她直接打电话或上门翻拍。她拍摄的笑脸照片，深受村民欢迎，不少编入了村史中。徐森林会计做了不少工作，除了直接制作各户人家家谱图外，还提供了采访名单与电话、2006 年以后的大事记初稿。

村史是村人的历史，我的任务是将其记录下来，建构起来，成为文本，让后人可以看得见。我要感谢接受口述史采访的近百个村干部、党员、小组长、村民。在我们的询问下，他们回忆了过往相关活动。有了他们的记忆，才得以建构起一部整体的村史。生活世界的记忆是分散的，只有文本世界才是整体的。文本建构的功能与意义，就是将分散的村民，记忆整合起来，成为一个可阅读的村史整体文本。本书的编纂较多地借鉴了新闻报告体，直接串联不同当事人的回忆，成为可阅读的文本。公众社区史的意义在于，书写村民，村民参与，也让村民分享，从而实现了公众史学三大基本精神。

历史实在存在于当事人记忆之中。如果当事人，甚至相关人也走了，则历史的还原几乎是不可能的。2018 年初接手村史项目时，直接面临了中华人民共和国第一代村干部的凋谢问题，江根星书记刚故世。此前半年，老会计张吉安故世。老妇女主任李阿凤虽然采访到了，但因为年事已高，记忆力大减，只能断续地采访到了一些信息。11 月时，李阿凤也离世。徐信定则一直处于昏睡状态，无法采访。他们的离世或缺席，带走了藕池村相当多的历史信息。幸赵宏海、徐定良、吴安光、于春玲、吴纪芳、吴祝庆、姜岳祥、张杏芳、张富昌、李安明、徐亚晨等老同志健在，记忆力好，得以采集到了大量村史信息。现任村领导李小平、徐建波等，特别是李小平书记，从 20 岁就进入村中工作，对近 40 年的村史情况了如指掌。鄞州区局级领导姜芬琴，讲述能力太强了，特别是藕池女人最有特色的织帽流程与感悟，只有她讲得最好。上层的眼光与信息，明显不同于下层。老寿星包泉德，记忆力好，思维清楚。吴升月老师是第二个被采访者，毕竟老师出身，记忆力好，表述力好。那天采访了三个小时，使我首次对村的发展面貌有了整体的认知。周利英老人的记忆力好，讲述能力强，我点到什么主题，她就马上能讲出一段精彩故事来，大脑记忆信息的调集能力太强了。这是最为理想的口述者，采访持续了两个多小时，时近下午五点半，我的肚子都感觉饿了。连陪同采访的余忠芬也感叹，她们做邻居这么多年，从来不知道她这么会讲。张小康、孙定根、姜宝根、马善祥的讲述，细节性强。几个企业老板如包康乐、徐贤君、姜国城、李和平、俞云华，村拆迁办主任包康利，他们流利的讲述，给我们留下了难忘的印象。姜善庭、吴升月老师，还审阅了部分初稿。

百年村史是当代史，活人史向来是难写的历史。之所以难，是因为这是当事人有感的历史，会涉及人际关系，一些细节的出入，会让部分人不高兴，甚至要出面维权。说白了，仍是一个实事求是编纂原则有否落实问题。个别老人之所以要计较，是因为没有经过他们的审核，没有按事实说话，或者出于小空间的讲述进入大空间文本传播时带来的文本的白纸黑字证据性。遇到此类麻烦之事，有人会轻易放弃，我则会迎难而上，要探索成因与解决之道，寻找当代活人史编纂的内在规律。群体性的村史，是由个体记忆拼接起来的。也因为这个因素，没有一个人是有能力审核全部内容的。要解决这个问题，最好的办法是请相关当事人过目审稿。也就是说，编者的权力不能过大，更不能图省力，得请相关当事人来审稿。如果审阅了，问题消除了，他们自然会没有意见。不过，即使没有这么做，出现个别细节出入问题，当事人要明白，只有当事人有感，别人无感，不用太紧张。更不能以个别细节的出入，否定全书的价值。如果没人来采访，没有机会编入村史中，这才是最为遗憾的事，从此后人无从知晓。

从国家宏观历史角度来说，村史似乎根本不值一提。史学界多数以国家大历史为己任，根本不屑于这样的小历史。有人劝我放弃村史编纂，转向更为重要的研究选题，这显然是不理解所致。我之所以会放下其他选题，来做新村史，显然是我认为这是当下更重要的事。村史，向来是大专家忽视的领域，至多有一些“土秀才”在参与。限于水平与能力，他们自然做不好，如此更加让人瞧不起。只有大专家介入，提升其编纂水平，才能改变其质差与社会地位卑下的现状。专家的重视，正是让社会各界重视村史的必要途径与手段。也就是说，重要不重要，除了内容的全局影响外，也与主持人群有关，与所出成果的质量有关。如果大家参与了，且拿出了优秀成果，这个领域自然会让人重视。普通人只有模仿能力，专家有创新能力。我是从事历史学研究四十余年的成熟教授，且是一个史学理论与史学史出身的教授，重视史体的创新研究，近年提倡公众史学，提倡新村史即公众社区史编纂，有能力做得更好。我亲自主修村史，显然不是为了帮人一部部地修，我确实没有那个精力，而是要做出示范性的村史，引导一种全新的风气。同时，我想通过实践活动，提炼理论，形成模板，甚至产品化，在全国范围内推广。从更小的范围来说，就是在海曙区古林镇范围内做出示范性村史来，这正是镇领导委托我来做藕池村史、先行先试的原因所在。

村史不是我全部工作所在，而是公众史学一个环节。即使是这个环节，在当下也有现实意义。国家在做乡村振兴，乡村文化提炼，正是乡村振兴的一大关键。我们的乡村只有现代建筑，没有现代文化建设。当我进藕池村，与村民直接联系时，他们普遍的质疑是，人都死了，还要问死人情况有什么用，搜集老照片有什么用，“搗老古”（讲往事）有什么用，这些正是没有文本的乡村社会面临的普遍记忆遗忘问题。当代人的生活足迹容易成为过时之物，没有人会再提及。历史学就是治疗人类记忆遗忘症的，历史学的存在就是要人不要遗忘某些人与事。有机会成为别人研究的话题，这才是最有意义的事。因为我们提出了村史编纂任务，过往的村中人物与事件，会有机会成为我们关注的话题。我们的调查活动，真的可称为躬身向下。历史的整体感，是通过文本来呈现的。在生活世界，人与事是分散的，记忆是分散的。前代与后人的事，更是断裂的。但这些分散与断裂的信息，通过文本的逻辑串联，就可以建构成一个整体，让大家同处一个精神家园。它可以让分散的人事记忆整体化，让粗线条的记忆细化，让模糊的记忆精确化，让杂乱的记忆条理化，让记忆碎片故事化，转递正能量，抑制负能量。一个没有历史文本的村落，是一个没有文化的村落。历史记忆存在当事人的大脑之中，必须有意识地采集出来，转化成文字，编辑成稿，成为一部书，才能保存下来，才能阅读，村子才能称为有历史。对藕池村来说，村史的编纂，是开天辟地的大事，它使百年村民事迹得以载入史册，从而永垂不朽，可以再活五百年。重温消失的过往历史，后人可以不断地获得新的认知。

当然，文字具备可读性，图片也要丰富，这是成功的关键。有的老人问，人都死了，你找死人照片有什么用？我的回答，人是死了，但因为有照片，人仍可活在人世。有了照片，可以丰富后人的想象空间。如果没有照片，后人的想象是空洞的、错位的想象，仅是一个抽象的名字符号而已。人的容貌是处于不断变化之中的，有了照片，才可以用当时实际年龄来想象其人，实现真正的复原性建构。图文并茂，是现代图书编纂的要求所在。不过，寻找老照片，是一件十分费劲的事。因为20世纪，农民条件差，没有相机，也少有进城拍照的机会。村子经历了老村改造，搬迁过程中，很多老照片也被他们当废物扔掉了。只有部分有机会到外面的人，比如大队、小队干部或当兵、当老师及外出工作的人，才有可能留下老照片。普通百姓家中，往往难找到照片。为配合村文化礼堂建设，余忠芬拍摄了大量照片，多数被用作本书的插图。这也是这部村史的一大突破。

当我将村史初稿给某些熟悉传统史著体例的人看时，他们的直觉接受不了。有人说，这是资料汇编。有人说多是口述，不成村史。也有人说，书中引用“某人说”太烦琐。似乎是说，我没有尽力编纂，成一家之言。我只能说，不是我偷懒。这么做，背后有一套理念支撑。之所以不用传统的第三人称而是用第一人称，那就是要让当事人开口说话，不是由我来代人发言。简单地说，传统史学研究写作强调一家之言，作者既是提问人，又是寻找材料作出回答的人，属“自问自答”。而建立在口述史基础上的当代史建构，则是“我问人答”，也就是说，采访过程是一个研究过程，采访人提出相关问题，然后请相关当事人做出回答。当代史是一个没有文献的领域，大家看到的“某人说”，不是现存的“资料”，而是我们从事直接历史研究后获得的答案。所不同的是，这个答案不是由研究者以第三人称来说出来的，而是由历史当事人以第一人称来说而已，这正是我们提倡的“大家来说历史”。“某人说”之所以显得“不厌其烦”，也正是因为他们详细地提供了答案。这是一种全新的当代历史写作模式，表面上都是“某人说”，似乎是堆砌，实际上是精心建构过的，中间有严密的逻辑顺序，只是省略了提问而已。这样的疑虑，当然是学界提出的。至于村民，本身没有传统文本这样的参照系，自然也不存在接受问题。

与此相关的是，建立在口述史采访基础上的村史，“某人说”有较为浓厚的口语特色。对于这种口语化表达，读书人是难以接受的，不过非读书人没有问题。这次村史出版，较多地保留了各人的口语化叙述风格，只在局部做了修饰。这么做，有我的特殊考虑，不想让村史成为过于高大上的精英读物，希望更适合大众阅读。长于口述而短于写作的普通人，习惯的就是这样的风格。弄得过于书面化、标准化，反而不利于他们的阅读理解，标准化也会丢失很多个性化的东西。这种特殊的大众化普及思维，现行的按标准书面语操作的出版社及编辑，肯定也不太容易接受，也许这是要突破的地方。

考订与梳理，是一件非常繁杂的事。20 世纪 60 年代前一段村史，最难梳理。因为，那个时代居主角地位的老人大多已经过世，且没有留下家谱之类的文献资料。名字写法的统一，也费了相当大的力气。现存村中文献，某些人的名字，有多种写法。生活世界，只用同音即可，无碍大事；而文本世界，要求统一符号用字。譬如吴祝庆的名字有多种写法，问旁人，不得其解，再问其本人，才知原名“竹庆”，做身份证时误为“祝庆”。又如于春玲，发现其弟姓“虞”，何以其姓“于”，问其本人，才知改过姓的写法。

张夫春，说及其名字，大要不满，原来是“傅”，做身份证时写成了“夫”。1984 年，中华人民共和国第一次做身份证，办事人员比较随意，不够严谨，没有与本人核对，导致不少人的身份证姓名写错，当时可能也没有这样的纠正机制，后来只能将错就错。至于村中档案上面的用字，更为五花八门，“戚”成“七”，“才”成“财”，“姜”成“张”，“史”成“施”，“定”成“庭”，“泉”成“全”，不一而足。老书记江根星，或作兴，凭生活经验，似乎应是“兴”，最后查到其 1961 年的图章，明确作“江根星”。村民多不关注自己的祖先，只知道是卒年几岁，不会推理出公元年份。我因为编纂《藕池村百姓联谱》，关注他们上三代祖辈的生卒年。上门采访时，我会有意识地问老人，了解其上三代的生卒年，总想通过本村史的编纂，多留住一些老人的历史。本书的编纂，多数是建立在口述史基础上的。而口述史，尤其是记忆力不好村民的口述史，时间的混乱，更为严重。人类在时空中生活，空间是可见的，时间是不可见的。空间即地名，容易记住。时间尤其是公元年份，却不容易记住。普通人生活，不需要记住公元时间。开始是某岁或某年，第二次问时就成了另一个时间。譬如藕池铁厂何年迁往杨家路头，村前的机耕路何时修筑，村中一群老人，你一言我一语，争得面红耳赤，最后还是没有弄明白。没有时间概念，经不起拷问，越问越混。这么小的村，这么近的时间，都弄不清楚，那么更长的时间段，就更弄不清了。许多村人跟我说，随便写写算了，弄得那么细致干吗？学术研究工作就得如此细致复杂，我是专业的历史学家，有职业底线要求与习惯，不允许我马虎与随意。幸好，村中有较为完善的档案保存，尤其是有不少村干部与党员的人事档案表，使我得以校正某些口述史中存在的时间与史实记忆差误。

大学生表的制作，最能考验人的耐性。在我的要求下，徐会计去年三月曾抄来部分大学生名字，需要进一步调查相关当事人，补充其上学信息。调查会比较费时，要不要做，踌躇再三。最后定稿时，仍决定做。问题是如何入手？考虑再三，决定从其父母名字的确定入手。问题是，又如何确定其父母名字？一一问人，显然不行。忽想到手头有《藕池村百姓联谱》，于是通过电脑检索，终得确定其父母名字。有了父母名字，工作就可推进了，交由余忠芬，逐一联络其父母，最后总算完成这份名单。

百年村史是当代史，涉及活人利益，向来是历史学最难处理的领域。鉴于过往村史编纂的经验，为了预防出版以后的“隐雷爆炸”，这次的编辑与校对，创造出了一种全新的模式，让主要当事人参与校对。也就是说，将村史编辑中涉及当事人的片段摘出来，以人为单位，分别送相关人审核。从实践来看，这项探索是十分成功的，当事人增删了相关细节，特别排除了涉及第三方利益的讲话。涉及第三方利益，这是口述史中最大的难处所在，也是容易事后被人议论的核心类型所在。这次采访与编辑中，已经有意识地避免了此类言词。再经当事人的审核与提醒，将大大减少出版的后遗症。这也是一种全新的成文后的当事人参与审核模式。最后，又增加了样书流程，由出版社印了10册完整的样书，交给村里人审核。这个环节的增加，让插图更趋完善，增加了党员墙、退役军人榜、荣誉榜，大学生榜则移入正文之后。亦补齐了大学生表，重新制作了1982年村人进社办企业名单。其他相关细节，不一一枚举。由此说明，这个样书环节的增加，是十分必要的，这也是一种有益的村史编修出版环节探索。当代史是活人史，活人史是活人有感的历史，他们最熟悉历史的过往全部细节。转录者、编辑是外行，成文后会有诸多盲点。成文后请当事人审核，就可避免此类盲点。这正是全新的双主体参与模式。有了这种双主体参与意识，一切当代史的公开传播就不再困难了。

村史、村谱的编纂，是一项开天辟地的村历史文化建设工程。藕池村历史上，从来未有过这样大规模的、严肃的文本整理活动。本村史的编纂，将弥补这样的缺憾。村史编纂的意义，就是将私人化的信息与照片作公共化处理。一旦有了村史，相关的私人化信息与图片就成为公共文化产品，可以与大家共享。吴升月老师说，将那么多零星材料聚拢，编成一部村史，相当不容易，能够写的事，基本都涉及了，许多事此前是不知道的，读了村史，长了不少见识，知道了其他村人的往事。也就是说，编村史是整合零星材料，将其形成一个整体，以提供完整的公共历史文化知识的过程。如果村人不说出往事，则别人是不知道的。对村人来说，村史中涉及的人物都是熟人。熟人的往事，其实他们是非常有兴趣关注的。村人本来就有了解东家长西家短的传统，只是相关内容平时只限于在生活世界中口口相传，现在变成了在文本世界中传播而已。

这次的校对是十分精细化的，通过PDF文件的反复传递，样书出来后又经过了三校，尤其是进行了图注专题审核环节，对全书的图注做了校对，竟然也发现了不少张冠李戴的细节问题。这是一项非常考验人的调查、分析、建构能力的活动。搜集材料、考订材料、建构历史，这是史家的任务。麻烦一人，是为了方便众人。一旦做好了相关工作，别人用起文本来就方便了。

感谢浙江工商大学出版社接受了本书的出版任务，感谢吴岳婷精心负责了本书的编辑。

钱茂伟

宁波大学公众史学研究中心

2019 年 2 月

藕池村历届主要考上大学之人

张忠年

姜国城

张萍

张瑾

梁冲耀

张凌

张吉峰

姜燕萍

戚建军

包湖光

王伟峰

张微

藕池村历届主要考上大学之人

吴晓燕

吴芳

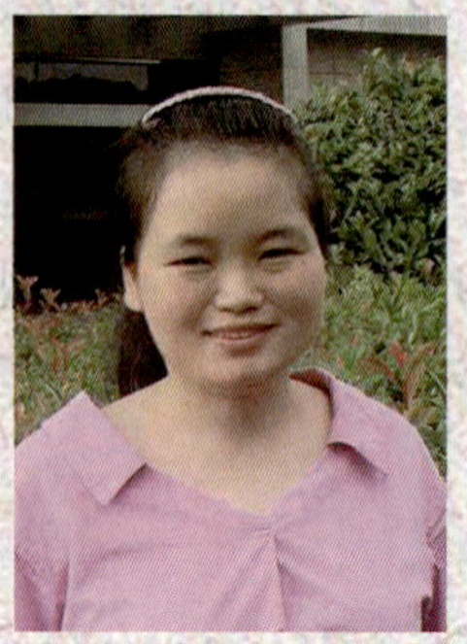

冯燕

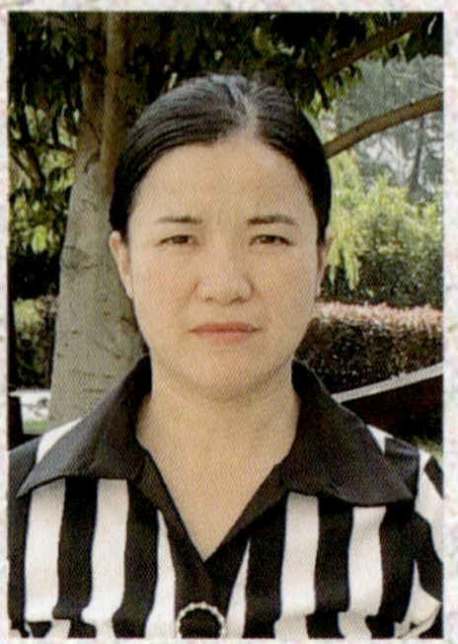

冯虹

胡宰营

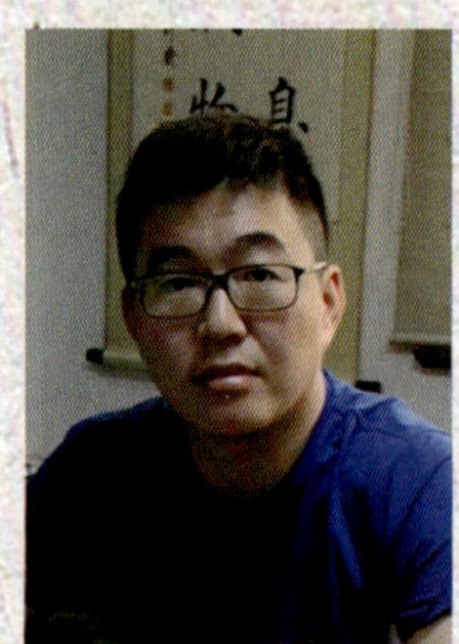

徐杰

薛莉莉

俞红

郭巧灵

俞军

陈玉林

马益红

藕池村历届主要考上大学之人

林水晶

金伟洋

徐超男

周科

冯虎

史燕

李欣

龚佳霁

水儿

张成斌

张忠杰

陆挺

藕池村历届主要考上大学之人

史仁娜

张吉东

陈娜

吴斌

张瑞翔

杨科

吴金晶

徐磊

马宁

张丽雯

李节

俞朝

藕池村历届主要考上大学之人

吴巧雅

张未

黄盛

俞丹

张露

包吉楠

俞柯杰

洪微

蔡西勇

赵斌

林杰

姜茗曦

藕池村历届主要考上大学之人

林煌旭

姜心怡

张磊

吴燕燕

周董

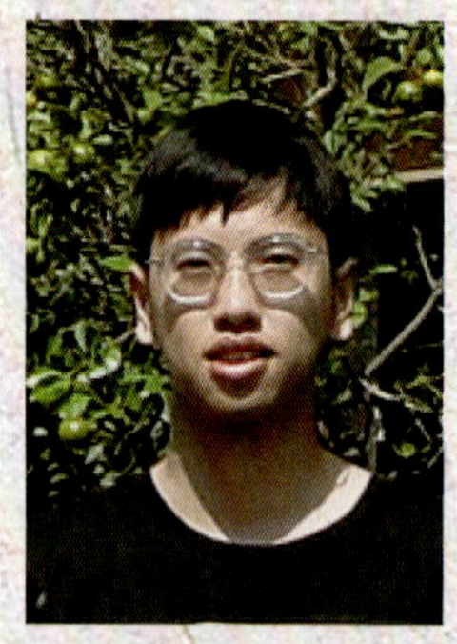

龚佳杰

吴添羽

徐露

姜露露

龚佳莹

包从莹

张宇婷

藕池村历届主要考上大学之人

戴军杰

包科金

叶挺

孙怡

梁方圆

李艺琪

张高运

张鸿炜

蔡永满

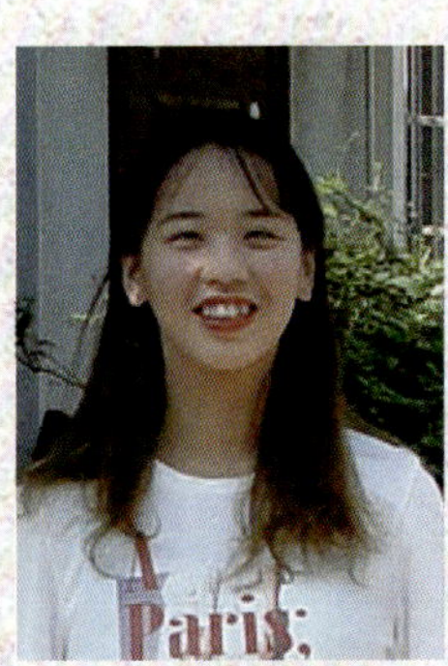

张宁

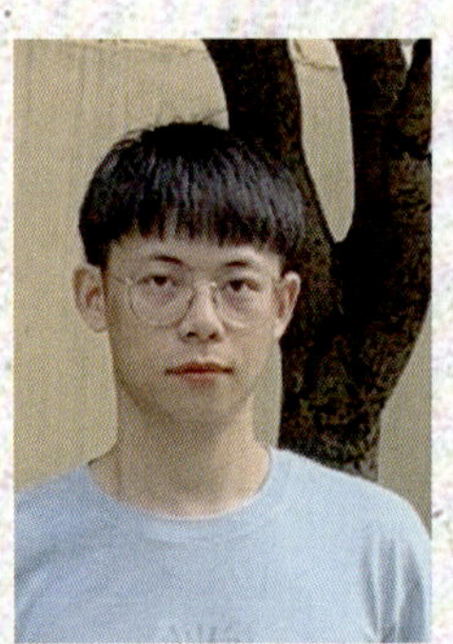
俞鑫

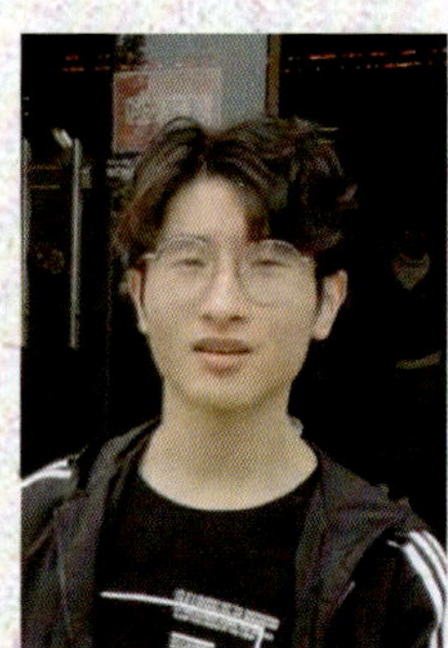
林彬

藕池村历届主要考上大学之人

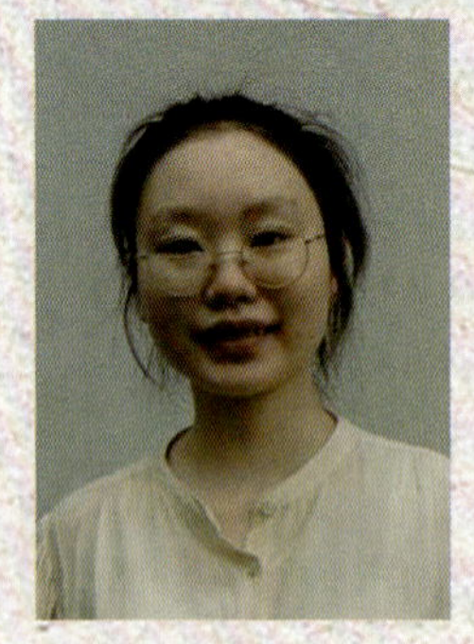

张晓

季诗雨